Deutsch in der Grundschule

Ruth Hoffmann-Erz

Deutsch in der Grundschule

Eine Einführung

J.B. METZLER

Ruth Hoffmann-Erz
Institut für Germanistik
Justus-Liebig-Universität
Gießen, Deutschland

ISBN 978-3-662-66652-4   ISBN 978-3-662-66653-1   (eBook)
https://doi.org/10.1007/978-3-662-66653-1

Die Deutsche Nationalbibliothek verzeichnet diese Publikation in der Deutschen Nationalbibliografie;
detaillierte bibliografische Daten sind im Internet über ▶ http://dnb.d-nb.de abrufbar.

Einbandabbildung: © Nlshop / Getty Images / iStock

Planung/Lektorat: Ferdinand Pöhlmann
J.B. Metzler ist ein Imprint der eingetragenen Gesellschaft Springer-Verlag GmbH, DE und ist ein Teil
von Springer Nature.
Die Anschrift der Gesellschaft ist: Heidelberger Platz 3, 14197 Berlin, Germany

Vorwort

Das Fach Deutsch in der Grundschule zu unterrichten, stellt an Lehrkräfte hohe Anforderungen, die nicht zu unterschätzen sind. Um Kinder professionell beim Aufbau sprachlicher Kompetenzen zu unterstützen, bedarf es weitreichender fachwissenschaftlicher und fachdidaktischer Kenntnisse. Im universitären Kontext sind linguistische Grundlagen fest im Curriculum verankert, werden von Studierenden aber oft als praxisfern erlebt. Um die Relevanz sprachwissenschaftlicher Inhalte transparent zu machen, ist es notwendig, vielfältige Bezüge zwischen Sprachwissenschaft, Sprachdidaktik und Unterrichtspraxis herzustellen. Eine Isolierung wissenschaftlicher Teildisziplinen kann dazu beitragen, dass es Studierenden schwer fällt, die notwendigen Verknüpfungen herzustellen und die Inhalte zu nutzen.

Die vorliegende Einführung behandelt daher sowohl sprachwissenschaftliche als auch sprachdidaktische Themen und stellt für beide Bereiche exemplarisch vielfältige unterrichtspraktische Bezüge her.

Linguistische Inhalte sind nicht für alle Lehramtsstudiengänge gleichermaßen relevant und es ist sinnvoll, sprachdidaktische Überlegungen auf die jeweilige Altersstufe und die Phase der Lernentwicklung zu beziehen. Die vorliegende Einführung ist speziell für die erste Phase der Lehramtsausbildung für den Primarbereich konzipiert, eignet sich aber auch für ausbildungsnahe Kontexte – bspw. für die Weiterbildung und die (eigene) Fortbildung von Lehrkräften und Ausbilder*innen. Darüber hinaus können Lehrende und Studierende im Förderschulbereich davon profitieren.

Die Auswahl der Inhalte richtet sich nach der Relevanz für den Elementarbereich, sodass die Kompetenzbereiche und Fragestellungen der Primarstufe im Zentrum stehen. Fachwissenschaftliche und fachdidaktische Kapitel wechseln sich ab und sind nach Themenschwerpunkten geordnet. Einzelne Themenfelder finden sich in aufeinanderfolgenden Kapiteln – bspw. folgt auf das Kapitel zur ‚Textlinguistik‘ ein sprachdidaktisches Kapitel zum ‚Texte schreiben‘. Es finden sich aber auch größere Themenkomplexe mit mehreren sprachwissenschaftlichen Kapiteln in Folge (bspw. ‚Phonetik‘, ‚Phonologie‘, ‚Graphematik‘), an die sich mehrere fachdidaktische Kapitel (‚Schriftspracherwerb‘, ‚Methoden des Anfangsunterrichts‘, ‚Rechtschreibdidaktik‘) anschließen. Die Auswahl der Inhalte ist zwar wohlüberlegt, kann aber aufgrund der Fülle möglicher Inhalte und im Rahmen einer Einführung keinen Anspruch auf Vollständigkeit erheben. Ebenso wären auch andere Schwerpunkte möglich und könnten begründet werden.

Die einzelnen Kapitel sind in sich abgeschlossen und können einzeln nach Interesse oder Zielsetzung rezipiert werden. Dabei finden sich zwischen den Kapiteln vielfältige Querverweise. Das erste Kapitel zur Semiotik und das letzte Kapitel zur Semantik rahmen den Band aus fachwissenschaftlicher Perspektive ein. Die ‚Semiotik‘ bildet mit einer grundlegenden Betrachtung sprachlicher Zeichen eine gute Einführung in die Linguistik, mag aber für interessierte Lehrkräfte von geringerem Interesse sein. Insofern kann ein Einstieg in andere Kapitel ratsam sein.

Ich danke allen, die mich bei der Erstellung des Manuskripts tatkräftig unterstützt haben.

Ruth Hoffmann-Erz
März 2023

Inhaltsverzeichnis

Semiotik

Inhaltsverzeichnis

© Der/die Autor(en), exklusiv lizenziert an Springer-Verlag GmbH, DE, ein Teil von
Springer Nature 2023
R. Hoffmann-Erz, *Deutsch in der Grundschule*,
https://doi.org/10.1007/978-3-662-66653-1_1

1

Einführendes Praxisbeispiel

◨ Abb. 1.1 zeigt Notationsversuche von Schulanfänger*innen, die zu Gegenständen – hier vier Häuser – Merkzettel als Gedächtnisstütze anfertigen sollten. Die Kinder, die noch keinen Schreibunterricht hatten, verwendeten dabei ganz unterschiedliche Darstellungsformen. Zum einen finden sich bildhafte Ausführungen, deren Ähnlichkeitsbezug klar erkennbar ist (1. Zeile: Häuser). Die vier Quadrate (2. Zeile) weisen zwar noch einen Formbezug zu den Häusern auf, stellen aber bereits abstraktere Zeichen dar. Die Ziffern 1 bis 4 (3. Zeile) können als Wiedergabe des Zählvorgangs interpretiert werden. Die willkürliche Verwendung von Buchstaben (4. Zeile: ATPE) zeigt, dass dieses Kind bereits weiß, dass beim Schreiben Buchstaben verwendet werden. Die Schreibweisen Fi OiSA und FiER HEUSA (Zeilen 5, 6) belegen grundlegende Einsichten in den Zusammenhang von Schriftzeichen und Sprachlauten. Das von Brügelmann und Richter (Brügelmann und Brinkmann 1994) beschriebene Experiment offenbart, dass Kinder beim Schreibenlernen die Einsicht benötigen, dass unsere Schrift nicht ikonisch bzw. bildhaft ist. Kinder sind in ihrer Lebenswelt mit ganz unterschiedlichen Zeichen umgegeben. Mit dem Erwerb der Schriftsprache lernen sie symbolische Zeichen kennen und erweitern damit ihr bis dahin abbildhaft geprägtes Ausdruckssystem der Kinderzeichnung. Dabei bringen manche Kinder – wie das Beispiel zeigt – bereits weitreichende Kenntnisse in die Schule mit.

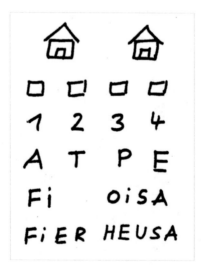

◨ **Abb. 1.1**   Schreibversuche zu „Vier Häuser". (Eigene Darstellung nach Brügelmann, Richter 1994)

1.1 Was ist ein Zeichen?

Der Begriff ‚Schrift-**Zeichen**‘ deutet bereits darauf hin, dass Buchstaben Zeichen sind. Es handelt sich dabei um visuell wahrnehmbare Zeichen, die einen bestimmten Sprachlaut symbolisieren. Buchstaben – besser gesagt Schriftzeichen – sind Teil unseres alphabetischen Schriftsystems und ermöglichen die grafische Darstellung von Wörtern, Sätzen und Gedanken. Ebenso sind Piktogramme ✂ ✈ ☂, Emojis ☺ ☹ mathematische Zeichen % ¾ und Symbole ♣ § visuell wahrnehmbare Zeichen. Das Handyklingeln, ein Hilfeschrei sowie ein gesprochenes Wort sind auditiv wahrnehmbare Zeichen, die uns auf etwas aufmerksam machen, eine Notsituation anzeigen oder eine sprachliche Information vermitteln. Zeichen sind also vielfältig und umgeben uns ständig und überall.

Allen Zeichen gemeinsam ist, dass sie etwas zum Ausdruck bringen, also für etwas stehen. Sie haben somit eine **Stellvertreter-Funktion**. Auf Aristoteles geht die Definition zurück: Etwas steht für etwas anderes (*Aliquid stat pro aliquo*). Dabei kann jeder sinnlich wahrnehmbare Ausdruck zum Zeichen werden. Zeichen stehen in Beziehung zu ihrer Bedeutung, also in einer **Zeichenrelation**. Bspw. steht das Zeichen ☮ für Frieden. Der Begriff ‚Zeichenrelation‘ drückt die Beziehung des Zeichens zu der Bedeutung Frieden aus.

> Ein **Zeichen** ist ein sinnlich wahrnehmbarer Ausdruck, der stellvertretend für etwas steht. Die Beziehung zwischen einem Zeichen und dem, was es bezeichnet, nennt man **Zeichenrelation**.

Die Wissenschaft, die sich mit Zeichentheorien und Zeichensystemen beschäftigt, ist die **Semiotik**. Dabei werden Zeichen in ihrer Funktion und in ihrer Beziehung beschrieben und klassifiziert. Anwendung finden die Modellbildungen unter anderem in der Beschreibung und Analyse kommunikativer Prozesse. Insbesondere die Arbeiten von Charles Peirce (1839–1914) und Ferdinand de Saussure (1857–1913) haben die Semiotik maßgeblich beeinflusst. Semiotische Betrachtungsweisen lassen sich bis in die Antike zurückverfolgen und erkenntnistheoretische Wissenschaften sowie die Sprachwissenschaft (Linguistik) sind daraus hervorgegangen (Linke et al. 2004, Busch und Stenschke 2014). Unser Alltag ist multimedial geprägt und für Kinder ist die Deutung und Einordnung vielfältiger Zeichen von großer Bedeutung.

1

1.2 Zeichentypen

Zeichen wie ✿ ♘ ☁ ✄ ✈ sind bildhaft und ermöglichen dem Betrachter eine assoziative Interpretation der Bedeutung. Zeichen wie 廉 买 lassen aufgrund der Darstellung noch keine Deutung des Inhalts zu.

> Charles Peirce unterscheidet die Zeichentypen **Ikon**, **Symbol** und **Index**. Die Zeichenrelation von ‚Ikonen' beruht auf Ähnlichkeit. ‚Symbole' stellen willkürliche (arbiträre) Zeichen dar. ‚Indizes' beschreiben eine Folgereaktion.

Charles Peirce (1903) Kategorisierung der drei Zeichentypen ‚Ikon', ‚Symbol' und ‚Index' richtet sich nach der Art der Darstellung und nach der Zeichenrelation. Die auf Ähnlichkeit beruhenden Zeichen bilden die Gruppe der **Ikone**. Zeichen, die keinen offensichtlichen Bezug zum Bezeichneten erkennen lassen, fungieren hingegen als **Symbole**. Ihre Gestalt bzw. ihr Bezug zur Bedeutung kann als willkürlich bezeichnet werden, was in der Linguistik mit dem Begriff **arbiträr** ausgedrückt wird. Unsere Schriftzeichen ebenso wie unsere Sprache sind in der Regel symbolische Zeichen. Peirces dritte Kategorie der **indexikalischen Zeichen** beschreibt ein Folgeverhältnis. Beispiele sind: der Blitz, auf den ein Donner folgt; Krankheitssymptome, die eine bestimmte Krankheit anzeigen; die hochgezogenen Augenbrauen einer Lehrkraft als Mahnung auf ein vorangegangenes Fehlverhalten eines Kindes.

Abgrenzung und Mischtypen   Alle Zeichentypen benötigen ein bestimmtes Vorwissen, um in ihrer Bedeutung vollständig erfasst werden zu können, wobei Symbole den größten Erklärungsbedarf benötigen. Eine eindeutige Abgrenzung ist nicht immer zweifelsfrei möglich und teilweise finden sich Mischtypen. Verkehrsschilder etwa, die keine Bildelemente enthalten und zu den symbolischen Zeichen zählen, können ikonische Anteile enthalten bzw. können solche Anteile als ikonisch interpretiert werden. Bspw. kann die diagonale Linie eines Verbotsschilds ⃠ als Hindernis oder Absperrung aufgefasst werden und die Bedeutung untermauern. Bildhafte Verkehrszeichen können auf der anderen Seite symbolische Anteile beinhalten. Ein Verkehrsschild mit der Abbildung eines Fahrrads kann sowohl ein Verbot als auch eine Erlaubnis ausdrücken, je nachdem, ob das Schild einen roten Kreis oder einen blauen Hintergrund zeigt.

Ein historischer Rückblick auf die Entwicklung der Schriftsysteme belegt häufig fließende Übergänge von ikonischen zu symbolischen Zeichen. Unser Buchstabe A bspw. entstammt einem bildhaften ägyptischen Zeichen (ca. 2000 v. Chr.), welches einen Ochsenkopf darstellt, und entwickelte sich allmählich zu einem symbolischen Zeichen. Die historische Schriftentwicklung zeigt also zuweilen Parallelen zu der Schriftentwicklung bei Kindern, wie das einführende Notationsbeispiel zu vier Häusern zeigt. Ikonische und symbolische Zeichen grenzen sich von den indexikalischen Zeichen dadurch ab, dass sie von einem Zeichenbenutzer verwendet werden, während Indizes sich oft ohne Absicht ergeben.

Eine Auseinandersetzung mit Zeichen, ihren unterschiedlichen Ausprägungen und den sich ergebenden Interpretationsspielräumen ist für Kinder unerlässlich und eng damit verbunden, was als Weltwissen bezeichnet werden kann. Dieses wiederum steht in einem kulturhistorischen Kontext. Die Symbolhaftigkeit unseres Schriftsystems erfordert enorme Abstraktionsleistungen, wobei ein entwickeltes Zeichenverständnis weit über Techniken wie das Entziffern und Verfertigen von Schriftzeichen hinausgeht (Brockmeier 1997). Dabei verfügen Kinder bereits vor der Schule – allerdings in sehr unterschiedlichem Maße – über eine Fülle an Vorerfahrungen, wie das einleitende Praxisbeispiel zeigt, welches sich auf Kinder mit kaum schulischer Erfahrung bezieht.

1.3 Sprachliche Zeichen

Bei der Betrachtung sprachlicher Zeichen geht es zunächst vorrangig um verbale Ausdrücke. Dabei können nonverbale und paraverbale Zeichen auch den sprachlichen Zeichen zugeordnet werden. **Nonverbale Zeichen** betreffen Gestik, Mimik, Körperhaltung und im weitesten Sinne auch Geruch, Kleidung, Frisur und Ähnliches mehr. Sie sind unabhängig von verbalen Äußerungen und können diese nicht nur ergänzen, sondern kommen auch selbstständig vor. **Paraverbale Zeichen** hingegen treten nur in Zusammenhang mit verbalen Zeichen auf. Sie betreffen die Lautstärke, die Stimmlage, die Stimmfärbung, das Tempo und die Akzente (Adamzik 2010). Nonverbale und paraverbale Zeichen sind für die Kommunikation und insbesondere für die Unterrichtskommunikation von herausragender Bedeutung (s. Abschn. 2).

Strukturalismus **Ferdinand de Saussure** (1917) analysierte die Struktur sprachlicher (verbaler) Zeichen, d. h., er beschrieb die Beziehung einzelner Zeichen innerhalb eines geordneten Systems nach bestimmten Regeln. Daraus entwickelte sich eine sprachwissenschaftliche Richtung, die als **Strukturalismus** bezeichnet wird. Bezugspunkt für de Saussure ist die **natürliche Sprache**. Die für die Betrachtung und Analyse gesammelten Sprachdaten werden als **Korpus** bezeichnet. Die im Folgenden beschriebenen Überlegungen und Terminologien sind für die Sprachwissenschaft grundlegend geworden (Adamzik 2010).

> Für **verbale Zeichen** unterscheidet de Saussure zwischen ‚langue‘ (verwendete Sprache) und ‚parole‘ (konkrete Äußerung). **Nonverbale Zeichen** ergänzen verbale gestisch und mimisch. **Paraverbale Zeichen** begleiten die verbale Äußerung.

Mit dem Oberbegriff **langage** bezeichnet de Saussure ganz allgemein die menschliche Sprachfähigkeit. Als Unterbegriffe verwendet er ‚langue‘ und ‚parole‘. Der Begriff **langue** bezeichnet das System der verwendeten Einzelsprache. Dieses dient als Grundlage für die konkrete sprachliche Äußerung, die als **parole** bezeichnet wird. Der Satz *Lachen ist die schönste Sprache der Welt* ist eine konkrete

1

sprachliche Äußerung (*parole*), die in der Sprache Deutsch (*langue*) geäußert wird, wobei die menschliche Fähigkeit zur sprachlichen Äußerung (*langage*) eine Voraussetzung ist.

Wie bereits oben deutlich geworden ist, haben Zeichen eine Stellvertreterfunktion. Es gibt also das Zeichen selbst und die dadurch vermittelte Bedeutung. De Saussure stellt fest, dass die Lautung eines Wortes einer Bedeutung zugeordnet werden muss. Sprachliche Zeichen sind somit bilateral, wie zwei Seiten derselben Medaille. Die eine Seite ist dabei die Ausdrucksseite – von de Saussure als **Signifikant** (signifiant) bezeichnet – und die andere die Inhaltsseite, wofür der Terminus **Signifikat** (signifié) steht (◨ Abb. 1.2).

Eine notwendige Bedingung sprachlicher Zeichen ist, dass diese im Lexikon der jeweiligen Sprache vorhanden sind. Ein Wort wie *prüss* existiert nicht im Wortschatz der deutschen Sprache und ihm kann somit keine Bedeutung zugeordnet werden. Nicht jegliche lautliche Äußerung bzw. jegliches Lautbild stellt also ein sprachliches Zeichen im Sinne de Saussures dar.

Analyseverfahren Für die Sprachwissenschaft von elementarer Bedeutung sind die aus dem Strukturalismus hervorgegangenen Analyse- und Ordnungsverfahren. Dazu gehört das Zerlegen von Äußerungen in einzelne Bestandteile mit dem Ziel, kleine und kleinste Einheiten zu ermitteln. Sao lassen sich Sätze in Wörter, Wörter in Laute gliedern und so weiter. Dafür werden operationale Vorgehensweisen wie bspw. das **Segmentieren** eingesetzt. Ein Vergleich der Wörter *lachen* und *machen* zeigt, dass der Austausch der Laute [l] und [m] zu einem Bedeutungsunterschied führt und beide Laute zum Lautinventar des Deutschen gehören. Sie haben demnach eine Funktion innerhalb des Systems, was de Saussure als Wert **(valeur)** eines sprachlichen Zeichens bezeichnet. Die ermittelten Bestandteile gilt es anschließend zu **klassifizieren**, indem die Einzelelemente nach ausgewählten Merkmalen verglichen und Gemeinsamkeiten und Unterschiede systematisch beschrieben werden.

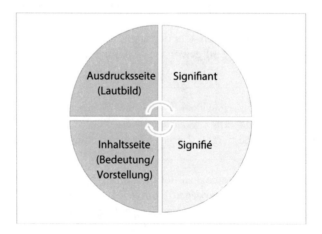

◨ **Abb. 1.2**   Bilateralität sprachlicher Zeichen nach de Saussure

Ebenso von Bedeutung ist die Beschreibung der Beziehung sprachlicher Einzelelemente innerhalb komplexerer Einheiten. Lineare Verkettungen einzelner Laute zu Wörtern und einzelner Wörter zu einem Satz – Beziehungen also auf der horizontalen Ebene (von links nach rechts) – werden als **Syntagma** bezeichnet. In dem Satz *Lachen ist die schönste Sprache der Welt.* kann *ist* durch *sei* ausgetauscht (substituiert) werden. Der Satz *Lachen *sind die schönste Sprache der Welt.* hingegen wäre falsch (das *Sternchen zeigt das fehlerhafte Wort), da *Lachen* und *sind* grammatisch nicht zusammenpassen.

Der Terminus **Paradigma** beschreibt hingegen die Beziehungen, die sich auf der vertikalen Ebene ergeben – bei der Betrachtung möglicher Varianten an einer bestimmten Stelle eines Gefüges. In dem Satz *Lachen ist die schönste Sprache der Welt.* kann *Lachen* durch *singen, schweigen* ersetzt werden, allerdings nicht durch *gesungen* oder *schweigt.* Der Abgleich erfolgt also entweder durch die Beziehungen von links nach rechts (*Lachen* passt grammatisch nicht zu *sind*) oder von oben nach unten (*lachen* entspricht grammatisch nicht *gelacht* und lässt sich nicht austauschen).

Strukturalistische und semiotische Betrachtungsweisen wurden im Laufe der Zeit durch neue Strömungen – wie bspw. die der **Kultursemiotik** – weiterentwickelt und teilweise verändert. Zum einen werden dabei andere Zeichensysteme einbezogen – wie etwa die bereits oben erwähnten nonverbalen und paraverbalen Zeichen – und zum anderen werden soziale und kulturelle Aspekte, welche die Prozesse der Zeichenverwendung beeinflussen, fokussiert (Linke et al. 2004).

1.4 Zeichen und Zeichenbenutzer

Bislang wurde der **Zeichenbenutzer** kaum oder nur indirekt erwähnt. Das **semiotische Dreieck** (◻ Abb. 1.3) ergänzt die bislang bilateral (zweiseitig) dargestellte Beziehung zwischen Zeichenausdruck und Zeichenbedeutung um eine dritte Komponente, nämlich die des Zeichenbenutzers. Damit wird deutlich, dass Zeichen grundsätzlich einer gedanklichen Deutung bedürfen. Um etwa das Wort *lachen* der entsprechenden – mit dem Mund ausgeführten und Freude ausdrückenden – körperlichen Aktivität zuzuordnen, bedarf es eines Interpreten.

Der psychologische Prozess, der für die Zuordnung eines Zeichens zu dem, was es bezeichnet, erforderlich ist, wird als **Semiose** bezeichnet. Der Terminus ,semiotisches Dreieck' stellt eine Sammelbezeichnung für verschiedene triadische

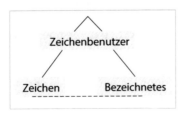

◻ **Abb. 1.3**   Das semiotische Dreieck

1

(dreiteilige) Darstellungen dar. Dabei variieren die Begriffe, die innerhalb der jeweiligen Modelle verwendet werden, und diese sind teilweise unterschiedlich konnotiert (gedeutet). Für den Zeichenbenutzer etwa finden sich Begriffe wie ‚Referenz‘, ‚Gedanke‘, ‚Bedeutung‘ und ‚Interpret‘. Unabhängig von den verschiedenen Ausprägungen, Differenzierungen und zusätzlichen Verästelungen (bspw. in dem semiotischen Dreieck nach Charles W. Morris 1939) drückt das Modell im Kern aus, dass zwischen dem Zeichen und dem Bezeichneten keine direkte Beziehung besteht. Aus diesem Grund verbindet die beiden Komponenten nur eine gestrichelte Linie (◘ Abb. 1.3). Die Beziehung wird erst durch die Semiose bzw. durch die Aktivität eines Zeichenbenutzers hergestellt (Linke et al. 2004).

Die Herausstellung der psychischen Ebene durch das semiotische Dreieck bietet eine Grundlage für Modelle, die sich mit kommunikativen Prozessen beschäftigen.

1.5 Kommunikationsmodelle

Es existieren zahlreiche Kommunikationsmodelle, die sich hinsichtlich ihres Entstehungszeitpunkts, ihres Fachbezugs sowie ihrer inhaltlichen Komplexität und Schwerpunktsetzung unterscheiden. Im Folgenden werden nur einige Modelle vorgestellt, auf welche die germanistische Fachwissenschaft und die Fachdidaktik häufig Bezug nehmen. Zu Beginn wird das Organonmodell vorgestellt, auf welches sich die meisten der folgenden Modelle beziehen.

Das **Organonmodell** von **Karl Bühler** (1879–1963) trennt den Zeichenbenutzer in einen **Sender** und einen **Empfänger** (◘ Abb. 1.4). Im Zentrum steht das konkrete Schallphänomen beziehungsweise das Zeichen (Z). Die Funktion des Zeichens wird dreifach interpretiert. Zum einen drückt der Sender etwas aus, indem er ein bestimmtes Zeichen in einer bestimmten Situation und in einem bestimmten Kontext verwendet **(Ausdruck)**. Gleichzeitig verweist das Zeichen auf etwas Gegenständliches oder auf bestimmte Sachverhalte **(Darstellung)**. Drittens soll dem Empfänger etwas vermittelt werden **(Appell)**.

Die Aussage *In einer Klasse befinden sich rund 20 Kinder* kann über die Darstellung des Sachverhalts, dass der Klassendurchschnitt in der Regel 20 Kinder beträgt, verschiedene kommunikative Funktionen haben. Je nachdem, wer diese in welchem Zusammenhang wem gegenüber äußert, kann auf der Ausdrucksebene gemeint sein, dass eine Lehrkraft sich um viele Schüler*innen gleichzeitig kümmern muss und auf der Appellebene kann vom Sender Verständnis erhofft werden. Dies ist aber nur eine Deutungsmöglichkeit.

Mit Bühlers Modell tritt das **sprachliche Handeln** in den Mittelpunkt der Betrachtung, das als absichtsvolle Aktivität verstanden wird, die wechselseitig stattfindet und an konkrete Lebensumstände gebunden ist (Bühler 1934/1982, zit. nach Spiegel 2019). Die Grundzüge des Organonmodells wurden später vielfach und in unterschiedlichen Kontexten aufgegriffen und weiterentwickelt.

Einen anderen, wesentlich weiter gefassten Kommunikationsbegriff vertritt **Paul Watzlawick** (Watzlawick et al. 1969), indem er jede Art von zwischenmenschlicher Wahrnehmung in den Kommunikationsbegriff einbezieht.

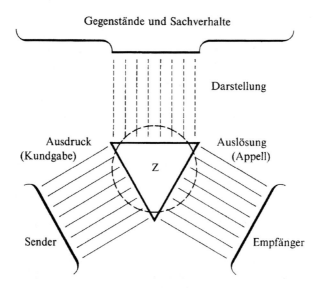

Gegenstände und Sachverhalte

Darstellung

Ausdruck
(Kundgabe)

Auslösung
(Appell)

Z

Sender

Empfänger

◘ Abb. 1.4 Das Bühlersche Organonmodell (aus: Glück/Rödel 2016: 113)

Sein erstes bekanntes Axiom (Grundsatz) lautet: Man kann nicht nicht kommunizieren. Für Watzlawick steht demnach nicht das sprachliche Handeln, sondern die Wahrnehmung und die psychischen Befindlichkeiten derjenigen, die kommunizieren, im Mittelpunkt. So lässt sich selbst passives Schweigen als kommunikatives Verhalten deuten, da angenommen werden kann, dass kein Kontakt gewünscht wird (Schuster 2003).

Friedemann Schulz von Thun (1981) verbindet in seinem **Vier-Ohren-Modell** grundsätzliche Überlegungen beider Modelle. Sein Ziel ist es, kommunikative Prozesse – bspw. im schulischen Kontext – zu interpretieren, wobei er die Aspekte Inhalt, Appell, Beziehung und Selbstoffenbarung berücksichtigt (Spiegel 2019).

Anerkannt und verbreitet ist die Methode der **themenzentrierten Interaktion (TZI)** von **Ruth Cohn** (1983). Als Grundlage ihres Konzepts entwirft sie ein Dreiecksmodell aus ES, ICH und WIR, welches von einem Umfeld (Globe) – dargestellt durch einen Kreis – umgeben ist. Ziel ist es, eine Balance zwischen den vier Bereichen herzustellen. Cohn entwickelte praktisch handhabbare Grundsätze und Anweisungen, die u. a. im schulischen Bereich Anwendung finden. Beispiele ihrer Postulate (Gebote) sind: „Sei dein eigener Chairman"; „Störungen haben Vorrang"; „Sprich per Ich und nicht per Wir oder Man". Viele später entwickelte Konzepte für die Gesprächsführung in der Schule bauen auf Cohns Methoden und Grundsätzen auf (Schuster 2003).

1.6 Fazit und Anwendung

Kinder wachsen in einer multimedial geprägten Welt auf, in der sie sich mit komplexen Zeichensystemen auseinandersetzen müssen. Dabei gewinnen Bilder zunehmend an Bedeutung und treten in unterschiedlichen Funktionen auf.

1

Durch die Einbettung von Zeichen in kommunikative Zusammenhänge finden die interaktiven Prozesse zwischen verschiedenen Kommunikationspartnern in den Modellen zunehmende Berücksichtigung. Die in diesem Kapitel dargestellten semiotischen Betrachtungsweisen können auf andere sprachwissenschaftliche und fachdidaktische Bereiche vielfältig bezogen werden.

Eine Auseinandersetzung mit Zeichen im semiotischen Sinne findet sich im schulischen Curriculum (Gesamtheit schulischer Lerninhalte) nur selten. Beispiele für semiotische Bezüge sind Geheimsprachen, Hieroglyphen und Sprachspiele, die genutzt werden, um Merkmale bestimmter Zeichensysteme zu erkennen und Vergleiche anzustellen. Ebenso die Schulbuchseite (◘ Abb. 1.5) zeigt – als singuläres Beispiel –, wie eine Auseinandersetzung mit Zeichen und Zeichensystemen im Anfangsunterricht angeleitet werden kann. Die Kinder finden Piktogramme und Logographeme (Zeichen mit Schriftbezug, die ganzheitlich wahrgenommen werden, bspw. das A von Apotheke), beschreiben diese und berichten über eigene Erfahrungen mit Zeichen. Das Unterrichtsbeispiel steht in der Tradition des Spracherfahrungsansatzes (didaktisches Unterrichtskonzept, s. Abschn. 7) und unterscheidet sich von anderen Gesprächs- und Erzählanlässen, die Alltagssituationen ohne Zeichenbezug darstellen.

1.7 Aufgaben

1. Ordnen Sie die Zeichen, die Sie auf der Schulbuchseite (◘ Abb. 1.5) finden, den Zeichentypen Symbol oder Ikon (nach Peirce) zu. Beschreiben Sie anschließend symbolische, ikonische und indexikalische Anteile, die in einzelne Zeichen oder Darstellungen der Bildseite interpretiert werden können.
2. Ordnen Sie die folgenden Zeichen einem der drei Zeichentypen (Symbol, Ikon, Index) nach Peirce zu. Begründen Sie Ihre Entscheidung.
   Schnurren einer Katze, ♟, 3, R, ☺, Knurrgeräusch des Magens.
3. Lautgebärde (Abb. aus: Karibu Fibel, Westermann Verlag 2018, S. 8)

Lautgebärden finden sich im Anfangsunterricht der Grundschule, um die Lautwahrnehmung zu unterstützen. Die Abbildung zeigt eine Lautgebärde zu dem Laut [o:]. Ordnen Sie die Begriffe *langage*, *langue* und *parole* sowie *signifié* und *signifant* dem Zeichensystem der Lautgebärden beziehungsweise der abgebildeten Lautgebärde zu.

■ **Abb. 1.5** Schulbuchseite zum Zeichenbegriff (aus: Bausteine, Arbeitsblätter, Teil A, S. 2)

1

4. Stellen Sie fest, welche der folgenden sprachlichen Zeichen nonverbal und welche paraverbal sind: Stirnrunzeln, Flüstern, Kopfschütteln, Stimmhebung am Ende einer Frage, verschränkte Arme, belegte Stimme.

Literatur

Adamzik, K. (2010). *Sprache: Wege zum Verstehen, 3.* Aufl. Tübingen: A. Francke.

Brockmeier, J. (1997). *Literales Bewußtsein. Schriftlichkeit und das Verhältnis von Sprache und Kultur.* München: Fink.

Brügelmann, H. & Brinkmann, E. (1994). *Wie wir recht schreiben lernen. 10 Jahre Kinder auf dem Weg zur Schrift.* Lengwil: Libelle.

Busch, A. & Stenschke, O. (2014). *Germanistische Linguistik, 3.* Aufl. Tübingen: Narr.

Cohn, R., C. (1994 [1983]). *Von der Psychoanalyse zur themenzentrierten Interaktion, 12.* Aufl. Stuttgart: Klett-Cotta.

Glück, H. & Rödel, M., (Hrsg.). (2016). *Metzler Lexikon Sprache, 5.* Aufl. Stuttgart: J. B. Metzler.

Linke, A., Nussbaumer, M. & Portmann, P., R. (2004). *Studienbuch Linguistik, 5.,* erw. Aufl. Tübingen: Max Niemeyer.

Peirce, C. S. (1903). *Phänomen und Logik der Zeichen.* Hrsg. u. übers. v. H. Pape. Akt. Aufl. 2011. Frankfurt a. M.: Suhrkamp.

Saussure, F. de (1967 [1917]). *Grundlagen der allgemeinen Sprachwissenschaft.* 2. Aufl. Berlin: de Gruyter.

Schulz von Thun, F. (2010 [1981]). *Miteinander reden 1. Störungen und Klärungen.* 48. Aufl. Reinbek bei Hamburg: Rowohlt.

Schuster, K. (2003). Mündlicher Sprachgebrauch. In G. Lange, K. Neumann & W. Ziesenis, W. (Hrsg.). *Taschenbuch des Deutschunterrichts. Grundlagen Sprachdidaktik Mediendidaktik Band 1* (S. 172–200). Baltmannsweiler: Schneider.

Spiegel, C. (2019). Kommunikation. In B. Rothstein & C. Müller-Brauers (Hrsg.). *Kernbegriffe der Sprachdidaktik Deutsch. Ein Handbuch* (S. 187–195). 3., überarb. Aufl. Baltmannsweiler: Schneider.

Watzlawick, P., Beavin, J., H. & Jackson, D., (2017 [1969]). *Menschliche Kommunikation. Formen, Störungen. Paradoxien, 13.* Aufl. Bern: Hogrefe.

Weiterführende Literatur

Nöth, W. (2000). *Handbuch der Semiotik, 2.,* vollst. neu bearb. und erw. Aufl. Stuttgart, Weimar: Metzler.

Posner, R., Robering, K. & Sebeok, Th., A. (2004). *Semiotik Semiotics. Ein Handbuch zu den zeichentheoretischen Grundlagen von Natur und Kultur.* 4. Teilband. Berlin, New York: de Gruyter.

Sprechen und Zuhören

Inhaltsverzeichnis

2.1 Mündliche Kompetenzen

Im schulischen Alltag finden Gespräche in vielfältiger Form statt und nehmen zeitlich einen großen Raum ein. Die Lehrkraft erarbeitet mit den Schüler*innen neue Inhalte, indem sie verbale Impulse gibt; die Lernenden äußern Vermutungen und Gedanken; Gesprächskreise werden genutzt, um Erlebnisse auszutauschen, Vorhaben zu planen oder Regelungen zu verhandeln und um über Organisatorisches zu informieren. Mündliche Kommunikation ist allgegenwärtig, nimmt aber meist nur dienende Funktion ein (Abraham 2008). Das bedeutet, die mündliche Sprachkompetenz wird **selten selbst zum Lerngegenstand.** Um diese gezielt zu fördern, müssen Unterrichtssequenzen bestimmt werden, in denen Ziele anderer Lernbereiche zurückstehen und die Förderung mündlicher Kompetenzen fokussiert wird. Realisiert werden kann dies in unterschiedlicher Weise:

- ritualisiert (bspw. Vorstellungskreis)
- thematisch eingebunden (bspw. Vortrag zu einem Sachthema)
- gezielte Übung (bspw. einen Dialog mit Nonsenssilben gestalten)
- situativ (bspw. über einen Streit sprechen)

Mündliche Sprachfähigkeiten gehören zu den wesentlichen Schlüsselqualifikationen für alle Lebensbereiche und sie sind in nahezu allen beruflichen Tätigkeiten von großer Bedeutung. Im schulischen Kontext hingegen überwiegen schriftliche und inhaltsbezogene Leistungsanforderungen. ‚Der mündliche Sprachgebrauch' als Lernbereich findet sich seit den 1970er-Jahren in den Lehrplänen. Grund dafür war die sogenannte **kommunikative Wende in der Deutschdidaktik,** die mit einem veränderten Lernverständnis einherging. Sie sprach dem kommunikativen Handeln zwischen den Schüler*innen besondere Bedeutung zu. Der Schwerpunkt lag zunächst darauf, rhetorische Mittel zu erkennen und sich deren manipulierenden Kraft zu entziehen. Ab den 1990er-Jahren lag der Schwerpunkt auf der Unterscheidung von Mündlichkeit und Schriftlichkeit, die eigenständige Sprachregister darstellen (Abraham 2008).

Mündlichkeit versus Schriftlichkeit Mündliche Kommunikation findet face-to-face statt, sodass neben **verbalen** auch **nonverbale** und **paraverbale** Mittel eine Rolle spielen. Diese sind ebenfalls Gegenstand des Lernbereichs. Kennzeichen der Mündlichkeit sind gegenüber schriftlicher Sprache die additive Anordnung von Informationen, welche sich durch die meist spontane Form ergibt. Die typischen ‚und-dann-Konstruktionen' von Kindern zeugen davon ebenso wie eine einfachere Syntax (Satzstruktur), häufige Redundanzen (inhaltliche Wiederholungen), einfachere Lexik (Wortwahl) sowie Dialekte und Soziolekte (Sprachvarianten bestimmter sozialer Gruppen). Da mündliche Sprache flüchtig ist, erleichtert eine weniger elaborierte Sprachform dem Zuhörer das Verstehen.

2.2 Sprachliches Handeln von Lehrenden

Unterrichtliche Prozesse werden maßgeblich durch die Sprache und die Kommunikationsform der Lehrenden bestimmt. Das folgende Beispiel bietet Einblicke in typische Frage- und Gesprächsformen.

> ▶ **Beispiel Unterrichtsgespräch**
>
> Ein Student möchte im Rahmen eines Unterrichtsbesuchs die Begriffe *Autor, Titel* und *Verlag* einführen. Geplant ist, dies in einem fragend-entwickelnden Unterrichtsgespräch anhand der Titelseite der Lektüre *Der Findefuchs* zu erarbeiten. Der Student zeigt den Kindern das Cover und fragt: „Was fällt euch dazu ein?" Die Kinder beginnen motiviert, Spekulationen über die Geschichte anzustellen. Sie erzählen, was dem kleinen Fuchs passieren und wie die Geschichte zu einem guten Ende finden könnte. Als Feedback folgen seitens des angehenden Lehrers Aussagen wie: „Das meine ich nicht. Darauf wollte ich jetzt nicht hinaus." Da für die Erarbeitung nur wenige Minuten eingeplant sind, gerät der Student zunehmend unter Zeitdruck und Stress und nur mühsam gelingt es ihm, die anvisierten Begriffe einzubringen. Auch die anschließende Arbeitsphase bereitet Probleme, da die Aufmerksamkeit der Kinder kaum von dem Inhalt der Geschichte auf die formalen Aspekte einer Coverbeschriftung gelenkt werden kann. ◀

Die Unterrichtsszene illustriert bekannte Probleme von Unterrichtsgesprächen. Der Student stellt eine offene Frage, möchte aber auf einen bestimmten Aspekt hinaus.

> **Offene Fragen** sind geeignet, Raum für eigene Vorstellungen und Meinungsäußerungen zu geben („Was denkt ihr darüber?"). **Geschlossene Fragen** zielen auf eine bestimmte Antwort ab und sind geeignet, Wissen und Erinnerungen abzufragen („Wie heißen die Bundesländer?").

Lehrerverhalten Stellt die Lehrkraft eine offene Frage, verfolgt aber ein bestimmtes Ziel, versuchen die Schüler*innen mit Antworten herauszufinden bzw. zu erraten, was gemeint sein könnte. Die **Dominanz der Lehrerfrage** im Unterricht ist empirisch vielfach belegt und sie bestimmt die Interaktionsstruktur zwischen Lehrer*innen und Schüler*innen wesentlich (Heidemann 2011). Zwar wird kritisiert, dass die meisten Lehrerfragen auf Wissen und Erinnern abzielen und wenig geeignet sind, Schüler*innen kognitiv zu aktiveren, dennoch ist es wichtig – wie das Unterrichtsbeispiel oben zeigt – präzise und passend zum Lernziel zu fragen. Heidemann (2011) entwickelte ein Trainingsprogramm für Lehrkräfte, welches unter anderem folgendes **Lehrerverhalten** nahelegt:
- präzise Fragen
- nach gestellten Fragen keine weiteren Fragen nachschieben

2

- nach dem Stellen einer Frage warten
- Lehrerecho vermeiden (Schüler*innenäußerungen nicht wiederholen)
- Ermahnungen positiv formulieren bzw. das erwünschte Verhalten benennen („Höre bitte zu!" statt „Sei still!")

Auch zur **nonverbalen Kommunikation** finden sich Trainingskategorien wie die folgenden:
- Einsammeln mit Blicken (Ruhe wird durch stummes Umherschauen erzeugt)
- Blickkontakt halten
- das Verhalten der Schüler*innen durch nonverbale Zeichen regulieren (bspw. Zeigefinger auf den Mund legen)

> Eine schulische Gesprächsform, bei der durch Fragen und Rückfragen der Lehrkraft Lerninhalte vermittelt werden, bezeichnet man als **gelenktes Unterrichtsgespräch** oder als **fragend-entwickelndes Unterrichtsgespräch.**

Gesprächsformen Das ‚fragend-entwickelnde Unterrichtsgespräch' steht in der Tradition Sokrates', der seinen Schülern in Dialogen zu neuen Erkenntnissen verhalf. Dabei sind die **vielfältigen schulischen Gesprächsformen,** die direkt oder indirekt durch die Lehrkraft gelenkt werden, laut Meyer (1987) **begrifflich kaum abzugrenzen.** Ein fragend-entwickelndes Unterrichtsgespräch, welches dem anvisierten Ideal entspricht, sei in der Praxis kaum anzutreffen. Positiv angenommen wird, dass bei ‚gelenkten Gesprächen' die Lernenden Gedankengänge aktiv und aufmerksam nachvollziehen, eigene Gedanken einbringen können oder die Lerninhalte teilweise selbstständig entwickeln (Meyer 1987, Steinig und Huneke 2015). Dies wird allerdings vielfach als Illusion bezeichnet (Steinig und Huneke 2015) und Meyer (1987: 287) bewertet gelenkte Unterrichtsgespräche als unökonomisch und unehrlich. Er plädiert dafür, den Begriff ‚Lehrgespräch' zu verwenden und häufiger auf alternative Formen wie Lehrervortrag, private Lektüre oder Schülerreferat zurückzugreifen. Becker-Mrotzek und Vogt (2009: 84) weisen darauf hin, dass für die Beurteilung von Gesprächen eine detaillierte Analyse einzelner Äußerungen notwendig ist, insbesondere wenn es um die Rekonstruktion kognitiver Prozesse geht.

Unabhängig von der Effektivität für das Lernen sind gelenkte Gespräche wenig geeignet, die mündlichen Kompetenzen aller Schüler*innen ausreichend zu fördern. Deshalb müssen Anlässe initiiert werden, die Schüler*innen längere Redebeiträge ermöglichen – monologische und dialogische – und die explizit mündliche Kompetenzen schulen (Hochstadt et al. 2015, Becker-Mrotzeck und Vogt 2009).

> **Kooperative Lernformen** bieten viele Möglichkeiten, den sprachlichen Austausch zwischen Schüler*innen zu fördern, und sind geeignet, mündliche Lernziele zu verfolgen (Potthoff et al. 2008).

Ein wichtiger Bereich der sprachlichen Förderung ist die **Sprache der Lehrkraft** selbst, die als Modell fungiert. Diese muss so an das Sprachniveau der Kinder angepasst sein, dass diese – nach Vygotskijs (1978) Konzept von der ‚Zone der nächsten Entwicklung' – die Möglichkeit erhalten, sich sprachlich weiterzuentwickeln. Das bedeutet, das sprachliche Niveau der Lehrkraft liegt leicht über dem Sprachvermögen der Kinder (Kleinschmidt-Schinke 2018). Die Lehrkraft fungiert als wichtiges **Sprachvorbild** zum einen für mehrsprachige Kinder und zum anderen für den Erwerb von Bildungssprache ganz allgemein. Bildungssprache bezeichnet eine Sprachform, die differenzierter und komplexer ist, als die Alltagssprache und die für den schulischen und beruflichen Erfolg eine wichtige Voraussetzung darstellt (Feilke 2012). Eine gezielte sprachliche Förderung mehrsprachiger Kinder stellt das **Scaffolding** dar, bei dem fachliche und sprachliche Ziele verknüpft werden. Die Kinder erhalten im Rahmen eines **sprachsensiblen Unterrichts** gezielte sprachliche Unterstützungsangebote (Kniffka und Neuer 2017).

Mündliche Sprachfördertechniken Eine Form der mündlichen Sprachförderung ist das **korrektive Feedback**. Dieses ist angelehnt an die Sprachpraktiken Erwachsener, die kleinkindliche Äußerungen in der kommunikativen Interaktion korrigieren und modellieren. Bspw. sagt das Kind: „Keks haben" und der Erwachsene reagiert mit: „Möchtest du einen Keks essen?"

Kucharz und Mackowiak (2011) entwickelten Sprachfördertechniken, die geeignet sind, Kinder in Alltagsgesprächen sprachlich zu fördern. Sie unterscheiden drei Bereiche:

- **korrektives Feedback**
  - auf phonologischer Ebene (Kind: „Ich <u>t</u>ann" Erw.: „Du <u>k</u>annst")
  - auf semantischer Ebene (Kind: „Das ist ein <u>Hund</u>." Erw.: „Das ist eine <u>Katze</u>, genau.")
  - auf syntaktischer Ebene (Kind: „Ich Hunger." Erw.: „Du <u>hast</u> Hunger?")
  - auf morphologischer Ebene (Kind: „Ich bin drei <u>Jahrs</u> alt." Erw.: Ja, du bist drei <u>Jahre</u> alt.")
- **Modellierungstechniken**
  - semantisch/ inhaltliche Erweiterung (Kind: „Ich habe ein Haus gemalt." Erw.: „Du hast ein grünes Haus mit einem roten Dach gemalt.")
  - syntaktische Erweiterung um Satzglieder/ Veränderung der Satzstellung (Kind: „Ich spiele jetzt." Erw.: „Du spielt jetzt mit der Puppe." Kind: „Ich habe Durst." Erw.: „Du holst dir etwas zu trinken, weil du Durst hast.")
  - morphologische Veränderung bezüglich Flexionen etc. (Kind: „Das ist ein Buntstift und das ist ein Buntstift." Erw.: „Das sind zwei Buntstifte.")

2

■ **Stimulierungstechniken**
  – sprachanregende offene Fragen (Erw.: „Warum streitet ihr euch?")
  – Paralleltalking/ sprachbegleitendes Sprechen von Handlungen, Vorhaben etc. (Erw.: „Jetzt ziehst du deinen Pullover an. Jetzt suchst du deinen Schal.")

Empirische Befunde zum ‚korrektiven Feedback' zeigen, dass vor allem Lernende im Anfangsunterricht davon profitieren. Schoormann und Schlak (2012) betonen, dass das Feedback auf die kontextuellen und individuellen Bedingungen jeder konkreten Lernsituation „zugeschnitten" werden sollte.

2.3 Der Lernbereich in den Bildungsstandards

Die Bildungsstandards (KMK 2005: 9 f.) gliedern den Lernbereich **Sprechen und Zuhören** in folgende Teilbereiche:
■ **Gespräche führen:** Gesprächsregeln und die Interaktion zwischen den Gesprächspartnern
■ **zu anderen sprechen:** die Fähigkeit, standardlautlich (ohne Dialekt), artikuliert und funktions- und situationsangemessen zu sprechen
■ **verstehend zuhören:** wichtige Voraussetzung für gelingende kommunikative Prozesse
■ **szenisch spielen:** betrifft neben dem szenischen Spiel auch das Rollenspiel
■ **über Lernen sprechen:** bezieht sich einerseits auf Beschreiben, Erklären und Präsentieren von Sachverhalten und andererseits auf den Austausch von Lernerfahrungen

Die Auflistung lässt bereits erkennen, dass *Sprechen und Zuhören* in ein Netz von Kompetenzen eingewoben ist, die über mündliche Kompetenzen hinausgehen und die Aufmerksamkeitssteuerung und andere psychische Prozesse einschließen (Behrens und Eriksson 2017). Ebenso sind Fragen der Unterrichtsorganisation, der Unterrichtsmethodik und der Sozialform (Plenum, Gruppenarbeit, Einzelarbeit etc.) eng mit dem Kompetenzbereich verbunden.

Insgesamt erscheint der Lernbereich unübersichtlich und die verschiedenen Aspekte und Begriffe lassen sich kaum eindeutig abgrenzen. Bspw. werden ‚Kreisgespräch' und ‚Halbkreis' unterschieden, was zunächst nur eine Beschreibung der räumlichen Platzierung ist. Ebenso werden ‚Partner-' und ‚Gruppenarbeit' benannt, was die Anzahl der Gesprächsteilnehmer*innen beschreibt. Auch finden sich die Begriffe ‚Erzählkreis' und ‚Klassenrat', was inhaltliche Aspekte betrifft, da ein Erzählkreis in der Regel dem sozialen Austausch dient, während ein Klassenrat über Konflikte berät oder Abstimmungen demokratisch regelt. Ausführungen zu dem Lernbereich *Sprechen und Zuhören* beziehen sich auf unterschiedliche Aspekte, die eng miteinander verwoben sind.

2.4 Gespräche führen

In den Bildungsstandards wird ausgeführt, dass Kinder im Bereich *Gespräch führen* lernen, **sich an Gesprächen zu beteiligen, Gesprächsregeln zu beachten und Anliegen und Konflikte zu diskutieren und zu klären** (KMK 2005: 9). Schulische Gespräche unterscheiden sich dabei grundlegend von außerschulischen Formen (Behrens und Eriksson 2017).

Im Folgenden sollen diese Aspekte beleuchtet werden:

- **Gesprächsanlässe/** Erzählkreis: Worüber wird gesprochen?
- **Sozialformen/** Kooperatives Lernen: Wer spricht mit wem?
- **Regeln:** Welche Regeln gelten?
- **Sprache:** Wie wird gesprochen?
- **Reflexionen:** Wie wird reflektiert?

Gesprächsanlässe – Der Erzählkreis Außerhalb von Lehrgesprächen kommt dem Erzählen in der Grundschule ein besonderer Stellenwert zu. Ein verbreitetes Ritual ist, am Montagmorgen über das Wochenende zu erzählen. Dies wird als **Montagsmorgenskreis** oder auch einfach als ‚Erzählkreis' bezeichnet. Die Funktion besteht darin, dem Bedürfnis nach sozialem Austausch Raum zu geben und einen gemeinsamen Wochenanfang zu gestalten (Potthoff et al. 2008: 40). Der Lernwert wird dabei oft infrage gestellt, da die Themen in der Regel wenig anregend und die Anforderungen an die Kinder nicht geklärt sind. Der Aufforderung „Erzähle von deinem Wochenende" fehlt das entscheidende Element einer Erzählung: die Erzählwürdigkeit im Sinne einer Abweichung vom Normalen (Dehn 2015: 14; Pompe et al. 2016: 75). Dadurch wird eine unreflektierte Erzählsituation geschaffen (Behrens und Eriksson 2017: 51) und die Kinder benennen eine bloße Abfolge von Ereignissen („Ich bin aufgestanden. Dann habe ich gefrühstückt. Ich war im Kino…").

Die Herausforderung besteht darin, statt einer Aneinanderreihung von Einzelerlebnissen ein wechselseitiges Miteinander-Sprechen entstehen zu lassen (Potthoff et al. 2008: 30). **Vereinbarungen** wie der Verzicht auf sich wiederholende Floskeln („Ich bin aufgestanden"), die Auswahl geeigneter Inhalte (Was könnte für die anderen interessant sein?), gegenseitiges Zuhören, Rückfragen zu dem Erzählten etc. können dazu beitragen. Ein Reihum-Erzählen vom Wochenende, bei dem jedes Kind gefordert ist, etwas „Interessantes" zu erzählen, ist demnach wenig sinnvoll und verhindert eine lebendige Gesprächssituation. Behrens und Eriksson (2017: 71) schlagen Varianten zu dem Montagsmorgenskreis vor, bei denen die Kinder entweder in wechselnden Kleingruppen erzählen oder sich über ein vorgegebenes Thema (Tiere, Geschwister etc.) austauschen. Lehrkräfte sollten die Funktion des Erzählkreises am Montagmorgen kritisch reflektieren. Sie sollten sicherstellen, dass eine von ihnen anvisierte Zielsetzung, wie bspw. emotionale Entlastung nach dem Wochenende oder sozialer Austausch, auch erreicht wird.

2

Als **Freitagsabschlusskreis** bezeichnet man einen Gesprächskreis zum Wochenabschluss. In diesem berichten die Kinder über Gelerntes und Erlebtes der vergangenen Woche. Es können selbstverfasste Texte vorgelesen, Experimente vorgestellt werden u.v.m. Sequenzen, in denen Kinder anderen etwas vortragen, können dabei bereits dem Lernbereich „zu anderen sprechen" zugeordnet werden. Die Grenzen zwischen den beiden Teilbereichen sind fließend.

Vielfältige Themen bieten Anlässe für gemeinsame Gespräche: Sach- und Alltagsthemen, sprachliche und literarische Themen sowie Inhalte, die das Unterrichts- und das Schulgeschehen direkt betreffen (Behrens und Eriksson 2017: 53). Der Gesprächsanlass hat dabei Auswirkungen auf den Ablauf und die Strukturierung des Gesprächs. Zum Beispiel erfordern Konfliktgespräche und Planungsgespräche, in denen Meinungen und Argumente ausgetauscht werden, die Einhaltung besonderer Regelungen und sprachlicher Ausdrucksweisen (bspw. die Rolle eines Mediators, Klärung von Sichtweisen etc.).

Sozialformen – Kooperatives Lernen Gespräche werden von mindestens zwei Gesprächsteilnehmer*innen geführt, wobei die Bandbreite in der Schule von Partner- über Gruppen- bis zu Klassengesprächen reicht. **Kooperatives Lernen** bezeichnet eine Lernform, die eine **Aktivierung aller Schüler*innen** zum Ziel hat. Unterschiedliche Sozialformen werden so integriert, dass eine kooperative Lernkultur gefördert wird (Brüning und Saum 2008). Die Methode ist prinzipiell unabhängig von Inhalten, für die Weiterentwicklung mündlicher Fähigkeiten aber besonders geeignet (Hochstadt et al. 2015; Potthoff et al. 2008). Das Grundprinzip des ‚Kooperativen Lernens' ist (Brüning und Saum 2008):
1. **Think:** Denken (Die Schüler*innen arbeiten alleine.)
2. **Pair:** Austauschen (In Partner- oder Kleingruppen findet ein Austausch statt.)
3. **Share:** Vorstellen (Die Gruppenergebnisse werden in der Klasse besprochen.)

Damit wird der „klassische" Unterrichtsablauf (Gemeinsame Erarbeitung im Plenum und anschließende Einzel-, Partner- oder Gruppenarbeit) umgekehrt und zuerst alleine gearbeitet. ‚Kooperative Lehrmethoden' fördern die Zusammenarbeit der Kinder in vielfältiger Weise und setzen auf unterschiedliche Gesprächsformate. Durch die hohe Schüler*innenaktivierung und die Strukturierung der Redebeiträge werden mündliche Kompetenzen gleichermaßen benötigt und gefördert. Das folgende Beispiel verdeutlicht dies.

> ▶ **Diskussion mit Redekärtchen: Talking Chips**
>
> Um zu gewährleisten, dass die Redeanteile innerhalb einer Gruppendiskussion gleich verteilt werden, und um zu verhindern, dass nicht manche viel und andere kaum sprechen, werden vor dem Gespräch an jede*n Teilnehmer*in die gleiche Anzahl an Redekärtchen/Chips verteilt. Mit jedem Redebeitrag legt das Kind ein Kärtchen bzw. einen Chip in die Mitte. Erst wenn alle Chips in der Mitte liegen, werden diese an die Gruppenmitglieder zurückgegeben und das Gespräch fortgeführt. Hat ein Kind seine Kärtchen/Chips aufgebraucht, muss es warten, bis die anderen Mitglieder ihre Redekärtchen aufgebraucht haben (Brüning und Saum 2008: 33 ff.). ◀

Neben der Verteilung der Redebeiträge ist die **Zusammenarbeit** in unterschiedlichen Gruppenkonstellationen für ‚Kooperatives Lernen' symptomatisch. Partner oder Gruppen finden in unterschiedlicher Weise zueinander: zufällig (nach einer bestimmten Aufstellung oder Bewegung im Raum (Kugellager), durch Abzählen etc.) oder nach eigener Wahl (Verabredungskärtchen) (Brüning und Saum 2008: 67).

Am Anfang des Kapitels haben wir festgestellt, dass Gespräche mit der ganzen Klasse kaum geeignet sind, mündliche Kompetenzen zu fördern, da allein durch die Gruppengröße nicht alle Kinder ausreichend zu Wort kommen können. **Kooperative Lernformen** bieten durch die vielfältigen Gesprächsformen in verschiedenen Gruppenkonstellationen viele Möglichkeiten, den mündlichen Austausch zwischen den Kindern zu fördern. Dafür müssen die Kinder mit den Methoden vertraut sein, was bedeutet, dass diese ritualisiert eingesetzt werden (Potthoff et al. 2008).

Guter Unterricht ist nach Meyer (2004: 80) gekennzeichnet durch den **Wechsel unterschiedlicher Lernmethoden.** Die Kombination eines eher lehrergelenkten, kognitiv anregenden Unterrichts mit Kleingruppenarbeit und Anteilen indirekter Instruktion führen zu besseren Schülerleistungen als einseitige Methoden. Es geht also um ein „sowohl als auch" statt eines „entweder oder" (Lipowski 2006).

Die Lehrkraft kann in Gesprächen **unterschiedliche Rollen** einnehmen. Nach Meyer (1987) wird von **Frontalunterricht** gesprochen, wenn alle Redebeiträge durch die Lehrkraft gesteuert und kommentiert werden, sodass sie den größten Sprechanteil hat. Dieser sinkt in Gesprächsformen, bei denen die Lehrkraft eher moderierend tätig wird. Erst wenn die Lehrkraft als gleichberechtigter Gesprächspartner fungiert, verteilen sich Redebeiträge gleichmäßig. In Phasen ‚Kooperativen Lernens' nimmt die Lehrkraft meist eine beobachtende Rolle ein. Damit Kinder lernen, sich aktiv an Gesprächen zu beteiligen und diese zunehmend selbstständig zu führen, ist zu empfehlen, die Gesprächsführung in ausgewählten Phasen einzelnen Kindern anzuvertrauen. Zum Beispiel kann ein Kind die Beiträge für einen Vorstellungskreis sammeln und diesen moderieren.

Regeln Gesprächsregeln spielen im Grundschulunterricht eine wichtige Rolle und sind für eine gelingende Kommunikation grundlegend. Sie nehmen Bezug auf unterschiedliche Aspekte wie bspw. „Ich melde mich.", „Ich spreche laut und deutlich.", „Ich höre den Anderen zu." „Ich bleibe beim Thema." Wichtig für die Entwicklung von Regeln ist, dass deren Notwendigkeit in einer Situation erlebt wird. Zum Beispiel bemerken die Schüler*innen, dass manche Kinder so leise sprechen, dass sie nicht von allen verstanden werden. In einem ‚Metagespräch' (Gespräch über das Gesprächsverhalten) bespricht die Klasse Probleme, die im Schulalltag aufgetaucht sind, entwickelt und berät Lösungsansätze und stimmt über konkrete Vereinbarungen ab.

> Wichtig ist, dass die Kinder die Regeln für erforderlich halten und aktiv an deren Entwicklung und Formulierung beteiligt sind. Eventuell können die Regeln festgehalten bzw. visualisiert werden. Anschließend gilt es, die Vereinbarungen im Alltag zu etablieren.

2

Es ist sinnvoll, **gezielte Übungen** durchzuführen, die – im besten Fall spielerisch – den Fokus auf die entsprechende Verhaltensweise legen. Ebenso können Regeln im Alltag dadurch gefestigt werden, dass ausgewählte Kinder diese überwachen (bspw. Lautstärkewächter) und daran erinnern (bspw. Karte mit Regel hochhalten) (Potthoff et al. 2008). Auch komplexere Regeln, wie bspw. jemandem aufmerksam zuhören, können durch gezielte Übungen trainiert und im Alltag angewendet werden. Dabei ist der Regelkatalog einer Klasse nicht statisch, sondern wird ständig angepasst. Insgesamt gilt es, Regeln schrittweise und diskursiv einzuführen und zu etablieren.

2.5 Zu anderen sprechen

Laut Bildungsstandards ist es beim *Sprechen zu anderen* erforderlich, **funktionsangemessen** zu sprechen und zwischen **erzählen, informieren, argumentieren** und **appellieren** zu unterscheiden (KMK 2005: 10).

Für den Aufbau der **Erzählkompetenz** entwickelte Claus Clausen (1995) eine **Didaktik des Erzählens.** Diese befähigt Kinder, Geschichten zu erfinden und für andere unterhaltsam zu erzählen. Die Kinder erhalten dafür eine bestimmte Erzählanregung wie bspw. eine der folgenden:

- Die Kinder erhalten Kärtchen mit Figuren (Fips der Hund), mit Situationen (Fips hat Angst vor…) und mit Gegenständen (Hundehütte…), ordnen diese entsprechend ihrer Handlungsideen und erfinden dazu eine Geschichte.
- Die Kinder erhalten eine Erzählkarte mit einer Handlung („Einer ging von zu Hause fort…") und entwickeln dazu eine Geschichte.
- Mithilfe von Blankokärtchen, einer Wäscheleine und Wäscheklammern entsteht eine Geschichte an der Wäscheleine.

Die Geschichten entwickeln die Kinder in Kleingruppen und erzählen diese anschließend gemeinsam für die anderen Kinder der Klasse. Sie lernen dabei, ihre Geschichten strukturiert, schlüssig aufgebaut (Roter Faden) und spannend zu erzählen. Claus Clausen lässt die Kinder als Einstieg Geschichten nacherzählen, sodass sie sich zunächst mit den sprachlich-stimmlichen und den gestisch-mimischen Anforderungen auseinandersetzen können, bevor sie eigene Geschichten erfinden.

Andere bzw. spezifische Kompetenzen benötigen Kinder für **Vorträge und Präsentationen,** in denen etwas berichtet, erklärt oder beschrieben wird. Das jeweilige Thema muss nachvollziehbar strukturiert und vorgetragen werden. Zusätzlich können nichtsprachliche Mittel (Plakat, Bilder, Filme etc.) eingesetzt werden. Präsentationen beziehen sich auf unterschiedliche Inhalte, die auch andere Fächer betreffen können, und fördern mündliche Fähigkeiten in besonderer Weise. Die erforderlichen Teilschritte sollten gezielt entwickelt werden:

- Sammeln von Inhalten bzw. Informationen,
- Erstellung von Anschauungsmaterial,
- Vorbereitung des Vortrags,

- Umsetzung,
- Reflexion und Feedback (Behrens und Eriksson 2017: 38).

Ein weiteres Betätigungsfeld ist das **Vorlesen und Vortragen** von Texten oder Gedichten. Dabei lernen die Kinder ihre Sprache zuhörerorientiert einzusetzen. Sie markieren Punkte, Kommas und andere Satzzeichen stimmlich, strukturieren Sinneinheiten durch Tempo und Pausen und passen den stimmlichen Ausdruck dem Inhalt an.

Sprech- und Stimmbildung   Die Bildungsstandards (KMK 2005) listen unter dem Lernbereich *Zu anderen sprechen* den Teilbereich **an der gesprochenen Standardsprache orientiert und artikuliert sprechen** auf. Damit ist die mündliche Ausdrucksfähigkeit angesprochen, die sich – wie gerade schon beim Vorlesen beschrieben – auf die Sprechweise, die Stimme, den Ausdruck sowie Gestik und Mimik bezieht, also paraverbale und nonverbale Aspekte einbezieht. Eine standardlautliche Aussprache (Hochsprache, Hochdeutsch) ist weitgehend frei von dialektalen und anderen individuellen Aussprachebesonderheiten und dient der überregionalen Verständigung. Aussprachebücher – die Lehrkräften als Orientierung empfohlen werden – verzeichnen die standardlautliche Aussprache (bspw. Duden 2005: Das Aussprachewörterbuch, Bd. 6). Die Fähigkeit, standardlautlich zu sprechen, ist dabei auch für die Entwicklung orthografischer Fähigkeiten förderlich, da diese auf der Standardlautung aufbaut.

Pabst-Weinschenk (2004) legt mit ihrer Sprechwerkstatt ein didaktisches Konzept mit zahlreichen praktischen Übungen vor. Diese beziehen sich auf:

- Körperhaltung,
- Atmung,
- Nonverbales,
- Paraverbales,
- Artikulation,
- Stimme,
- Ausdruck (Betonung, Tempo, Pausen…) etc.

Die Übungen sind spielerisch aufbereitet und für Grundschulkinder gut geeignet. Auch Übungen der Theaterpädagogik können hilfreich sein, um stimmliche und sprecherische Fähigkeiten zu fördern.

> ▶ Spielbeispiel: Anziehendes im Tondickdicht

Das laute und deutliche Sprechen vor anderen ist eine wichtige Fähigkeit, und eine oft formulierte Regel lautet „Sprich laut und deutlich!" Aber manche Kinder sind aufgrund von Schüchternheit dazu nicht einfach in der Lage. Die folgende Übung baut spielerisch Hemmungen ab und trainiert das Sprechen vor Anderen.
Die Gruppe steht im Kreis und alle sagen gleichzeitig ein Wort oder einen Satz. Das Sprechmaterial kann einem Thema entnommen sein (z. B. Obstsorten), ein vorgegebenes Satzmuster verwenden (z. B. „Heute ist ein schöner Tag") oder Sonstiges. Es entsteht ein Tondickicht, indem das Vereinbarte durcheinander gesprochen wird.

2

Einer aus der Gruppe steht in der Mitte, sucht ein Kind aus und stellt sich vor dieses. Daraufhin verstummen alle anderen mit Ausnahme des ausgewählten Kindes, welches nun für kurze Zeit alleine zu hören ist. Anschließend beginnt das „Tondickicht" erneut, bis das nächste Kind ausgewählt wird (frei nach Schopf 1996: 57). ◄

2.6 Verstehend zuhören

Einem Sprecher zuzuhören und dabei das Gesprochene zu verstehen, ist in der Schule eine wichtige Fähigkeit und ebenso ein wesentlicher Bestandteil kommunikativer Kompetenzen. In Gesprächen ist nicht nur der Sprecher, der gerade spricht, sondern auch der Hörer aktiv. Dies zeigt sich durch sogenannte **Zuhörpartikel** oder Rückmeldepartikel wie *hm, mhm, ja, klar, genau*. Ebenso durch Satzkomplementierungen, Verständnisfragen sowie Kopfnicken oder -schütteln (Pompe et al. 2016). Aktives Zuhören bedarf gezielter Übung und Aufmerksamkeit, weswegen dieser Teilbereich in den Bildungsstandards zurecht explizit benannt wird (KMK 2005). Eine Zuhördidaktik ist dabei erst im Entstehen (Hochstadt et al. 2015). Behrens und Eriksson (2017) unterscheiden **grundlegende Hörübungen,** welche Aufmerksamkeit und Konzentration fördern, von Übungen zum **Hörverstehen.** Erstere sensibilisieren die Kinder für Akustisches und üben die bewusste Konzentration auf Gehörtes und fördern aufmerksames Hören. Dies stellt die Basis für reflektiertes und verstehendes Zuhören dar. Es lohnt sich, entsprechende Übungen regelmäßig und in unterschiedlichen Zusammenhängen in den Unterricht zu integrieren.

> ► **Beispiele für grundlegende Hörübungen**
>
> Beispiele für grundlegende Hörübungen sind: Alle schließen die Augen und achten auf Umgebungsgeräusche, identifizieren vorgespielte Geräusche (Geräusche-Raten), merken sich ein vorgesprochenes kurzes Gedicht, prägen sich in einer kurzen Aufwachphase ein einfaches Bild ein, welches danach gezeichnet wird (Burk 1984). ◄

Beim Hörverstehen geht es um die inhaltliche Erschließung des Gehörten. Die Kinder sollen sich darüber bewusst werden, ob sie den Textinhalt verstanden haben. Sie lernen festzustellen, was genau sie nicht verstanden haben und stellen gezielte Fragen (KMK 2005). Der Verstehensprozess umfasst verschiedene Ebenen und reicht von der reinen Informationsentnahme bis zur Erschließung hintergründiger Inhalte sowie interpretatorischer oder sogar doppeldeutiger Gehalte. Hörverstehen wird im Unterricht zwar ständig benötigt, es sollte aber auch – gerade im Anfangsunterricht – gezielt gefördert und reflektiert werden.

> ► **Beispiele für Übungen zum Hörverstehen**
>
> Beispiele für Übungen zum Hörverstehen sind das Beantworten von Fragen zu einem Text, das gemeinsame Formulieren von Fragen zu einem Text, Suchspiele (Gegenstände müssen nach genauer Beschreibung gefunden werden), Malspiele (etwas muss

nach genauer Beschreibung gemalt werden), Stille Post (ein Wort wird reihum zu-
geflüstert), Partnerspiele (ein Partner sagt einen Satz, der andere wiederholt diesen und
ergänzt einen eigenen Satz usw.). ◄

2.7 Szenisch spielen

Mit der kognitiven Wende in den 1970er-Jahren erhielt das **Rollenspiel** besondere
Bedeutung, weil man davon ausging, dass außerschulische Sprechsituationen –
insbesondere Konfliktsituationen – im schulischen Kontext vorbereitet werden
könnten, um eine Veränderung der Realität zu erwirken. Im Spiel sollten verschiedene Sprachhandlungen sanktionsfrei erprobt und geübt werden. Typische
Lebenssituationen wurden im Wechsel von Spiel und Gespräch inszeniert und
reflektiert, wobei schichtenspezifisches Sprachverhalten von besonderem Interesse
war. Nachdem deutlich wurde, dass Auswirkungen auf das reale Verhalten über-
schätzt worden waren, hat das Rollenspiel seinen zentralen Stellenwert verloren
(Bartnitzky 2000).

Der Sammelbegriff **szenisches Spiel,** der sich mittlerweile durchgesetzt hat, ist
eher praktisch-methodisch zu verstehen. Bartnitzky (2000) nennt einzelne An-
wendungsbereiche: das interpretatorische Erspielen von Szenen eines Textes, die
Inszenierung von Gedichten, das Einüben bestimmter Sprechakte (sprachliche
Äußerungen unterschiedlicher Intention bzw. Wirkung) oder Kommunikations-
formen. Deutlich wird, dass **mehr oder weniger ausgeprägte textliche bzw. literarische Bezüge oder Vorlagen** gegeben sind. Das bedeutet, Texte können im Spiel
vorgelesen werden, literarische Vorlagen können als Impuls dienen und frei
sprechend erspielt werden, Inhalte oder Dialoge zu literarischen Vorlagen können
weitergesponnen bzw. improvisiert werden, es können aber auch textunabhängige
Inhalte oder Situationen szenisch dargestellt werden. Typische Realisierungs-
formen sind das Personentheater, das Schattenspiel und das Puppenspiel. Ziele
des szenischen Spielens sind unter anderem:

- **Empathiefähigkeit** (sich in die Gefühlswelt anderer hineinversetzen),
- **Perspektivübernahme** (Gedanken, Motive, Fähigkeiten anderer nachvoll-
  ziehen),
- **Rollendistanz** (Rollen kritisch reflektieren),
- **Ambiguitätstoleranz** (unterschiedliche Vorstellungen, Werte usw. ertragen
  können).

Darüber hinaus können sprachliche und sprecherische Fähigkeiten im szenischen
Spiel entwickelt werden, wobei nonverbale Ausdrucksweisen inbegriffen sind.
Während die erstgenannten Ziele über mündliche Fähigkeiten hinausgehen, sind
letztere direkt dem Lernbereich *Sprechen und Zuhören* zuzuordnen.

2

> ▶ **Beispiel: Mimik üben**

Marita Pabst-Weinschenk (2004: 42 f.) schlägt eine Übung vor, bei der mit einem selbstgebastelten Würfel eine bestimmte Mimik ausgeführt wird. Z. B. Augenbrauen hochziehen oder zusammenziehen, Augen zukneifen, Nase rümpfen, Mund spitz machen, Wangen aufpusten oder hohl machen u. v. m. ◀

> ▶ **Beispiel: Spielszenen improvisieren**

Sylvia Schopf (1996) schlägt Spielszenen vor zu dem Themenfeld „Was alles an einer Haltestelle passieren kann." Bspw. können unterschiedliche Begegnungen improvisiert werden:

- Nach langen Jahren treffen sich zufällig zwei alte Bekannte wieder.
- Kennen wir uns vielleicht?
- ... ◀

2.8 Über Lernen sprechen

Die Bildungsstandards benennen den Teilbereich *Über Lernen sprechen* und führen dazu verschiedene Aspekte an, wie **Sachverhalte bzw. Lernergebnisse** wiedergeben und beschreiben, begründen und erklären sowie über **Lernerfahrungen und Lernprozesse** sprechen und diese reflektieren (KMK 2005). Wie bereits festgestellt, ist das Reflektieren über die zu leistenden Fähigkeiten und Regeln notwendig, um mündliche Kompetenzen effektiv weiterzuentwickeln. Die Ausführungen in den Bildungsstandards beziehen sich darüber hinaus auf fachliches Lernen. Damit wird das Sprechen über Themenfelder anderer Fächer (Sachunterricht, Mathematik usw.) angesprochen und festgestellt, dass hierfür bestimmte sprachliche Fähigkeiten notwendig sind: der Aufbau eines **fachspezifischen Wortschatzes** (z. B. Siedepunkt) **sowie fachbezogene Formulierungen** (z. B. „Das Wasser beginnt zu sieden.").

Für das Erreichen allgemeiner mündlicher Kompetenzen ist die Arbeit mit **Rückmeldebögen, Regelkarten** und **ritualisierten Reflexionsformaten** sinnvoll. Zum Beispiel können für Gespräche – wie bereits erläutert – einzelne Kinder vereinbarte Regeln (Lautstärkewächter, Zeitwächter etc.) kontrollieren (Potthoff et al. 2008) und z. B. durch Gesten (Hand hinter das Ohr legen, auf die Uhr zeigen etc.) einfordern, sodass der Unterrichtsfluss nicht gestört wird. Eine weitere Möglichkeit ist die **Reflexion des Gesprächsverhaltens** durch eine sogenannte ‚Aquariumsgruppe.' Diese beobachtet ein Gruppengespräch von außen mithilfe festgelegter Kriterien und gibt in einem anschließenden Reflexionsgespräch den Gesprächsteilnehmer*innen Rückmeldungen (Potthoff et al. 2008). Vorträge im Sachunterricht können von den zuhörenden Kindern durch festgelegte Kriterien reflektiert werden. Dabei bewerten sie fachimmanente (verständlich, anschaulich) und sprachlich-sprecherische (laut und deutlich gesprochen) Gesichtspunkte.

Die in den Bildungsstandards angesprochenen mündlichen Kompetenzen, die sich auf die Lerninhalte beziehen, stehen in Zusammenhang mit der Entwicklung einer ‚Bildungssprache.' Einer über die Alltagssprache hinausgehenden, elaborierteren Form von Sprache (Feilke 2012) sowie mit einem ‚sprachsensiblen Fachunterricht', der fachliches und sprachliches Lernen verknüpft.

2.9 Erzählforschung

Zur Erzählfähigkeit von Kindern und deren Entwicklung lässt sich eine umfangreiche Forschungslage verzeichnen. Typisch für Erzählungen sind demnach eine mindestens dreiteilige Struktur aus **Exposition, Komplikation** mit Planbruch (eine Abweichung vom normal Erwartbarem) und einem **Abschluss** (Auflösung bzw. Pointe). Außerdem sind der Einsatz **affektiver Mittel** wie expressive Verben oder konnotierende (bedeutungserweiternde bzw. wertende) Adjektive ein Merkmal narrativer Erzählungen.

Boueke et al. (1995) haben in einem **vierstufigen Modell die Erzählentwicklung** von Kindern beschrieben. Die Untersuchung beruht auf Kindererzählungen zu einer Bildergeschichte vom kleinen Herrn Jakob (Beispiele frei nach Boueke, stark gekürzt).

1. **Isolierter Typ:**
   Ereignisse werden ohne inhaltliche Verbindung verbalisiert.
   Beispiel: „da fuhrn se... so durcheinander... da fuhrn se grade...“
2. **Linearer Typ:**
   Ereignisse werden durch Konnektoren verbunden; häufig mit „und dann“.
   Beispiel: „da fährt mit nem Fahrrad... stoßen die beiden zusammen... und dann fahrn se...
3. **Strukturierter Typ:**
   Zwischen den Ereignissen werden Bezüge hergestellt, Anfang und Ende der Erzählung werden markiert.
   Beispiel: „... da sind zwei Fahrräder... die sehn sich nich... dann stoßen se zusammen... dann fahrn se wieder weiter... “
4. **Narrativer Typ:**
   Zusätzlich zur strukturierten Form werden die Zuhörer*innen durch affektive Markierungen und Stellungnahmen angesprochen und eingebunden.
   Beispiel: „Der kleine Herr Jakob machte eine Radtour... undn anderer Mann der fuhr zur Arbeit...und auf einmal... sind se gegeneinander gefahren... und weil Herr Jakob und der Mann nicht wollten dass der andere traurig war ham se... und dann sind se zusammen wieder weitergefahren.“

Dehn (2015) warnt davor, Stufenmodelle normativ zu setzen und davon ein schrittweises unterrichtliches Vorgehen abzuleiten. Vielmehr ist davon auszugehen, dass Stufenmodelle der Vielfalt an Erzählformen und ihrer Entwicklung kaum gerecht werden und nur eine grobe Orientierung bieten. Studien zum Erzählerwerb konnten zeigen, dass der **Erzählanlass** einen starken Einfluss darauf hat, welche Fähigkeiten Kinder beim Erzählen entfalten. Becker (2005) verglich die Erzählungen der gleichen Kinder zu vier verschiedenen Erzählanlässen

2

(Bildergeschichte, Erlebniserzählung, Nacherzählung, Fantasieerzählung) und konnte zeigen, dass die narrative Struktur und die Verwendung affektiver Mittel bei der Fantasieerzählung am ausgeprägtesten war.

❯ **Fiktionales Erzählen** entwickelt sich nach aktueller Forschungslage deutlich schneller als **faktuales (erlebtes) Erzählen**.

Alltagserzählung versus fiktionale Erzählung   Ein Kind erzählt mündlich von einem Erlebnis und beginnt folgendermaßen: „Gestern war ich zur Schule gegangen." Mit einem solchen für das mündliche Erzählen typischen Einstieg (Exposition) informiert das Kind sein Gegenüber darüber, wann und wo das zu Erzählende stattgefunden hat. Dabei entstehen Verflechtungen von erzählenden und berichtenden Elementen, die für **Alltagserzählungen** typisch sind (Fix 2008). Durch eine **Exposition mit Situierung** – ausgedrückt durch Formulierungsfloskeln wie „Gestern in der Schule…", „Letzten Sommer…" – bindet der Sprecher den Hörer in den entsprechenden Kontext der Alltagserzählung ein (Ehlich 2007). Alltägliche Erzählformen unterscheiden sich grundlegend von literarisch-fiktionalen Erzählungen. Das gleiche Kind beginnt die Erzählung einer erfundenen Geschichte mit der Märchenfloskel „Es war einmal ein Kind. Das hatte…"

Alltagserzählungen unterscheiden sich also sowohl thematisch als auch funktional von fiktiven Erzählformen. Erlebnisgeschichten entlasten den Erzählenden psychisch und sind **interaktiv** angelegt. **Fiktionale Erzählungen** hingegen führen den Leser in Welten, die nicht selten gerade jenseits des Alltags liegen, und haben eine unterhaltende Funktion (Ehlich 2007). Oft erzeugen sie Spannung, indem sie den Leser direkt in die Handlung einbinden (**in medias res**) und notwendige Informationen nur sukzessive und sozusagen zwischen den Zeilen liefern. Die Komplikation mit Planbruch kann je nach Erzählform als sogenannte **Höhepunkterzählung** gestaltet sein. Die **Erzählwürdigkeit** kann aber auch durch eine alltägliche Besonderheit (gemeinsam Erlebtes wird gemeinsam erzählt) gegeben sein und keinen Höhepunkt im eigentlichen Sinne enthalten (Dehn 2015).

Ein weiterer Unterschied zwischen alltäglichem und literarisch-fiktionalem Erzählen liegt in der **Nähe zur Mündlichkeit** (Fix 2008). Während die Erlebniserzählung meist Merkmale mündlicher Sprache aufweist, orientieren sich erfundene Geschichten oft an gelesenen oder vorgelesenen Geschichten. Sie übernehmen Formulierungen, Satzstrukturen und Zeitformen (Präteritum), die typisch für geschriebene Sprache sind. Für Erlebniserzählungen typisch ist die dialogische Anlage. Kinder benötigen verbale und nonverbale Äußerungen eines Zuhörers, um Erlebtes entwicklungsentsprechend erzählen zu können (Becker 2005). Fiktive Erzählformen hingegen ermöglichen den Kindern, Erzählmuster aus ihnen bekannten Geschichten, Büchern, Märchen sowie deren Figurenkonstellationen, Handlungsschemata und Genremuster zu antizipieren (Dehn 2015).

2.10 Fazit

Damit Kinder ihre mündlichen Fähigkeiten weiterentwickeln können, ist eine gezielte und kontinuierliche Förderung im Unterricht notwendig. Mündliche Sprache unterscheidet sich grundlegend von schriftlichen Textformen und bedarf spezifischer Förderung. ‚Kooperative Lernformen' sind gut geeignet, den kommunikativen Austausch zwischen den Kindern zu ermöglichen und ihnen mündliche Erfahrungsräume zu eröffnen. In lehrerzentrierten Gesprächen sollte die Lehrersprache bestimmten Kriterien folgen (bspw. passende Fragen zum Lernziel).

Mündliche Fähigkeiten müssen durch gezielte Rückmeldungen entwickelt und reflektiert werden. Dies geschieht anhand von Regeln bzw. Beobachtungskriterien, die gemeinsam entwickelt und festgehalten werden. Ihre Notwendigkeit sollten die Kinder durch Erfahrungen in authentischen Situationen nachvollziehen können. Die mündliche Ausdrucksfähigkeit kann **ritualisiert** (bspw. Klassenrat), **themenbezogen** (bspw. Sachvortrag) und durch **spezifische Übungen** (bspw. Zuhörübung) gefördert werden. Mündliche Kompetenzen sind vielfältig und es lassen sich unterschiedliche Teilkompetenzen bestimmen, die sich aus der kommunikativen Funktion ergeben (erzählen, berichten, beschreiben, argumentieren, erklären). Ebenso bedeutsam sind die Kommunikationsform (Gespräch, Vortrag), die Sozialform (Dialog, Kleingruppengespräch, Klassenrat, Plenumsgespräch) und Aspekte des Sprachausdrucks bzw. des Sprechens (Stimmbildung, ausdrucksvolles Sprechen, Nonverbales).

Das Erzählen ist in der Grundschule von besonderer Bedeutung. Der ritualisierte Montagsmorgenserzählkreis wird insofern kritisiert, dass die Kinder oft aufgrund fehlender Erzählwürdigkeit Einzelerlebnisse reihend erzählen und die Erzählkompetenz kaum gefördert wird. Studien belegen, dass Kinder beim Erzählen von fiktiven Geschichten am schnellsten zu narrativen Formen gelangen.

2.11 Aufgaben

1. Entwickeln Sie eine mehrwöchige Unterrichtsplanung für den Lernbereich „Sprechen und Zuhören", in der die Förderung mündlicher Kompetenzen ritualisiert und themenbezogen geplant wird und in der außerdem gezielte Übungen zu einem ausgewählten Teilbereich enthalten sind.
2. Planen Sie eine Einführungssequenz zu dem Thema Märchen. Notieren Sie dazu offene und geschlossene Fragen.
3a. Beobachten Sie eine Lehrkraft im Unterricht und verwenden Sie als Beobachtungsgrundlage die in ► Abschn. 2.2 unter ‚Lehrerverhalten' aufgeführten Kriterien.
3b. Alternativvorschlag zu 3a. als Gruppenarbeit:
    Notieren Sie zwei geschlossene und zwei offene Fragen rund um das Thema: „Der Lehrerberuf." Bilden Sie Gruppen mit je acht Teilnehmer*innen.

2

Organisieren Sie anhand der Fragen eine kurze Diskussion mit folgenden Rollen: 1 Gesprächsleiter, 2 Beobachter, welche das Gesprächsverhalten des Gesprächsleiters nach den Kriterien in Abschn. 2.2 beobachten, ca. 5 Sprechende. Nach ca. zwei Minuten erfolgt ein kurzes Feedback der Beobachter an den Gesprächsleiter. Danach wechseln die Rollen.

4. Gestalten Sie mit einem Partner einen Dialog ausschließlich mit den Silben „bla, bla, bla...." Wählen Sie dafür eine der folgenden Situationen aus. Spielen Sie die Situation anderen vor und lassen Sie erraten, welchen Plot Sie gewählt haben:
   - Eine Person (Kind) versucht von einer anderen Person (Erwachsener) etwas zu erhalten. Nach längerem Betteln gibt die andere Person nach.
   - Eine Person (Erwachsener) möchte etwas wissen, die andere Person (Kind) antwortet nur spärlich. Am Ende gibt die erste Person frustriert auf.
   - Eine Person (Erwachsener) möchte eine andere Person (Kind) zu etwas bringen (Zimmer aufräumen) und wird dabei immer strenger.

Literatur

Abraham, U. (2008). *Sprechen als reflexive Praxis. Mündlicher Sprachgebrauch in einem kompetenzorientierten Deutschunterricht.* Freiburg i. B.: Fillibach.

Bartnitzky, H. (2000). *Sprachunterricht heute.* Berlin: Cornelsen.

Becker, T. (2005). *Kinder lernen erzählen. Zur Entwicklung der narrativen Fähigkeiten von Kindern unter Berücksichtigung der Erzählform.* 2. korr. Aufl. Baltmannsweiler: Schneider.

Becker-Mrotzek, M. & Vogt, R. (2009). *Unterrichtskommunikation. Linguistische Analysemethoden und Forschungsergebnisse*, 2., bearb. und aktual. Aufl. Tübingen: Max Niemeyer.

Behrens, U. & Eriksson, B. (2017). Sprechen und Zuhören. In A. Bremerich-Vos, D. Granzer, U. Behrens & O. Köller (Hrsg.). *Bildungsstandards für die Grundschule: Deutsch konkret* (S. 43–74). Berlin: Cornelsen.

Boueke, D., Schülein, F. & Büscher, H. (1995). *Wie Kinder erzählen. Untersuchungen zur Erzähltheorie und zur Entwicklung narrativer Fähigkeiten.* München: Fink.

Brüning, L. & Saum, T. (2008). *Erfolgreich unterrichten durch Kooperatives Lernen. Strategien zur Schüleraktivierung.* 4. überarb. Aufl. Mühlheim an der Ruhr: NDS.

Burk, K. (1984). *Kinder finden zu sich selbst. Disziplin, Stille und Erfahrung im Unterricht.* Frankfurt a. M.: Arbeitskreis Grundschule.

Clausen, C. & Merkelbach, V. (1995). *Erzählwerkstatt: Mündliches Erzählen.* Braunschweig: Westermann

Dehn, M. (2015). Erzählen in der Schule. In M. Dehn & D. Merklinger (Hrsg.). *Erzählen – vorlesen – zum Schmöckern anregen* (S. 12–25). Frankfurt am Main: Grundschulverband.

Duden. (2005). *Duden Aussprachewörterbuch.* 6., überarb. und akt. Aufl. Mannheim: Dudenverlag.

Ehlich, K. (2007). *Sprache und sprachliches Handeln. Band 3: Diskurs – Narration – Text – Schrift.* Berlin: de Gruyter.

Feilke, H. (2012). Bildungssprachliche Kompetenzen – fördern und entwickeln. Basisartikel. *Praxis Deutsch* 233/2012, 4–13.

Fix, M. (2008). *Texte schreiben. Schreibprozesse im Deutschunterricht.* Paderborn: Schöningh.

Heidemann, R. (2011). *Körpersprache im Unterricht. Ein Ratgeber für Lehrende.* 10. Aufl. Wiebelsheim: Quelle & Meyer.

Hochstadt, Ch., Krafft, A. & Olsen, R. (2015). *Deutschdidaktik. Konzeptionen für die Praxis.* 2. Aufl. Tübingen: Francke.

Meyer, H. (1987). *Unterrichtsmethoden II: Praxisband.* 6. Aufl. Berlin: Cornelsen.

Meyer, H. (2004). *Was ist guter Unterricht?* Berlin: Cornelsen.

Kleinschmidt-Schinke, K. (2018). *Die an die Schüler/-innen gerichtete Sprache (SgS). Studien zur Veränderung der Lehrer/-innensprache von der Grundschule bis zur Oberstufe.* Berlin, Boston: de Gruyter.

Kniffka, G. & Neuer, B. (2017). Sprachliche Anforderungen. In H. Günther, G. Kniffka, G. Knoop & Th. Riecke-Baulecke (Hrsg.). *Basiswissen Lehrerbildung: DaZ unterrichten in der Schule* (S. 37–49). Seelze: Klett-Kallmeyer.

Kucharz, D. & Mackowiak, K. (2011). Sprachförderung in Kindergarten und Grundschule. Das Modell der Stadt Fellbach. In *Grundschulzeitschrift* 25 (242/243), 42–43.

KMK (2005). *Bildungsstandards im Fach Deutsch für den Primarbereich. Beschlüsse vom 15.10.2004.* München: Wolters Kluwer.

Lipowski, F. (2006). Auf den Lehrer kommt es an. Empirische Evidenzen für Zusammenhänge zwischen Lehrerkompetenzen, Lehrerhandeln und dem Lernen der Schüler. *Zeitschrift für Pädagogik* 51, Beiheft. Weinheim, Basel: Beltz, 47–70.

Pabst-Weinschenk, M. (2004). *Die Sprechwerkstatt. Sprech- und Stimmbildung in der Schule.* Braunschweig: Westermann.

Pompe, A., Spinner, K. & Ossner, J. (2016). *Deutschdidaktik Grundschule. Eine Einführung.* Berlin: Erich Schmidt.

Potthoff, U., Steck-Lüschow, A. & Zitzke, E. (2008). *Gespräche mit Kindern.* Berlin: Cornelsen.

Schoormann, M. & Schlak, T. (2012). Sollte korrektives Feedback „maßgeschneidert" werden? Zur Berücksichtigung kontextueller und individueller Faktoren bei der mündlichen Fehlerkorrektur im Zweit-/Fremdsprachenunterricht. *Zeitschrift für Interkulturellen Fremdsprachenunterricht Didaktik und Methodik im Bereich Deutsch als Fremdsprache* 17/2, 172–190.

Schopf, S. (1996). *Mit Kindern Theater spielen.* Frankfurt a. M.: Diesterweg.

Steinig, W. & Huneke, H.-W. (2015). *Sprachdidaktik Deutsch. Eine Einführung.* Berlin: Erich Schmidt.

Vygotskij, L. (1978). *Mind in society: The development of higher psychological processes.* Cambridge, MA: Havard University Press.

Weiterführende Literatur

Knapp, W., Löffler, C., Osburg, C. & Singer, K. (Hrsg.). (2011). *Sprechen, schreiben und verstehen. Sprachförderung in der Primarstufe.* Seelze: Klett-Kallmeyer.

Krelle, M. & Spiegel, C. (Hrsg.). (2009). *Sprechen und Kommunizieren: Entwicklungsperspektiven, Diagnosemöglichkeiten und Lernszenarien in Deutschunterricht und Deutschdidaktik.* Baltmannsweiler: Schneider.

Phonetik

Inhaltsverzeichnis

R. Hoffmann-Erz, *Deutsch in der Grundschule*,
https://doi.org/10.1007/978-3-662-66653-1_3

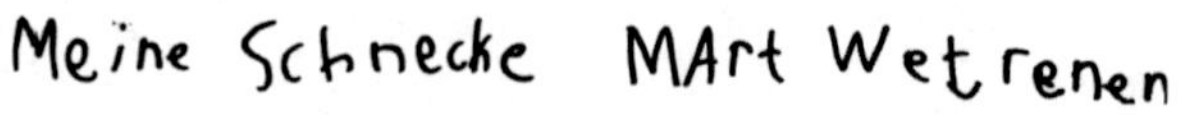

Meine Schnecke MArt Wetrenen

◘ Abb. 3.1 Schreibprobe Erstklässlerin

Einführendes Praxisbeispiel

Eine Erstklässlerin schreibt: *Meine Schnecke mart Wetrenen*. Sie verwechselt <ch> mit <r>, obwohl die beiden Laute [x] und [ʁ] keine klangliche Ähnlichkeit haben. Wie kommt es zu diesem Fehler, der im ersten Schuljahr häufig zu beobachten ist? Der Fehler lässt sich mithilfe phonetischer Kenntnisse erklären. Die Laute werden beide im Bereich des Gaumens artikuliert, sodass die Verwechslung aufgrund des Artikulationsortes geschieht. Kinder achten während der Lautanalyse nicht nur auf den Klang der Laute, sie achten auch darauf, wie sich die Laute im Mund anfühlen. Schreibfehler haben vielfältige Ursachen, und es gilt unterschiedliche Ebenen zu berücksichtigen wie bspw. die phonetische, die phonologische und die graphematische. Lehrkräfte benötigen weitreichendes linguistisches Wissen, um Schreibfehler sachgerecht zu diagnostizieren und Kindern hilfreiche Rückmeldungen geben zu können (◘ Abb. 3.1).

3.1 Die artikulatorische Phonetik

Das Kapitel zur Phonetik behandelt die sogenannte **artikulatorische Phonetik,** welche die physiologischen und funktionell-anatomischen Aspekte der Sprachproduktion untersucht. An der **Lautbildung** sind neben der Atemluft auch der Kehlkopf und die Artikulatoren (bspw. Zunge, Lippen) beteiligt. Außer der Beschreibung der Lautbildung ist ein weiteres Ziel, ein Lautinventar zu erstellen.

> Die ermittelten Sprachlaute werden als **Phone** bezeichnet. Diese lassen sich nach bestimmten Merkmalen klassifizieren und benennen.

Das phonetische Lautinventar ist zunächst sprachunabhängig bzw. sprachübergreifend. Im Kontext der Fachdidaktik ist allerdings eine Beschränkung auf das Lautinventar des Deutschen sinnvoll. Im Folgenden werden deshalb ausschließlich Laute fokussiert bzw. in den Blick genommen, die den nativen (nicht fremdsprachlichen) Wortschatz betreffen.

Der Begriff **Artikulation** wird innerhalb der Phonetik zweifach verwendet: Zum einen als Oberbegriff und synonym (gleichbedeutend) für die Lautproduktion allgemein (im weiteren Sinne) und zum anderen spezifisch (im engeren Sinne) für die Bildung bestimmter Sprachlaute mithilfe der Artikulationsorgane.

Der Prozess der **Lautproduktion** beruht auf drei Faktoren (Pompino-Marschall 2009):

— Atmung
— Phonation
— Artikulation (im engeren Sinne)

Grundlage jeglicher Lautbildung ist der ausströmende Luftstrom. Zwar wäre eine Lauterzeugung auch während des Einatmens möglich, im Deutschen wird dies allerdings nicht genutzt. Die ‚Artikulation' findet im **Rachen-, Mund- und Nasenraum** statt. Dieser Raum, der oberhalb der Stimmlippen liegt, wird als **Ansatzrohr** bezeichnet. Die Luft strömt zunächst durch die Stimmlippen im Kehlkopf, die dabei in Schwingung versetzt werden, sodass ein Ton oder ein Geräusch entsteht. Das konkrete Schallerzeugnis entsteht durch verschiedene Veränderungen bzw. Einstellungen im Rachen, Mund- und Nasenraum, und so wird ein bestimmter Sprachlaut artikuliert. Im Ansatzrohr vollziehen sich zum einen die Bewegungen, die für die Lautbildung verantwortlich sind, zum anderen wirkt dieser Hohlraum akustisch als **Resonanzraum.**

3.2 Phonation

Die Lautbildung beruht auf einem komplexen Zusammenspiel zwischen dem Luftstrom und den Knorpeln, Bändern und Muskeln des Kehlkopfs, auf das hier im Einzelnen nicht näher eingegangen werden soll. Von zentraler Bedeutung ist die Unterscheidung zwischen **stimmhaft** und **stimmlos.** Zur Verdeutlichung soll zunächst eine Selbstbeobachtung vorangestellt werden.

▶ **Selbstbeobachtung**

Bitte legen Sie Ihre Fingerspitzen an den Kehlkopf. Sprechen Sie ein „summendes S", welches am Anfang des Wortes <s̲ummen> gesprochen wird. Achten Sie auf das „Kribbeln" an den Fingerspitzen, welches Sie beim Sprechen des Lautes spüren. Sprechen Sie nun den „S-Laut", der am Ende des Wortes <Haus̲> gesprochen wird. Hierbei spüren Sie nichts an den Fingerspitzen. Wie lässt sich dies erklären? ◀

Die schematische Darstellung (◻ Abb. 3.2) zeigt verschiedene Positionen der Stimmlippen im Kehlkopf. Der Zwischenraum zwischen den Stimmlippen wird als **Glottis** oder auch als ‚Stimmritze' bezeichnet. Wird ein Laut gesprochen, bei dem die Luft ungehindert die Glottis passiert und die Stimmlippen einen weiten Abstand aufweisen, werden diese nicht in Schwingung versetzt (linke Abbildung).

Glottis = Stimmritze   Schwingung

◻ **Abb. 3.2**   Position der Stimmlippen

3

Der so entstandene Laut wird als **stimmlos** bezeichnet. Liegen die Stimmlippen hingegen nah beieinander, werden sie durch die ausströmende Luft in periodische Schwingungen gebracht und es entsteht ein **stimmhafter** Laut (rechte Abbildung).

Der „S-Laut", der am Anfang des Wortes <summen> gesprochen wird, ist stimmhaft und die Vibration der Stimmlippen kann am Kehlkopf mit den Fingerspitzen erspürt werden. Der „S-Laut", der am Ende des Wortes <Hau<u>s</u>> gesprochen wird, ist hingegen stimmlos und es lässt sich keine Vibration fühlen. Konsonanten können demnach sowohl stimmhaft als auch stimmlos sein und dieses Unterscheidungskriterium ist – wie wir noch sehen werden – in vielfacher Hinsicht bedeutsam.

Es empfiehlt sich, weitere Konsonanten bezüglich des Kontrastes stimmhaft versus stimmlos zu erproben. Zum Beispiel [p] und [b], [t] und [d], [g] und [k] usw. Probleme bei der Lautwahrnehmung entstehen, wenn die Aussprache eines stimmlosen Konsonanten mit einem angehängten [ə] realisiert wird (also dem Endlaut des Wortes <Blume> [blu:mə]), da dadurch der Eindruck von Stimmhaftigkeit entsteht. Das [ə] wird hinzugefügt, um den Laut zu verstärken, da stimmlose Konsonanten kaum zu „hören" bzw. tonlos sind. Indem bspw. statt [p] ein [pə] gesprochen wird, nimmt man die Schwingung des stimmhaften [ə] war, obwohl [p] ein stimmloser Konsonant ist.

❯ Vokale werden immer stimmhaft artikuliert, während Konsonanten stimmhaft und stimmlos sein können.

Eine weitere Erscheinung der Phonation ist der sogenannte **Glottisverschlusslaut.** Dieser entsteht, wenn die Luft hinter den geschlossenen Stimmlippen zunächst gestaut wird und dann plötzlich durch Öffnung der Stimmlippen ausgestoßen wird. Hörbar wird ein „Knacklaut" bzw. der Glottisverschlusslaut, der im IPA (s. ▶ Abschn. 3.4) durch das Lautzeichen [ʔ] ausgedrückt wird. Dieser ist den meisten Sprecher*innen nicht bewusst, da er im Deutschen nicht verschriftet wird, also kein entsprechender Buchstabe vorhanden ist (Meibauer et al. 2015). Da in anderen Sprachen dieser Laut aber teilweise verschriftet wird, notieren Kinder, die bereits in einer solchen Sprache alphabetisiert sind, dafür oft ein Zeichen. Realisiert wird der Glottisverschlusslaut vor betonten Vokalen am Wortanfang [ʔalt] (*alt*) oder im Wortinneren [bəʔaxtən] (*beachten*).

3.3 Ausspracheformen

> Die systematische Beschreibung des Lautinventars des Deutschen basiert auf der ‚Standardaussprache' bzw. der **Standardlautung.** Von dieser können die **Umgangslautung,** die **Überlautung** und die **Explizitlautung** unterschieden werden.

Sprachliche Äußerungen unterliegen dialektalen, sozialen und situativen Einflüssen und auch idiolektalen bzw. individuellen Aussprache- und Ausdrucksweisen. Wir verfügen über eine Bandbreite sprachlicher Ausdrucksformen, die wir flexibel nutzen, je nachdem mit wem wir in welchem Kontext kommunizieren. Das bedeutet, wir gebrauchen unterschiedliche **Sprachvarietäten**. Die sogenannte ‚Standardaussprache' – auch **Standardlautung** genannt – beschränkt Varianten auf ein Mindestmaß und kommt der überregionalen Sprechwirklichkeit nahe (Duden 2005). Die systematische Sprachbetrachtung basiert auf der ‚Standardlautung'.

Von der Standardaussprache unterschieden werden die ‚Umgangslautung' und die ‚Überlautung'. Die **Umgangslautung** herrscht meist in alltäglichen privaten oder beruflichen Unterhaltungen vor und wird für eine inhaltlich weniger formelle Kommunikation eingesetzt. Da die Umgangslautung eine Fülle von Sprachvarianten aufweist, ist eine systematische Darstellung kaum möglich.

Die Überlautung ist deutlicher und schriftnäher als die Standardlautung. Man verwendet sie nur in bestimmten Kontexten, wenn eine besonders deutliche Aussprache erforderlich ist wie bspw. in einer lauten Umgebung. Eisenberg (2016) unterscheidet zwischen ‚Überlautung' und ‚Explizitlautung'. Bei **Überlautung** verändert der Sprecher bzw. die Sprecherin grundlegende Aspekte wie bspw. die Vokallänge, die Betonung und die Lautstruktur. Im Bereich der Vokallänge wird bspw. statt einem Schwa [le:gən] ein langes [e:] [le:ge:n] artikuliert. Im Bereich der Betonungen werden unbetonte Silben betont wie bspw. [dɪkˈlɪç] (dick**lich**) statt [ˈdɪklɪç] (**dick**lich). Ebenso werden Laute artikuliert, die nur in der Schriftform bestehen wie bspw. [ge:hən] statt [ge:ən]. Bei Wörtern wie *gehen, sehen, stehen* wird normalerweise kein [h] gesprochen.

Die **Explizitlautung** hingegen bleibt der Normalbetonung, der Vokalquantitäten und der standardlautlichen Aussprache treu. Sie bietet für den Anfangsunterricht eine gute Grundlage, wenn es darum geht, Sprache lautlich zu gliedern und die Verschriftung zu erschließen. Die ‚Explizitlautung' ist schriftorientiert und artikuliert Wortendungen deutlich (aber nicht unnatürlich), grenzt Wörter durch Pausen stärker ab, als es in der fließenden Rede der Fall ist, und artikuliert Einzellaute genauer bzw. unabhängiger von der lautlichen Umgebung im Wort. Es findet somit eine Art überdeutliche Aussprache statt, aber keine unnatürliche bzw. veränderte.

3.4 Das Internationale Phonetische Alphabet

Das **Internationale Phonetische Alphabet** verzeichnet die Aussprache aller Laute jeglicher Sprachen. Während Schriften üblicherweise Schreibvarianten beinhalten – bspw. für den Laut [k] ein geschriebenes <k> oder <c> –, stellt das Notationssystem des IPA eine reine Lautschrift dar. Der Buchstabe <s> etwa kann stimmhaft oder stimmlos gesprochen werden. Das IPA transkribiert die Laute eindeutig bzw. verzeichnet für jeden Laut ein eigenes Lautzeichen. So wird der stimmhafte „S-Laut" durch das Zeichen [z] und der stimmlose „S-Laut" durch [s] transkribiert. In den vorangegangenen Ausführungen wurden bereits vereinzelt IPA-Zeichen verwendet, um die Laute eindeutig zu benennen. In den folgenden Kapiteln werden alle **Lautzeichen** aufgelistet, die **für den nativen Wortschatz** (ohne Fremdwörter bzw. fremdsprachliche Laute) des Deutschen benötigt werden. Die IPA-Zeichen sind für die folgenden Kapitel grundlegend. Die Phone werden dabei stets durch eckige Klammern [ ] gekennzeichnet.

Die IPA-Zeichen werden in der Literatur nicht einheitlich transkribiert und es finden sich grafische Varianten. Die hier verwendete Notation basiert auf der *Lautschrift für die deutsche Aussprache* des Duden Aussprachwörterbuchs (Duden 2005: 12). Die IPA-Schrift ist eine systematische Transkription, wobei eine enge von einer weiten Notationsweise unterschieden werden kann. Während die **enge Transkription** genauer ist und die tatsächlich beobachtbare phonetische Eigenschaft der Äußerung wiedergibt (Pompino-Marschall 2009: 270), erfasst die **weite Transkription** die Sprachrealisation weniger genau. Für eine enge Transkription dienen zusätzliche (diakritische und suprasegmentale) Zeichen, die den IPA-Zeichen zugefügt werden können und bspw. Haupt- und Nebenbetonungen, Intonationsqualitäten oder kleinste Lautunterschiede kennzeichnen. Das hier vorgestellte Transkriptionssystem verzichtet auf diese weitgehend und verfolgt das Ziel, die Analyse und Beschreibung der grundlegenden Lauteinheiten des nativen Wortschatzes zu ermöglichen.

3.5 Konsonanten

Dieser Abschnitt widmet sich zunächst ausführlich den Konsonanten, bevor die Vokale vorgestellt werden. Konsonanten sind uns seit der frühen Schulzeit bekannt, sodass zunächst ein wichtiger Unterschied geklärt werden soll, der die allgemein geläufige Benennung von Konsonanten in Abgrenzung zu konsonantischen Phonen betrifft.

Ein Erstklässler schreibt <NT>. Welches Wort könnte gemeint sein? Da das Kind für <N> den alphabetischen Namen [ɛn] und für <T> [tə] spricht, liest sich <NT> wie [ɛn tə] *ENTE*. Die Problematik der Alphabetnamen ist im ersten Schuljahr weit verbreitet und zeigt sich an vielfältigen Schreibprodukten, in denen die Vokale fehlen (<HSE> für Hase). Deutlich wird, dass stets die **Lautwerte** verwendet werden müssen und nicht Buchstabennamen bzw. Alphabetnamen.

Zu Beginn dieses Kapitels werden alle konsonantischen IPA-Zeichen aufgelistet. Um den gemeinten Laut erschließen zu können, werden Beispielwörter gegenübergestellt, die den entsprechenden Laut beinhalten. Das Schriftzeichen, welches den Laut vertritt, wird durch Fettdruck markiert. In den meisten Fällen handelt es sich um den Anlaut bzw. den ersten Buchstaben des Wortes. Zuweilen ist aber auch der Endlaut gemeint, was durch Unterstreichung zusätzlich gekennzeichnet ist. Um den tatsächlichen Lautwert zu erschließen, sollte eine möglichst natürliche bzw. authentische Aussprache zugrunde gelegt werden (◘ Tab. 3.1).

Die Gegenüberstellung zeigt, dass viele IPA-Zeichen mit den uns bekannten Buchstaben übereinstimmen. Gewöhnungsbedürftig ist das IPA-Zeichen [z] für den stimmhaften „S-Laut", welches nicht mit dem Buchstaben <z> zu verwechseln ist. Gleiches gilt für das [v], welches dem Anlaut des Wortes <Wolke> entspricht und keinen Bezug zu dem Buchstaben <v> hat. Das Lautzeichen [ŋ] verdeutlicht, dass das Schriftzeichen <ng> einen einzelnen Laut vertritt, ebenso wie die Buchstabenfolge <sch> für den Einzellaut [ʃ] steht. Das IPA Inventar unterscheidet alle möglichen „R" Artikulationen (Zungenspitzen-R, Zäpfchen-R usw.). Das hier

■ **Tab. 3.1** Konsonantenzeichen des IPA

IPA	Beispielwort	IPA	Beispielwort
[b]	Baum	[p]	Pinsel
[d]	Dose	[ʁ]	Raupe
[f]	Fisch	[s]	Hau<u>s</u>
[g]	Gabel	[z]	Seil
[h]	Hose	[ʃ]	Schaukel
[j]	Junge	[t]	Tafel
[k]	Kuchen	[v]	Wolke
[l]	Lampe	[ç]	Mil<u>ch</u>
[m]	Maus	[x]	Bu<u>ch</u>
[n]	Nase	[t͡s]	Zaun
[ŋ]	R<u>ing</u>	[p͡f]	Zo<u>pf</u>

verwendete [ʁ] steht für ein geriebenes Zäpfchen-R. Da diese Ausspracheform im deutschen Sprachraum am meisten verbreitet ist, beschränkt sich die Liste auf diesen „R-Laut." Die beiden IPA-Zeichen [t͡s] und [p͡f] sind besonders, da sie genau genommen aus zwei Einzellauten bestehen.

Zwei Konsonanten-Paare, die uns aus der Schrift geläufig sind, finden sich in dieser Aufstellung nicht. Zum einen betrifft dies die Lautabfolge [k] und [s], die wir in Wörtern wie <Fuchs> [fʊks] als <chs> und in Wörtern wie <Hexe> [hɛksə] als <x> verschriftet finden. Ebenso fehlen [k] und [v], welche als <qu> in Wörtern wie <Quelle> notiert werden. Beide Lautabfolgen finden in der Phonetik meist keine Beachtung.

3.5.1 Artikulationsorte

Am Anfang dieses Kapitels wurde in dem Einführungsbeispiel die Lautverwechslung von [x] mit [ʁ] durch den ähnlichen Artikulationsort erklärt. In diesem Kapitel werden die Artikulationsorte der Konsonanten genauer beleuchtet. Die schematische Darstellung (■ Abb. 3.3) zeigt die Benennung der artikulierenden Organe und der Artikulationsstellen.

Die Lautbildung der Konsonanten erfolgt meist, indem ein bewegliches Artikulationsorgan (z. B. Lippen, Zunge) eine Artikulationsstelle im Mund (z. B. Gaumen, Schneidezähne) berührt. Die in ■ Tab. 3.1 aufgeführten Konsonanten werden an folgenden **Artikulationsorten** gebildet (Flohr und Müller 2009; ■ Tab. 3.2):
- **bilabial** (lat. ‚bi' *zwei* und ‚labies' *Lippen*):
  - Ein Kontakt zwischen Ober- und Unterlippe wird hergestellt.
- **labiodental** (lat. ‚labies' *Lippen* und ‚dens' *Zahn*):
  - Die Unterlippe berührt die Schneidezähne.

3

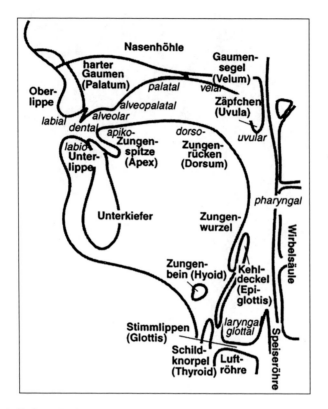

Abb. 3.3 Artikulierende Organe und Artikulationsstellen aus Glück/Rödel (2016), Metzler Lexikon Sprache, S. 59

Tab. 3.2 Artikulationsorte der Konsonanten

Bilabial	Labiodental	Alveolar	Postalveolar	Palatal	Velar	Uvular	Glottal
[m] [p] [b]	[f] [v]	[n] [t] [d] [s] [z] [l]	[ʃ]	[ç] [j]	[ŋ] [k] [g]	[x] [ʁ]	[h] [ʔ]

— **alveolar** (lat. ‚alveolus‘ *kleine Mulde*):
  – Der Zungenkranz berührt den Zahndamm an der Rückseite der Vorderzähne.
— **postalveolar** (lat. ‚post‘ *nach* und ‚alveolus‘ *kleine Mulde*):
  – Der vordere Teil der Zunge berührt den hinteren Rand der Alveolen.
— **palatal** (lat. ‚palatum‘ *Gaumen*):
  – Die Zunge berührt den harten Gaumen.

- **velar** (lat. ‚velum' *Gaumensegel*):
  – Der Zungenrücken berührt den hinteren Gaumen oder das Gaumensegel.
- **uvular** (lat. ‚uvula palatina' *Zäpfchen*):
  – Der Zungenrücken berührt das Zäpfchen.
- **glottal** (griech. ‚glotta' *Mundstück*):
  – Glottale werden im Kehlkopf erzeugt.

Die Phonetik benennt noch weitere Artikulationsorte, die für die Beschreibung des deutschen Konsonanteninventars nicht alle benötigt werden. ◻ Tab. 3.2 verzeichnet die Zuordnung der Konsonanten zu den **Artikulationsorten**. Die Auflistung folgt der Anordnung im Mund von den Lippen (links) bis zum Kehlkopf (rechts).

Über die Begrifflichkeiten hinaus sind Erkenntnisse über die beteiligten Artikulatoren und über die artikulatorische Nähe bestimmter Konsonanten bedeutsam. Deshalb ist es empfehlenswert, die Lautbildung aktiv und handelnd erprobend nachzuvollziehen.

3.5.2 Artikulationsarten

Konsonanten werden auch nach der Art ihrer Artikulation unterschieden. Im Folgenden finden sich die Artikulationsarten mit Erklärungen und den betroffenen Konsonanten (Flohr und Müller 2009, Hall 2011):

Plosive Plosive, die auch als Verschlusslaute bezeichnet werden, beginnen mit einem vollständigen Verschluss an einer Artikulationsstelle, der plötzlich (explosionsartig) geöffnet wird. Der Plosiv ist ein kurzer Laut.
[p], [b], [t], [d], [k], [g], [ʔ]

Nasale Nasale werden mit gesenktem Gaumensegel und Verschluss der Mundhöhle artikuliert, sodass die Luft durch den Nasenraum entweicht.
[m], [n], [ŋ]

Frikative Bei Frikativen wird der Luftstrom durch die Artikulatoren so behindert, dass der Luftstrom nur noch durch einen Spalt entweichen kann. Dadurch entsteht ein Reibegeräusch, welches längere Zeit artikuliert werden kann.
[f], [v], [s], [z], [ʃ], [ç], [x], [ʁ], [h]

Approximanten Bei der Artikulation von Approximanten wird der Luftstrom praktisch nicht gehemmt, ähnlich wie es bei Vokalen der Fall ist.
[j]

Laterale   Laterale entstehen durch das Ausströmen der Luft über die Seiten der Zunge, während die Zungenspitze die Alveolen berührt. Im Deutschen betrifft dies nur ein Phon.

[l]

Affrikaten   Affrikaten sind Plosive, die in Frikative übergehen, wobei annähernd derselbe Artikulationsort verwendet wird. Der Status von Affrikaten ist in der Linguistik umstritten.

[ts], [pf]

Obstruenten und Sonoranten   Die genannten Artikulationsarten lassen sich in zwei übergeordnete Klassen einteilen, wobei zusätzlich die Vokale aufgenommen sind (Hall 2011):
- **Obstruenten:** Plosive, Frikative und Affrikaten
- **Sonoranten:** Nasale, Laterale, Approximanten, Vokale

Obstruenten sind Laute, die mit einer geräuscherzeugenden Enge- bzw. Verschlussbildung im Ansatzrohr, also im Mund-, Nasen oder Rachenraums, einhergehen. Im Gegensatz dazu strömt die Luft bei den **Sonoranten** ohne geräuschbildendes Hindernis aus. Alle Sonoranten sind dabei stimmhaft. Neben den genannten Konsonantengruppen sind auch alle Vokale Sonoranten (Glück und Rödel 2016).

3.5.3 Kreuzklassifikation

In ◻ Tab. 3.3 werden die Artikulationsorte und die Artikulationsarten verknüpft.

Phone können in unterschiedlicher Weise als phonetisch nah bezeichnet werden. Zum einen aufgrund des ähnlichen bzw. gleichen Artikulationsortes – wie bspw. [j] versus [ç] (beide palatal) – oder aufgrund der gleichen Artikulationsart – wie bspw. [m] versus [n] (beide nasal). Betrachtet man die Tabelle, findet man eine Reihe von Phonen, die beides gleichzeitig aufweisen, nämlich sowohl den gleichen Artikulationsort als auch die gleiche Artikulationsart. Diese sind in der Gruppe der Plosive die Paare: [p] - [b], [t] - [d], [k] - [g] (◻ Tab. 3.3 obere Zeile) und innerhalb der Frikative die Paare: [f] - [v], [s] - [z], [x] - [ʁ] (◻ Tab. 3.3 dritte Zeile). Alle sechs Paare befinden sich in ◻ Tab. 3.3 in einem gleichen Kästchen. Es stellt sich die Frage, worin sich diese überhaupt unterscheiden. Die Antwort liegt in der Phonation, was bedeutet, dass es sich jeweils um einen stimmhaften und einen stimmlosen Laut handelt. Dies betrifft ausschließlich die Obstruenten. ◻ Tab. 3.4 verdeutlicht die entsprechende Phonation.

Auch hier kann die Diskriminierung (Lautunterscheidung) durch mehrfaches abwechselndes Sprechen handelnd erprobt und nachvollzogen werden.

▪ Tab. 3.3   Kreuztabelle der Artikulationsorte und Artikulationsarten

	Bilabial	Labio-dental	Alveolar	Post-alveolar	Palatal	Velar	Uvular	Glottal
Plosiv	[p] [b]		[t] [d]			[k] [g]		[ʔ]
Nasal	[m]		[n]			[ŋ]		
Frikativ		[f] [v]	[s] [z]	[ʃ]	[ç]		[x] [ʁ]	[h]
Approximant					[j]			
Lateral			[l]					

▪ Tab. 3.4   Phonation der Konsonantenpaare

		Bilabial	Labio-dental	Alveolar	Post-alveolar	Palatal	Velar	Uvular	Glottal
Plosiv	stimm-haft	[b]		[d]			[g]		
	stimm-los	[p]		[t]			[k]		
Frikativ	stimm-haft		[v]	[z]				[ʁ]	
	stimm-los		[f]	[s]	[ʃ]	[ç]		[x]	[h]

3.6 Vokale

> **Vokale** unterscheiden sich von Konsonanten darin, dass der Luftstrom ungehindert den Mundraum passiert.

Vokale sind immer stimmhaft und weisen eine hohe Sonorität bzw. Schallfülle auf. Um verschiedene Vokale zu artikulieren, werden bestimmte Einstellungen der Mundöffnung, der Zungenlage und der Lippenrundung vorgenommen. Vor der Klassifikation der Vokale sollen zunächst alle vokalischen IPA-Zeichen des nativen deutschen Wortschatzes vorgestellt werden. Für alle Sprachen zusammen finden sich im IPA 28 unterschiedliche Vokale. Sprachen unterscheiden sich erheblich darin, wie viele Vokale sie verwenden, wobei die Bandbreite innerhalb einer Sprache von drei Vokalen bis zu 24 reicht. Das Deutsche weist eine hohe Zahl an Vokalen auf. Je nach Modell geht man von rund 20 Vokalen aus, also weitaus mehr als 5, wie häufig allgemein angenommen. ▪ Tab. 3.5 verzeichnet die Vokale des nativen deutschen Wortschatzes, wobei der Lautwert wiederum durch

3

einen Laut in einem Beispielwort verdeutlicht wird (Fettdruck, bei Abweichungen vom Anlaut zusätzlich Unterstreichung).

Betrachtet man die Liste der Vokale, finden sich zunächst die in der Regel bekannten Paare von langen und kurzen Vokalen: [a:] - [a], [i:] - [ɪ], [o:] - [ɔ], [u:] - [ʊ], [ɛ:] - [ɛ] (◻ Tab. 3.5). Die hier verwendete Notation kennzeichnet die Langvokale mit Doppelpunkt (Duden 2005). Die Notation der Kurzvokale ist grafisch hingegen weniger sinnfällig. Am Ende der Tabelle findet sich das IPA-Zeichen [ə], gewissermaßen als dritte Zuordnung zu dem Schriftzeichen <e>. Dieser Laut wird als **Schwa** bezeichnet und er ist der häufigste Vokal im Deutschen. Er nimmt eine Sonderstellung ein, worauf in den folgenden Kapiteln noch näher eingegangen werden wird. Auch die Umlaute [ø:] - [œ] und [y:] - [ʏ] können paarweise als Lang- und Kurzvokale aufgefasst werden. Als ‚Diphthonge‘ bezeichnet man [au] [ai] [ɔy]. Auch diese können – wie bereits die Affrikaten [ts] und [pf] bei den Konsonanten – phonetisch in zwei Einheiten zerlegt werden.

Ungewöhnlich erscheint außerdem der **Laut [ɐ],** der auch als ‚a-Schwa‘ bezeichnet wird (Fuhrhop und Peters 2013), und am Ende zahlreicher deutscher Wörter artikuliert wird, etwa in: <Hunger> [hʊŋɐ], <Mutter> [mʊtɐ], <aber> [a:bɐ], <unter> [ʊntɐ], <gelber> [gɛlbɐ]. Auch findet sich das [ɐ] in Wörtern wie <Uhr> [u:ɐ], <vier> [fi:ɐ], <Tier> [ti:ɐ], <hundert> [hʊndɐt] und je nach Aussprache in <Gurke> [gʊɐkə] (umgangslautlich) bzw. [gʊrkə] (standardlautlich). Diese Liste ließe sich beliebig fortsetzen. Dabei entspricht die standardlautliche

◻ **Tab. 3.5**   Die Vokale des nativen deutschen Wortschatzes

IPA	Beispielwort	[ø:]	Öl
[a:]	Ameise	[œ]	Öffner
[a]	Apfel	[y:]	Übel
[e:]	Esel	[ʏ]	üppig
[ɛ]	Ente	[au]	Auge
[i:]	Kn**ie**	[ai]	Eis
[ɪ]	Insel	[ɔy]	Eule
[o:]	Ofen	[ə]	Bien**e**
[ɔ]	Ochse	[ɐ]	Eim**er**
[u:]	Ufer	[ɛ:]	K**ä**se
[ʊ]	Umhang		

Aussprache tatsächlich [ɐ] (ähnliche einem „a-Laut") und nicht etwa einem „r-Laut", wie es die Schrift annehmen lassen könnte.

Der **Laut [ɛː]** entspricht einem langem „ä-Laut", allerdings wird dieser von vielen Sprecher*innen als [eː] realisiert (Eisenberg 2020, Löffler 2011). Fragen Sie sich selbst, ob Sie eher ein Brot mit [keːzə] („Kese") oder mit [kɛːzə] („Käse") essen. Ternes (1999: 94) argumentiert, dass die Realisierung des [ɛː] als [eː] zu weit verbreitet sei, um sie als Regionalismus abzutun. Eisenberg (2020) bezeichnet das [ɛː] schlussendlich als marginal (geringfügig). Der Grund, warum es in den Aussprachewörterbüchern verzeichnet wird, ist laut Ternes (1999) einerseits seine historische Normierung und anderseits, dass es von professionellen Sprecher*innen verwendet wird. Auf schulischen Anlauttabellen findet es sich zuweilen in Wörtern bzw. Bildern wie <Ähre> oder <Ärmel>, wobei der didaktische Nutzen bezweifelt werden muss. Ebenso gilt es zu beachten, dass nicht alle Wörter, die mit <ä> geschrieben werden, auf den Laut [ɛː] verweisen. Die meisten Wörter mit <ä> verweisen auf [ɛ] (wie im Anlaut von <Ente>), bspw. <Äpfel, Äste, Hände, hätte, älter, ändern>.

3.6.1 **Vokalklassifikation**

Die Klassifizierung der Vokale kann nach **quantitativen** und nach **qualitativen** Kriterien erfolgen. Als quantitatives Kriterium wird die Beschreibung der Vokale nach Länge bzw. Kürze bezeichnet. Das bedeutet, die Vokaldauer steht im Mittelpunkt, wobei eine dichotome (zweiteilige) Unterscheidung vorgenommen wird. Qualitative Kriterien betreffen die Lautbildung und beschreiben anhand unterschiedlicher Parameter, welche Einstellungen die Artikulatoren vornehmen, um den jeweiligen Vokal zu bilden. Die Zunge schafft durch verschiedene Positionen in Verbindung mit dem Kiefer und den Lippen unterschiedliche Resonanzräume, die für jeden Vokal einen typischen Klangeindruck hervorrufen (Noack 2016).

Vokalqualität **Qualitative Hauptparameter** sind (Pompino-Marschall 2009):
- Zungenhöhe
- Zungenlage
- Lippenrundung

◘ Abb. 3.4. zeigt in dem sogenannten Vokalviereck die Lage der Vokale im Mundraum. Die **Zungenhöhe** wird vierfach unterschieden (vier vertikale Linien):
- hoch [ɪ] [uː]
- obermittelhoch [eː] [oː]
- untermittelhoch [ɛ] [ɔ]
- tief [a] [aː]

3

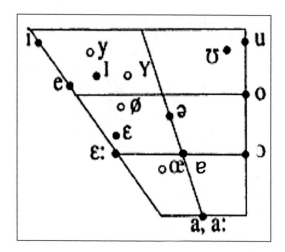

■ **Abb. 3.4**   Vokalviereck aus Glück/Rödel (2016), Metzler Lexikon Sprache, S. 757 (ɐ ergänzt)

Die Änderung der Zungenhöhe von oben (hoch) nach unten (tief) lässt sich gut nachvollziehen, wenn man nacheinander die folgenden Phone spricht (linke Linie/ Doppelpunkte bei e: fehlt in der Grafik): [ɪ] [e:] [ɛ:] [a]. Die Zunge wandert im Mundraum nach unten, während sich der Mund gleichzeitig öffnet. Eine gleiche Bewegung ergibt sich durch die folgende Lautfolge, wobei hierbei die Lippen gerundet sind (rechte Linie): [u:] [o:] [ɔ] [a:]. Deutlich wird der Unterschied zwischen dem ‚a-Schwa' [ɐ] und [a:] bzw. [a]. Der Mund ist bei [a] und [a:] etwas weiter geöffnet als bei [ɐ].

Bezüglich der **Lippenrundung** unterscheidet man zwischen:
− ungerundet
− gerundet

Die Lippenrundung lässt sich im Vergleich der Phone nachvollziehen, die auf einer vertikalen Linie liegen (■ Abb. 3.4), wobei links die Lippen ungerundet und rechts gerundet sind: [ɪ] - [u:], [e:] - [o:], [ɛ] - [ɔ]. Innerhalb des schematisch dargestellten Mundraums werden die Vokale, die mit gerundeten Lippen artikuliert werden, mit einem weißen Kreis (○) gekennzeichnet und die ungerundeten mit einem schwarzen Kreis (●).

Die Parameter der **Zungenlage** sind (drei senkrechte Linien der Abbildung):
− vorne
− zentral
− hinten

Artikuliert man nacheinander die beiden Phone [ɪ] und [u:], kann man die Veränderung der Zungenlage von vorne nach hinten spüren. Die Vokale auf der linken vertikalen Linie [ɪ] [e:] [ɛ:] [a] weisen alle die gleiche vordere Zungenlage auf (bei sich ändernder Zungenhöhe). Bei den Vokalen [u:] [o:] [ɔ] [a:] ist die Zungenlage jeweils hinten. Die Vokale mit zentraler Zungenlage sind: [ə] [ɐ] [a] [a:].

Grundsätzlich gilt, dass sich die beschriebenen Positionen der Zunge in der Wirklichkeit nur annähernd bestätigen und selbst bei den selben Sprecher*innen gleiche Vokale größere Abweichungen zeigen. Insofern handelt es sich hier um eine Schematisierung (Noack 2016).

Vokalquantität Wie bereits erwähnt, bezieht sich die quantitative Unterscheidung der Vokale auf deren **Längenunterschied**. Auch innerhalb von Wörtern weisen Vokale einen tatsächlichen Längenunterschied auf, was bedeutet, dass z. B. das [u:] in *Lupe* physikalisch messbar länger dauert als das [ʊ] in *Puppe* (Pompino-Marschall 2009). Das Vokalinventar lässt sich auf der Grundlage quantitativer Beschreibung so unterteilen, dass jeweils ein langer und ein kurzer Vokal gegenüberstehen (◻ Tab. 3.6).

Artikuliert man die Vokalpaare kontrastiv, stellt man neben dem Längenunterschied auch die qualitativen Unterschiede fest, indem sich die Mundstellung oder die Lippenrundung leicht ändert. Alternativ für Länge und Kürze wird auch von **gespannten** und **ungespannten Vokalen** gesprochen. Dabei wird unter Gespanntheit die Muskelspannung der Zunge bei der Artikulation der Vokale verstanden (Eisenberg 2020).

Im Deutschen sind lange Vokal gespannt und kurze ungespannt. Eine Ausnahme bildet das Vokalpaar [a] - [a:]. Hier beschränkt sich der Unterschied rein auf die Länge, da sich keine Änderung der Zungenposition oder der Lippenrundung verzeichnen lässt. Aus diesem Grund teilen sich die beiden Vokale in dem Vokalviereck (◻ Abb. 3.4) den gleichen Punkt.

Die beiden im Viereck darüber liegenden Vokale [ə] und [ɐ] werden beide ungespannt artikuliert, ihnen kann aber kein gespanntes Gegenstück zugeordnet werden. Ihre Sonderstellung ergibt sich daraus, dass sie nur in unbetonten Silben vorkommen (Eisenberg 2020: 102 f.).

◻ **Tab. 3.6** Gegenüberstellung der Vokalquantitäten

Lange Vokale	Kurze Vokale
a:	a
i:	ɪ
o:	ɔ
u:	ʊ
ø:	œ
y:	ʏ
e:	-
ɛ:	ɛ

3

3.7 Phone in größeren Einheiten

Die Abgrenzung der einzelnen Laute ist aus Sicht der Sprecher*innen weniger
leicht zu bewerkstelligen, als es die Modelle vermuten lassen. Wie bereits festgestellt, können die Konsonanten durch die Beteiligung der Artikulatoren an der
Lautproduktion verhältnismäßig gut identifiziert werden. Die Vokale hingegen
lassen sich schwieriger unterscheiden. Da die jeweilige Zungenposition im Mundraum frei eingenommen wird, sind die Grenzen zwischen den einzelnen Vokalen
fließend.

Eine weitere Erschwernis ist, dass die Sprachproduktion eine **kontinuierliche
Bewegung** artikulatorischer Vorgänge ohne natürliche Einschnitte ist (Bußmann
2008). Das bedeutet, dass in der gesprochenen Sprache größere Einheiten wie
Silben, Wörter und Satzteile ohne Pause artikuliert werden. Bei der Lautanalyse müssen die kleinsten lautlichen Einheiten bestimmt werden, indem geklärt
wird, wo ein Segment anfängt und wo es aufhört. Dies wird zusätzlich dadurch
erschwert, dass die Laute innerhalb eines Wortes durch ihre lautliche Umgebung beeinflusst werden. Das bedeutet, dass die Artikulation einzelner Laute
darauf angepasst wird, welcher Laut davor und welcher danach gesprochen wird.
Nehmen wir bspw. die beiden Wörter <Kiste> und <Kuchen>. Das [k] in beiden
Wörtern wird unterschiedlich angesetzt. Bei <Kiste> wölbt sich die Zunge vor-
bereitend zu dem folgenden [ɪ], während bei <Kuchen> die Lippen schon in
Richtung [u:] gerundet werden.

> Die antizipierenden Bewegungsabläufe bei der Artikulation werden als **Koartikula-
> tion** bezeichnet.

Die artikulatorische Anpassung eines Lautes an einen benachbarten Laut wird
als **Assimilation** bezeichnet. Wichtig ist festzuhalten, dass Assimilationsvorgänge
die Laute in der Regel nicht so gravierend verändern, dass sie nicht zweifelsfrei
bestimmt werden können. Auch wenn die beiden [k] in <Kiste> und <Kuchen>
Unterschiede aufweisen, sind sie dennoch als stimmlose, velare Plosive zu identifizieren.

Ein weiteres Phänomen der Koartikulation ist die **Aspiration** (Behauchung)
der Konsonanten [p t k] am Wortanfang <prall> [pʰral] und am Wortende vor
einer Pause <Tat> [tʰaːtʰ] sowie besonders in betonten Silben vor dem betonten
Vokal <vital> [vitʰal].

Schwa-Tilgung Von besonderer Bedeutung für das Schreibenlernen im
schulischen Anfangsunterricht ist die **Tilgung des Schwas** in den Wortendungen
-en, -el, und -em (s. auch ▶ Abschn. 4.4). Viele Zweisilber im Deutschen weisen
eine dieser Wortendungen auf: *singen, schlagen, Faden, Gabel, Nudel, Engel,
schönem, blauem*. Dabei ist die zweite Silbe unbetont. Im normalen Sprechfluss
werden die **Konsonanten** am Ende der unbetonten Silbe **silbisch artikuliert,** was
bedeutet, dass das Schwa kaum wahrnehmbar ist. Das IPA kennzeichnet die Aussprache mit einem Strich unter dem Konsonantenzeichen ņ ḷ m̩. Die vollständige

phonetische Verschriftung ist dann bspw. [le:zn̩] <lesen>, [ga:bl̩] <Gabel>, [lautm̩] <lautem>. Die silbische Artikulation der Konsonanten in den Wortendungen entspricht der standardlautlichen Aussprache. Das Schwa in Wörtern wie <spiele̲n, laufe̲n, E̲ngel, schöne̲m> kann durch eine lautliche Analyse des Wortes in der Regel nicht identifiziert werden.

3.8 Fazit und Anwendung

Mithilfe der artikulatorischen Phonetik können die **physiologischen Aspekte der Sprachproduktion** beschrieben werden. Deutlich geworden ist der Unterschied der beiden Oberklassen: **Konsonanten und Vokale.** Die Klassifizierung der Konsonanten erfolgt über die **Artikulationsorte** und die **Artikulationsarten.** Die taktil wahrnehmbare Artikulationsstelle erleichtert in der Regel die Lautwahrnehmung. Für einige Plosive und Frikative ist die Phonation – **stimmhaft versus stimmlos** – das alleinige Unterscheidungsmerkmal. Das Deutsche unterscheidet **16 Vokale zuzüglich der drei Diphthonge sowie Schwa [ə] und a-Schwa [ɐ],** was der allgemein verbreiteten Vorstellung von 5 Vokalen entgegensteht.

Die vokale Lautwahrnehmung stellt eine Herausforderung im Anfangsunterricht dar, zumal ganz besonders die Vokale von dialektalen bzw. regionalen Aussprachebesonderheiten betroffen sind. Die Lautklassifizierung ebenso wie die Schriftsprache basieren auf einer **standardlautlichen Aussprache.** Die individuelle Sprache der Kinder ist im Normalfall umgangssprachlich und meist von regionalen und individuellen Besonderheiten geprägt. Mit dem Schreibenlernen entwickeln die Kinder zunehmend ein Gespür für standardlautliche Formen, indem sie durch die **Schriftbegegnung** die Standardlautung kennenlernen. Sie erkennen bspw., dass es <Wurst> und nicht <Worscht>, <schwimmen> und nicht <schwümmen> sowie <Pferd> und nicht <Ferd> heißt (Löffler 2011). Der Sprechfluss ist eine kontinuierliche Bewegung, und eine Analyse von Einzellauten verlangt von Schulanfänger*innen ein hohes Abstraktionsvermögen. Darüber hinaus müssen sie bestimmte Phänomene wie die **Schwa-Tilgung** bei den silbischen Konsonanten beachten.

Für Grundschullehrkräfte ist es von elementarer Bedeutung, über phonetische Grundkenntnisse zu verfügen. Zum einen ergeben sich daraus Hilfen für die Lautanalysen, die Schreibanfänger*innen im ersten Schuljahr bewältigen müssen, und zum anderen entsteht Sicherheit darüber, was der Aussprache entnommen werden kann und was nicht. Bspw. ist es sachlich falsch, die Kinder aufzufordern, das [ɐ] in [kɔfɐ] (*Koffer*) oder das [ɐ] in [tyɐ] (*Tür*) heraushören zu wollen (Scheerer-Neumann 1996). Die Lautschrift offenbart, dass in keinem der Wörter ein [ɐ] gesprochen wird. Darüber hinaus benötigen mehrsprachige Kinder zuweilen für bestimmte Laute (meist Vokale), die ihnen aus ihrer Muttersprache nicht bekannt sind, Unterstützung, um die entsprechenden Laute überhaupt artikulieren zu können. Auch für eine fachkundige Fehleranalyse ist es notwendig zu wissen, welche lautliche Basis dem Geschriebenen zugrunde liegt.

3

3.9 Aufgaben

1. Bestimmen Sie für die folgenden Konsonanten den Artikulationsort, die Artikulationsart und die Phonation.
   [p, b, f, z, ʃ, ts, g]
2. Markieren Sie in den Wörtern die Stellen, an denen die aufgezählten Vokale gesprochen werden, folgendermaßen: [ə] rot, [e:] blau und [ɛ] grün. Welche Regelmäßigkeiten und Besonderheiten fallen Ihnen auf? Was fällt Ihnen in Bezug auf das <ä> auf?
   Geld, Wege, Wiese, weg, hält, Welt, Efeu, leise, Hände, Bett
3. Unterscheiden Sie in den Wörtern langes und kurzes „i" und markieren Sie das [i:] *rot* und das [ɪ] *blau*.
   Wiese, lieb, Kiste, mit, wir, vier, Kind, dir, Tiger, mir, singen
4. Markieren Sie in den Wörtern die Stellen, an denen ein [ɐ] gesprochen wird.
   Hunger, aber, Uhr, hier, Ober, Ohr, Tür, Eltern, war, hundert, Tor
5. Transkribieren Sie die folgenden Wörter ins IPA.
   Ente, lachen, Ring, wiegen, Vater, Zahn, Schmaus, Suppe, sehen, Engel
6. Artikulieren Sie die folgenden Wörter in Einzellauten. Achten Sie genau auf die Vokallänge und die richtige Phonation des <s>. Achten Sie auf eine möglichst authentische Aussprache, insbesondere der Wortendungen.
   Wiese, Kissen, fahren, backen, Münze, Katze, Vater, sehen, Bücher
7. Lesen Sie das folgende Gedicht und transkribieren Sie es in das orthografische Schriftsystem.

gəfʊndn̩

ɪç gɪŋ ɪm valdə
zo: fy:ɐ mɪç hɪn,
ʊnt nɪçts tsu: zu:xn̩,
das va:ɐ maɪn zɪn.

ɪm ʃatn̩ za: ɪç
aɪn bly:mlaɪn ʃte:n̩,
vi: ʃtɛɐnə lɔyçtn̩t,
vi: ɔyklaɪn ʃø:n.

ɪç vɔlt ɛs bʁɛçn̩,
da: za:kt' ɛs faɪn
zɔl ɪç tsu:m vɛlkn̩
gəbʁɔxn̩ zaɪn?

ɪç gʁu:ps mɪt aln̩
de:n vʏɐtslaɪn aʊs,
tsu:m gaɐtn̩ tʁu:k ɪçs
am hʏpʃn̩ haʊs.

ʊnt pflantst ɛs viːdɐ
am ʃtɪlņ ɔʁt;
nuːn tsvaɪkt ɛs ɪmɐ
ʊnt blyːt zoː fɔʁt.
(Johann Wolfgang Goethe)

Literatur

Bußmann, H. (2008). *Lexikon der Sprachwissenschaft.* 4., durchges. und bibliogr. erg. Aufl. Stuttgart: Kröner.

Duden. (2005). *Duden Aussprachewörterbuch.* 6., überarb. und akt. Aufl. Mannheim: Dudenverlag.

Eisenberg, P. (2016). Phonem und Graphem. In A. Wöllstein & der Dudenredaktion (Hrsg.). *Duden. Band 4. Die Grammatik.* 9., vollst. überarb. und akt. Aufl. Berlin: Dudenverlag.

Eisenberg, P. (2020). *Grundriss der deutschen Grammatik. Das Wort.* 5. akt. und überarb. Aufl. Stuttgart: J. B. Metzler.

Flohr, H. & Müller, H. M. (2009). Grundbegriffe der Phonetik. In H. M. Müller (Hrsg.). *Arbeitsbuch Linguistik.* 2., überarb. und akt. Aufl. Paderborn: Schöningh.

Fuhrhop, N. & Peters, J. (2013). *Einführung in die Phonologie und Graphematik.* Stuttgart: J. B. Metzler.

Glück, M. & Rödel, M. (Hrsg.) (2016). *Metzler Lexikon Sprache.* 5. akt. und überarb. Aufl. Stuttgart: J. B. Metzler.

Goethe, J. W. (o. J.). Gefunden. In B. von Heiseler (Hrsg.) (1962). *Gesammelte Werke in sieben Bänden.* Band 1: *Gedichte* (S. 375). Gütersloh: Bertelsmann.

Hall, T. H. (2011). *Phonologie.* 2. überarb. Aufl. Berlin: de Gruyter.

Löffler, C. (2011). Dialekt und Standardsprache – sprechen und schreiben. In W. Knapp, C. Löffler, C. Osburg & K. Singer (Hrsg.). *Sprechen, schreiben und verstehen. Sprachförderung in der Primarstufe* (S. 180–192). Seelze: Klett Kallmeyer.

Meibauer, J. et al. (2015). *Einführung in die germanistische Linguistik.* 3., überarb. und akt. Aufl. Stuttgart, Weimar: J. B. Metzler.

Noack, Ch. (2016). *Phonologie.* 2. Aufl. Heidelberg: Universitätsverlag Winter.

Pompino-Marschall, B. (2009). *Einführung in die Phonetik.* 3., durchges. Aufl. Berlin: de Gruyter.

Scheerer-Neumann, G. (1996). Hörst du das (r) in „Koffer"? *Grundschulunterricht* 43 (1996), S. 2–5.

Ternes, E. (1999). *Einführung in die Phonologie.* 2. verb. und erw. Aufl. Darmstadt: Wissenschaftliche Buchgesellschaft.

Weiterführende Literatur

Rues, B., et al. (2014). *Phonetische Transkription des Deutschen. Ein Arbeitsbuch.* 3., durchges. Aufl. Tübingen: narr.

Phonologie

Inhaltsverzeichnis

© Der/die Autor(en), exklusiv lizenziert an Springer-Verlag GmbH, DE, ein Teil von
Springer Nature 2023
R. Hoffmann-Erz, *Deutsch in der Grundschule*,
https://doi.org/10.1007/978-3-662-66653-1_4

> Die MAMA Kocht AM LIBSTN
> Fledr maus supe und wicklt gerne das baby

□ Abb. 4.1   Einführungsbeispiel Phonologie

Einführendes Praxisbeispiel

Die Schreibprobe der Erstklässlerin (□ Abb. 4.1) zeigt Fehler bei den Wörtern
LIBSTN und *wicklt*. Diese lassen sich durch die Schwa-Tilgung bei den Endungen
[n̩] (*liebsten*) und [l̩] (*wickeln*) erklären. Wie in ► Kap. 3 erläutert, wird in der Umgangslautung auch kein [ə] gesprochen. Insofern können die Auslassungen des <e>
nicht durch genauere Lautanalyse überwunden werden. Ebenso ist bei *Fledrmaussupe*
der Laut [ɐ] nicht normgerecht mit <er> verschriftet. Schreibanfänger*innen müssen
im Anfangsunterricht nicht nur die Laut-Schriftkorrespondenzen von Einzellauten erlernen, sie müssen darüber hinaus auch die spezifischen Schreibweisen der Schwa-
Tilgung und des a-Schwas [ɐ] kennenlernen. Erfahrene Schreiber*innen sind damit so
vertraut, dass sie bei Abweichungen von diesen Mustern zusätzliche Informationen benötigen. Zum Beispiel muss jemand mit dem Nachnamen <Friedl> erläutern: „Mein
Name ist Friedl ohne e.“ Ansonsten würde ein kompetenter Schreiber den Nachnamen
Friedel mit <-el> schreiben. Deutlich wird, dass die Schreibweise des Namens nicht
durch eine bestimmte Aussprache geklärt werden kann. Vielmehr bedarf es einer Zu-
satzinformation: „Ohne e.“
Was bedeutet dies für den Unterricht? Beim Schreiben übersetzen wir einerseits
einzelne Laute in Schrift, andererseits beachten wir Besonderheiten bei der Umsetzung
lautlicher Gegebenheiten in schriftliche Einheiten. So weiß ein erfahrener Schreiber,
dass bspw. Wörter, die auf [n̩] enden, mit <en> geschrieben werden. Zuweilen glauben
wir sogar zu hören, was geschrieben wird, auch wenn dies gar nicht der Fall ist.

4.1 Phoneme

Nachdem in ► Kap. 3 die phonetischen Grundlagen behandelt wurden, beschäftigt sich Kapitel 4 mit der Phonologie. Beide Teilgebiete der Linguistik be-
fassen sich zwar mit den sprachlichen Lauten, sie verfolgen aber unterschiedliche
Ziele. Während die artikulatorische Phonetik die Lautproduktion physiologisch
beschreibt und die Laute (Phone) gesprochener Sprachen verzeichnet, untersucht die Phonologie systematisch die **sprachlichen Strukturen** einer bestimmten
Sprache. Maßgebend für Laute im phonologischen Sinne (Phoneme) ist die sogenannte **Minimalpaarprobe.** Die Wörter <Haus> und <Maus> unterscheiden
sich in ihrem Anfangslaut. Der Lautunterschied zwischen [h] und [m] ändert
die Wortbedeutung, sodass durch das Minimalpaar [haus – maus] die beiden
Phoneme /h/ und /m/ ermittelt werden können.

Die **Phonetik** untersucht die kleinsten artikulatorischen Lauteinheiten der ge-sprochenen Sprache, die sogenannten **Phone**. Die **Phonologie** ermittelt mithilfe der Minimalpaarprobe **Phoneme**. ‚Phoneme' sind die **kleinsten bedeutungsunterschei-denden Lauteinheiten**. ‚Phone' werden in eckigen Klammern [ ] und ‚Phoneme' in Schrägstrichen / / notiert.

Minimalpaarprobe
Phonologische Minimalpaare müssen folgende Bedingungen erfüllen:
- die gleiche Anzahl lautlicher Einheiten
- einen Lautunterschied an der gleichen Stelle im Wort
- einen Bedeutungsunterschied aufgrund des Lautunterschieds

Die Minimalpaarprobe soll an **einigen Beispielen** verdeutlicht werden. Die Frage ist stets: Handelt es sich um ein Minimalpaar und welche Phoneme werden er-mittelt? Die beiden Wörter <H-o-s-e> und <D-o-s-e> haben die gleiche Laut-anzahl (jeweils vier) und der Lautunterschied betrifft die gleiche Wortstelle, nämlich den Anfangslaut: [hoːzə] [doːzə]. Der Lautwechsel führt zu einem Be-deutungsunterschied, da beide Wörter zum deutschen Wortschatz gehören. Er-mittelt werden die Phoneme /h/ und /d/.

Die beiden Wörter <H-u-n-d> und <b-u-n-t> haben ebenfalls die gleiche Lautanzahl (jeweils vier) und unterscheiden sich ebenfalls im Anlaut [hʊnt] [bʊnt]. Der Lautwechsel führt zu einem Bedeutungsunterschied und ermittelt werden die Phoneme /h/ und /b/. Der orthografische Unterschied <d> (*Hund*) und <t> (*bunt*) am Wortende ist ohne Bedeutung, da jeweils ein [t] gesprochen wird.

Etwas komplizierter sind die Wortpaare <S-t-ei-n> und <Sch-w-ei-n> zu ana-lysieren. Durch die lautliche Verschriftung [ʃtain] [ʃvain] wird deutlich, dass die Phoneme /t/ und /v/ ermittelt werden. Die unterschiedliche Schreibweise <sch> und <s> für [ʃ] hat keinen Einfluss auf die Lautung. Ebenso können Wortpaare, bei denen ein Wort einen Doppelkonsonanten hat, wie bspw. <Hüte> <Hütte>, Schwierigkeiten bereiten. Die phonetische Transkription [hyːtə]-[hʏtə] zeigt, dass stets [t] gesprochen wird, egal ob ein <t> oder zwei <tt> geschrieben stehen. Er-mittelt werden hier die Phoneme /yː/ und /ʏ/.

Die Wortpaare <Seite>-<Saite>, <Licht>-<Pflicht> und <Riese>-<Risse> erfüllen nicht die Bedingungen für Minimalpaare. Sie verdeutlichen die drei mög-lichen Gründe, die gegen ein Minimalpaar sprechen:
- <Saite>-<Seite> bzw. [zaitə]-[zaitə] sind **gleichlautend** (homophon)
- <Licht>-<Pflicht> bzw. [lɪçt]-[pflɪçt] haben eine **unterschiedliche Lautanzahl**
- <Riese>-<Risse> bzw. [riːzə]-[rɪsə] haben **zwei Lautunterschiede** [iː]-[ɪ] und [z]-[s]

Das Wortpaar <Seite>-<Saite> wird trotz der unterschiedlichen Schreibweise gleich gesprochen [zaitə]. Die Wörter sind also **homophon** (gleichlautend). Das Wort <Pflicht> hat fünf Laute [pf-l-ɪ-ç-t] und damit einen Laut mehr als das

4

Wort <Licht> [l-ɪ-ç-t]. Die Wörter <Riese> und <Risse> weisen zwei Lautunterschiede auf und unterscheiden sich in den i-Lauten [iː]-[ɪ] und ebenso in den s-Lauten (stimmhaftes [z] und stimmloses [s]). Die phonologische Minimalpaarprobe bezieht sich also ausschließlich auf die Lautung und ist unabhängig von der Schreibweise.

4.2 Allophone

> **Allophone** sind lautlich unterschiedliche Realisationen eines ‚Phonems'.

Freie Allophone Der Unterschied zwischen den beiden linguistischen Teilgebieten Phonetik und Phonologie lässt sich auch anhand der freien Allophone gut erläutern. Das IPA verzeichnet eine Reihe unterschiedlicher R-Phone (Duden 2005: 53):
- [ʁ] = geriebenes Zäpfchen R
- [ʀ] = gerolltes Zäpfchen R
- [ɾ] = einschlägiges Zungenspitzen R
- [r] = mehrschlägiges Zungenspitzen R

Setzen wir die verschiedenen R-Phone in das Wortpaar [ʁot]-[rot] oder [ɾot]-[ʀot] ein, entsteht kein Bedeutungsunterschied. Wir erkennen stets das gleiche Wort *rot*. Die konkrete Realisation der unterschiedlichen R-Realisationen führt also im Deutschen nicht zu einem Bedeutungsunterschied. Dies zeigt, dass die verschiedenen R-Phone, die durchaus in anderen Sprachen bedeutungsunterscheidend sein können, im Deutschen keine Relevanz haben. Für das Deutsche ergibt sich nur **ein Phonem**, welches einfachheitshalber /r/ notiert wird. Da das Phonem /r/ regional und idiolektal unterschiedlich realisiert wird, bspw. als geriebenes Zäpfchen-R oder als einschlägiges Zungen-R, wird es als **freies Allophon** – also eine Lautvariante, die nicht bedeutungsunterscheidend ist – bezeichnet.

Komplementäre Allophone Bei systematischer Betrachtung zeigt sich, dass auch die Phone [ç] und [x] Allophone sind. Die Aussprache hängt von dem Vokal ab, der in dem jeweiligen Wort vorkommt. Handelt es sich um einen Vokal, der im vorderen Mundraum (◘ Abb. 3.3) artikuliert wird, wird ein [ç] gesprochen, bspw. <mich, Licht, Milch, Küche, möchten, fröhlich, weich, Elch, Bücher>. Bei Wörtern mit einem Vokal, der im hinteren Bereich artikuliert wird, findet sich hingegen die Aussprache [x], bspw. <doch, Woche, Loch, auch, Buch, Kuchen, Nacht, lachen>.

Dass es sich um ein Allophon handelt, wird deutlich, wenn man folgende Wörter vergleicht: <Fach-Fächer, Koch-Köche, Loch-Löcher, Buch-Bücher>.

Durch die Umlautung der Vokale ändert sich auch die Aussprache des <ch> bei semantisch (bedeutungsbezogen) verwandten Wörtern. Es wird entweder [ç] oder [x] artikuliert. Da sich die Aussprache mit dem Vokal ändert, kann es kein Minimalpaar geben, bei dem nur [ç] und [x] ausgetauscht wird. Daher erreicht jedes der beiden Phone für sich alleine keinen Phonemstatus. Vielmehr handelt es sich um **ein Phonem,** welches **/x/** notiert wird. [ç] und [x] sind also komplementäre Allophone des Phonems /x/ (Wiese 2011, Fuhrhop und Peters 2013).

4.3 Phoneminventar

Das Phoneminventar für die Konsonanten (■ Tab. 4.1) weicht nur geringfügig von dem in ► Abschn. 3.5 aufgeführten phonetischen Inventar ab.

Die Abweichung betrifft das Phonem /x/, welches bereits erläutert wurde, sowie die Schreibweise des /r/. Erwähnt werden sollte, dass das Phon [ʔ] bzw. der Glottisverschlusslaut, der hier ebenfalls nicht aufgeführt ist, in einigen Phoneminventaren zu finden ist (Eisenberg 2020). Ebenfalls umstritten ist der Status des Phonems /ŋ/, welches zuweilen als Realisationsvariante des Phonems /n/ aufgefasst wird (Fuhrhop und Peters 2013). Ebenfalls diskutiert wird, inwieweit die Affrikaten /pf/ und /ts/ als ein Phonem angesehen werden sollten.

Die meisten Phoneminventare der Vokale verzeichnen 15 Vollvokale, 3 Diphthonge und das Schwa als Reduktionsvokal (■ Tab. 4.2).

Selten wird auch das a-Schwa [ɐ] als Reduktionsvokal aufgenommen. Wie bereits ausgeführt, ist das Phonem /ɛː/ wenig bedeutsam und aufgrund des fehlenden Sprachbezugs didaktisch kaum relevant.

■ **Tab. 4.1**   Phoneminventar der Konsonanten

/p/	/b/	/t/	/d/	/k/	/g/	
/f/	/v/	/s/	/ʃ/	/z/	/x/	/h/
/m/	/n/	/ŋ/	/j/	/l/	/r/	
/pf/	/ts/					

■ **Tab. 4.2**   Phoneminventar der Vokale

Vollvokale	/aː/	/a/	/eː/	/ɛ/	/iː/	/ɪ/
	/uː/	/ʊ/	/oː/	/ɔ/		
	/øː/	/œ/	/yː/	/ʏ/	/ɛː/	
Diphthonge	/au/	/ai/	/ɔy/			
Reduktionsvokal	/ə/					

4.4 Phonologische Besonderheiten

Phonologische Endungen Die beiden **Schwa-Laute [ə] und [ɐ]** unterscheiden sich von den übrigen Vokalen insofern, dass sie **nur in unbetonten Silben** vorkommen. Dabei ist das **Schwa [ə] der häufigste Vokal im Deutschen** (Thomé 2021). Eine weitere Besonderheit ist, dass das Schwa in den Wortendungen -en, -el, -em, in denen es häufig auftritt, bei wenig expliziter Aussprache getilgt wird.

4

> Als **Schwa-Tilgung** bezeichnet man den Umstand, dass im authentischen Sprachfluss das Schwa in den Endungen -en, -en und -em kaum wahrnehmbar ist.

Da die unbetonte Silbe auch als **Reduktionssilbe** bezeichnet wird, gelten [ə] und [ɐ] als sogenannte **Reduktionsvokale**. Alle übrigen Vokale bezeichnet man als Vollvokale (Fuhrhop und Peters 2013, Noack 2016).

In der phonologischen Transkription werden die silbischen Konsonanten [n̩] [l̩] [m̩] üblicherweise als die Phonemfolgen /ən/ /əl/ /əm/ aufgefasst (Duden 2005: 35), wohlwissend dass die phonetische Notation die Aussprache genauer wiedergibt. Ebenso wird das [ɐ] als Phonemfolge /ər/ notiert (Duden 2005: 40). Interessant ist, dass in dreisilbigen Wortformen sprachlich nicht mehr [ɐ] sondern [r] realisiert wird wie bspw. bei [maːlɐʁɪn] <Malerin> (Fuhrhop und Peters 2013: 59). Das bedeutet, die Verlängerung des Wortes <Maler> in <Malerin> offenbart artikulatorisch das [r]. ◘ Tab. 4.3 gibt einen Überblick über die verschiedenen Notationsformen der Endungen.

Das a-Schwa und das vokalisierte R Die rechtschriftliche Umsetzung für das a-Schwa [ɐ] ist unterschiedlich, je nachdem an welcher Stelle im Wort und in welcher Umgebung es auftaucht. Ein Vergleich der orthografischen und der phonetischen Schreibweise anhand ausgewählter Wörter (◘ Tab. 4.4) verdeutlicht die verschiedenen Formen.

Zum einen findet sich für das a-Schwa [ɐ] die Schreibweise <er>. Dies betrifft Wörter mit a-Schwa am Wortende (bspw. [fatɐ] <Vater>, [bruːdɐ] <Bruder>, [aːbɐ] <aber>, [lautɐ] <lauter>). Ebenso wird das a-Schwa mit <er> verschriftet, wenn es im Silbenendrand der unbetonten Silbe auftritt (bspw. [andɐs] <anders>, [hʊndɐt] hundert, [ɛltɐn] Eltern, [gɛstɐn] gestern>). Zuweilen wird für das a-Schwa

◘ Tab. 4.3 Gegenüberstellung verschiedener Notationsformen

	Phonetisch	Phonologisch	Orthografisch
/ən/	[laufn̩]	/laufən/	<laufen>
/əl/	[mantl̩]	/mantəl/	<Mantel>
/əm/	[blaum̩]	/blauəm/	<blauem>
/ər/	[faːtɐ]	/faːtər/	<Vater>

■ **Tab. 4.4** Grafische Entsprechungen des a-Schwas	
Phonetisch	**Orthografisch**
[fa:tɐ]	<Vater>
[andɐs]	<anders>
[ty:ɐ]	<Tür>
[va:ɐ]	<war>

auch nur ein <r> geschrieben. Dies betrifft Wörtern wie [ty:ɐ] <T<u>ür</u>>, [flu:ɐ] <Fl<u>ur</u>>, [ti:ɐ] <Tier>, [hi:ɐ] <h<u>ier</u>>, [ʃve:ɐ] <schw<u>er</u>>, [va:ɐ] <w<u>ar</u>>, bei denen das a-Schwa [ɐ] auf einen langen Vokal folgt.

> Ein geschriebenes <r>, welches [ɐ] gesprochen wird, bezeichnet man als **vokalisiertes R**.

Es gibt also viele Wörter im Deutschen, bei denen das <r> nicht /r/ sondern [ɐ] gesprochen wird z. B. <Tür, Flur, schwer>. Ändert sich durch Flexion die Wortform in eine zweisilbige Struktur, sodass das <r> am Anfang der zweiten Silbe steht <Tür – Tü-re, Flur – Flu-re, schwer – schwe-re>, wird das geschriebene <r> nicht mehr vokalisiert sondern konsonantisch [r] gesprochen [ty:ɐ] – [ty:rə], [ti:ɐ] – [ti:rə].

Darüber hinaus gibt es Wörter, in denen innerhalb des Wortes ein <r> nach einem Vokal steht bspw. <Gurke, Birne, Kirsche, Durst, Wort>. Das Aussprachewörterbuch verzeichnet hierfür ein konsonantisches [r] nach einem Kurzvokal [gʊrkə] [bɪrnə] [vɔrt]. Das bedeutet, standardlautlich soll [ʁ] artikuliert werden. Umgangslautlich können wir aber eher von einem vokalisierten R ausgehen [gʊɐkə] [bɪɐnə] [vɔɐt] (Rues et al. 2014: 73).

▶ Didaktische Schlussfolgerungen

Didaktisch betrachtet ist es wichtig, dass die Kinder verinnerlichen, dass ein gesprochenes [ɐ] am Wortende mit <er> geschrieben wird. In der Regel kann das vokalisierte R lautlich analysiert werden. Der Endlaut von <Tür, Tier, vier, hier> ist eindeutig [ɐ]. Ebenso ist es bei Wörtern, bei denen das vokalisierte R innerhalb des Wortes vorkommt wie bspw. bei <Gurke>. Folgende Probe kann die Lautung verdeutlichen: Artikuliert man Wörter mit inlautendem a-Schwa vergleichend ohne [ɐ] und mit [ɐ] – also [gʊɐkə] versus [gʊkə], [bɪɐnə] versus [bɪnə] – erkennt man den Unterschied. Das bedeutet, dem a-Schwa kann ein Lautwert zugeordnet werden. Eine Ausnahme bilden Wörter, bei denen vor dem a-Schwa der Vokal [a] steht bspw. <war>. Da hier sozusagen zwei a-Laute nebeneinanderstehen [aɐ], ist eine Lautanalyse kaum möglich. Ein lautlicher Unterschied zwischen <Bart> und <Bad> etwa ist umgangssprachlich nicht zu verzeichnen. Didaktisch betrachtet, müssen sich die Kinder bei Wörtern mit <ar> (bspw. <**A**rm, **F**arbe, **h**art, **sc**harf, **w**arm>) merken, dass diese mit <r> geschrieben werden. Anhand von Übergeneralisierungen (ich *marg dich*), also einer fehlerhaften Anwendung rechtschriftlicher Besonderheiten, wird deutlich, dass die Kinder bereits auf diese Problematik aufmerksam geworden sind, das Phänomen aber noch nicht vollständig beherrschen. ◄

Fazit phonologische Transkription Zusammenfassend können wir in der phonologischen Transkription die in ◘ Tab. 4.5 aufgeführten Unterschiede von der phonetischen (Duden 2005, Thomé und Thomé 2016) verzeichnen.

Wie bereits in ► Kap. 3 zur Phonetik festgestellt, müssen Kinder mit dem Schriftspracherwerb lernen, ihre Aussprache auf abstrakte Lauteinheiten zu beziehen. Die in der Tabelle aufgeführten Unterschiede zwischen phonetischer und phonologischer Transkription zeigen Phänomene, die einen noch höheren Abstraktionsgrad betreffen. Die Kinder erkennen, dass sich unterschiedliche Realisationen von R-Lauten auf ein Phonem /r/ bzw. ein Schriftzeichen <r> beziehen. Ebenso müssen sie die Phone [ç] und [x] beide dem Schriftzeichen <ch> zuordnen bzw. dieses beim Lesen unterschiedlich aussprechen (Corvacho del Toro und Hoffmann-Erz 2014). Darüber hinaus zeigt die Tabelle typische Stolpersteine wie das fehlende <e> in Wortendungen *<Gabl>, die Schreibweise <a> statt <er> *<Hunga> sowie die Schreibweise <a> für <r> *<Guake>.

> **► Unterrichtsanregung zur Endung -er**
>
> Die Kinder erhalten eine Sammlung von Wörtern, die auf -er enden. Bspw.: *Kinder, Leiter, Feder, Eimer, Kleber*. Die Aufgabe ist, die Endungen -er einzukreisen und zu überlegen, wie die Wörter gesprochen und geschrieben werden. Nachdem jedes Kind alleine darüber nachgedacht hat, tauscht sich die Klasse über die Ideen zur Schreibweise und Aussprache der Wörter aus. Aufbauend wird die Regel erarbeitet: Ich spreche [ɐ], aber schreibe <er>. Diese wird an weiteren Beispielwörtern vertieft, die die Kinder selbstständig schreiben (Corvacho del Toro und Hoffmann-Erz 2014). ◄

◘ Tab. 4.5 Gegenüberstellung phonetischer und phonologischer Schreibweisen

Phonetische Schreibweise	Phonologische Schreibweise	Wortbeispiel phonetisch	Wortbeispiel phonologisch
[ʁ]	/r/	[ʁoːzə]	/roːzə/
[ç]	/x/	[mɪlç]	/mɪlx/
[x]	/x/	[buːx]	/buːx/
[n̩]	/ən/	[leːzn̩]	/leːzən/
[l̩]	/əl/	[gaːbl̩]	/gaːbəl/
[m̩]	/əm/	[lautm̩]	/lautəm/
[ɐ]	/ər/	[faːtɐ]	/faːtər/
[ɐ]	/r/	[tiːɐ]	/tiːr/

4.5 Silbenphonologie

Neben den einzelnen Phonemen sind für die Beschreibung einer Sprache auch größere Einheiten (Silben, Morpheme, Wörter) bedeutsam. Die Kombinations-regeln, die auf allen Ebenen beschrieben werden können, nennt man **Phono-taktik**. Die **Silbenphonologie** beschäftigt sich mit phonologischen Einheiten, wobei die **Silbe** nach dem Phonem die nächstgrößere phonologische Einheit ist. Der Terminus ‚Silbe' findet sich auch im alltagssprachlichen Gebrauch. Der spielerische Umgang mit Silben in Reimen und Liedern ist im vorschulischen Bereich und im Anfangsunterricht verbreitet und bekannt.

Aus linguistischer Sicht ist eine Kategorisierung allerdings schwierig und eine eindeutige wissenschaftliche Definition liegt nicht vor (Noack 2016). Insbesondere die Bestimmung von **Silbengrenzen** bereitet Probleme. Die Silben-grenzen von Wörtern wie <Schu-le, Wie-se, Kis-te> sind noch unproblematisch zu ermitteln. Schwieriger hingegen ist die Bestimmung der Silbengrenzen bei Wörtern wie <Tasse, ringen, Apfel> (Noack 2016: 51 f.).

Silbenmodelle Zur Beschreibung silbischer Strukturen gibt es in der Linguistik zwei prominente Modelle: das **Konstituentenmodell** und das **CV-Modell**.

Das Konstituentenmodell beschreibt silbische Strukturen hierarchisch in Form eines Baumdiagramms. Für die obere Ebene wird das griechische Sigma ‚σ' verwendet, welches für die Einheit Silbe steht. Davon abhängig sind die so-genannten **Konstituenten,** also die Teile der Silbe. Zu den Konstituenten gehören der **Anfangsrand** (Onset), der **Reim,** der **Kern** (Nukleus) und der **Endrand** (Coda) (◻ Abb. 4.2). In Einsilbern bildet der Vokal den Kern, der auch als ‚Nukleus' bezeichnet wird. Er ist obligatorisch, was bedeutet, dass jede betonte Silbe mindestens einen Kern hat, während die anderen Teile unbesetzt bleiben können (bspw. <Ei>). Als ‚Anfangsrand' oder ‚Onset' bezeichnet man den Silbenteil, der vor dem Kern (Nukleus) steht. Den Endrand bildet der auf den Silbenkern folgende Silbenteil. Kern und Endrand zusammen bilden den ‚Reim'.

Die hierarchischen Ebenen erklären sich dadurch, dass zwischen Kern und Endrand eine Abhängigkeitsbeziehung besteht, weshalb die beiden Konstituenten unter dem Reim zusammengefasst werden. Reimwörter wie <Hose-Dose> ebenso wie Analogiebildungen (Suche nach ähnlichen Wörtern oder Strukturen,

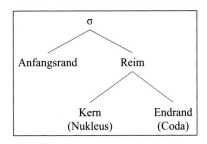

◻ **Abb. 4.2** Silbenmodell mit Konstituenten

bspw. auch zu Pseudowörtern: reller-Teller) lassen sich als Begründung für die hierarchische Zweiteilung in Anfangsrand und Reim anführen (Wiese 2011, Hoffmann-Erz 2015).

Beschreibt man die silbische Struktur von Wörtern nach dem Konstituentenmodell, ergibt sich für das Wort <Baum> folgende Zuteilung: B = Anfangsrand, au = Kern, m = Endrand, au + m = Reim. Wenn Anfangsrand und Endrand nur einen Laut haben, so bezeichnet man dies als einfach (◘ Tab. 4.6). Das Wort <Baum> hat sowohl einen **einfachen Anfangsrand** <B> als auch einen **einfachen Endrand** <m>. Enthält ein Wort vor oder nach dem Vokal mehrere Laute, gelten die **mehrfach besetzten Ränder** als **komplex**. Das Wort <Brot> hat einen komplexen Anfangsrand <Br> und das Wort <Saft> einen komplexen Endrand <ft>. Bleibt der Anfangsrand leer, wie bspw. bei dem Wort <Ohr>, so spricht man von einer **nackten Silbe**. Bleibt der Endrand unbesetzt, spricht man von einer **offenen Silbe** wie bspw. bei dem Wort <See>. Im Gegensatz dazu gelten Silben mit besetztem Anfangsrand als **bedeckte Silben** und Silben mit besetztem Endrand als **geschlossene Silben.**

Einige Autoren schließen für Einsilber eine nackte Silbe aus, was daran liegt, dass sie den Glottisverschlusslaut als konsonantisches Phonem definieren. Da dieser artikulatorisch bedingt stets vor Vokalen im Anfangslaut gesprochen wird, wie bspw. bei <Ohr> [ʔoːɐ], ist eine nackte Silbe dann ausgeschlossen (Eisenberg 2020: 123).

Das alternative Modell, das sogenannte **CV-Modell** (◘ Abb. 4.3), geht davon aus, dass sich innerhalb der Silbe keine Hierarchie begründen lässt und alle Teile in unterschiedlicher Weise miteinander agieren. Das Modell verzeichnet die Abfolge von Konsonanten und Vokalen linear, dabei steht C für Konsonant (teilw. wird auch K notiert) und V für Vokal. Im Anfangsrand können bis zu drei Konsonanten stehen (Spreu = CCCV) und im Endrand bis zu vier Konsonanten (ernst = VCCCC). Insgesamt ergeben sich vielfältige Möglichkeiten und tausende mehr oder weniger komplexer Einsilber (Eisenberg 2020).

◘ **Tab. 4.6**   Bezeichnungen für den Anfangsrand und den Endrand

	Anfangsrand	Kern	Endrand	Bezeichnung
a)	B	au	m	einfacher Anfangs- und Endrand
b)	Br	o	t	komplexer Anfangsrand
c)	S	a	ft	komplexer Endrand
d)		Oh	r	nackte Silbe (Anfangsrand unbesetzt)
e)	S	ee		offene Silbe (Endrand unbesetzt)
f)	H	au	s	bedeckte Silbe/Anfangsrand besetzt *
g)	M	au	s	geschlossene Silbe **

* alle außer d,
** alle außer e

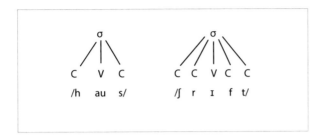

◘ Abb. 4.3 CV Modell

Oft findet eine Mischung der beiden Modelle statt und einige Ausführungen verwenden beide Darstellungsformen und Terminologien in Kombination. Dies zeigt, dass die Modelle sich ergänzen können. Während das Konstituentenmodell die Bedeutung des Reims hervorhebt, ermöglicht das CV-Modell eine übersichtliche Darstellung auch komplexer CV-Abfolgen.

4.6 Sonoritätshierarchie

Die Anordnung der Phoneme innerhalb einer Silbe folgt bestimmten Gesetzmäßigkeiten. Ein Prinzip ist die sogenannte **Sonoritätshierarchie** (Vennemann 1986), die sich durch die unterschiedliche **Sonorität** (Schallfülle) der Lautklassen ergibt. Die höchste Sonorität haben die Vokale, die niedrigste die stimmlosen Plosive (p, t, k).

> Nach dem Prinzip der **Sonoritätshierarchie** werden die Segmente innerhalb der Silbe ihrer Sonorität nach angeordnet. Dabei nimmt die Sonorität zum Kern (Gipfel) hin zu und danach wieder ab.

Wie in ◘ Tab. 4.7 ersichtlich, haben Obstruenten (bspw. Plosive, Frikative) die niedrigste Sonorität, während konsonantische Sonoranten (bspw. Nasale, Laterale) hinsichtlich ihrer **Schallfülle** dem Kern näher stehen. Ebenso weisen stimmhafte (sth.) Obstruenten (bspw. /b, d, g, v, z/) eine höhere Sonorität auf als stimmlose (stl.) (bspw. /p, t, k, f, s/). Die den übergeordneten Lautklassen – Obstruenten und Sonoranten – zugeordneten Konsonantengruppen lassen sich hinsichtlich ihrer Sonorität weiter differenzieren. Die Sonoritätsskala zeigt folgende Anordnung: Plosive, Frikative, Nasale und Liquide (Bezeichnung für l und r). Affrikate nehmen den Platz der Plosive ein wie bspw. bei dem Wort /pfau/.

Innerhalb einer Silbe können Lautklassen unbesetzt sein, die Reihenfolge der Lautklassen bleibt aber in der Regel unverändert. Das bedeutet, im Standarddeutschen existieren Wörter mit einer Kombination aus Plosiv und Liquid im Anfangsrand, wie /bl/ bei <Blatt>, /dr/ bei <drei>, /pr/ bei <Pracht> und /gr/ bei

□ Tab. 4.7 Sonoritätshierarchie

Obstruenten stl.	Obstruenten sth.	Sonoranten	Vokale	Sonoranten	Obstruenten stl.	
Plosive ⇒ Frikative⇒ Nasale ⇒ Liquide				Liquide ⇐ Nasale ⇐ Frikative⇐ Plosive		
	b	l	a		t	Blatt
		m	a	r	k t	Markt
f		r	o		ʃ	Frosch
t			au			Tau
	z		a	n	t	Sand
	z		e:			See
		r	e:			Reh

<Greis>. Konsonantenkombinationen wie /lb/ und /np/ kommen hingegen nicht vor (Vennemann 1986).

Von der Sonoritätshierarchie weichen bestimmte Lautverbindungen ab. Vor allem die Abfolgen [ʃ]+[t] <st> und [ʃ]+[p] <sp> widersprechen dem Sonoritätsprinzip Plosiv-Frikativ im Anfangsrand.

Darüber hinaus gilt im Deutschen für den Endrand die Beschränkung auf stimmlose Obstruenten (bspw. /hʊnt/), was als **Auslautverhärtung** bezeichnet wird. Das bedeutet, enden Wörter auf einem Frikativ oder Plosiv bzw. liegen diese nach dem Vokal im Silbenendrand (bspw. /o:pst/), ist dieser stets stimmlos. Abweichungen in der Schrift sind dabei häufig wie bspw. bei dem Wort <Sand>, welches zwar mit einem <d> geschrieben wird, aber lautlich ein /t/ aufweist. Ebenso findet sich nur das stimmlose /s/, nicht aber das stimmhafte /z/ im Auslaut bzw. im Silbenendrand. Das bedeutet, ein <s> in der Schrift wird im Endrand stets als stimmloses /s/ artikuliert. Bspw. bei <Haus, Reis, Maus, eins> und ebenso bei <Herbst, Obst, schreibst, fliegst>, da auch hier das <s> jeweils nach dem Vokal im Endrand der Silbe steht.

Weitere **distributionelle Beschränkungen** (Verteilungsbeschränkungen) betreffen das /h/, welches nicht im Silbenendrand und in der Regel auch nicht intervokalisch auftritt. Das bedeutet, der Laut /h/ tritt nur im Anfangsrand bzw. anlautend auf (bspw. /haus/) und innerhalb von Wörtern an Morphemgrenzen (bspw. /bəhaltən/). Ein in der Schrift sichtbares <h> nach einem Vokal (bspw. bei <Reh, fahren, sehen>) entspricht keinem lautlichen /h/ (bspw. /re:/, /fa:rən/, /ze:ən/) und wird dementsprechend auch nicht artikuliert. Dies ist für Schriftkundige meist überraschend, da aufgrund der Schriftkenntnis oft Rückschlüsse auf die vermeintliche Aussprache gezogen werden (man glaubt das zu hören, von dem man weiß, dass es geschrieben steht).

Ebenso findet sich /ŋ/ nicht wort- oder morphemanlautend. Das bedeutet <ng> steht innerhalb der betonten Silbe nur im Endrand (bspw. <Ring, Schlange>).

4.7 Betonte und unbetonte Silben

Die bisherigen silbischen Beschreibungen betreffen den Aufbau von betonten Silben. **Mehrsilbige Wortformen** reihen diese nicht einfach aneinander, sondern beruhen auf einem Wechsel von betonten und unbetonten Silben. Einsilber werden grundsätzlich betont, während Zweisilber aus einer betonten und einer unbetonten Silbe bestehen. Die betonte Silbe wird auch als **Vollsilbe** oder Hauptsilbe bezeichnet, da der Nukleus aus einem Vollvokal besteht. Die unbetonte Silbe wird als **Reduktionssilbe** oder als Nebensilbe bezeichnet.

Für den nativen (nicht fremdsprachlichen) Wortschatz typisch sind Hauptsilben mit Vollvokal wie bspw. <Schule, besuchen>. Bei <Schule> ist die betonte Silbe die erste mit dem Vollvokal /u:/, bei <besuchen> ist es die zweite Silbe mit dem gleichen Vollvokal. Die übrigen Silben beinhalten einen Schwa bzw. einen silbischen Konsonanten [n̩]. Wörter, die nicht zum Kernwortschatz des Deutschen gehören, weisen zuweilen Silben mit Vollvokal auf, die keinen Wortakzent tragen wie bspw. bei <Tomate> die erste Silbe <To>. Die **unbetonte Vollsilbe** unterscheidet sich von betonten Vollsilben vor allem hinsichtlich der Vokalqualität (Noack 2016). Das /o:/ in /ho:zə/ unterscheidet sich von dem /o/ in /toma:tə/, was durch die Transkription deutlich wird, die weder /o:/ noch /ɔ/ aufweist.

Die im Deutschen häufigste zweisilbige Form ist der **trochäische Zweisilber**, bei dem die erste Silbe betont und die zweite Silbe unbetont ist (bspw. <Rose, schlafen>). Ob eine Silbe betont oder unbetont ist, hängt im Deutschen von ihrer **Position in der Wortform** ab und ist lexikalisch und/oder grammatisch bedingt (Ternes 1999: 126). Die Silbe *lich* wird in <freund<u>lich</u>> nicht betont; in <<u>Lich</u>ter> ist sie betont. Grundprinzip der Akzentuierung ist die Betonung der Stammsilbe, während alle silbischen Flexionssuffixe (Flexionsendungen) nicht betonbar sind (Eisenberg 2020). Präfixe (Vorbausteine) unterscheiden sich bezüglich des Wortakzentes, werden also teilweise betont (bspw. <ankommen>) und teilweise nicht (bspw. <verschlafen>) (Ternes 1999).

Silbengrenzen
Die Anzahl von Silben lässt sich in der Regel problemlos bestimmen wie bspw.:
- <Haus> <ein> (einsilbig)
- <Schu-le> <le-sen> (zweisilbig)
- <Schul-ta-sche> <ein-schla-fen> (dreisilbig)
- <Ta-schen-tü-cher> <un-ter-hal-ten> (viersilbig)

Die Bestimmung der Silbengrenzen hingegen ist wesentlich komplexer und eine der schwierigeren Fragen der Silbenphonologie. Besondere Probleme bereiten Wörter, bei denen mehrere Konsonanten zwischen zwei Vokalen zu finden sind wie bspw. bei <Fenster, Märkte, Polster>. Insgesamt erweist sich die Silbe als eine nicht immer klar abgrenzbare Kategorie und je nach Modell finden sich verschiedene **alternative Silbenzerlegungen.** Für das Wort <Polster> etwa finden sich zwei mögliche Zerlegungen: <Pols-ter> und <Pol-ster>. Ebenso problematisch sind Wörter mit doppeltem Konsonant wie bspw. <Mutter, bitte, Wasser> (Wiese 2011: 75).

4

Vokallänge   Liest man die folgenden Pseudowörter (Wörter, die nicht zum Wortschatz gehören, aber nach den Regeln des nativen Kernbereichs gebildet sind) fällt auf, dass sich die Aussprache des <u> unterscheidet:

- <punte>
- <schure>

Bei <punte> geht man von einem kurzen u /ʊ/ aus und bei <schure> von einem langen u /u:/:

- /pʊntə/
- /ʃuːrə/

Wie lässt sich dies erklären? Für die Struktur trochäischer Zweisilber findet sich folgende regelhafte Beschreibung: Endet die betonte Silbe auf einem Vokal, ist also offen, ist der Vokal lang bzw. gespannt /ʃuː-rə/. Endet eine Silbe auf einem Konsonanten, ist also geschlossen, ist der Vokal kurz bzw. ungespannt /pʊn-tə/ (Eisenberg 2020; ◘ Tab. 4.8).

Dieser Sachverhalt wird auch mit der Theorie des sogenannten **Silbenschnitts** beschrieben. Die Abfolge betonter Kurzvokal bzw. ungespannter Vokal und Konsonant wird als ‚fester Anschluss‘ bezeichnet (bspw. *Kis-, fol-*). Eine offene Silbe mit einem betonten Langvokal (gespannter Vokal) wird als ‚loser Anschluss‘ (bspw. *Ho-s, le-s*) bezeichnet. Während bei dem losen Anschluss der Vokal mehr Raum bekommt, sind der Kurzvokal und der folgende Konsonant fester miteinander verbunden (Noack 2016). Mit dieser Betrachtungsweise erhält der Silbenreim, den wir innerhalb des Konstituentenmodells kennengelernt haben, Bedeutung, bzw. der Silbenkern und sein Anschluss an den Endrand.

Für Einsilber gilt, dass bei nur einem Graphem im Endrand, der Vokal kurz gelesen wird, bspw. <Ton, schön, groß> (Duden 2016: 73). Bei mehreren Konsonanten wird der Vokal kurz gelesen, bspw. <Saft, Kunst>; eine Ausnahme bildet das Wort <Mond>, da der Vokal lang ist, obwohl mehrere Konsonanten folgen.

◘ **Tab. 4.8**   Geschlossene und offene Silben im trochäischen Zweisilber

Offene Silbe = Langvokal	Geschlossene Silbe = Kurzvokal
Ho-se	Kis-te
le-sen	fol-gen

Silbengelenke Für eine Reihe von Zweisilbern kann diese Regelhaftigkeit nicht festgestellt werden wie bspw. <Mutter, Katze, backen, Muschel, kochen, Ringe, Köpfe, Löcher>. Diese Wörter beinhalten einen betonten Kurzvokal, auf den sprachlich nur ein Konsonant folgt: /mʊtər/, /katsə/, /bakən/, /mʊʃəl/, /kɔxən/, /rɪŋə/, /kœpfə/, /lœxər/.

Eisenberg (2020: 139 f.) bezeichnet Konsonanten, die zwischen einem betonten Kurzvokal bzw. ungespannten Vokal und einem unbetonten Vokal stehen, als **Silbengelenke** oder als ‚ambisilbische Konsonanten‘. ‚Silbengelenke‘ werden so gedeutet, dass sie entweder zwischen beiden Silben liegen oder beiden Silben angehören. Für das Wort /mʊtər/ heißt das, dass /t/ sowohl zur ersten als auch zur zweiten Silbe gehört bzw. zwischen beiden Silben liegt, ohne dass eine genaue Silbengrenze bestimmt wird. Die ‚Gelenkschreibung‘ betrifft sowohl Doppelkonsonanten <tt, nn, ll, tz, ck…> als auch Konsonanten, die aus mehreren Buchstaben bestehen und daher nicht verdoppelt werden können (<sch, ch, pf, ng>). Dies liegt daran, dass mehrgliedrige Schriftzeichen – Schriftzeichen, die aus mehreren Buchstaben bestehen (<sch, ch, pf, ng>) – meist auf einen Kurzvokal folgen <Tische, Küche, Töpfe, Ringe>.

In Bezug auf die phonologische Silbe (Sprechsilbe) wird die Bestimmung von Silbengrenzen grundsätzlich abgelehnt. In Bezug auf geschriebene Silben (Schreibsilbe) hingegen sieht Eisenberg die Möglichkeit, Schriftzeichen eindeutig zuzuordnen, wobei er auf die Silbentrennung am Zeilenende verweist <Mut-ter, Kü-che, Ta-sche> (Eisenberg 2020: 328). Diese wiederum folgt keiner einheitlichen strukturell bedingten Segmentierung. Bspw. werden Doppelkonsonanten grundsätzlich mittig getrennt (<Mut-ter, kön-nen, Kat-ze>), wohingegen die Trennung von <ck> davon abweicht und das <ck> nicht getrennt, sondern der zweiten Silbe zugeordnet wird wie bspw. <ba-cken>. Silbengrenzen nach den Trennungsregeln am Zeilenende lassen demnach keine Rückschlüsse auf die Vokalquantität oder die Vokalqualität zu.

Das Konstrukt der graphemischen (auf die Schrift bezogenen) Silbe ist in der Linguistik strittig und findet in den meisten Veröffentlichungen keine Beachtung. Da silbenbasierte didaktische Ansätze derzeit in den Unterrichtsmaterialien stark vertreten sind, ist eine Auseinandersetzung mit dieser Thematik allerdings für Lehrkräfte wichtig.

4.8 Fazit und Anwendung

Mit der Phonologie haben wir die kleinsten bedeutungsunterscheidenden sprachlichen Einheiten des Deutschen, die Phoneme, eingeführt. Damit wird eine von der Aussprache höhere Abstraktionsebene deutlich, die beim Schriftspracherwerb zu leisten ist. Die Kinder lernen unterschiedliche Aussprachevarianten, bspw. verschiedene R-Realisationen, auf ein Phonem zu beziehen. Ebenso lernen sie, dass die Allophone [ç] und [x] zusammenhängen, was nicht zuletzt durch das gleiche Schriftzeichen <ch> (*Milch, Buch*) deutlich wird.

Von besonderer Bedeutung für den Schriftspracherwerb sind die Schwa-Tilgung sowie die regelhaften Schreibweisen der unbetonten Silbe. Diese können zwar der Aussprache nicht direkt entnommen werden, lassen sich aber regelhaft beschreiben. Das bedeutet, bestimmte lautsprachliche Strukturen werden in einer bestimmten Weise (regelhaft) verschriftet. Dafür ist es nötig, über die einzellautliche Ebene hinaus, die lautsprachliche Struktur von Wörtern zu erfassen. Dazu gehört das vokalisierte R sowie die unterschiedliche graphemische Umsetzung des [ɐ], die sich durch den Kontext ergibt.

Silbische Gliederungen haben in den letzten Jahren in der Deutschdidaktik große Bedeutung erlangt. Dabei ist die Bestimmung eindeutiger Silbengrenzen sprachlich nicht möglich und der gesamte Sachverhalt äußerst komplex.

4.9 Aufgaben

1. Transkribieren Sie die folgenden Wörter sowohl phonetisch als auch phonologisch.
   Engel, raten, Milch, Hunger, Vater, Tier, wir
2. Bestimmen Sie bei den folgenden Wortpaaren, ob es sich um Minimalpaare handelt. Geben Sie bei den Minimalpaaren das Phonempaar an. Begründen Sie anderenfalls, warum kein Minimalpaar vorliegt.
   – Paar-Bar
   – Bier-Stier
   – reißen-reisen
   – Stadt-statt
   – Wiesen-wissen
   – Sohn-schon
   – kalt-Wald
   – fangen-fallen
   – Tier-Teer
   – Fälle-Felle
   – Stiel-Stuhl
   – Roben-Robben
   – Ball-bald
   – siezen-sitzen
3. Ordnen Sie die folgenden Wörter nach ihrer betonten Silbe einer der folgenden Kategorien zu:
   – offene Silbe
   – geschlossene Silbe
   – Silbengelenk wegen Doppelkonsonanz
   – Silbengelenk wegen mehrgliedrigem Schriftzeichen
   Lampe, Ruder, Füller, lesen, Witze, backen, fahren, kuscheln, liegen, Tropfen, sehen, finden, Angel, Löcher

4. Stellen Sie für die folgenden Wörter fest, ob es sich um ein natives Wort handelt oder ob Besonderheiten vorliegen. Diese können sein: ungewöhnliche silbische Struktur, untypisches Betonungsmuster, ungewöhnliche Besetzung der unbetonten Silbe, untypische Lautfolge.
Salami, wollen, Sofa, Musik, vorfahren, Lama, Ananas, Hunger, Küche, Kamel, Radio,

5. Entscheiden Sie für die folgenden Fehlschreibungen, in welchem Bereich das Kind Unterstützung benötigt, um seine Fehlschreibung überwinden zu können.
   a. lautliche Übung, um Lautverwechslungen oder -auslassungen zu vermeiden.
   b. Wissen über phonologische Strukturen (Schwa-Tilgung, Reduktionssilbe, vokalisiertes R)
   c. Orthografisches Können bzw. Rechtschreibstrategien

*schen (schön), *sagn (sagen), *fogel (Vogel), *Kinda (Kinder), *komen (kommen), *tüa (Tür), *faren (fahren), *nudl (Nudel), *keste (Kiste)

Literatur

Corvacho del Toro, I. & Hoffmann-Erz, R. (2014): Was ist lautgetreu? Zur Notwendigkeit einer begrifflichen Differenzierung. In K. Siekmann (Hrsg.). *Theorie, Empirie und Praxis effektiver Rechtschreibdiagnostik* (S. 29–40). Tübingen: Narr.

Duden (2005). *Duden Aussprachewörterbuch.* 6., überarb. und akt. Aufl. Mannheim: Dudenverlag.

Duden (2016). *Die Grammatik.* 9., vollst. überarb. und akt. Aufl. Mannheim: Dudenverlag.

Eisenberg, P. (2020). *Grundriss der deutschen Grammatik. Das Wort.* 5. akt. und überarb. Aufl. Stuttgart: J. B. Metzler.

Fuhrhop, N. & Peters, J. (2013). *Einführung in die Phonologie und Graphematik.* Stuttgart: J. B. Metzler.

Hoffmann-Erz, R. (2015). *Lernprozesse im Orthographieerwerb. Eine empirische Studie zur Entwicklung der Generalisierungskompetenz.* Berlin: wvb.

Noack, Ch. (2016). *Phonologie.* 2. Aufl. Heidelberg: Universitätsverlag Winter.

Rues, B., et al. (2014). *Phonetische Transkription des Deutschen. Ein Arbeitsbuch.* 3., durchges. Aufl. Tübingen: Narr.

Ternes, E. (1999). *Einführung in die Phonologie.* 2. verb. und erw. Aufl. Darmstadt: Wissenschaftliche Buchgesellschaft.

Thomé, G. (2021). *Abc und andere Irrtümer über Orthographie Rechtschreiben LRS/Legasthenie.* 5. akt. Aufl. Oldenburg: isb.

Thomé, G. & Thomé, D. (2016). *Deutsche Wörter nach Laut- und Schrifteinheiten gegliedert.* Oldenburg: isb.

Vennemann, Th. (1986). *Neuere Entwicklungen in der Phonologie.* Berlin: de Gruyter.

Wiese, R. (2011). *Phonetik und Phonologie.* Paderborn: Wilhelm Fink.

Weiterführende Literatur

Hall, T. H. (2011). *Phonologie.* 2. überarb. Aufl. Berlin: de Gruyter.

Graphematik und Orthografie

© Der/die Autor(en), exklusiv lizenziert an Springer-Verlag GmbH, DE, ein Teil von Springer Nature 2023
R. Hoffmann-Erz, *Deutsch in der Grundschule*,
https://doi.org/10.1007/978-3-662-66653-1_5

5

Einführendes Praxisbeispiel
Der Schülertext (◨ Abb. 5.1) offenbart weitreichende Kompetenzen im phonologischen Schreiben. Das Kind beherrscht die Schreibweisen der phonologischen
Endungen <Türen, einer, gliken> und des vokalisierten R <Flur, Tür, gehört,
dir>. Schriftliche Konventionen, wie das Setzen von Satzschlusszeichen und die
Großschreibung am Satzanfang, sind noch nicht eingehalten und ebenso fehlen einige
orthografische Markierungen. Neben der Groß- und Kleinschreibung ist teilweise
die Doppelkonsonanz nicht berücksichtigt *<must> ohne <ss>, *<endekst> und
*<gliken> ohne <ck> und es fehlt das <t> bei der komplexen Wortform *<endekst>.
Interessant sind die Verwechslungen von <d> und <t> bei dem Wort *<richdige> und
<g> mit <k> bei dem Wort *<gliken>. Bevor didaktische Verfahren für den Recht-
schreibunterricht diskutiert werden können, müssen die orthografischen Besonderheiten sachanalytisch geklärt werden.

5.1 Grundlegendes

Die Graphematik beschäftigt sich mit den Einheiten und Strukturen geschriebener Sprache.

> Schriftzeichen werden als **Grapheme** bezeichnet und stehen in spitzen Klammern **< >**.

Dependenzhypothese versus Autonomiehypothese Grundlegend für die Beschreibung des deutschen Schriftsystems ist die Frage nach der Abhängigkeit von der Lautsprache. Dazu existieren zwei konträre Positionen: die **Dependenzhypothese** und die **Autonomiehypothese.** Während die Autonomietheoretiker
die Graphematik als von der Sprache unabhängigen Forschungsgegenstand
verstehen, geht die Dependenzhypothese davon aus, dass Schrift ein sekundäres

von der mündlichen Sprache abhängiges Zeichensystem darstellt (Dürscheid 2016). Die entscheidende Frage dabei ist, ob das Schriftsystem unabhängig von der Sprache beschrieben werden kann und sollte.

Der **Autonomietheorie** folgend beruht die Ermittlung des graphematischen Inventars auf schriftbezogenen Analysen. Mithilfe von Minimalpaaranalysen auf graphemischer Ebene werden die Grapheme ermittelt. Bei den Minimalpaaren <Haus> und <Maus> führt der Austausch der Einheiten <H> und <M> zu einem Bedeutungsunterschied, sodass <H> und <M> als distinktive (unterscheidende) Einheiten und somit als Grapheme identifiziert werden können. Analog zu dem Phoneminventar lässt sich durch die graphemische Minimalpaarprobe der Graphembestand des Deutschen ermitteln (Fuhrhop und Peters 2013).

Der **Dependenztheorie** folgend werden die Schriftzeichen aufgrund ihrer Korrespondenz zu den Phonemen ermittelt. Dabei wird das Phoneminventar, welches durch phonologische Minimalpaarproben ermittelt wurde (s. ▶ Kap. 4), zugrunde gelegt und die korrespondierenden schriftlichen Einheiten werden ermittelt.

Auch für die Didaktik bzw. Fragestellungen zu Lehr-Lernprozessen ergeben sich durch die unterschiedlichen Ansätze Konsequenzen, indem diskutiert wird, ob ein Sprachbezug didaktisch sinnvoll oder sogar als notwendig erachtet wird. Didaktische Ansätze ohne Sprachbezug sind dabei selten.

Alphabetisches Schriftsystem Für die Entwicklung einer einheitlichen deutschen Sprach- und Schreibnorm stellten die vielfältigen Sprachvarianten der germanischen Sprachen eine große Herausforderung dar. Durch die Erfindung des Buchdrucks und die Entstehung eines überregionalen Kommunikationsmediums entwickelte sich vom 15. bis 19. Jahrhundert allmählich eine sprachliche Norm, die hauptsächlich in schriftlicher Form bestand. Eine Standardlautung entwickelte sich erst später und wurde von der **Standardschreibung** (Orthografie) abgeleitet (Thomé 2021, Altmann und Ziegenhain 2010).

Unsere Schrift beruht auf einem **alphabetischen Schriftsystem**, bei dem die Schriftzeichen lautsprachliche Gegebenheiten abbilden und semantisch (bedeutungsbezogen) unabhängig sind. Dabei handelt es sich um eine lautbezogene Schrift und nicht um eine Lautschrift, da die einzelnen Laute nicht immer mit dem gleichen Schriftzeichen abgebildet werden. Alphabetische Schriften unterscheiden sich in dem **Grad ihrer Lautorientierung,** was sich aus der Beziehung zwischen Lautung und Schrift ergibt. Während das Italienische als außerordentlich lautnah gilt, wird für das Englische die Beziehung zwischen gesprochener und geschriebener Sprache als kompliziert angesehen (Kohrt 1987).

Eine Schwierigkeit in der Beziehung zwischen Lautung und Schrift ergibt sich aus der Verwendung des **lateinischen Alphabets,** da für die rund 40 standardlautlichen Phoneme des Deutschen nur 26 alphabetische Buchstaben zur Verfügung stehen. Für einige althochdeutsche Laute existieren bei den lateinischen Schriftzeichen keine Entsprechungen, wie etwa für die Laute /ç, x, ʃ/. Unser Schriftsystem weist daher zahlreiche **Buchstabenkombination** auf wie etwa <sch> für den Laut /ʃ/. Insbesondere für den Bereich der Vokale stellt das lateinische Alphabet eine spärliche Verschriftungsgrundlage dar. Man denke nur an die vielfältigen lautlichen Entsprechungen des Graphems <e> in den Wörtern <Esel> /eːzəl/ und <Ente> /ɛntə/. Demgegenüber gibt es für einige lateinische Buchstaben im Deutschen keine lautliche Entsprechung. Dies betrifft bspw. <v, q, c>, welche sich ausschließlich in Fremdwortschreibungen finden (Thomé 2021, Altmann und Ziegenhain 2010). Insofern lassen sich die Beziehungen zwischen Lautung und Schrift nicht durch die Buchstaben beschreiben. Vielmehr werden Grapheme als schriftliche Einheiten benötigt.

> **Grapheme** unterscheiden sich grundlegend von Buchstaben und können aus einem bspw. <p>, zwei bspw. <ch> oder drei Buchstaben bspw. <sch> bestehen. Grapheme, die aus mehreren Buchstaben bestehen, werden als ‚mehrgliedrige Schriftzeichen' bezeichnet.

Grapheme können Phonemen gegenübergestellt werden, um die Beziehungen systematisch zu beschreiben. Das bedeutet, ein Graphem steht für jeweils ein Phonem und umgekehrt. Wichtig ist also eine graphematische Gliederung statt einer buchstabenbezogenen (Thomé 2021: 48).

❯ Wenn man mit einzelnen Graphemen schreibt, dann sieht es so aus wie hier.

5.2 Basisgrapheme

Phoneme korrespondieren in der Regel mit unterschiedlichen Graphemen. Bspw. für das /aː/ finden sich drei Korrespondenzen:

- <a> in dem Wort <Schal>
- <ah> in dem Wort <fahren>
- <aa> in dem Wort <Saal>

Sprachstatistische Untersuchungen ermitteln, wie häufig welches Graphem für ein Phonem steht. Dazu werden Texte ausgewählt und alle Laut-Schrift-Korrespondenzen gezählt. Bezüglich des /aː/ zeigt sich, dass in 90,96 % ein <a> geschrieben steht, in 7,52 % ein <ah> und in nur 1,51 % ein <aa> (Thomé et al. 2011). Wertet man alle Korrespondenzen aus, zeigt sich, dass für jedes Phonem ein Graphem besonders häufig vorkommt. So wie für das Phonem /aː/ in den meisten Fällen das Graphem <a> steht, lässt sich für jedes Phonem das häufigste Schriftzeichen ermitteln.

> Die Grapheme, die sprachstatistisch am häufigsten für das ihnen entsprechende Phonem geschrieben stehen, werden als **Basisgrapheme** bezeichnet.

Die Tabellen verzeichnen für alle Phoneme die zugehörigen Basisgrapheme. Die Sortierung folgt der Auftretenshäufigkeit in Texten (Thomé und Thomé 2016).

Konsonantische Basisgrapheme   Bezüglich der Konsonanten zeigt sich, dass <n> der häufigste Konsonant ist (◘ Tab. 5.1).

Einige konsonantische Basisgrapheme finden sich nicht am Wortanfang. Das betrifft: <ch, ng, chs>. Für **<ch>** finden sich zwei Beispielwörter <Milch, Buch>, da – wie bereits in ► Kap. 4 zur Phonologie erläutert – zwei lautliche Varianten (komplementäre Allophone) für <ch> existieren. Zwar gibt es auch Wörter, die mit <Ch> beginnen, wie bspw. <Chef, Chor>, bei diesen ist die lautliche Korrespondenz aufgrund ihres fremdsprachlichen Ursprungs anders und jeweils unterschiedlich: für <Chef> /ʃ/ und für <Chor> /k/. Damit wird deutlich, dass

◘ **Tab. 5.1**   Basisgrapheme der Konsonanten (Thomé und Thomé 2016)

Phonem	Basisgraphem	Beispielwort
/n/	**<n>**	niesen
/r/	**<r>**	reden
/t/	**<t>**	tauchen
/d/	**<d>**	dichten
/l/	**<l>**	lesen
/s/	**<s>**	Hau<u>s</u>
/x/	**<ch>**	Mil<u>ch</u>, Bu<u>ch</u>
/m/	**<m>**	malen
/z/	**<s>**	singen
/f/	**<f>**	faul
/v/	**<w>**	warm
/g/	**<g>**	grün
/k/	**<k>**	kauen
/b/	**<b>**	baden
/ʃ/	**<sch>**	schlafen
/h/	**<h>**	heizen
/ts/	**<z>**	zeigen
/p/	**<p>**	prüfen
/ŋ/	**<ng>**	Ri<u>ng</u>
/j/	**<j>**	jung
/pf/	**<pf>**	pfeifen
/ks/	**<chs>**	Fu<u>chs</u>
/kv/	**<qu>**	qualmen

das Verzeichnis der Phonem-Graphem-Korrespondenzen (Abk. PGK) den **nativen Wortschatz** fokussiert.

Das Graphem **<s>** korrespondiert ebenfalls mit zwei Lauten: dem stimmlosen /s/ und dem stimmhaften /z/. Während /s/ nicht am Wortanfang vorkommt, wird /z/ aufgrund der Auslautverhärtung nicht im Silbenendrand (Silbenbereich nach dem Vokal) artikuliert.

Das **Schriftzeichen <chs>** wird in vielen Grapheminventaren nicht verzeichnet, obwohl auf die Korrespondenzen /ks/-<chs> und /ks/-<x> hingewiesen wird (Fuhrhop und Peters 2013). Analysen von Korpora (Textsammlungen), die aus 100.000 Graphemen bzw. Phonemen bestehen, verzeichnen das <chs> nur 30-mal (Thomé und Thomé 2016). Verglichen mit dem häufigen <n>, welches 10.090-mal vorkommt, ist <chs> also ein seltenes Schriftzeichen.

Ebenso wird **<qu>** in Ausführungen zur Graphematik erwähnt und auf seine Korrespondenz zu /kv/ hingewiesen, wobei auch hier Phonem- und Graphemstatus ungeklärt sind (Fuhrhop und Peters 2013). Neben den Prozentzahlen, die sich für die einzelnen Basisgrapheme in Bezug zu ihren Phonemen ergeben, spielen also auch die absoluten Häufigkeiten – wie oft also ein Graphem bzw. Phonem überhaupt vorkommt – eine Rolle.

Vokalische Basisgrapheme ◻ Tab. 5.2 verzeichnet für alle vokalischen Phoneme die zugehörigen Basisgrapheme. Auch hier folgt die Sortierung der **Auftretenshäufigkeit**, wobei Schwa als häufigster Vokal die Liste anführt. Hier finden sich komplexe Verhältnisse und viele Grapheme stehen für mehrere Phoneme.

Das Graphem **<e> vertritt drei Phoneme /ə, ε, e:/.** Die übrigen eingliedrigen Vokale <a, o, u, ö, ü> vertreten jeweils zwei Phoneme, nämlich den **jeweiligen Kurz- und Langvokal.** Eine Ausnahme stellt das <i> dar, welches nur für den Kurzvokal /ɪ/ steht, während das lange /i:/ mit dem **Basisgraphem <ie>** geschrieben wird. Dabei steht <ie> niemals am Wortanfang. Die wenigen Wörter, die mit einem /i:/ anlautend beginnen, wie zum Beispiel das Wort **<Igel>**, zeigen die **Ausnahmeschreibungen,** dass das lange /i:/ mit einfachem <I> geschrieben wird.

Die Liste der vokalischen Basisgrapheme verzeichnet das <ä> in Korrespondenz zu dem Basisgraphem /ε:/, wobei schon in ▶ Kap. 3 zur Phonetik darauf hingewiesen wurde, dass dieser Laut in der sprachlichen Wirklichkeit nicht etabliert ist.

Mit den Basisgraphemen haben wir eine Liste der Grapheme, die im Normalfall, also statistisch gesehen am häufigsten, für ein Phonem geschrieben werden. Diese haben didaktisch einen hohen Nutzen und ermöglichen ein Vorgehen nach dem Grundsatz: „Vom Häufigen zum Seltenen". Laut Thomé und Thomé (2016) liegt der Anteil der Basisgrapheme im Durchschnitt bei 90 %.

▣ Tab. 5.2 Basisgrapheme der Vokale (Thomé und Thomé 2016)

Phonem	Basisgraphem	Beispielwort
/ə/	<e>	Bien<u>e</u>
/ɪ/	<i>	ist
/a/	<a>	als
/ai/	<ei>	eins
/e:/	<e>	er
/a:/	<a>	aber
/ɛ/	<e>	es
/i:/	<ie>	Kn<u>ie</u>
/ʊ/	<u>	und
/ɔ/	<o>	oft
/au/	<au>	auf
/u:/	<u>	urig
/o:/	<o>	oben
/y:/	<ü>	übel
/ʏ/	<ü>	K<u>ü</u>che
/ø:/	<ö>	sch<u>ö</u>n
/ɔy/	<eu>	euch
/ɛ:/	<ä>	K<u>ä</u>se
/œ/	<ö>	öffnen

❯ wen etwas nur mit basisgrafemen geschrieben ist schtimt schon eine menge.

▶ Didaktische Schlussfolgerung

Kinder lernen am Anfang zunächst die Basisgrapheme kennen, also zu jedem Laut die häufigste grundlegende Verschriftungsform. Bspw. wird zu dem Laut /f/ zuerst das <f> eingeführt und erst später das <v>. Lautgetreues Schreiben kann als Schreiben mit Basisgraphemen definiert werden, wobei zusätzlich die phonologischen Endungen berücksichtigt werden müssen. Für den Anfangsunterricht geeignet sind somit Wörter wie <Hose, Gabel, sagen, Feder>. Ebenso können Fehler qualitativ bewertet werden. Eine Fehlschreibung wie *<Maeise> zeigt, dass das Kind noch unsicher in der korrekten Laut-Basisgraphem-Zuordnung /ai/=<ei> ist. Eine Fehlschreibung wie *<Gabl> zeigt Schwächen im phonologischen Schreiben, da die Besonderheit der Schwa-Tilgung unberücksichtig ist. Eine Fehlschreibung wie *<Fater> hingegen ist eine vollständig lautgetreue Schreibweise (Corvacho del Toro und Hoffmann-Erz 2014). ◀

5.3 Orthographeme

Für die meisten Phoneme ergeben sich Schreibvarianten, wie wir sie schon für das /a:/ beschrieben haben. Neben dem Basisgraphem <a> wie in <Schal> finden sich die Grapheme <ah> (<fahren>) sowie <aa> (<Saal>).

> In Abgrenzung zu den ‚Basisgraphemen' werden die Schriftzeichen, die weniger häufig auftreten, als **Orthographeme** bezeichnet.

5

Für das /a:/ sind <ah> und <aa> die Orthographeme. Orthographeme können häufig durch regelhafte rechtschriftliche Phänomene erklärt werden (bspw. <b> für /p/ bei <Korb> aufgrund der Auslautverhärtung). Teilweise ergeben sie sich durch unsystematische Schreibungen oder Fremdwörter (bspw. <Sta<u>d</u>t, <u>C</u>lique, <u>V</u>ase>).

Konsonantische Orthographeme ◻ Tab. 5.3 verzeichnet zunächst alle konsonantischen Grapheme inklusive aller Orthographeme. Jede Zeile bezieht sich auf ein Phonem, was bedeutet, dass alle Schriftzeichen einer Reihe einem Phonem zuzuordnen sind, also alle dem gleichen Lautwert entsprechen. Die Anordnung von links nach rechts folgt der Häufigkeit, sodass die seltensten Schriftzeichen rechts zu finden sind. Befindet sich bei den Orthographemen kein Eintrag bzw. ein Strich, bedeutet dies, dass in dem Korpus (ausgewählte Textsammlung), welcher für die Auszählung verwendet wurde, ausschließlich das Basisgraphem zu finden ist.

Die häufigsten Orthographeme betreffen die **Doppelkonsonanz** <nn, tt, ss, ff, ck, tz...> sowie die **Auslautverhärtung** <d, g, b> für /t, k, p/. Dazu kommen die **Sparschreibungen** (s. ▶ Abschn. 5.5.1). Diese sind zum einen <s> für /ʃ/ bspw. bei <Stein> und <Spaß>. Zu betonen ist, dass es sich hier um jeweils zwei Grapheme handelt <S> und <p> bzw. <S> und <t>. Die zweite Sparschreibung betrifft das <n> für /ŋ/ für die Abfolge /ŋk/. Auch hier gilt, dass <nk> zwei Grapheme darstellen. ◻ Tab. 5.4 schafft eine Übersicht über die Sparschreibungen und ihre Zusammenhänge.

Weitere Orthographeme betreffen **besondere Schriftzeichen** wie <V, C, Y, X>, die fast ausschließlich in **Fremd- bzw. Lehnwörtern** vorkommen sowie einige seltene Ausnahmeschreibungen <th, ph, dt...>. Schlussendlich findet sich noch <ß>, welches im Folgenden (s. ▶ Abschn. 5.5.3) erläutert werden wird.

Vokalische Orthographeme ◻ Tab. 5.5 stellt eine Übersicht aller Grapheme für die Vokale bereit.

Bezüglich der Vokale finden sich die häufigsten Orthographeme durch das **<h> bei Langvokalen.** Festzuhalten ist, dass Langvokale **in den meisten Fällen mit den Basisgraphemen** <a, e, u, o> verschriftet werden wie bspw. <Schal, Esel, Ufer, Ofen>. Schreibweisen mit <-h> wie bspw. <fahren, Lehrer, Uhr, Ohr> finden sich also seltener für die Langvokale. Das **<ih>** findet sich nur in den Pronominalformen <ihr, ihm, ihn, ihrem, ihnen...>, welche in Texten häufig vorkommen. Die übrigen Orthographeme, wie bspw. die **Doppelvokale <aa, ee, oo>** (eine Verdopplung von <i> und <u> existiert nicht), finden sich nur selten.

◘ Tab. 5.3 Konsonanten mit Basis- und Orthographemen (Thomé und Thomé 2016)

Phonem	Basisgraphem	Orthographeme mit Beispielwörtern			
/n/	\<n>	\<nn> kann			
/r/	\<r>	\<rr> starr			
/t/	\<t>	\<d> und	\<tt> bitte	\<dt> Stadt	\<th> Theater
/d/	\<d>	\<dd> (Kladde)*			
/l/	\<l>	\<ll> schnell			
/s/	\<s>	\<ss> Fluss	\<ß> Fuß		
/x/	\<ch>	\<g> König			
/m/	\<m>	\<mm> immer			
/z/	\<s>	-			
/f/	\<f>	\<v> Vogel	\<ff> Schiff	\<ph> Physik	
/v/	\<w>	\<v> Vase			
/g/	\<g>	\<gg> Egge			
/k/	\<k>	\<g> Berg	\<ck> Zweck	\<ch> Chor	\<c> Clique
/b/	\<b>	\<bb> (Krabbe)*			
/ʃ/	\<sch>	\<s> Stein, Spaß			
/h/	\<h>	-			
/ts/	\<z>	\<tz> Satz	\<t> Nation		
/p/	\<p>	\<b> Korb	\<pp> Suppe		
/ŋ/	\<ng>	\<n> krank			
/j/	\<j>	-			
/pf/	\<pf>	-			
/ks/	\<chs>	\<x> Axt			
/kv/	\<qu>	-			

* nicht im Korpus der 100.000-Auszählung enthalten

◘ Tab. 5.4 Sparschreibungen in der Übersicht

Graphematische Gliederung der orthografischen Schreibweise	Phonologische Verschriftung	Verschriftung mit Basisgraphemen
\<**S**-t-ei-n>	/ʃtain/	\<**sch**tein>
\<**S**-p-ie-l>	/ʃpi:l/	\<**sch**piel>
\<B-a-**n**-k>	/baŋk/	\<ba**ng**k>

◻ Tab. 5.5 Vokale mit Basis- und Orthographemen (Thomé und Thomé 2016)

Phonem	Basisgraphem	Orthographeme mit Beispielwörtern		
/ə/	<e>	-		
/ɪ/	<i>	<ie> vierzig		
/a/	<a>	-		
/ai/	<ei>	<eih> weihen	<ai> Mai	
/e:/	<e>	<eh> Fehler	<ee> See	
/a:/	<a>	<ah> sah	<aa> Haar	
/ɛ/	<e>	<ä> Kälte		
/i:/	<ie>	<ih> ihr	<i> dir	<ieh> zieht
/ʊ/	<u>	-		
/ɔ/	<o>	-		
/au/	<au>	-		
/u:/	<u>	<uh> Schuh		
/o:/	<o>	<oh> wohl	<oo> Moos	
/y:/	<ü>	<üh> Mühle	<y> typisch	
/ʏ/	<ü>	<y> sympathisch		
/ø:/	<ö>	<öh> fröhlich		
/ɔy/	<eu>	<äu> Bäume		
/ɛ:/	<ä>	<äh> gähnen		
/œ/	<ö>	-		

5.4 Orthografische Prinzipien

Die Orthografie befasst sich ebenso wie die Graphematik mit dem Schriftsystem. Der Unterschied besteht darin, dass die Graphematik das Schriftsystem strukturell beschreibt, während sich die Orthografie um eine **Normierung des Schriftsystems** bemüht (Dürscheid 2016).

> Die **Orthografie** beschreibt rechtschriftliche Normen.

Die systematische Beschreibung und Erfassung der deutschen Orthografie ist nicht einfach und es existieren **unterschiedliche Bezugsquellen,** die sich nicht zuletzt in ihren Zielen unterscheiden. Das amtliche Regelwerk etwa folgt dem Zweck, Handlungsanweisungen für die Schreiber*innen zur Verfügung zu stellen. Diese weisen grundsätzlich eine Wenn-dann-Struktur auf, mit typischen Einschränkungen in Form von Bedingungsangaben oder Formulierungen für

Ausnahmen (Risel 2011). Sie dienen daher kaum zur Beschreibung einer grundsätzlichen Struktur, wie sie von wissenschaftlichen Strukturmodellen angestrebt wird. Diese sind ebenso zahlreich wie vielfältig (Eisenberg 2020).

Linguistische Beschreibungen sind dabei nicht einfach auf psycholinguistische Gegebenheiten übertragbar, was bedeutet, dass die Aneignungsprozesse der Schüler*innen nicht automatisch den gleichen Strukturen folgen.

Unter orthografischen Prinzipien versteht man eine Zusammenstellung von Erscheinungen und Funktionen des Schriftsystems. Seit dem 17. Jahrhundert wurden von zahlreichen Autoren eine Reihe unterschiedlicher Prinzipienmodelle entwickelt, was aufgrund der Vielfalt und Uneindeutigkeit von Menzel (1978) als „Prinzipienwirrwarr" bezeichnet wurde.

Phonologisches Prinzip Das Lautprinzip wird von allen Autoren als erstes und vorherrschendes Prinzip in den Modellen erfasst, wobei es auch als **phonologisches oder phonematisches Prinzip** bezeichnet wird (Nerius 2007). Je nach Auffassung werden neben der Phonem-Graphem-Korrespondenz (PGK) hierunter auch syllabische (silbische) und intonatorische Prinzipien genannt, um Aspekte der graphischen Wortsegmentierung (Wortgrenzen etc.) und der Interpunktion einzubeziehen.

Schreibweisen nach dem phonologischen Prinzip kodieren lautliche bzw. phonematische Informationen und werden auch als **unmarkierte Schreibungen** bezeichnet. Die Schreibweise <schön> lässt sich also durch die Phonem-Graphem-Korrespondenzen (PGK) /ʃøːn/ erklären.

Morphematisches Prinzip Die **markierten Schreibungen** enthalten zusätzliche sprachliche Informationen: morphematische, lexikalische oder andere. Die orthografischen Prinzipien beschreiben und interpretieren die markierten Formen. Das **morphematische Prinzip,** welches den **Stammerhalt** betrifft, ist von zentraler Bedeutung und wird für markierte Schreibweisen als **häufigstes Prinzip** genannt. Das morphematische Prinzip betrifft verschiedene orthografische Phänomene, die dazu dienen, die Wortstämme in Flexionen und komplexen Wortformen zu erhalten. Beispiele sind die Auslautverhärtung <Hund-Hunde>, die Umlautung <hält-halten>, <Mäuse-Maus> sowie der Erhalt von Längemarkierungen <fährt-fahren> und Kürzemarkierungen <schwimmt-schwimmen>.

Weitere Prinzipien Neben den beiden Hauptprinzipien finden sich Erklärungen für seltenere Phänomene wie bspw. das Prinzip der Homonymieunterscheidung, das historische, das ästhetische und das etymologische Prinzip. **Homonymie** betrifft gleichlautende Wörter unterschiedlicher Bedeutung, die durch verschiedene Schreibweise wie bspw. <Saiten-Seiten>, <Lied-Lid>, <Wahl-Wal> unterschieden werden können.

Das **historische Prinzip** begründet die Ausnahmeschreibung <und> mit der mittelhochdeutschen Form <unde>.

Das **ästhetische Prinzip** erklärt die Sparschreibungen damit, dass <Sp> und <St> ästhetischer seien als die lautliche Verschriftung <Schp> und <Scht>.

Dabei bleibt unklar, warum andere konsonantische Häufungen wie <schw-, schm-, schn-> nicht ebenfalls von einer Sparschreibung betroffen sind.

Das **etymologische Prinzip** begründet markierte Schreibweisen aufgrund der Herkunft wie bspw. das <ai> in dem Wort <Mai>, welches dem Lateinischen entlehnt ist (Thomé 2000).

Markierungen bzw. rechtschriftliche Besonderheiten werden je nach Modell unterschiedlichen Prinzipien zugeordnet. Wichtig ist, **zentrale Bereiche,** die einen großen Anteil orthografischer Strukturen erklären, von **peripheren Bereichen,** die sich auf seltenere Schreibweisen beziehen, zu unterscheiden (Risel 2011).

Die orthografischen Prinzipien stellen den Versuch dar, Begründungen für bestehende Schreibweisen zu finden, bleiben dabei aber uneindeutig. Da sie rückwärtsgewandt sind, sind sie weder dazu geeignet, eine Schreibweise sozusagen vorausschauend zu bestimmen, noch dazu, didaktische Ableitungen für Schreiblerner*innen zu begründen.

Zusammengefasst zeigt sich, dass die theoretische Fundierung der deutschen Orthografie teilweise kontrovers ist.

> ❯ Die **vorherrschenden Prinzipien** der deutschen Orthografie sind das **phonologische** und das **morphematische Prinzip.**

5.5 Orthografische Phänomene

Die strukturelle Beschreibung der Orthografie erfolgt in der Literatur nicht einheitlich. Die folgende Darstellung fokussiert vor allem die für den Grundschulunterricht relevanten rechtschriftlichen Bereiche. Da einige Phänomene – wie bspw. die Doppelkonsonanz – linguistisch unterschiedlich begründet werden (silbisch versus akzentbasiert), basiert die Gliederung auf den Phänomenen. Dabei dient die Darstellung der sachanalytischen Beschreibung und ist an (angehende) Lehrkräfte gerichtet. Sie sind nicht dafür gedacht, Grundschüler*innen zu rechtschriftlichen Kompetenzen zu verhelfen. Grundlegend ist die Unterscheidung zwischen **regelhaften Bereichen** und **Einzelfallschreibungen,** die nicht systematisch beschrieben werden können.

Wie bereits erläutert, ist das vorherrschende Prinzip das phonologische oder anders ausgedrückt, beziehen sich rund **90 %** der Schreibweisen auf die **Phonem-Basisgraphem-Korrespondenzen.** Da diese bereits in ▶ Abschn. 5.2 ausführlich dargestellt wurden, muss darauf hier nicht mehr eingegangen werden.

5.5.1 Graphotaktische Einschränkung

Eine Einschränkung des phonologischen Prinzips stellen die **Sparschreibungen** dar. <Sp>, <St> und <nk> sind linguistisch betrachtet **jeweils zwei Grapheme.** Folgt im Anlaut auf ein /ʃ/ ein /t/ oder ein /p/, wird das /ʃ/ ausnahmsweise mit <S> statt mit <Sch> verschriftet. Wörter wie /ʃ-p-i:-l/ und /ʃ-t-ai-n/ würden ohne die besondere Sparschreibung mit Basisgraphemen <Sch-p-ie-l> und <Sch-t-ei-n> geschrieben (◘ Tab. 5.4). Innerhalb eines Wortes findet sich das Graphem <s> für /ʃ/ in Zusammensetzungen wie etwa <Fußballspieler, Weihnachtsstern, Freizeitsport> sowie in komplexen Wortformen wie <Gespenst> und <Verstand>. Insofern greifen Regelformulierungen, die sich für <Sp> und <St> nur auf den Anlaut beziehen, zu kurz (Risel 2011). Wenn Kinder vermittelt bekommen, dass <Sp> und <St> einen Laut abbilden, kann es beim Lesen zu Fehlern kommen wie *[fɛʃt] (Fescht) für <Fest> oder [aʃt] (Ascht) für <Ast>.

Ebenso wird bei der Lautfolge /ŋ/ und /k/ für das /ŋ/ ein <n> statt einem <ng> geschrieben. Die Lautfolge findet sich nicht im Anlaut. Das Wort /b-a-ŋ-k/ bspw. würde ohne Sparschreibung <B-a-ng-k> geschrieben. Auch <nk> beinhaltet zwei Grapheme: <n> und <k>. Bei <ng> (bspw. <R-i-**ng**>) hingegen handelt es sich um ein Graphem, da ein Laut /ŋ/ abgebildet wird. Für Kinder kann es verwirrend sein, wenn <ng> und <nk> als gleichwertige Einheiten zeitlich kurz hintereinander behandelt werden.

5.5.2 Kürzemarkierung

Das Phänomen der **Doppelkonsonanz** betrifft die Verdopplung von Konsonanten, die anzeigen, dass der davorstehende Vokal kurz ist, bspw. <Mutter, kommen, Schiff>. Aus diesem Grund wird das Phänomen linguistisch auch als Kürzemarkierung bezeichnet. Die doppelten Konsonanten **unterscheiden sich lautlich nicht von einfach geschriebenen Konsonanten** wie der Wortvergleich /mʊtər/ <Mutter> mit /kɪstə/ <Kiste> zeigt. Sowohl das <tt> bei <Mutter> als auch das <t> bei <Kiste> entsprechen lautlich einem /t/.

Minimalpaare verdeutlichen den Zusammenhang von Graphie und Lautung. Das Minimalpaar <beten>-<Betten> bzw. /beːtən/-/bɛtən/ zeigt die unterschiedliche Schreibweise <tt> und <t> für den gleichen Laut /t/ und die gleiche Schreibweise <e> für die beiden Laute /eː/ und /ɛ/. Weitere Minimalpaare zeigen die gleichen Strukturen: <Hüte-Hütte>, <Ofen-offen>, <Ratten-raten>, <Robe-Robbe>, <Hasen-hassen>. Der Lautunterschied betrifft nur die Vokale, wobei vor den doppelten Konsonanten der Vokal kurz ist.

Zuweilen finden sich in komplexen Wortformen zwei gleiche Konsonanten wie bspw. <mit**t**eilen, Fah**rr**ad, ve**rr**aten, Schrei**bb**lock>. Diese gelten nicht als Doppelkonsonanz, da sie keine Kürze markieren, sondern sich zufällig durch die Wortbildung ergeben. Das orthografische Phänomen der Doppelkonsonanz ist zwar komplex, kann aber regelhaft beschrieben werden. Zwei konkurrierende Beschreibungsansätze finden dabei besondere Beachtung: der **akzentbasierte Ansatz** und der **silbenbasierte Ansatz** (Ramers 1999).

Akzentbasierter Ansatz Der akzentbasierte Ansatz entspricht den amtlichen Regeln der deutschen Rechtschreibung (Rat für deutsche Rechtschreibung 2006) und lautet: „Folgt im Wortstamm auf einen betonten kurzen Vokal nur ein einzelner Konsonant, so kennzeichnet man die Kürze des Vokals durch Verdopplung des Konsonantenbuchstabens."

Die Regel betrifft dabei nur bestimmte Grapheme, da mehrgliedrige Grapheme, wie <ch>, <sch> und <ng>, nicht verdoppelt werden. Finden sich also in einem Wort Schriftzeichen mit mehreren Buchstaben im Wortinneren <sch, ch, pf, ng, au, ei, eu> sind Verdopplungen ausgeschlossen (*Fische, Küche, Töpfe, Ringe*). Hierbei ist die Vokallänge aus der Schrift nicht immer eindeutig erkennbar (*Küche-Kuchen*), in der Regel ist der Vokal vor mehrgliedrigen Schriftzeichen aber kurz. Diphthonge werden wie Langvokale behandelt, sodass sich Verdopplungen ausschließen: <Raupe, Leiter, Leute>.

Für die Konsonanten <k> und <z> gilt die besondere Schreibweise <ck> und <tz> (bspw. <Schnecke>, <Katze>). Nur in einigen Fremdwörtern wie <Mokka>, <Sakko>, <Pizza> finden sich unübliche Verdopplungen. Ungünstigerweise werden die beiden Doppelkonsonanten am Zeilenende unterschiedlich getrennt: das <tz> wie die übrigen Doppelkonsonanten <Kat-ze, Wit-ze...>, das <ck> hingegen <ba-cken, Lo-cke...>. Dies führt auch bei der Bestimmung der Silbengrenzen zu Verwirrungen (s. ▶ Abschn. 4.7).

Nach August (1985) treten Doppelkonsonanten überwiegend in **autosemantischen Lexemen** auf, also in Wörtern der Wortarten Nomen, Verben, Adjektive und Adverbien. Diese können selbstständig Inhalte ausdrücken, weswegen sie auch Inhaltswörter genannt werden. In grammatischen Wörtern und Wortbildungsmorphemen finden sich meist keine Verdopplungen wie bspw. <mit, das, in, im, am>. Diese Wörter werden nicht flektiert, sodass ein Erhalt des Wortstamms in Flexionen nicht gegeben ist. Durch orthografische Markierungen, wie bspw. eine Doppelkonsonanz, ergibt sich eine graphematische Strukturierung von Inhaltswörtern, welche den Wortstamm als „Signalgruppe" erkennbar macht (bspw. <ver**messen**, an**kommen**>).

Nach dem akzentbasierten Ansatz erhalten Doppelkonsonanten die **Funktion einer Kürzemarkierung** des vorangehenden Vokals. Die Bedeutsamkeit des Akzents zeigen folgende Wörter: <Atem>, <reden>, <Freundin>. Da der Kurzvokal hier nicht betont ist, wird auch kein Konsonant verdoppelt (Ramers 1999).

Silbenbasierter Ansatz   Der silbenbasierte Ansatz unterscheidet für die betonte Silbe zwischen gespannten und ungespannten Vokalen. Dabei stehen **gespannte Vokale in offenen Silben**, also Silben, die nach dem Vokal enden (*be-ten, Mie-te, Schu-le*), während **ungespannte Vokale in geschlossenen Silben** vorkommen, also Silben, die mit einem Konsonanten abschließen (*bes-te, Pil-ze, kal-te, Kis-te*) (◧ Tab. 4.8). Findet sich in der Sprechsilbe nach dem Kurzvokal nur ein Konsonant [bɛtən, kɔmən, mɪtə] wird dieser in der Schrift verdoppelt <Bet-ten, kom-men, Mit-te>, um die erste Silbe zu schließen und den ungespannten Vokal anzuzeigen. Nach dem silbischen Ansatz müssen einsilbige Wortformen zunächst in zweisilbige umgewandelt werden bspw. <Bett-Betten>.

Eisenberg (2020) beschreibt die Doppelkonsonanz nach dem silbenbasierten Ansatz als sogenannte **Silbengelenkschreibung** (s. ▶ Abschn. 4.7). Als Silbengelenk bezeichnet er einen Konsonanten, der allein zwischen einem betonten ungespannten und einem unbetonten Vokal steht und deshalb zu beiden Silben gehört (Eisenberg 2020). Die phonologische Struktur führt damit in den Schreibsilben zu einem neuen ambisilbischen – zum Ende der vorhergehenden und zum

Anfang der folgenden Silbe gehörenden – Konsonanten, der als Doppelkon-
sonantgraphem erscheint.

Vergleich der Ansätze Insgesamt zeigt sich, dass beide Ansätze geeignet sind, die
Doppelkonsonanzschreibung systematisch und für einen großen Datenbereich zu
beschreiben und laut Ramers (1999: 57) „gar nicht so weit auseinander liegen".

Nach dem akzentbasierten Ansatz können auch einsilbige Formen erklärt
werden, während silbenbasierte Ansätze diese in zweisilbige Strukturen um-
formen. Vertreter beider Ansätze beanspruchen für ihre Theorie, dass sie leichter
erlernbar sei (August 2005). Während die Quantitätstheoretiker (akzentbasierter
Ansatz) den fehlenden intuitiven Zugang zur Silbengrenze als Hürde für die
Lernenden ansehen, halten die Silbendidaktiker die Gliederung mündlicher
Sprache in Phoneme für Schreibanfänger*innen für ungeeignet (Röber-Siekmeyer
2002: 141). Insofern zeigen sich didaktisch konträre Vorgehensweisen.

5.5.3 Längemarkierungen

Die Markierung der Länge ist im Deutschen **weniger systematisch** geregelt
als die Kürzemarkierung. In den überwiegenden Fällen wird die **Länge des Vokals nicht markiert,** was bedeutet, der lange Vokal wird meistens durch das einfache Graphemzeichen verschriftet bspw. <hören, sagen>. Wie bereits ausgeführt,
bildet dabei das Phonem /i:/ insofern eine Ausnahme, dass es regelhaft mit dem
Graphem <ie> korrespondiert bspw. <spielen>. In einigen Fällen wird der Langvokal gekennzeichnet, wobei drei Formen von Längemarkierungen unterschieden
werden können:

- das silbentrennende-h (bspw. <sehen>)
- das Dehnungs-h (bspw. <fahren>)
- der Doppelvokal (bspw. <Saal>)
- das Schriftzeichen ß (bspw. <Fuß>)

Es muss betont werden, dass dem <h> der Längemarkierung (‚silbentrennendes-
h' und ‚Dehnungs-h') kein Lautwert entspricht, es also nicht ausgesprochen wird.
Insofern unterscheidet es sich von dem eigenständigen Phonem /h/, welches am
Anfang einer Wort- oder Morphemform lautlich realisiert wird, wie etwa bei
den Wörtern <Haus> und <behalten>. Eisenberg (2020: 329) kritisiert, dass
selbst aktuelle Didaktiken die Überzeugung hochhalten, bei Wörtern wie <Ruhe,
Mühe, fliehen> gebe es „etwas zu hören". Nur in einigen wenigen Ausnahme-
wörtern wird das <-h> wortintern realisiert wie <Uhu>, <Ehe> und <aha>.
Einige Autoren kritisieren die Unterscheidung zwischen ‚silbentrennendem h'
und ‚Dehnungs-h'. Dabei werden insbesondere die Begriffe der ‚Dehnung' und
der ‚Silbentrennung' als irreführend abgelehnt (Kohrt 1989).

Die Unterscheidung zwischen **Dehnungs-h** und **silbentrennendem h** ist allgemein verbreitet. In beiden Fällen folgt das <h> auf einen langen betonten
Vokal. Die Unterscheidung richtet sich nach dem Kontext: Während auf ein

'Dehnungs-h' ein Konsonant folgt bspw. <fahren>, **folgt dem silbentrennenden-h ein Vokal** bspw. <sehen>.

Silbentrennendes h Neben der Bezeichnung ‚silbentrennendes h' finden sich auch die Termini (Fachbegriffe) ‚silbenöffnendes h' und ‚silbeninitiales h.' Im Folgenden soll ausschließlich der Terminus ‚silbentrennendes h' verwendet werden. Das ‚silbentrennende-h' erscheint **regelhaft zwischen zwei Vokalen,** bspw. <sehen, gehen, ruhig, Schuhe>. Damit wird vermieden, dass zwei Vokale aufeinander-treffen. Eisenberg (2020) beschreibt es silbentheoretisch so, dass zwischen betonten offenen und unbetonten nackten Silben regelmäßig ein <h> steht. Dazu existieren nur wenige Ausnahmen wie <säen> und <Böe.> Ebenso zeigen Vornamen Schreib-weisen mit Vokalpaaren wie bspw. <Luis, Leon, Beate, Fabian> und eine Reihe von Fremdwörtern beinhalten zwei aufeinanderfolgende Vokale <Februar, Ferien, Lineal, Radio>. Nach Diphthongen steht in der Regel kein <-h> (bspw. Mauer, Feuer). Nach dem <ei> steht in Ausnahmen ein <-h> (bspw. Reihe, leihen), aber in der Regel steht kein <-h> (bspw. schreien, Blei, drei).

Im nativen Wortschatz folgt dem silbentrennenden h meist ein unbetonter Schwa wie bei <Ruhe, nahe, drohen>, wobei der Wortstamm mit dem <-h> endet. Bei einsilbigen Formen wie <Reh, Schuh, geh> fehlt somit der dem <-h> folgende Vokal.

Wie bereits ausgeführt, wird das <h> nicht ausgesprochen. Zwar ist es mög-lich, durch eine Unterbrechung des Sprechflusses sowie Betonung der zweiten Silbe ein [h] zu artikulieren [geːˈhən], dies entspricht allerdings nicht dem normalen Sprechen [geːən]. Umgangssprachlich werden die Wörter in der Regel sogar einsilbig gesprochen [geːn] (Wir gehn ins Kino), während die schriftliche Form zweisilbig ist <ge-hen> (Fuhrhop 2009: 23).

Dehnungs-h Ein ‚Dehnungs-h' steht im Wortstamm nach langem Vokal nur vor den Konsonanten <-l, -m, -n oder -r> bspw. <fehlen, nehmen, Zahn, Uhr>. Eine Ausnahme bilden die Wörter <Draht> und <Naht>, die sich von den Wörtern <dehen> und <nähen> ableiten lassen. Die auch als **l-m–n-r-Regel** bezeichnete Beschreibung ist keine wirkliche Regel, da nicht nach jedem langen Vokal vor den entsprechenden Konsonanten ein Dehnungs-h steht. Dies zeigen Wörter wie <Schule, Blume, Schwan, hören>, welche zwar die Bedingungen erfüllen, aber dennoch kein Dehnungs-h aufweisen. Tatsächlich finden sich mit den genannten Bedingungen **mehr Wörter ohne <-h> als mit <-h>.**

Insofern gibt es für das Dehnungs-h **keine regelhafte Beschreibung** und die Wortstämme gelten als **Merkschreibungen.** Allerdings kann man im Ausschluss-verfahren feststellen, dass bspw. Wörter mit Kurzvokal kein Dehnungs-h haben können. Nach dem Stammprinzip schreibt man alle übrigen Formen auch mit <-h> (bspw. <wohnen, Wohnung, wohnlich, gewohnt>) oder verkürzt aus-gedrückt: „Einmal h, immer h."

Doppelvokale Wörter mit einem Doppelvokal finden sich nur in geringem Um-fang. Dabei werden nur folgende Vokale überhaupt verdoppelt: <a>, <e> und <o> bspw. <Saat>, <Beet> und <Moos>. Vokalverdopplungen markieren einen Langvokal, unterscheiden sich aber ebenfalls lautlich nicht von einfach geschriebenen Vokalen wie bspw. <Tal, Weg, Los>. Betroffen sind ungefähr 60 Wörter im Deutschen (Eisenberg 2020), sodass hier von **Einzelfallregelungen** ausgegangen werden kann (Risel 2011).

Das Schriftzeichen ß Das Schriftzeichen <ß> korrespondiert mit dem stimmlosen /s/, welches meist <s> geschrieben wird (*Eis̱ / heiß*). Es steht **regelhaft** innerhalb eines Wortes nach langen Vokalen und Diphthongen, weswegen es unter den Längemarkierungen behandelt werden kann. In mehrsilbigen Wortformen folgt dem <ß> ein Vokal bspw. <Füße, draußen, heißen>. Im Umkehrschluss bedeutet das: Folgt dem stimmlosen /s/ ein Konsonant, wird ein <s> geschrieben bspw. <Wüste>.

Um zu klären, ob Wörter, die lautlich auf einem /s/ enden, mit <s> oder <ß> (bspw. eins, weiß) geschrieben werden, hilft die Verlängerung des Wortes. Wörter, die mit <ß> geschrieben werden bspw. <weiß>, weisen bei Verlängerung einen stimmloses /s/ auf bspw. /vaisə/ <weiße>. Wörter, die mit <s> geschrieben werden bspw. <eins̱>, zeigen bei Verlängerung ein stimmhaftes /z/, bspw. /ainzən/ <Einsen>.

5.5.4 Morphologische Schreibungen

Morphologische Schreibungen betreffen die bedeutungstragenden Einheiten (Morpheme), zu denen auch die Wortstämme zählen. Die weitgehend gleiche Schreibweise bedeutungsverwandter Wörter in der Orthografie lässt die Wortstämme grafisch sichtbar werden (*kommen-kommt, wohnen-Wohnung*). Dabei werden lautliche Prinzipien zugunsten des Stammerhalts teilweise aufgehoben wie bspw. <d> für /t/ bei Hun**d**-Hunde oder in besonderer Weise verschriftet wie etwa <ä> statt <e> bei Hand-Händ*e*.

Unsere Sprache ist aufgrund vielfältiger Möglichkeiten der Wortbildung besonders variantenreich. Zusammensetzungen wie bspw. <Schulbuchseite> und Worterweiterungen durch Affixe (grammatische Wortbausteine wie {ver-, -lich, be-...} (s. ▶ Abschn. 12.3) sind hochproduktiv und tragen zur Erweiterung des Wortschatzes bei.

Folgende orthografische Phänomene können dem Bereich morphologischer Schreibungen zugeordnet werden:
- Auslautverhärtung (<Hun**d**-Hunde>)
- Umlautung (<Hand-H**ä**nde, Haus-H**äu**ser>)
- Erhalt von Markierungen (<**wohn**en, **wohn**st>)
- grammatische Morpheme (<**ab**fahren, **be**fahren>)

Auslautverhärtung Die Konsonanten <b>, <d> und <g> werden im Silbenendrand verhärtet [p], [t] und [k] gesprochen. Dies kann den Endlaut betreffen bspw. <Berg, lieb>, aber auch inlautend vorkommen bspw. <Herbst, liebt, liebst>. Die Auslautverhärtung dient dem Erhalt des Wortstamms in der Schrift. Das Wort <Berge> bspw. wird mit [g] artikuliert und die Einzahl <Berg> mit [k]. Dennoch bleibt für den Wortstamm die Schreibweise <**Berg**(e)> erhalten.

Dadurch ergibt sich das Orthographem <g> für die Aussprache [k]. Meist kann die korrekte Schreibweise durch Verlängerung (bspw. *Berg-Berge, lieb-liebe*) erschlossen werden.

Die Grapheme <b, d, g> werden auslautverhärtend [p, t, k] ausgesprochen, wenn sie innerhalb einer Silbe im **Silbenendrand** (s. ▶ Abschn. 4.5) stehen. Da der Silbenendrand alle Konsonanten nach dem Vokal betrifft, weisen Wörter wie <Obst> und <Herbst> eine Auslautverhärtung auf, auch wenn diese nicht den Endlaut darstellen. Typische Fehler von Kindern wie *<Opst> und *<Herpst> zeugen davon. Da es hierzu keine Form ohne Verhärtung gibt, handelt es sich um Ausnahmen und Merkschreibungen. Dies betrifft auch Funktionswörter wie <und>, <ob> und <ab>.

Bei einer Reihe von Verben entstehen durch Flexionen Einsilber, die eine Auslautverhärtung aufweisen. Zum Beispiel ändert das <b> in dem Verb <lie-ben> [li:bən] in der einsilbigen Form <liebt> oder <liebst> seine Position in der Silbe. Bei <lie-ben> steht das <b> am Anfang der zweiten Silbe und wird [b] artikuliert. Bei den Einsilbern <liebt> und <liebst> steht das <b> nach dem Vokal im Silbenendrand, sodass eine Auslautverhärtung entsteht [li:**pt**] [li:**pst**]. Die Schreibweise kann durch die Ableitung von der Grundform ermittelt werden bspw. <liebt> von <lieben>.

Auch bei zusammengesetzten Wortformen können Auslautverhärtungen auftreten. Zum Beispiel wird das <b> bei dem Verb <schrei-ben> [ʃraibən] in dem Wort <Schreib-schrift> zu [p].

Umlautung Wörter mit <a> und <au> weisen häufig in Flexionen eine Umlautung (lautliche Veränderung des Vokals) auf wie bspw. <Hals-Hälse>, <Glas-Gläser>, <Haus-Häuser>. Die Schreibweise <ä> bzw. <äu> entspricht visuell weitgehend den Wortstämmen mit <a> bzw. <au>. Dabei ist <äu> das Orthographem zu dem Phonem /ɔy/, dem das Basisgraphem <eu> entspricht.

Das <ä> wird standardlautlich unterschiedlich realisiert, je nachdem ob die Umlautung auf /a:/ oder /a/ bezogen ist, also auf ein „langes oder kurzes a". Wörter wie <Hals> weisen ein /a/ auf, sodass die Umlautung <Hälse> /hɛlzə/ mit /ɛ/ kurz gesprochen wird. Die basisgraphematische Verschriftung wäre <e> bzw. <Helse>. Wörter wie <Glas> hingegen enthalten ein /a:/, sodass die Umlautung standardlautlich /ɛ:/ vorsieht. Die Lautung entspricht demnach /glɛ:sər/. Wie bereits erläutert, wird umgangssprachlich meist [e:] artikuliert (s. ▶ Abschn 3.6).

Es gibt auch Wörter, bei denen die Schreibweise mit <ä> bzw. <äu> nicht abgeleitet werden kann. Bspw. <März, hängen, Säule, räuspern>. Dabei handelt es sich um Merkschreibungen.

Eine Umlautung findet sich auch bei Wörtern mit <u> und <o>, bspw. <Hut-Hüte>, <Topf-Töpfe>. Allerdings existieren zu <ü> und <ö> keine Schreibvarianten, sodass diese Schreibweisen dem phonologischen Prinzip entsprechen und im Rechtschreibunterricht keiner besonderen Behandlung bedürfen.

Erhalt von Markierungen Das Bestreben, den Wortstamm konstant zu schreiben, führt zu einem Erhalt von Markierungen in den meisten Wortformen wie bspw. <fahren, fährt, Fahrrad, gefahren>, <schwimmen, schwimmt, Schwimmbad>.

Teilweise entstehen dadurch besondere phonotaktische Strukturen wie bspw. die Häufung von Konsonanten bei Verben mit Doppelkonsonanz in der 3. Person Singular <ko**mmt**, re**nnt**, schwi**mmt**> oder bei zusammengesetzten Nomen wie bspw. <Schwi**mmb**ad>. Die regelhafte Beschreibung, dass dem Doppelkonsonant ein Vokal folgt, gilt hier nicht mehr.

In komplexen Wortformen entstehen an den Morphemgrenzen zuweilen besondere Abfolgen wie bspw. <Han**dt**uch, Fah**rr**ad>, deren Orthografie nur durch morphologische Analysen begründet werden kann. Die **Ableitung vom Wortstamm** ist daher für die Orthografie von zentraler Bedeutung. Ausnahmen bilden unregelmäßige Verben, die bei Vokalwechseln das Prinzip des Stammerhalts durchbrechen wie bspw. <kommen-kam>, <beißen-biss>. Schreibungen wie <sehen-sah> oder <gewinnen-gewann> belegen, dass die Markierung bei gleicher Vokalquantität bzw. -qualität erhalten bleibt.

Grammatische Morpheme Im Deutschen entstehen komplexe Wortformen durch die Zusammensetzung von Morphemen. Die Wortstämme werden durch Wortbildungsmorpheme erweitert, die wiederum konstant geschrieben werden wie bspw. <ge-schlagen, an-kommen, ver-kaufen, Schäf-chen>. Auch hier ergeben sich an den Morphemgrenzen besondere Abfolgen wie bspw. <ve**rr**aten, e**ra**chten>, die unabhängig von der Vokalqualität bzw. Vokalquantität realisiert werden. Fehlschreibungen wie *<errachten, behatmen> zeigen, dass eine Unterscheidung von morphologischen Phänomenen und Vokalmarkierungen wichtig ist.

Das Suffix (nachgestellter Wortbaustein) {-ig} stellt rechtschriftlich eine Besonderheit dar. Das Aussprachewörterbuch (s. Duden, Bd. 6) sieht für die beiden Endungen <-lich> und <-ig> die standardlautliche Aussprache [ɪç] vor. Umgangssprachlich wird die Endung <-ig> oft [ɪk] ausgesprochen. Durch Wortverlängerung kann die Schreibweise ermittelt werden: „mut**ige** versus freund**liche**".

5.5.5 Syntaktische Schreibungen

Syntaktische Schreibungen benötigen einen **Satzzusammenhang**, während die bisher behandelten Phänomene auf Wortebene begründet werden können. Bei wortbezogenen Phänomenen genügt das Wort, um zu entscheiden, ob eine Doppelkonsonanz, eine Längemarkierung, ein <ß> usw. der rechtschriftlichen Norm entspricht. Die korrekte Schreibung für <das> oder <dass> hingegen, kann nur durch den Satzzusammenhang festgestellt werden. Ebenso die Groß- oder Kleinschreibung bspw. für das Wort <ESSEN> ist auf Wortebene nicht möglich. Die folgenden Sätze verdeutlichen dies: Wir **essen** heute in einem Restaurant. Das **Essen** schmeckt mir gut. Syntaktische Schreibungen werden auch als ‚grammatische Schreibungen' bezeichnet, was verdeutlicht, dass häufig grammatische Überlegungen herangezogen werden müssen, um die Schreibweise zu begründen.

Zu den syntaktischen Schreibungen zählen folgende Phänomene:

- Großschreibung
- Das-/dass-Schreibung
- Getrennt-/ Zusammenschreibung

Großschreibung Die Großschreibung umfasst im Wesentlichen die Großschreibung von Überschriften, von Satzanfängen, von Eigennamen, des Anredepronomens *Sie* und die satzinterne Großschreibung. Letztere dient als Lesehilfe der schnelleren Erfassung von Textinhalten. Da im Deutschen satzintern grundsätzlich Kleinschreibung gilt – dies also der unmarkierte Fall ist –, bedarf nur die Großschreibung einer regelhaften Beschreibung.

Für die satzinterne Großschreibung gilt, dass **Nomen** (Substantive) großgeschrieben werden. Die Bestimmung von Nomen kann über verschiedene linguistische Ebenen erfolgen, wobei nicht alle Ebenen auf alle Nomen bezogen werden können.

5

▶ **Didaktische Überlegungen zur satzinternen Großschreibung**

Die semantische (bedeutungsbezogene) Erklärung für Nomen bezieht sich auf Eigennamen (bspw. <Anna, Frau Müller>), auf konkrete Nomen (bspw. <Haus, Baum, Maus>) und auf Abstrakta (bspw. <Erinnerung, Liebe, Glück>). Darüber hinaus haben Nomen ein bestimmtes Genus (Maskulinum, Femininum, Neutrum), welches auch als grammatisches Geschlecht bezeichnet und durch einen Artikel ausgedrückt wird. Dabei deckt sich das natürliche Geschlecht oft nicht mit dem grammatischen Geschlecht (bspw. <das Mädchen>). Ein weiteres Merkmal ist die Flexion nach Numerus (Singular, Plural) oder anders ausgedrückt die Einzahl- und Mehrzahlbildung (bspw. <Frau-Frauen, Hund-Hunde, Baum-Bäume>). Die Bildung der Pluralform lässt sich dabei nicht in allgemeingültigen Regeln beschreiben. Nomen treten im Satz in einem bestimmten Kasus auf (bspw. <der Hund-dem Hund>), wodurch die Nominalphrase (Satzglied mit einem Nomen) als Subjekt oder Ergänzung gekennzeichnet wird. Nominalphrasen können unterschiedlich ausgestaltet sein, wobei die Nomen als Kerne bezeichnet werden und am Ende einer Nominalphrase stehen wie folgende Beispiele zeigen: <die Maus>, <meine Maus>, <nur eine Maus>, <eine kleine Maus>. Die Erweiterung von einfachen Nominalphrasen durch Adjektive <eine Maus-eine <u>kleine</u> Maus> kann dazu genutzt werden, Nomen zu identifizieren (Müller 2010). ◀

Das-dass-Schreibung Die Entscheidung zwischen <das> oder <dass> erfolgt über die grammatische Funktion im Satz. Für Artikel (bspw. ***Das Kind schläft.***), Demonstrativpronomen (***Das** finde ich schön.*) und Relativpronomen (*Das Buch, **das** ich gelesen habe.*) gilt die Schreibweise <das>. Für Konjunktionen (bzw. Subjunktionen) gilt die Schreibweise <dass> bspw. *Ich weiß, **dass** ich nichts weiß.* Die Schreibweise <dass> leitet Nebensätze ein, die keine Relativsätze sind (Feilke 2015).

Getrennt-/ Zusammenschreibung Die Getrennt- bzw. Zusammenschreibung von Wörtern kann zunächst auf die Spatien (Wortgrenzen) bezogen werden, was für den Grundschulbereich elementar ist. Dafür wird ein Konzept für die Einheit Wort benötigt (bspw. <Haus, und>). Darüber hinaus gilt es zu klären, ob eine Einheit als komplexe Wortform bzw. Zusammensetzung zu verstehen ist (bspw. <vorkommen, beim Radfahren>) oder als eine Gruppe einzelner Wörter (<kommt vor, Rad fahren>).

Komplexe Wortformen können aus zusammengesetzten Nomen bestehen (bspw. <Haustür>) oder andere Wortarten verbinden (bspw. <einschlafen, an-

kommen, blaugrün>). Komplexe Wortformen enthalten entweder selbstständige Einheiten, die auch alleine stehen können (bspw. <ankommen, vorlaufen> versus <an, vor>) oder unselbstständige Einheiten, die nur in Wortverbindungen vorkommen (bspw. <verschlafen, behalten>).

Besonders kompliziert ist die Frage der Getrennt-/ Zusammenschreibung im Bereich der Verbverbindungen, wobei teilweise mehrere Schreibvarianten möglich sind wie bspw. <kennenlernen> und <kennen lernen>.

5.5.6 Fremdwort- und Ausnahmeschreibungen

Eine Reihe von orthografischen Markierungen lassen sich nicht durch die vorangegangenen Prinzipien erklären. Oftmals ist die besondere Schreibweise durch den fremdsprachlichen Ursprung bedingt. Dies betrifft seltene Phonem-Graphem-Korrespondenzen wie bspw. <v> in Wörtern wie <Vase, Vokal>, <Ch> am Wortanfang bspw. bei <Chor, Chef> sowie die Grapheme <C> bspw. <Computer, Clown, Cent> und <y> bspw. <Yacht, Baby>. Ebenso gilt das Graphem <x> als markierte Schreibung und nur wenige Wörter enthalten die besondere Lautverbindung /k/-/v/ wie bspw. <Quadrat, Aquarium, Quelle> (Thomé et al. 2011).

Außerhalb des nativen Wortschatzes liegen Schreibweisen mit zwei aufeinanderfolgenden Vokalen (*Radio, Lineal*), untypischen Endungen (*Auto, Europa*), dreisilbige Formen mit mehreren Vollvokalen (*Tomate, Telefon*) sowie fehlende Kürzemarkierung (Doppelkonsonanz: *Bus* statt **Buss*). Fremdsprachliche Besonderheiten zeigen sich außerdem durch die Abfolge <i-e>, die nicht wie üblich als /iː/ gesprochen wird, sondern einzeln artikuliert wird (*Ferien Linie, Medien*). Ebenso fremdsprachlichen Ursprungs sind Graphemfolgen wie <ai> (*Mai, fair, trainieren*), <Th> (*Theater, Thema*), <zz> (*Pizza*) sowie ungewöhnliche Betonungsmuster (*Musik, Idee, Paket, Kamel*) (Eisenberg 2020).

5.6 Funktionswörter

Funktionswörter unterscheiden sich grundlegend von Inhaltswörtern. Während letztere lexikalische Bedeutungen tragen, haben Funktionswörter **grammatische Funktionen**. Inhaltswörter umfassen die Wortarten Nomen, Verben, Adjektive und die meisten Adverbien. Funktionswörter umfassen die übrigen Wortarten:
- Artikel,
- Pronomen,
- Präpositionen,
- Konjunktionen und
- Partikeln.

Sie tragen wesentlich zum **Verständnis eines Textes** bei und stellen Zusammenhänge zwischen den Inhaltswörtern her. Präpositionen etwa dienen dazu, räumliche Sachverhalte zu spezifizieren (*in der Schule*), Artikel zeigen unter anderem den Kasus an (*die Lehrerin, der Lehrerin*), Konjunktionen verbinden Satzteile und Sätze miteinander (*Lesen **und** Schreiben*). Darüber hinaus tragen sie auch zur Textbildung bei, indem bspw. Pronomen (*sie*) satzübergreifende Bezüge (*die Lehrerin*) herstellen (Tophinke 2013). Insgesamt bestimmen Funktionswörter wesentlich die Satz- und Textbildung.

Besonderheiten der Schreibung Funktionswörter sind aufgrund ihrer Häufigkeit besonders wichtig und ihre Schreibung sollte von Kindern möglichst früh sicher beherrscht werden. Zwar ist es so, dass gerade die sehr häufigen Funktionswörter überwiegend dem **phonologischen Prinzip** folgen, wie bspw. <dies, hier, sie, wieder>, einige ebenfalls sehr häufige Wörter weichen allerdings davon ab, wie bspw. <mir, dir, wir>. Diese drei Wörter werden mit /i:/ gesprochen, aber mit dem Orthographem <i> geschrieben.

Ebenso zeigen eine Reihe von Funktionswörtern systematische orthografische Markierungen, wie bspw. <dann, immer, wenn> während viele Funktionswörter mit Kurzvokal nur eine einfache Konsonantschreibung aufweisen, wie bspw. <an, mit, um, im>. Einige Funktionswörter beinhalten Markierungen, die nicht hergeleitet werden können, wie bspw. <ab, sind>, die eine Auslautverhärtung aufweisen ohne dass die Wortform verlängert werden kann. Auch finden sich bei der Gruppe der Funktionswörter besondere Schreibweisen wie bspw. die Längemarkierung der Pronominalformen <ihm, ihn, ihr, ihrem…> sowie unsystematische Schreibungen wie bspw. <hat> versus <hatte>.

Insgesamt zeigt sich die Gruppe der Funktionswörter in ihrer Rechtschreibung heterogen, sodass ihre orthografische Realisierung mitunter nicht den Regularien der deutschen Schrift folgt (Siekmann 2018).

5.7 Graphematische Segmentierungen

In ▶ Kap. 4 zur Phonologie wurde erläutert, dass die Anzahl der Silben problemlos bestimmt werden kann, nicht aber in allen Fällen eindeutig die silbischen Grenzen. Im Bereich der Graphematik finden sich Überlegungen zu einer sogenannten ‚Schreibsilbe‘ (Eisenberg 2020). Zwischen **graphematischer Silbe** und **phonologischer Silbe** gibt es Übereinstimmungen wie bspw. bei /ʃu:-lə/ <Schu-le> und /kɪn-dər/ <Kin-der>. Es finden sich aber auch Unterschiede. Die vokalischen Besonderheiten der Reduktionssilben etwa finden in der graphematischen Silbe keine Entsprechung wie der Vergleich [ga:bl] versus <Gabel> zeigt. Ebenso finden sich Unterschiede an einigen Silbengrenzen. Wörter mit silbentrennendem h etwa unterscheiden sich in Lautung /ze:-ən/ und Schrift <se-hen>, da die zweite Silbe nackt bzw. bedeckt ist (Fuhrhop und Peters 2013).

Die Problematik der phonologischen **Silbengrenzen** wurde ebenfalls bereits dargestellt (s. ▶ Abschn. 4.7, Abschnitt Silbengelenke). Das Konstrukt der phonologischen **Silbengelenke** besagt, dass an einigen Stellen keine Silbengrenzen bestimmt werden können. In der Graphematik besteht die Möglichkeit, Buchstaben eindeutig einer Seite zuzuordnen, wobei Entsprechungen zwischen Lautung und Schrift durchbrochen werden. Zum Beispiel führen die Trennung der Doppelkonsonanten (<Mut-ter>) sowie mehrgliedriger Schriftzeichen (<Köp-fe, Rin-ge>) zu einer graphischen Trennung von Graphemen, die mit einem Phonem korrespondieren.

Wie bereits erwähnt, folgt die graphematische Silbe keiner Systematik bzw. keinen bestimmten silbischen Gesetzmäßigkeiten, sondern folgt den Regeln der **Worttrennung** am Zeilenende (Eisenberg 2020). Diese besagt, dass einfache Wörter nach Sprechsilben getrennt werden wie bspw. <Wie-se, Kis-te>. Finden sich nach einem Vokal mehr als zwei Konsonanten, trennt man den letzten ab <Künst-ler, Diens-te>. Einzelne Vokale werden nicht abgetrennt <Abend, Oboe> also nicht <A-bend, O-bo-e> getrennt. Doppelkonsonanten werden getrennt <Mut-ter, Kat-ze> ebenso <ng> und <pf> wie bei <Rin-ge> und <Töp-fe>. Die mehrgliedrigen Schriftzeichen <ch, sch, ck> trennt man hingegen nicht <Kü-che, Fla-sche, Zu-cker>. Insbesondere die unterschiedliche Trennung der beiden Doppelkonsonantschreibungen <tz> und <ck> bei bspw. <Kat-ze> versus <ba-cken> belegt, dass es sich hierbei um eine formale Festlegung handelt, die keinen Bezug zur Vokallänge hat.

5.8　Fazit und Anwendung

Die sachanalytischen Beschreibungen belegen, dass unsere rechtschriftliche Norm zum größten Teil auf dem **phonologischen Prinzip** beruht. Mit dem Modell der **Basisgrapheme** lässt sich das phonologische Prinzip konkretisieren. Darüber hinaus beinhaltet der native Wortschatz bestimmte phonotaktische Strukturen, sodass fremdsprachliche und ungewöhnliche Schreibweisen identifiziert und abgegrenzt werden können. Mithilfe der orthografischen Prinzipien können Schreibweisen begründet werden. Dabei sind Kernbereiche von Peripheriebereichen zu unterscheiden. Nach dem phonologischen ist das **morphologische Prinzip** das zweithäufigste, sodass orthografische Markierungen überwiegend auf morphologischen Schreibungen beruhen. Ein Großteil orthografischer Schreibungen lässt sich **systematisch** beschreiben. Die Gruppe der **Funktionswörter** nimmt eine Sonderstellung ein und die Schreibweisen sind insgesamt eher uneinheitlich.

Nach dem didaktischen Grundsatz „Vom Häufigen zum Seltenen" sollten für Schreibanfänger*innen am Anfang die Basisgrapheme und Wortstrukturen des nativen Wortschatzes im Zentrum stehen (Thomé 2021) bzw. unmarkierte Wörter für das Schreibenlernen genutzt werden (Bredel 2016).

5.9　Aufgaben

1. Markieren Sie in dem folgenden Gedicht die Graphemgrenzen mit senkrechten Strichen.
   Guter Rat
   Geschieht wohl, dass man einen Tag
   Weder sich noch andre leiden mag,

Will nichts dir nach dem Herzen ein;
Sollts in der Kunst wohl anders sein?
Drum hetze nicht zur schlimmen Zeit,
Denn Füll und Kraft sind nimmer weit: Hast in der bösen Stund geruht,
Ist dir die gute doppelt gut.
(Johann Wolfgang Goethe o. J.).

2. Bitte markieren Sie in dem Gedicht der 1. Aufgabe die Orthographeme farbig (Großschreibung ausgenommen).
3. Bitte schreiben Sie die folgenden Wörter ausschließlich mit Basisgraphemen.
   Obstmesser, Sportschuhe, verletzen, Bäckerei, Fahrzeug, Strohballen, Clubgetränk, chillen
4. Notieren Sie Wörter, die ausschließlich mit Basisgraphemen geschrieben werden.
5. Ordnen Sie die folgenden Wörter einem oder mehreren orthografischen Phänomenen der Tabelle zu.
   Bücher, selbst, Mütze, retten, Mokka, sehen, hüpfen, Yacht, jetzt, danken, Chor, Landschaft, Bilderrahmen, Angst, Schuh, lachen, Festival, Locke, niesen, (er) schreibt, (er) kommt, Gespenst, Spielleiter, Sahneschnitte.

phonologische Schreibungen (bestehend aus Basisgraphemen und für den nativen Wortschatz typischen Wortstrukturen)	
graphotaktische Einschränkung (Sparschreibung)	
Doppelkonsonanz	
Silbentrennendes-h	
Dehnungs-h	
Auslautverhärtung	
Fremdwortschreibung/Ausnahmeschreibung	

(Aufgabe zu den orthografischen Phänomenen)

Literatur

Altmann, H. & Ziegenhain, U. (2010). *Prüfungswissen Phonetik, Phonologie und Graphemik.* Göttingen: Vandenhoeck & Ruprecht.

Augst, G. (1985). Dehnungs-h und Geminate in der graphematischen Struktur. In G. Augst (Hrsg.). *Graphematik und Orthographie. Neuere Forschungen der Linguistik, Psychologie und Didaktik in der Bundesrepublik Deutschland* (S. 112–121). Frankfurt a. M: Peter Lang.

Augst, G. (2005): Zwischen Silbengelenk und Quantitätsmarkierung – der Doppelkonsonantenbuchstabe im Deutschen. *Zeitschrift für Germanistische Linguistik* 33/ 2,3. 289–305.

Bredel, U. (2016). Schriftspracherwerb. In U. Domahs & B. Primus (Hrsg.). *Handbuch Laut, Gebärde, Buchstabe.* Handbücher Sprachwissen. Band 2. (S. 436–454.). Berlin, Boston: de Gruyter.

Corvacho del Toro, I. & Hoffmann-Erz, R. (2014): Was ist lautgetreu? Zur Notwendigkeit einer begrifflichen Differenzierung. In K. Siekmann (Hrsg.). *Theorie, Empirie und Praxis effektiver Rechtschreibdiagnostik* (S. 29–40). Tübingen: Narr.

Dürscheid, Ch. (2016). *Einführung in die Schriftlinguistik*. 5., akt. und korr. Aufl. Göttingen: Vandenhoeck & Ruprecht.

Eisenberg, P. (2020). *Grundriss der deutschen Grammatik. Das Wort*. 5. akt. und überarb. Aufl. Stuttgart: J. B. Metzler.

Feilke. H. (2015). Der Erwerb der das/dass-Schreibung. In U. Bredel & T. Reißig (Hrsg.). *Weiterführender Orthographieerwerb. Deutschunterricht in Theorie und Praxis, Bd. 5* (S. 340–354). Baltmannsweiler: Schneider.

Fuhrhop, N. (2009). *Orthografie*. 3. Aufl. Heidelberg: Universitätsverlag Winter.

Fuhrhop, N. & Peters, J. (2013). *Einführung in die Phonologie und Graphematik*. Stuttgart: J. B. Metzler.

Goethe, J. W. (o. J.). Guter Rat. In B. von Heiseler (Hrsg.) (1962). *Gesammelte Werke in sieben Bänden*. Band 1: *Gedichte* (S. 71). Gütersloh: Bertelsmann.

Kohrt, M. (1987). *Theoretische Aspekte der deutschen Orthographie*. Tübingen: Max Niemeyer.

Kohrt, M. (1989). Die wundersamen Mären vom „silbentrennenden h". Versuch einer rationalen Rekonstruktion. In P. Eisenberg & H. Günther (Hrsg.). *Schriftsystem und Orthographie* (S. 179–228). Tübingen: Narr.

Menzel, W. (1978). Zur Didaktik der Orthographie. *Praxis Deutsch* 32, S. 14–24

Müller, A. (2010). *Rechtschreiben lernen. Die Schriftstruktur entdecken – Grundlagen und Übungsvorschläge*. Seelze: Klett/Kallmeyer.

Nerius, D. (Hrsg.). (2007). *Deutsche Orthographie*. 4., neu bearb. Aufl. Hildesheim: Olms.

Ramers, K. H. (1999). Vokalquantität als orthographisches Problem: Zur Funktion der Doppelkonsonanzschreibung im Deutschen. *Linguistische Berichte* 177, 52–64.

Rat für deutsche Rechtschreibung (Hrsg.). *Deutsche Rechtschreibung 2006. Regeln und Wörterverzeichnis. Amtliche Regelung*. Tübingen: Narr.

Risel, H. (2011). *Arbeitsbuch Rechtschreibdidaktik*. 2., überarb. Aufl. Baltmannsweiler: Schneider.

Röber-Siekmeyer, Ch. (2002). Prosodisch orientierte Untersuchungen zur Wahrnehmung von Schärfungswörtern von Kindern am Schriftanfang. In D. Tophinke & Ch. Röber-Siekmeyer (Hrsg.). *Schärfungsschreibung im Fokus* (S. 106–143). Baltmannsweiler: Schneider.

Siekmann, K. (2018). Der Wortschatz in freien Schülertexten. Eine neue Auszählung für die Erarbeitung von Grund-/ Mindest- und Klassenwortschätzen. *Grundschulunterricht Deutsch. (Grund-) Wortschatz* 1/2018 (S. 16–18). Berlin: Oldenbourg.

Thomé, G. (2000). Linguistische und psycholinguistische Grundlagen der Orthografie: Die Schrift und das Schreibenlernen. In R. Valtin (Hrsg.). *Rechtschreiben lernen in den Klassen 1–6. Grundlagen und didaktische Hilfen* (S. 12–16). Frankfurt a. M.: Grundschulverband.

Thomé, G. (2021). *ABC und andere Irrtümer über Orthographie Rechtschreiben LRS/Legasthenie*. 5., akt. Aufl. Oldenburg: isb.

Thomé, G., Siekmann, K. & Thomé, D. (2011). Phonem-Graphem-Verhältnisse in der deutschen Orthographie. Ergebnisse einer neuen 100.000er-Auszählung. In G. Schulte-Körne (Hrsg.). *Legasthenie und Dyskalkulie: Stärken erkennen – Stärken fördern* (S. 51–64). Bochum: Winkler.

Thomé, G. & Thomé, D. (2016). *Deutsche Wörter nach Laut- und Schrifteinheiten gegliedert*. Oldenburg: isb.

Tophinke, D. (2013) Kleine Wörter. *Praxis Deutsch* 238, 4–14.

Weiterführende Literatur

Fuhrhop, N. (2020). *Orthografie*. 5. Aufl. Heidelberg: Winter.

Steinig, W. & Ramers, K.-H. (2020). *Orthografie*. Tübingen: Narr.

Schriftspracherwerb

Inhaltsverzeichnis

Der Terminus **Schriftspracherwerb** findet sich seit den 1970er-Jahren für das Lesen- und Schreibenlernen. Der Begriff ‚Erwerb' drückt dabei eine veränderte Sicht auf die Lerner*innen aus. Während man davor das Kind als relativ passives Objekt betrachtete, das vorgegebene Inhalte übernehmen sollte, entwickelte sich zunehmend die Vorstellung, dass eine eigenaktive Auseinandersetzung mit dem Lerngegenstand notwendig ist (Thomé 2006). Die Bezeichnung ‚Schriftspracherwerb' wird häufig mit dem Anfang des Lesen- und Schreibenlernens assoziiert, wobei unklar ist, wann die rechtschriftliche Entwicklung als abgeschlossen betrachtet werden kann. Eine Möglichkeit ist, das Ende der Schulpflicht nach neun Schuljahren als Abschluss anzusehen, es kann aber auch von einem lebenslangen Entwicklungsprozess ausgegangen werden.

6.1 Entwicklungsmodelle

In zahlreichen Modellen, die seit den 1970er-Jahren entstanden sind, wird die **Entwicklung basaler Lese- und Rechtschreibfähigkeiten** dargestellt. Der Entwicklungsprozess wird in typisierten Abfolgen beschrieben, die überindividuell sind, also sich in groben Zügen bei den meisten Lerner*innen beobachten lassen. Betont wird, dass die Phasen so zu verstehen sind, dass sie vorherrschende Strategien beschreiben. Das bedeutet, dass gleichzeitig Strategien hierarchiehöherer und -niedrigerer Stufen genutzt werden. Die Modelle sind gleichermaßen vielfältig wie zahlreich und in der Literatur findet sich eine umfangreiche Auseinandersetzung (Becker 2008, Thomé 2006, 1999). Im Folgenden werden drei Modelle dargestellt und auf dieser Grundlage die wichtigsten Aspekte und Kritikpunkte beleuchtet. Das Modell von Uta Frith (1985) ist das bekannteste und findet bis heute in Publikationen zum Schriftspracherwerb Beachtung, wobei es in einigen Punkten nicht mehr dem aktuellen Forschungsstand entspricht (Becker 2008, Thomé 2006). Das Modell von Scheerer-Neumann verweist mit der Spalte der „Lernwörter" auf Einflussfaktoren, welche die Lernentwicklung bedingen und ist damit am stärksten psycholinguistisch (sprachliche Lernprozesse erforschend) angelegt. Das Modell von Thomé von 2006 ist das jüngste und differenziert die orthografische Phase stärker als die übrigen Entwürfe.

6.1.1 Entwicklungsmodell von Uta Frith

Das Modell von Uta Frith (1985) beschreibt den Entwicklungsprozess in drei Hauptstufen:
1. logographemische Phase
2. alphabetische Phase
3. orthografische Phase

Die drei Hauptstufen werden von Frith **jeweils zwei Unterstufen** zugeordnet, sodass ein **6-Stufenmodell** entsteht. Die beiden Unterstufen beziehen sich auf die rezeptive – das Lesen betreffende – Ebene und die produktive – das

Schreiben betreffende – Ebene, wobei jeweils ein Bereich den Prozess abwechselnd dominiert. Nach Frith bildet das ganzheitliche Erkennen (rezeptiv) von Schrift den Einstieg und führt dazu, dass Wörter mithilfe logographemischer Strategien produziert werden können. Daraus entwickelt sich zunächst das alphabetische Schreiben (produktiv) und danach das alphabetische Lesen (rezeptiv). Die orthografische Phase wird nach Frith zuerst rezeptiv (lesend) und später produktiv (schreibend) erreicht. In dem Modell wird also von einer ständigen Wechselbeziehung zwischen Lesen und Schreiben lernen ausgegangen (Jeuk und Schäfer 2017). Im Folgenden werden die einzelnen Phasen des Modells näher beleuchtet.

Logographemische Phase Die logographemische Phase beschreibt Vorgehensweisen, bei denen Kinder Schrift aufgrund **charakteristischer Merkmale, bestimmter Umrisse** oder der **Wortlänge** erfassen. Schriftzüge werden anhand visuell auffälliger Schlüsselreize erkannt wie bspw. Coca-Cola durch die geschwungene Schrift auf rotem Grund. Ebenso können Kinder ihren Namen „aufmalen". Dabei wenden sie noch keine grundlegenden Strategien an, die für das Lesen- oder Schreibenlernen notwendig sind und Einsichten in die Phonem-Graphem-Korrespondenzen fehlen.

> Die Nennung der logographemischen Phase in den Entwicklungsmodellen wird häufig kritisiert. Zum einen deshalb, weil sie keine notwendige Grundvoraussetzung für den Schriftspracherwerb darstellt. Zum anderen, weil logographemische Vorgehensweisen als ganzheitliche Strategie mit der überholten Annahme einer naiven visuellen Aneignung von Schrift verbunden sind (Scheerer-Neumann 1986).

Innerhalb des 6-stufigen Modells von Uta Frith wird die rezeptive Seite der logographemischen Phase als Ausgangspunkt für das Schreiben dargestellt. Dies wird kritisiert, da das Lesen und Schreiben sich weitgehend voneinander unabhängig entwickeln (Becker 2008, Thomé 2006). Die meisten Modelle verzichten daher auf eine logographemische Phase (vgl. Synopse in Siekmann 2011).

Alphabetische und orthografische Phase Innerhalb der alphabetischen Phase entwickeln die Kinder zunehmend Einsichten in die **Phonem-Graphem-Beziehungen**. Dies führt nach Frith zu lautorientierten Schreibungen und lautorientiertem Lesen. Typische Schreibungen in dieser Phase sind *<MZ> für <Maus>.
Die orthografische Phase ist dadurch gekennzeichnet, dass die Kinder das lautorientierte Schreiben überwinden und zunehmend **normgerecht Schreiben.** Orthografisch anspruchsvolle Wörter wie <Mäuse, Fahrrad…> werden korrekt verschriftet.

6.1.2 Entwicklungsmodell von Scheerer-Neumann

Scheerer-Neumann (2020) bezeichnet ihr Modell als **Stufenmodell der basalen Rechtschreibentwicklung** (◨ Tab. 6.1). Es bezieht sich somit ausschließlich auf das

□ Tab. 6.1 Stufenmodell der basalen Rechtschreibentwicklung nach Scheerer-Neumann (1989, 2020)

	Rechtschreibstrategie Schreiben als Konstruieren (indirekter Weg)	Abrufen von Lernwörtern aus dem inneren orthografischen Lexikon (direkter Weg)
logographisch	1 logographisch – einzelne Buchstaben – kritzeln	sehr wenige Lernwörter – <MAMA>, <OPA>, eigener Name
alphabetisch	2a beginnend phonemorientiert – *<LP> für <Lampe>	immer noch sehr wenige Lernwörter
	2b entfaltet phonemorientiert – *<BUME> *<KOKDIL>	Erwerb von Lernwörtern schon etwas leichter
	2c phonemorientiert vollständig – <BLUME>, *<ROLA>	Lernwörter werden durch phonemische Stützung recht gut erworben
orthografisch	3a beginnende Einsicht in orthografische und morphematische Strukturen – *<Roler>, <Kind>	Lernwörter mit diesen Strukturen können leicht erworben werden
	3b zunehmend weitere Einsichten in orthografische und morphematische Strukturen – <Roller>, <Hände>	Erwerb von Lernwörtern wird weiter erleichtert Schreiben wird immer mehr zum Abrufen von Lernwörtern (direkter Weg) zunehmende Automatisierung

Rechtschreibenlernen. Das Modell verzeichnet in Anlehnung an Frith zunächst eine logographemische Phase, die sich – wie bereits festgestellt – in den meisten anderen Modellen nicht mehr findet. Scheerer-Neumann weist dabei auf vorschulische Schreibversuche hin, bei denen Kinder durch Kritzeln nachahmen, was sie bei Erwachsenen beobachten. Sie merken sich in dieser Phase einzelne Wörter und Buchstaben meist ohne tiefere Einsichten in Bezüge zur Sprache. Das Modell differenziert die Entwicklung des alphabetischen Schreibens ausführlich, wobei es darin mit den meisten anderen Entwicklungsmodellen übereinstimmt. Insofern steht es hier stellvertretend für übereinstimmende Modellierungen.

Die **alphabetische Phase** beginnt mit der Verschriftung einzelner Laute. Die Schreibprodukte werden auch als Skelettschreibung (<LP> für <Lampe>) bezeichnet, da noch viele Laute ausgespart sind. Der Fortschritt gegenüber Stufe 1 besteht darin, dass die Kinder erste Einsichten in die Laut-Schrift-Beziehungen gewinnen. Innerhalb des Entwicklungsverlauf wird die Lautkette zunehmend vollständiger abgebildet und am Ende der alphabetischen Phase werden die Wörter vollständig lautlich realisiert. Die Berücksichtigung phonologischer Besonderheiten bzw. morphematischer Strukturen verortet Scheerer-Neumann in die beginnende **orthografische Phase,** innerhalb derer auch immer mehr rechtschriftliche Normen beachtet werden.

Die Besonderheit des Modells liegt darin, dass die Rechtschreibentwicklung in Zusammenhang mit der Aneignung von **Lernwörtern** dargestellt wird. Nach Scheerer-Neumann beeinflussen diese die Schreibentwicklung. Die Kinder entdecken beim Schreiben der Lernwörter zunächst Phonem-Graphem-Korrespondenzen (direkter Weg) und können diese anschließend nutzen, um ungeübte Wörter lautorientiert zu schreiben (indirekter Weg). Ebenso entdecken sie später orthografische Normen und können diese zunehmend anwenden, während gleichzeitig der automatisierte Wortschatz wächst.

6.1.3 Entwicklungsmodell von Günther Thomé

Das Entwicklungsmodell von Thomé (2006) bezieht sich ebenfalls ausschließlich auf den Rechtschreiberwerb und basiert auf qualitativen Fehleranalysen. Es verzeichnet die Entwicklung ab Schreibversuchen, die einen lautlichen Bezug erkennen lassen, sodass Vorstufen des Schreibens (bspw. Kritzeln) unberücksichtigt bleiben. Thomé gliedert die alphabetische Phase in eine protoalphabetisch-phonematische Phase und in eine alphabetische Phase (◻ Tab. 6.2).

Alphabetische Phase   Die erste Hauptphase bezeichnet Thome als **protoalphabetische-phonematische Phase** und gliedert sie in drei Unterstufen. Zu Beginn finden sich rudimentäre Verschriftungen, die aus wenigen Zeichen bestehen und keinen bis geringen Bezug zur Lautstruktur des intendierten Wortes zeigen (Stufe 1.1). Die folgenden skelettähnlichen Schreibungen stehen für die beginnende lautorientierte Verschriftung und sind durch Auslassungen gekennzeichnet (Stufe 1.2). Die letzte Unterstufe der ersten Phase (Stufe 1.3) steht für eine weitgehende Berücksichtigung der Lautfolge, wobei die Bezeichnung ,phonetisch' auf den Bezug zur eigenen Aussprache verweist.

Die zweite Hauptphase, die er als **alphabetische Phase** bezeichnet, ist in zwei Stufen untergliedert. Die phonetisch-phonologische Stufe (Stufe 2.1) ist durch die vollständige Wiedergabe der Lautfolge gekennzeichnet, die immer noch phonetisch orientiert ist, sodass typische Endungen wie <-er> und <-en> noch nicht beherrscht werden.

❯ Durch die Verwendung von Basisgraphemen (s. ▶ Abschn. 5.2) und die Berücksichtigung der phonologischen Wortstrukturen (s. ▶ Abschn. 4.4) erreichen die Kinder am Ende der alphabetischen Phase (Stufe 2.2) die Stufe der phonologisch orientierten Schreibungen.

Orthografische Phase   Die orthografische Phase beschreibt die Entwicklung, welche die Kinder durch den Einsatz von Orthographemen (s. ▶ Abschn. 5.3) bis zu einer normgerechten Rechtschreibung durchlaufen. Diese Phase wird in dem Modell von Thomé ebenfalls mit **drei Unterstufen** modelliert, wodurch es sich von anderen Modellen abhebt.

In der ersten Unterstufe (Stufe 3.1) werden die **Orthographeme unsystematisch verwendet.** Das Kind kennt die Bedingungen noch nicht, unter denen

◻ Tab. 6.2 Entwicklungsmodell von Thomé (2006), grafische Darstellung in Anlehnung an Risel (2011)

	Phase	Beispiele Schreibungen	Merkmale
1. proto-alphabetisch-phonematische Phase	1.1 rudimentäre Verschriftungen	K für Katze, MoAiam für Mund	kaum Lautbezug
	1.2 beginnende lautorientierte Verschriftungen	LMN für Limonade HS für heiße	Skelettschreibungen
	1.3 phonetisch orientierte Verschriftungen	OAN für Ohren Kenda für Kinder	eigene Aussprache wird realisiert
2. alphabetische Phase	2.1 phonetisch-phono-logische Verschriftungen	SCHBILEN für Spielen KATIN für Garten	Lautfolge komplett
	2.2 phonlogisch orientierte Verschriftungen	Beume für Bäume fert für fährt	Basisgraphem-verwendungen
3. ortho-grafische Phase	3.1 semi-arbiträre Über-generalisierungen	vrisst für frisst Marcken für Marken	Orthographeme unsystematisch
	3.2 silbische oder morphologische Über-generalisierungen	vertig für fertig	Orthographeme durch falsche Ableitungen
	3.3 korrekte Schreibungen mit wenigen Über-generalisierungen	ervorschen für er-forschen	flexible Ortho-graphemverwendung

orthografische Markierungen in der deutschen Rechtschreibung eingesetzt werden, und verwendet sie mehr oder weniger willkürlich (semi-arbiträr). Die Fehlschreibung *<Marcken> für <Marken> zeigt zwar die grundlegende Einsicht, dass das Phonem /k/ im Deutschen auch dem Orthographem <ck> entsprechen kann, berücksichtigt allerdings nicht, dass ein <ck> in der Regel nicht auf einen Konsonanten folgt.

Die nächste Stufe (Stufe 3.2) bezeichnet Thomé als **silbisch oder morphologisch orientierte Übergeneralisierungen** (fehlerhafte Anwendung von Markierungen). Der Fortschritt liegt darin, dass die fehlerhafte Verwendung eines Orthographems bereits bestimmte Regularien orthografischer Strukturen berücksichtigt. Die Fehlschreibung *<vertig> für <fertig> lässt auf eine Orientierung an dem Morphem {ver} schließen.

Die letzte Stufe der orthografischen Phase (Stufe 3.3) ist neben korrekten Schreibungen durch **wenige Übergeneralisierungen** gekennzeichnet. Die meisten Modelle enden mit der orthografischen Phase, ohne einzelne Stufen näher auszuführen.

❯ Da beim orthografischen Schreiben ganz unterschiedliche Phänomene erlernt werden müssen, stellt sich die Frage, ob eine Gesamtdarstellung in einer Phase möglich und sinnvoll ist (Scheele 2006). Die aktuelle Erwerbsforschung betrachtet daher die orthografischen Phänomene separat.

Dabei zeigt sich, dass die Phänomene nicht in einer bestimmten Reihenfolge angeeignet werden, sondern parallel, was Eichler (1976) als **hierarchische Parallelität** bezeichnet. Dabei können zunächst einfache Wortformen korrekt markiert werden wie bspw. <fahren, Sonne, sehen> und erst später Flexionen und komplexe Wortformen wie bspw. <fährt, Sonnenschein, gesehen>. Die alphabetische Phase, die aufbauende Entwicklungsschritte zeigt, unterscheidet sich insofern grundlegend von der orthografischen. Darüber hinaus zeigt sich, dass satzbezogene Phänomene – wie die Groß- und Kleinschreibung und die *das-dass*-Schreibung – erst später bewältigt werden, nachdem wortbezogene Phänomene wie Kürze- und Längemarkierungen und morphologische Schreibungen weitgehend beherrscht werden (Naumann 2006) (◘ Tab. 8.2).

Fazit Entwicklungsmodelle Die Entwicklungsmodelle stellen auf der Grundlage von Fehleranalysen und Beobachtungen typische Phasen des Entwicklungsverlaufs dar. **Unterschiede** zwischen den Modellen ergeben sich u. a. hinsichtlich der Altersgrenzen und der Datengrundlage. Während einige Modelle frühkindliche Phasen wie bspw. das Kritzeln einbeziehen, bilden andere Modelle die Entwicklung erst mit dem Beginn lautorientierter Verschriftungen ab. Ebenso unterscheiden sich die Modelle darin, ob sie gleichzeitig das Lesen- und Schreibenlernen abbilden oder nur eines von beidem. Die alphabetische Phase wird in den Modellen besonders ausdifferenziert und der Weg bis zum vollendeten phonologischen Schreiben abgebildet.

❯ Bedeutsam ist der Fortschritt vom **phonetisch orientierten Schreiben,** bei dem die eigene Aussprache die Grundlage bildet, zum **phonologischen Schreiben,** bei dem Regelmäßigkeiten zwischen Sprache und Schrift bereits berücksichtigt werden. Dies betrifft die phonologischen Endungen bzw. die Reduktionssilbe sowie das vokalisierte R (Corvacho del Toro und Hoffmann-Erz 2014).

Die Phasen der Entwicklungsmodelle werden nicht von allen Kindern in gleichem Maße durchlaufen. Vielmehr werden Stufen zuweilen übersprungen oder zeigen sich nur kurz. Ebenso kann der Entwicklungsprozess stagnieren. Schreibprodukte von Kindern belegen, dass unterschiedliche Strategien gleichzeitig genutzt werden, sodass einige Wörter alphabetisch geschrieben werden, während andere bereits orthografische Normen berücksichtigen. Für die Einschätzung des Lernstands ist es sinnvoll, die vorherrschende Strategie zu bestimmen. Fachdidaktisch besteht der Nutzen der Modelle darin, dass der Unterricht – also der durch die Lehrkraft gesteuerte Erwerb – sich an den Phasen des Schriftspracherwerbs orientiert (Jeuk und Schäfer 2017). Dabei sind die Modelle nicht als didaktische Anleitung misszuverstehen.

6.2 Alphabetisches Schreiben

Allen Entwicklungsmodellen gemeinsam ist, dass sie eine alphabetische und eine orthografische Phase verzeichnen. Damit wird empirisch belegt, dass das alphabetische bzw. das lautorientierte Schreiben dem orthografischen vorausgeht.

Der folgende Text eines Erstklässlers (◉ Abb. 6.1) zeigt ein alphabetisches Schreibniveau. Victor schreibt die phonologischen Endungen bei <Computer, gelegen, lesen> und das vokalisierte R bei <gern> korrekt. Teilweise finden sich schon orthografische Markierungen <spielen, und, sind, erschrecke>. Insofern schreibt Victor – mit Ausnahme der lautlichen Verwechslung von <z> mit <s> bei *<meistenz> – phonologisch einwandfrei. Fehler finden sich noch im orthografischen Bereich. Victors Schreibniveau kann im ersten Schuljahr als fortgeschritten bezeichnet werden.

Entwicklungsschritte   Innerhalb der alphabetischen Phase zeigen sich unterschiedliche Stufen lautorientierter Verschriftungen. Während am Anfang die eigene Aussprache im Mittelpunkt steht (phonetisch orientiertes Schreiben), lernen die Kinder zunehmend die phonologischen Regularien zu berücksichtigen. Am Ende schreiben sie vollendet phonologisch, was auch als ‚lautgetreu' bezeichnet werden kann (Corvacho del Toro und Hoffmann-Erz 2014). Alphabetisches Schreiben bildet die Grundlage für orthografisches Schreiben. Die Befürwortung lautbezogener Basisstrategien bedeutet nicht, dass orthografische Strukturen erst dann erlernt werden können, wenn das alphabetische Schreiben vollständig beherrscht wird (Scheerer-Neumann 2020). Vielmehr lässt sich eine sukzessive Annäherung feststellen.

Der Schriftspracherwerb vollzieht sich nach der aktuellen Erwerbsforschung im Wechselspiel zwischen eigenaktiven und instruktivem Lernen (Bredel et al. 2017, Thomé 2006). Freies Schreiben ermöglicht einen schnellen Einstieg in das alphabetische Prinzip unserer Schriftsprache und führt durch Übung zu zunehmend vollständigen lautorientierten Verschriftungen. Es finden sich keine Bestätigungen dafür, dass sich fehlerhafte Schreibungen in eigenen Texten längerfristig einprägen. Die Begründung einer Lernprogression vom alphabetischen zum orthografischen Schreiben bedeutet nicht, dass Kinder über lange Zeit ungesteuert frei schreiben sollen (Scheerer-Neumann 2020).

◉ **Abb. 6.1**   Textbeispiel alphabetisches Schreiben

> Unter einem **ungesteuerten Erwerb** versteht man einen Lernprozess, der ohne bewusste regelgeleitete Anleitung erfolgt. Das Sprechenlernen wird häufig als Beispiel für einen ungesteuerten Erwerb angeführt, da das Kind seine Sprache im Rahmen kommunikativer Prozesse entwickelt. Ein **gesteuerter Erwerb** hingegen beruht auf didaktischer Anleitung, die einer gewissen Lernprogression folgt.

Es ist davon auszugehen, dass eine Kombination aus freiem Schreiben und einem kognitiv anregenden Rechtschreibunterricht rechtschriftliche Kompetenzen effektiv fördern kann (Scheerer-Neumann 2020).

Kritik　Es findet sich auch Kritik an den bestehenden Phasenmodellen, wobei die empirischen Befunde als Folge der didaktischen Konzeptionen interpretiert werden. In der Konsequenz wird die Unterscheidung zwischen alphabetischem und orthografischem Schreiben und ein entsprechend didaktisches Vorgehen abgelehnt (Bredel et al. 2017).

Alphabetisches Schreiben steht in Zusammenhang mit der Kritik an vermeintlichen Methoden des Grundschulunterrichts, die als ‚**Schreiben nach Gehör**‘ oder auch als ‚**Schreibe, wie du sprichst**‘ publik geworden sind. Tatsächlich existieren keine Methoden mit diesen Bezeichnungen. In den 1980er-Jahren entwickelte Jürgen Reichen (1988) sein Konzept ‚Lesen durch Schreiben‘, wodurch das frühe selbstständige Schreiben mithilfe einer Anlauttabelle allmählich Eingang in den Anfangsunterricht fand (s. ▶ Abschn. 7.2.4). Mit einer veränderten Sicht auf Fehler, die es nicht mehr einfach zu vermeiden galt (s. ▶ Abschn. 6.10), wurden die Fehler in den Texten als diagnostisches Mittel zur Einschätzung des Lernstandes verstanden. Sie wurden als Ausgangspunkt für eine kontinuierliche Begleitung und Weiterentwicklung orthografischer Kompetenzen durch die Lehrkraft betrachtet.

In der öffentlichen Kritik hingegen steht die Befürchtung im Mittelpunkt, die fehlerhaften Schreibungen würden sich langfristig einprägen und eine positive Rechtschreibentwicklung verhindern. Obwohl dies fachwissenschaftlich widerlegt werden konnte, dauert der Streit um die sogenannte **Rechtschreibkatastrophe** an.

❯ Alphabetisches oder auch lautgetreues Schreiben unterscheidet sich grundsätzlich von einem bloßen ‚Schreibe, wie du sprichst‘ bzw. ‚Schreiben nach Gehör.‘

6.3　Wortbildtheorie

Die Wortbildtheorie geht von der Vorstellung aus, Rechtschreiblernen beruhe auf der **visuellen Speicherung von Wortbildern.** Sie geht auf Bormann (1840, zit. nach Scheerer-Neumann 1986) zurück. Nach ihm prägen sich korrekte Schreibweisen von Wörtern allein durch die Vermittlung des Auges ein. Die Theorie des Wortbildes fand insbesondere in der Nachkriegszeit Anwendung in der **Ganz-**

heitsmethode der Brüder Artur und Erwin Kern. Der Unterricht beschränkte sich weitgehend auf das Sammeln und Speichern von Sätzen und Wörtern und basierte auf einer falschen Vorstellung der Schrift als logographischem Schriftbild (Bartnitzky 1998).

> Seit etwa Mitte der 1960er-Jahre verlor die Ganzheitsmethode zunehmend an Bedeutung und die Wortbildtheorie gilt längstens als überholt (Hochstadt et al. 2015, Bartnitzky 1998, Scheerer-Neumann 1986).

Argumente gegen die Wortbildtheorie Gegen die Annahme von visuellen Übernahmen rechtschriftlicher Normen spricht das **Input-Argument,** welches besagt, dass Schreiblerner*innen meist normgerechte Schreibungen in ihrer Umgebung vorfinden und dennoch Fehlschreibungen produzieren (Risel 2011). Ebenso sprechen nach Scheerer-Neumann (1986) die Ergebnisse von **Fehleranalysen** gegen wortbildorientierte Verarbeitungen. Sollten visuelle Speicherungen in Form von Wortbildern möglich sein, müssten Schreibanfänger*innen Fehler produzieren, die dem richtigen Wortbild ähnlich sind. Rechtschreibfehler von Kindern betreffen aber in der Regel Bereiche, die zu einer **Veränderung der Gestalt eines Wortes** führen (bspw. Klein- statt Großschreibung, Einfügung oder Auslassung von Kürze- oder Längemarkierungen etc.).

Ein weiteres Argument gegen eine ganzheitliche Wortbilderfassung ist, dass die Mengen an ähnlichen Formen (lege, legst, legte, abgelegt, verlegt) die **Merkfähigkeit des Gedächtnisses** auf Dauer überfordern würde (Risel 2011). Dass die Merkfähigkeit begrenzt ist, zeigt sich in der Schulpraxis, wenn Kinder erst im zweiten Schuljahr als leseschwach auffallen, nachdem sie im ersten Schuljahr alle Fibeltexte erfolgreich auswendig gespeichert vorlesen konnten und im nächsten Jahr mit der Menge des Lesestoffs überfordert sind. Als letztes Argument gegen eine wortbildorientierte Schreibung können Experimente mit **Kunst- bzw. Pseudowörtern** angeführt werden. Bei diesen verschriften Proband*innen Wörter entsprechend der linguistischen Norm korrekt, die sie zuvor noch nie gesehen haben (Risel 2011).

Auch für das **Lesen** kann die Annahme **von Wortbildern ausgeschlossen** werden. Experimente zeigen, dass Veränderungen im Wortbild wie bspw. Auslassungen, Verdrehungen oder Ähnliches vom Leser meist unbemerkt ergänzt werden und den Leseprozess kaum beeinflussen (Klicpera et al. 2020).

Einige **didaktische Implikationen wortbildorientierter Ansätze** sind teilweise in aktuellen Lehrwerken oder im Unterrichtsalltag noch vorzufinden. Hochstadt et al. (2015: 56) führen folgende in der Praxis häufig anzutreffende Grundsätze bzw. Methoden an:

- die wichtigste Methode im Rechtschreibunterricht sei das Abschreiben
- Wortschreibungen würden über Umrisse (Ober- und Unterlängen) abgespeichert
- frei geschriebene Texte von Kindern müssten genau kontrolliert und verbessert werden, da sich ansonsten falsche Wortbilder einprägen würden

- eigene Texte sollten von Kindern erst dann formuliert werden, wenn sie rechtschriftlich dazu in der Lage seien
- falsche Wortschreibungen dürften Kinder grundsätzlich nicht zu Gesicht bekommen (bspw. durch die Veröffentlichung freier Texte, fehlerhafte Tafelanschriebe etc.)

6.4 Phonologische Bewusstheit

> Die **phonologische Bewusstheit** ermöglicht es, die lautliche Struktur eines Wortes – unabhängig von seiner Bedeutung – wahrzunehmen, zu analysieren und zu manipulieren.

Die phonologische Bewusstheit bezeichnet die Fähigkeit, phonologische Eigenschaften der Sprache wahrzunehmen. Kinder richten ihre Aufmerksamkeit zunächst auf semantische, die Bedeutung betreffende, Aspekte. Vorschulkinder ohne phonologische Bewusstheit beantworten die Frage: „Welches Wort ist länger: <Haus> oder <Blumentopf>.", in der Regel mit <Haus>, da ein Haus real größer ist als ein Blumentopf. Durch die phonologische Bewusstheit ist das Kind in der Lage, die längere Lautstruktur bspw. von <Blumentopf> wahrzunehmen.

Es wird zwischen einer phonologischen Bewusstheit im weiteren und im engeren Sinne unterschieden. Phonologische Bewusstheit **im weiteren Sinne** bezieht sich auf größere Einheiten wie Silben. Sie wird als sprachlich implizit vorhandenes Wissen aufgefasst. Phonologische Bewusstheit **im engeren Sinne** betrifft die kleinsten phonologischen Einheiten, die Phoneme. Um diese wahrzunehmen, sind explizite Reflexion und Analyse nötig (Schnitzler 2008).

Teilfähigkeiten   Neben der Größe der linguistischen Einheiten werden verschiedene **Teilfähigkeiten** bzw. sprachliche Operationen unterschieden: identifizieren, synthetisieren, segmentieren und manipulieren:

- Phonologische Einheiten zu vergleichen („Reimt sich Sand auf Wand?") wird dem **Identifizieren** zugeordnet.
- **Synthetisieren** vollzieht sich in Aufgaben, in denen Phoneme verbunden werden („Verstehst du das Roboterwort R-O-T?").
- Phonologische Einheiten zu artikulieren entspricht dem umgekehrten Vorgang des **Segmentierens** („Sprich das Wort *rot* in Robotersprache!").
- **Manipulierende** Vorgänge finden sich in fast allen Aufgaben, wie etwa der Positionsbestimmung phonologischer Einheiten („Wo hörst du das /o:/ in Mond?").

Viele Aufgaben können gleichzeitig mehreren kognitiven Operationen zugeordnet werden (Schnitzler 2008). Grundsätzlich gilt, dass phonologische Bewusstheit aus vielen Teilfertigkeiten besteht, die zu unterschiedlichen Zeitpunkten erworben werden.

Phonologische Bewusstheit und schriftsprachliche Leistung   Studien konnten einen hohen Zusammenhang zwischen phonologischer Bewusstheit und schriftsprachlichen Leistungen nachweisen. Kinder, die am Schulanfang eine ausgeprägte phonologische Bewusstheit aufweisen, zeigen später auch bessere Lese- und Rechtschreibkompetenzen. Aufgrund der hohen Prognosekraft erhielt die phonologische Bewusstheit in der Forschung große Aufmerksamkeit und zahlreiche Tests und Trainingsprogramme wurden entwickelt. Bestimmte Fähigkeiten zur impliziten phonologischen Bewusstheit im Vorschulalter und am Schulanfang bilden wichtige **Lernvoraussetzungen (Voraussetzungshypothese)** für den erfolgreichen Schriftspracherwerb und ihnen wird eine **Vorhersagekraft (Interaktionshypothese)** für schriftsprachliche Fähigkeiten zugeschrieben (Schnitzler 2008).

Einige Autoren äußern sich **kritisch** über die Bedeutung der phonologischen Bewusstheit für den Schriftspracherwerb (Bredel et al. 2017). Angeführt wird, dass bislang noch nicht hinreichend geklärt werden konnte, ob die phonologische Bewusstheit im engeren Sinne eine Voraussetzung oder eher eine Folge des Schriftspracherwerbs darstellt. Nach Klicpera et al. (2020) hat die Konfrontation mit der Schriftsprache zwar einen wesentlichen Anteil an der Herausbildung einer adäquaten phonologischen Bewusstheit, nach der empirischen Befundlage ist aber gleichzeitig deren Erwerb vor Schulbeginn – oder relativ rasch mit dem Einsetzen des Erstleseunterrichts – bedeutsam für erfolgreiches Lesen- und Rechtschreibenlernen.

Hinsichtlich des Transfers der phonologischen Bewusstheit auf die Lese- und Schreibfähigkeiten zeigen Studien im internationalen Vergleich für deutsche Kinder geringere Fördereffekte. Dies betrifft insbesondere die Lesefähigkeit. Gute Fördereffekte zeigen sich für Vorschulkinder mit Migrationshintergrund (Pfost 2017). Pfost (2017) resümiert, dass – unabhängig von der fortwährenden Debatte um den kausalen Zusammenhang – aus dem positiven Zusammenhang abgeleitet werden kann, dass eine Förderung der phonologischen Bewusstheit zu besseren Lese- und Rechtschreibfähigkeiten beitragen kann.

6.5 Zusammenhang von Lesen und Schreiben

Lesen- und Schreibenlernen bedienen sich beide der **Phonem-Graphem-Korrespondenzen (Schreibprozess)** bzw. der **Graphem-Phonem-Korrespondenzen (Leseprozess)**. Insofern liegt es nahe anzunehmen, dass sich die beiden Fertigkeiten gegenseitig bedingen. Becker (2008) plädiert allerdings dafür, die Lese- und die Schreibentwicklung getrennt zu modellieren und führt folgende Argumente an, die gegen eine Wechselwirkung sprechen: Lesen kann unabhängig von Schreiben erworben werden, aber nicht umgekehrt. Wer schreiben kann, kann in der Regel auch lesen. Darüber hinaus sind kompetente Leser nicht unbedingt auch kompetente Schreiber (Thomé 2021, Frith 1985). Studien zeigen, dass schwache Leser nicht gleichzeitig Probleme beim Rechtschreiben zeigen und umgekehrt. Nur ein geringer Anteil von Kindern zeigt eine kombinierte Lese- und Rechtschreibstörung (Thomé 2021). Empirische Befunde sprechen weiterhin dafür, dass beim Lesen die Aufmerksamkeit auf dem inhaltlichen Kontext liegt und orthografische Besonderheiten nicht implizit gespeichert werden. Siekmann (2011) konnte zeigen, dass Wörter und Pseudowörter nach einer rezeptiven Phase nicht anders verschriftet werden als ohne vorherige Lesephase. Es konnte somit kein Einfluss auf die orthografische Realisation durch den Leseeinfluss festgestellt werden.

Rechtschreibschwachen Kindern wird oft geraten, mehr zu lesen, da es eine verbreitete **Alltagshypothese** ist, dass Lesen die Rechtschreibleistung fördere. Studien belegen hingegen nicht, dass vermehrtes Lesen zu besseren orthografischen Leistungen führt. Naumann (2008) führt zu den Entwicklungen im Lesen und Schreiben aus, dass elementares Lesen in Form des phonemorientierten Erschließens und verstehenden Lesens nicht einfach abgegrenzt werden können. Für das Rechtschreiben hingegen können einzelne Regelbereiche trotz ihrer Verflochtenheit besser isoliert werden. Auch Siekmann (2013) und Becker (2008) argumentieren, dass Schrift komplexer und mehr auf didaktische Anleitung angewiesen sei. Es sollte also von **unterschiedlichen Erwerbsprozessen** und Zugangsweisen ausgegangen werden, die besonderer didaktischer Anleitung bedürfen.

6.6 Innere Regelbildung

Die Orthographie-Erwerbsforschung hat seit den 1980er-Jahren zunehmend den **eigenaktiven Prozess** in der Rechtschreibentwicklung betont und in den Fokus genommen. Fehler wurden dabei nicht mehr einfach als Ausfall, sondern als Ausdruck eines aktiven Lernverhaltens auf dem Weg zur Schrift (Brügelmann 1983) aufgefasst. Eichler (1976, 1983) untersuchte aktives Lernen anhand von Rechtschreibfehlern, die er einer qualitativen Fehleranalyse unterzog. Er sprach dabei von **kreativen Schreibirrtümern,** die aufgrund falscher bzw. unzureichender Hypothesen des Lerners entstehen und Einblicke in Annahmen über die Schrift geben. So zeigen Fehler wie *<bund> für <bunt>, dass das Kind von der Hypothese „Ich spreche ein /t/ und schreibe ein <d>" ausgeht, welche es eventuell an Wörtern wie <Hund> entwickelt hat. Dies kann unbewusst stattfinden und in der Regel können die Kinder ihre Schreibungen nicht erklären.

Die Vorstellung, dass beim Rechtschreiberwerb eine **innere eigenständige Regelbildung** durch die Schüler*innen erfolgt, die teilweise abseits der unterrichtlichen oder sonstigen Unterweisung stattfindet, wurde von Eichler (1993) durch den Begriff der ‚inneren Regelbildung' ausgedrückt. Viele Kinder erreichen vor jeder expliziten Regelbehandlung oder Instruktion orthografische Sicherheiten, die mehr als nur ein Auswendiglernen von Schreibungen sind. Zeichen dafür sind **Übergeneralisierungen.**

> **Übergeneralisierungen** bezeichnen Fehler, die durch die Anwendung einer oft nur implizit vorhandenen Regel entstehen, wo sie prinzipiell möglich wäre, aber nicht der Norm entspricht.

Bei dem genannten Beispiel *<bunt> vermutet das Kind eine Auslautverhärtung, die zu einer Normabweichung führt. Zu der Frage, wie Kinder zu solchen inneren Regeln kommen, nennt Eichler (1993) folgende Vermutungen:

- durch Analogiebildungen,
- durch Assoziation und Schlussfolgerung,
- durch die grundsätzliche Annahme und Suche nach Gesetzmäßigkeiten,
- durch den Vergleich des Geschriebenen mit Leseeindrücken sowie
- durch die Überführung von Merkschreibungen in zunächst unbewusste und später bewusste Einsichten.

Eichler (1993) folgert für die Didaktik, dass die Begleitung der Lehrkraft zunächst in der **Reduzierung und Auswahl geeigneter Regeln** liegt, die sich an den Hauptfehlerkomplexen der Schüler*innen orientieren sollten. Er empfiehlt ferner, mit den Kindern gemeinsam den jeweiligen speziellen Charakter des Regelkomplexes bzw. das regelnde Prinzip so zu erarbeiten, dass sie den **Sinn der Regeln erkennen** und diese selbstständig weiterentwickeln können. Indem die **Grundeinsichten der Schüler*innen unterstützt** werden, soll die innere Regelbildung positiv beeinflusst werden. Die Forschungen zur inneren Regelbildung gehen jedoch keineswegs mit der Vorstellung einher, die Didaktik könne sich auf eine eigenaktive Selbstentwicklung der Schüler*innen verlassen.

6.7 Implizites Lernen

In fast allen Lebensbereichen überwiegt das **Können** gegenüber dem **Wissen** bei Weitem (Spitzer 2006). Experimente zeigen, dass kompetente Schreiber*innen in der Lage sind, Pseudowörter nach linguistischen Normen korrekt zu schreiben, ohne die zugrundeliegenden Regularien erklären zu können (Hoffmann-Erz 2015, Löffler 2004). **Pseudowörter** gehören nicht zum Wortschatz einer bestimmten Sprache, werden aber nach den phonotaktischen und graphotaktischen Regeln der jeweiligen Sprache gebildet. Im Deutschen gibt es bspw. Wörter wie <Maul> oder <faul>, aber nicht <schaul>, obwohl die phonotaktischen Regeln dies erlauben würden. Mit anderen Worten, folgen Pseudowörter den Lautgesetzen einer bestimmten Sprache, ohne in dem jeweiligen Sprachsystem zu existieren. Insofern ist es möglich, eine regelhafte orthografische Schreibweise linguistisch zu begründen, auch wenn das Pseudowort im deutschen Wortschatz nicht vorhanden ist.

Es wird davon ausgegangen, dass Rechtschreibkompetenz in weiten Teilen auf implizitem Können und inneren Regelbildungsprozessen beruht (Augst und Dehn 2009; Eichler und Thomé 1995, Ise und Schulte-Körne 2012, Oerter 2000). Das bedeutet, es besteht eine Diskrepanz zwischen dem, was Schreiber*innen **unbe-wusst beherrschen (*knowing how*)** und dem, was sie bewusst erläutern und **explizit benennen können (*knowing that*)** (Hermkes et al. 2020, Neuweg 2000).

Zur **Erforschung impliziten Lernens** werden unter anderem Serial Reaction Time (SRT) Aufgaben verwendet. Diese sind so aufgebaut, dass eine Abfolge von Stimuli (z. B. Sternchen) in bestimmten Positionen auf einem Bildschirm nach-einander in einer bestimmten Reihenfolge erscheinen. Jeder Position auf dem Bildschirm wird eine korrespondierende Taste auf der Tastatur zugewiesen und die Proband*innen sollen möglichst schnell auf die Stimuli reagieren. Der Ab-lauf der SRT-Aufgaben gliedert sich in unterschiedliche Abschnitte, die zu-fällige Reihenfolgen der Stimuli und festgelegte Abfolgen beinhalten. Die Pro-band*innen verbessern in der Regel ihre Reaktionszeit, was dafür spricht, dass sie das Muster bzw. die Regel der festgelegten Abfolge immer schneller erfassen und schneller reagieren können. Da die Proband*innen die Abfolge im Normal-fall nicht verbalisieren können, wird auf implizites Lernen geschlossen (Ise und Schulte-Körne 2012).

❯ Der größte Teil unserer sprachlichen Kompetenz ist gerade nicht sprachlich ex-plizierbar und besteht in Können und nicht in Wissen (Spitzer 2006).

Konsequenzen für den Unterricht Unser Gehirn ist so angelegt, dass es **aus Beispie-len selbst Regeln** produziert. Insofern beruht implizites Lernen auf Erfahrungen. Anhand vieler Beispiele, die kognitiv verarbeitet werden, wird ein **Handlungskön-nen** generiert, dessen Regularien dem Lernenden kaum bewusst sind. Bislang un-geklärt ist, welche Austauschbeziehungen zwischen bewussten und unbewussten Formen der Informationsverarbeitung bestehen (Hermkes et al. 2020, Neuweg 2000). In der Rechtschreibdidaktik scheint die Notwendigkeit expliziten Regel-wissens davon abzuhängen, welcher rechtschriftliche Bereich erlernt werden soll (Naumann 2006). Implizites Lernen ist dabei insgesamt von großer Bedeutung und im Rechtschreibunterricht sollten implizite Lernprozesse ermöglicht und ge-fördert werden. Da diese auf der kognitiven Verarbeitung des aus der Umgebung wahrgenommen Inputs beruhen, ist es von großer Bedeutung, mit welchem **Wortmaterial** im Unterricht gearbeitet wird. Dieses sollte geeignet sein, überein-stimmende Muster zu erkennen (bspw. *Teller, Roller, Wetter, Koffer, Zimmer*). Wortsammlungen, die nach thematischen bzw. semantischen Gesichtspunkten zu-sammengestellt sind, ermöglichen dies nicht (bspw. *Frühling, Veilchen, Osterglo-cken, blühen, Sonne, gießen, März*).

6.8 Zwei-Wege-Modell

Prozessmodelle des Rechtschreibens geben theoretische Annahmen über die kognitiven Abläufe während des Rechtschreibens wieder. Wie alle Modelle stellen sie eine Vereinfachung eines komplexen Vorgangs dar. Nach dem Vorbild von **Prozessmodellen für das Lesen,** wie sie von Coltheart (2005, 1978) entwickelt wurden, hat sich auch für das Schreiben die Vorstellung eines Zwei-Wege-Abrufs durchgesetzt. Coltheart beschreibt den Leseprozess so, dass die Verarbeitung entweder über die phonologische Rekodierung der Graphemeinheiten oder aufgrund gespeicherter Einheiten in einem orthografischen Lexikon erfolgt.

Scheerer-Neumann (1997) konzipierte in Anlehnung an das Lesemodell von Coltheart ein **Zwei-Wege-Modell des Rechtschreibens,** welches sie in unterschiedlicher Ausführlichkeit und verschiedenen Darstellungen vorlegt. Neuere Modellierungen betonen stärker die **Vernetzung zwischen den verschiedenen Operationen** und Speicherkomponenten. Auch Scheerer-Neumann unterscheidet einen **regelgeleiteten Weg (Konstruieren)** von einem **lexikalischen Gedächtniseintrag (Abrufen)** (◘ Abb. 6.2).

Konstruieren versus Abrufen Wird eine Schreibweise regelgeleitet konstruiert, entsteht sie während des Schreibprozesses auf der Grundlage verinnerlichter Regularien. Wird eine Schreibweise direkt abgerufen, erfolgt dies aufgrund lexikalischer Speicherungen. Die regelgeleitete Konstruktion bedient sich Phonem-Graphem-Korrespondenzen, silbischen Regelmäßigkeiten und morphematischen Strukturen. Der lexikalische Weg erfolgt durch Abruf von Wort- bzw. morphemspezifischen Einträgen aus dem **inneren Lexikon,** das orthografische, phonologische und semantische Informationen enthält. Mit ‚Eintragungen in einem inneren orthografischen Lexikon' sind keineswegs Wortbilder gemeint, sondern abstrakte Graphemfolgen, die in enger Beziehung zu phonologischen, semantischen und grammatischen Eigenschaften von Wörtern und Morphemen

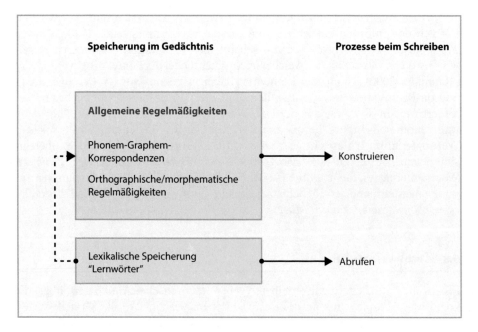

◘ **Abb. 6.2** Zwei-Wege-Modell des Rechtschreibens von Scheerer-Neumann (1997). Grafische Darstellung aus Hoffmann-Erz (2015)

stehen und außerdem zu deren orthografischen Strukturen. Scheerer-Neumann geht davon aus, dass beide Wege miteinander interagieren und ihnen innerhalb der Rechtschreibentwicklung unterschiedliche Bedeutung zukommt (Scheerer-Neumann 2020).

Wurde ein Wort orthografisch korrekt geschrieben, ist es in der Regel kaum möglich, den Schreibprozess zu rekonstruieren. Wird bspw. das Wort <Sonne> korrekt notiert, sind beide Wege denkbar. Stellen wir uns die Erstklässlerin Lisa vor, die sich bei ihren Schreibweisen in der Regel auf alphabetische Strategien stützt und sich bei dem Wort <Sonne> gemerkt hat, dass dieses mit <nn> geschrieben wird. Die Bewältigung der Doppelkonsonanzschreibung beruht in diesem Fall auf einem direkten Abruf einer lexikalischen Speicherung bzw. einer Merkschreibung. Schreibt hingegen Lisas Lehrerin das Wort <Sonne> ebenfalls korrekt, kann bei ihr eine regelgeleitete Konstruktion angenommen werden.

6.9 Generalisierungen

Thomé (1999) unterscheidet lexikalische von regelgeleiteten Wegen, die er **generalisierende Operationen** nennt. Die im vorangegangenen Kapitel vorgestellte Erstklässlerin Lisa, die sich die besondere Schreibweise des Wortes <Sonne> gemerkt hat, und aufgrund einer lexikalischen Speicherung bewältigen konnte, wird nicht in der Lage sein, ein Pseudowort wie <monne>, welches die gleiche Struktur aufweist, auch korrekt zu verschriften. Ihre Lehrerin hingegen wird sehr wahrscheinlich dazu in der Lage sein. Da Pseudowörter dem Schreiber unbekannt sind, kann nicht auf eine lexikalische Speicherung zurückgegriffen werden. Insofern sind Pseudowortschreibungen geeignet, orthografische Fähigkeiten zu ermitteln und Generalisierungen nachzuweisen (Thomé 1999).

Da kompetente Schreiber*innen für regelhafte Phänomene normalerweise auf Generalisierungen zurückgreifen, ist für die Orthografieerwerbsforschung eine wichtige Frage, wie diese entwickelt werden. Dass dem so ist, zeigt sich dadurch, dass kompetente Schreiber*innen Pseudowörter normgerecht schreiben können. Der Unterschied zwischen **lexikalischen und generalisierenden Operationen** besteht darin, dass lexikalische sich auf ein bestimmtes Wort bzw. Morphem oder sonstige sprachliche Einheit beziehen. Generalisierungen hingegen können auf alle Beispiele bzw. alle strukturgleichen Wörter angewendet werden. Lisa kann nur das Wort <Sonne> korrekt schreiben, nicht aber andere Wörter mit einem doppelten Konsonanten (bspw. <Roller>) oder gar Pseudowörter (bspw. <monne>). Ihre Lehrerin hingegen ist dazu in der Lage.

❯ Studien zum impliziten Lernen legen nahe, dass für die Entwicklung von Generalisierungen **viele Beispielwörter zu einem Phänomen** nötig sind, um regelhafte Strukturen und Muster kognitiv verarbeiten zu können und ein Handlungskönnen zu entwickeln.

Entwicklung von Generalisierungen Hoffmann-Erz (2015) konnte zeigen, dass Kinder Pseudowörter umso eher orthografisch korrekt schreiben, je mehr Wörter

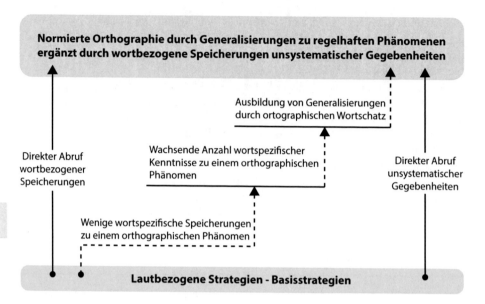

Normierte Orthographie durch Generalisierungen zu regelhaften Phänomenen ergänzt durch wortbezogene Speicherungen unsystematischer Gegebenheiten

Ausbildung von Generalisierungen durch ortographischen Wortschatz

Direkter Abruf wortbezogener Speicherungen

Wachsende Anzahl wortspezifischer Kenntnisse zu einem orthographischen Phänomen

Direkter Abruf unsystematischer Gegebenheiten

Wenige wortspezifische Speicherungen zu einem orthographischen Phänomen

Lautbezogene Strategien - Basisstrategien

◨ **Abb. 6.3** Entwicklungsmodell des fortgeschrittenen Orthografieerwerbs nach Hoffmann-Erz (2015)

sie zu dem jeweiligen Phänomen bereits normgerecht schreiben können. Die Entwicklung lässt sich so beschreiben, dass Kinder sich orthografische Markierungen zunächst an einzelnen Wörtern merken, was als **wortspezifische Kenntnisse** bezeichnet werden kann. Im Laufe der Zeit wächst der Wortspeicher und aufgrund der zunehmenden Beispiele können musterhafte Strukturen generalisiert werden. Mit der Zeit gelingt es immer besser, auch ungeübte Wörter orthografisch korrekt zu schreiben (◨ Abb. 6.3).

Das Modell zur Entwicklung von Generalisierungen zeigt, dass auf der Basis lautorientierter Strategien (Lautorientierung als Basisstrategie) durch die Zunahme wortspezifischer Kenntnisse zunächst die Aneignung regelhafter Phänomene gelingt und später unsystematische Bereiche ergänzt werden. Da nur regelhafte Phänomene generalisiert werden können, müssen Ausnahmeschreibungen wie bspw. <Mai, Stadt, vielleicht...> über lexikalische Speicherungen bewältigt werden (◨ Abb. 6.3, rechter Pfeil: „Direkter Abruf unsystematischer Gegebenheiten").

6.10 Umgang mit Fehlern

Lange Zeit versuchte man im Unterricht orthografische Fehler auszuschließen, was als **Fehlervermeidungsprinzip** bezeichnet wird. Im Schreibunterricht wurde vor allem abgeschrieben, um die Wahrscheinlichkeit von Fehlern möglichst gering zu halten. Mit der kognitiven Wende in den 1970er-Jahren änderte sich allmählich die Sicht auf Fehler, die nun als **entwicklungsspezifische Notwendig-keit** angesehen wurden. Es entstand die Einsicht, dass Kinder ihre Schreibweisen erst nach und nach den orthografischen Normen anpassen können. Häufig wurde eine **Parallele zum Spracherwerb** gezogen, bei dem Kinder mehrere Stadien mit noch nicht vollständig korrekter Sprache durchlaufen, die als normale Sprach-entwicklung akzeptiert werden. Mittlerweile wird der Vergleich zwischen Sprach-erwerb und Rechtschreibentwicklung insofern eingeschränkt, dass der Sprach-erwerb weitgehend ungesteuert erfolgt, während die Ausbildung orthografischer Kompetenzen auf gesteuertes Lernen angewiesen ist. Durch den Paradigmen-wechsel fand das selbstständige Schreiben zunehmend Eingang in den Grund-schulunterricht und Schreiben beschränkte sich nicht mehr nur auf abschreiben.

Die Auseinandersetzung mit Fehlern führte zu der Einsicht, dass es nicht ge-nügt, Fehler **quantitativ** zu erfassen. Vielmehr ist eine **qualitative** Analyse der Fehler notwendig. Die beiden fehlerhaft geschriebenen Wörter *<Paumhauz>* (Baumhaus) und *<Bekerei>* (Bäckerei) zeigen jeweils zwei Fehler. Diese unter-scheiden sich allerdings qualitativ, da die erste Fehlschreibung zwei Lautver-wechslungen zeigt <P-B, z-s), während das zweite Wort orthografische Fehler aufweist <e-ä, k-ck>. Daher lässt die zweite Schreibprobe auf ein höheres Schreibniveau schließen. Den Fehlern in den Texten der Kinder räumte man diagnostischen Wert für die Einschätzung der orthografischen Fähig-keiten der Kinder ein (s. ▶ Abschn. 8.7). Peter May (2000) konnte zeigen, dass Schüler*innen im Entwicklungsverlauf vergleichbare Fehler machen. Die folgende ◻ Tab. 6.3 gibt einen Auszug ausgewählter Gruppen zu dem Testwort (Item) <Fahrrad> wieder.

◻ **Tab. 6.3** Schreibentwicklung des Wortes *Fahrrad* in Auszügen nach May 2000

Klasse	Leistungsgruppe		
	I	III	V
Mitte Klasse 1	Farat	Fart	f
Ende Klasse 1	Farad	Farat	frt
Mitte Klasse 2	Farad	Farat	Farat
Ende Klasse 2	Fahrad	Farad	Farat
Mitte Klasse 3	Fahrrad	Farad	Farat
Ende Klasse 3	–	Fahrad	Farad
Mitte Klasse 4		Fahrrad	Farad
Ende Klasse 9			Fahrrad

Gr. I = 25 % leistungsstärkste Gruppe
Gr. III = 25 % des unteren Durchschnitts
Gr. V = 5 % schwächste Gruppe
Die Gr. II und IV fehlen in der Darstellung.

Qualitative Fehleranalysen bilden die Grundlage für Modelle des Schriftspracherwerbs (s. ▶ Abschn. 6.1) und für die Entwicklung von Rechtschreibtests. Die Diagnose orthografischer Kompetenzen mithilfe qualitativ angelegter Testverfahren findet im Grundschulalltag zunehmend Anwendung.

Eine wichtige Frage im Umgang mit Fehlern ist die Korrektur selbstverfasster Texte. Fachdidaktisch empfohlen wird, die Kinder diejenigen Fehler korrigieren zu lassen, die nach bestimmten Fehlerschwerpunkten ausgesucht werden. Diese sollten dem Entwicklungsstand des Kindes entsprechend so ausgewählt werden, dass eine Weiterentwicklung ermöglicht wird (Hoffmann-Erz 2021).

6.11 Methodische Überlegungen

6

Der Psychologe Paul Ranschburg hat Anfang des 20. Jahrhunderts festgestellt, dass die zeitnahe Behandlung ähnlicher Inhalte das Lernen erschwert. Dieses Phänomen wird als **Ähnlichkeitshemmung** oder auch nach seinem Entdecker als **Ranschburgsche Hemmung** bezeichnet (Ranschburg 1905). Aufgaben im ersten Schuljahr wie „Kreise <ie> mit blau und <ei> mit rot ein" können einer Ranschburgschen Hemmung zugeordnet werden. Durch **die gleichzeitige oder zeitnahe kognitive Auseinandersetzung mit leicht zu verwechselnden Inhalten,** wird Unsicherheit produziert. Dies liegt wahrscheinlich daran, dass man erst durch die Übung auf die Verwechslungsgefahr aufmerksam wird und nicht mehr weiß, welches Merkmal zu dem einen und welches zu dem anderen Lerngegenstand gehört (August und Dehn 2009).

In **Unterrichtsmaterialien** finden sich zahlreiche Aufgabenstellungen, welche eine Ähnlichkeitshemmung befürchten lassen. Typisch sind Entscheidungsaufgaben wie „Unterscheide <p> und <b>.", „Entscheide, ob <k> oder <ck> eingesetzt werden muss.", „Muss <v> oder <f> geschrieben werden?" Da gerade Entscheidungsaufgaben als Übungsformat im Schulalltag verbreitet sind, gilt es, alternative Übungsformate zu entwickeln und zu etablieren. August und Dehn (2009) empfehlen Entscheidungsaufgaben erst dann, wenn der jeweilige Lerninhalt sicher beherrscht wird oder eine bekannte Strategie (bspw. die Wortverlängerung) zur sicheren Lösung der Aufgabe genutzt werden kann.

Aufgrund lernpsychologischer Erkenntnisse wird ebenfalls empfohlen, bei der Einspeicherung neuer Inhalt, **Interferenzen** (sich widersprechende Informationen) zu vermeiden. Daher sollten Ausnahmen zunächst ausgeklammert werden (Jacobs et al. 2009). Im Rechtschreibunterricht finden sich außerdem Aufgabenformate, die spielerisch angelegt sind, und in Form von Kreuzworträtseln, Purzelwörtern, verdrehten Wörtern, Strichcodes, Lückenwörtern u. Ä. die Lernmotivation steigern sollen. Valtin et al. (2000) stellen fest, dass diese Aufgaben in der Regel nur gelöst werden können, wenn die Kinder die richtige Antwort bereits kennen. **Statt Lernfreude wird Verunsicherung und planloses Raten** provoziert, und die Kinder sind mit solchen Aufgabenformaten meist überfordert.

6.12 Fazit/Anwendung

Entwicklungsmodelle des Schriftspracherwerbs verzeichnen die rechtschriftliche Entwicklung in drei Hauptphasen: **voralphabetische Phase, alphabetische Phase und orthografische Phase.** Der Weg zum vollendeten phonologischen Schreiben wird in den Modellen in aufeinander aufbauenden Stufen beschrieben. Dabei findet eine **Entwicklung vom phonetischen zum phonologischen Schreiben** statt. Innerhalb der orthografischen Phase hingegen wird von einer **parallelen Hierarchie** gesprochen, da die unterschiedlichen orthografischen Phänomene gleichzeitig angeeignet werden. Dabei werden **wortbezogene Phänomene vor satzbezogenen** bewältigt. Die Modelle unterscheiden sich konzeptionell darin, ob sie die Lese- und Schreibentwicklung gleichzeitig abbilden oder sich ausschließlich auf die Rechtschreibentwicklung beziehen. Der logographischen Phase wird für den Lernprozess in der Regel keine Bedeutung mehr beigemessen.

Die Erwerbsforschung konnte zeigen, dass Schrift **nicht wortbildhaft** angeeignet wird. Vielmehr findet eine **eigenaktive Auseinandersetzung** statt. Mithilfe **innerer Regelbildungsprozesse** werden orthografische Strukturen entdeckt und zunehmend besser beherrscht. Dabei wird Rechtschreibkompetenz zu einem großen Teil **implizit** angeeignet. Der Rechtschreibprozess wird in zwei Wegen beschrieben: einem lexikalischen (direkter Abruf) und einem regelgeleiteten (indirekter Abruf). Der regelgeleitete Abruf basiert auf Generalisierungen, die sich allmählich mit zunehmender Erfahrung und aufgrund eines angeeigneten **orthografischen Wortschatzes** entwickeln.

Es wird ein gesteuerter von einem ungesteuerten Erwerb unterschieden. Dabei entwickeln sich rechtschriftliche Kompetenzen im **Wechselspiel zwischen eigenaktivem und instruktivem Lernen.** Im Unterricht sollten Aufgabenformate vermieden werden, welche die Ranschburgsche Hemmung betreffen und planloses Raten provozieren. Vielmehr sollte eine störungsfreie und kognitiv anregende Auseinandersetzung mit den Lerninhalten ermöglicht werden und Ausnahmen sollten zunächst ausgeklammert werden.

6.13 Aufgaben

1. Nennen Sie die drei Hauptphasen, die in den aktuellen Entwicklungsmodellen zum Schriftspracherwerb beschrieben sind. Skizzieren Sie die Hauptmerkmale der jeweiligen Stufe.
2. Erläutern Sie die Merkmale der logographischen Phase. Diskutieren Sie die Bedeutung logographischer Strategien für den Schriftspracherwerb.
3. Nennen Sie möglichst viele Gründe, die gegen die Wortbildtheorie sprechen.
4. Stellen Sie in eigenen Worten dar, worin sich alphabetisches Schreiben von ‚Schreiben nach Gehör' unterscheidet.

5. Stellen Sie fest, welcher Grad an phonologischer Bewusstheit für die im Folgenden beschriebenen Übungen notwendig ist:
   - Das Kind soll Reimwörter finden. Beispiel: „Was reimt sich auf Maus?"
   - Das Kind soll herausfinden, ob ein Laut am Anfang, am Ende oder in der Mitte eines Wortes vorkommt. Beispiel: „Wo hörst du /p/ in Lupe?
6. Erläutern Sie den Begriff der ‚inneren Regelbildung'.
7. Beschreiben Sie, was man unter lexikalischen und generalisierenden Operationen versteht. Skizzieren Sie ihre Bedeutung innerhalb des Entwicklungsprozesses.
8. Erläutern Sie, was man unter Ranschburgscher Hemmung bzw. Ähnlichkeitshemmung versteht. Suchen Sie in Unterrichtsmaterialien nach Beispielaufgaben, die eine Ranschburgsche Hemmung vermuten lassen.

6 Literatur

Augst, G. & Dehn, M. (2009). *Rechtschreibung und Rechtschreibunterricht*. 4. Aufl. Seelze: Klett/Kallmeyer.

Bartnitzky, H. (1998). „Die rechte weis aufs kürtzist lesen zu lernen" Oder: Was man aus der Didaktik-Geschichte lernen kann. In H. Balhorn, H. Bartnitzky, I. Büchner & A. Speck-Hamdan (Hrsg.). *Schatzkiste Sprache 1. Von den Wegen der Kinder in die Schrift* (S. 14–46). Frankfurt a. M.: Grundschulverband.

Becker, T. (2008). Modelle des Schriftspracherwerb: Eine kritische Bestandsaufnahme. *Didaktik Deutsch* 25, 78–95.

Bredel, U., Fuhrhop, N. & Noack, Ch. (2017). *Wie Kinder lesen und schreiben lernen*. 2. Aufl. Tübingen: Narr/Francke.

Brügelmann, H: (1983). *Kinder auf dem Weg zur Schrift. Eine Fibel für Lehrer und Laien*. Lengwil: Libelle.

Coltheart, M. (1978). Lexical Access in Simple Reading Tasks. In G. Underwood (Hrsg.). *Strategies of information processing* (S. 151–216). Malden: Blackwell Publishing.

Coltheart, M. (2005). Modeling Reading: The Dual-Route Approach. In M. J. Snowling & C. Hulme (Hrsg.). *The Science of Reading: A Handbook* (S. 6–23). Malden: Blackwell Publishing.

Corvacho del Toro, I. & Hoffmann-Erz, R. (2014). Was ist lautgetreu? Zur Notwendigkeit einer begrifflichen Differenzierung. In K. Siekmann (Hrsg.). *Theorie, Empirie und Praxis effektiver Rechtschreibdiagnostik* (S. 29–40). Tübingen: Narr.

Eichler, W. (1976). Zur linguistischen Fehleranalyse von Spontanschreibungen bei Vor- und Grundschulkindern. In A. Hofer (Hrsg.). *Lesenlernen: Theorie und Unterricht* (S. 246–264). Düsseldorf: Schwann Verlag.

Eichler, W. (1983). Kreative Schreibirrtümer. Zur Auseinandersetzung des Schülers mit dem Verhältnis Laut – Schrift und mit den Rechtschreibregeln. *Diskussion Deutsch* 74, 629–640.

Eichler, W. (1993). Innere Regelbildung und benutzerfreundliche Orthographie im Unterricht ab Klasse 3 und in der Sekundarstufe I. In: H. Balhorn & H. Brügelmann (Hrsg.). *Bedeutungen erfinden – im Kopf, mit Schrift und miteinander* (S. 308–315). Lengwil: Libelle.

Eichler, W. & Thomé, G. (1995). Bericht aus dem DFG-Forschungsprojekt „Innere Regelbildung im Orthographieerwerb im Schulalter." In H. Brügelmann, H. Balhorn & I. Füssenich (Hrsg.). *Am Rande der Schrift* (S. 35–42). Lengwil: Libelle.

Frith, U. (1985). Beneath the surface of developmental Dyslexia. In K. E. Patterson, J. C. Marshall & T. M. Coltheart (Hrsg.). *Surface Dyslexia. Neuropsychological and cognitive studies of phonological reading* (S. 301–330). London: Hillsdale.

Hermkes, R., Neuweg, G. H. & Bonowski, T. (Hrsg.) (2020). *Implizites Lernen. Berufs- und wirtschaftspädagogische Annäherungen*. Bielefeld: wbv Publikation.

Hochstadt, Ch., Krafft, A. & Olsen, R. (2015). *Deutschdidaktik. Konzeptionen für die Praxis*. 2. Aufl. Tübingen: Francke.

Hoffmann-Erz, R. (2015): *Lernprozesse im Orthographieerwerb. Eine empirische Studie zur Entwicklung der Generalisierungskompetenz.* Berlin: wvb.

Hoffmann-Erz, R. (2021): Überprüfung der Lehrerkompetenz in Bezug auf die Ermittlung von Fehlerschwerpunkten in freien Texten. *Lernen und Lernstörungen* 10/3. *Themenheft Fehler (Teil 2),* 151–159.

Ise, E. & Schulte-Körne, G. (2012): Implizites Lernen und LRS: Spielen Defizite im impliziten Lernen eine Rolle bei der Entstehung von Schwierigkeiten im Lesen und Rechtschreiben? *Lernen und Lernstörungen* 1/2, 79–97.

Jacobs, A. M., Hutzler, F. & Engl, V. (2009). Fortschritte in der neurokognitiven Lern- und Gedächtnisforschung. In U. Herrmann (Hrsg.). *Neurodidaktik* (S. 86–96). Weinheim, Basel: Beltz.

Jeuk, S. & Schäfer, J. (2017). *Schriftsprache erwerben. Didaktik für die Grundschule.* 3. überarb. Aufl. Berlin: Cornelsen.

Klicpera, Ch., Schabmann, A. & Gasteiger-Klicpera, B. (2020). *Legasthenie – LRS.* 6. aktual. Aufl. München: Reinhardt.

Löffler C. (2004). Zum Wissen von Primarstufenlehrerinnen zu Orthographie und Orthographieerwerb – Konsequenzen für die Lehreraus und -fortbildung. In A. Bremerich-Vos, K. L. Herné, C. Löffler & G. Augst (Hrsg.). *Neue Beiträge zur Rechtschreibtheorie und -didaktik* (S. 145–161). Freiburg i. Br.: Fillibach.

May, P. (2000). *HSP. Diagnose orthographischer Kompetenzen.* Hamburg: VPM. (Neunormierung 2002).

Naumann, C. L. (2006). Rechtschreiberwerb. Die graphematischen Grundlagen und eine Modellierung bis zum Ende der Schulzeit. In S. Weinhold (Hrsg.). *Schriftspracherwerb empirisch. Konzepte – Diagnostik – Entwicklung* (S. 45–86). Baltmannsweiler: Schneider.

Naumann, C. L. (2008). Zur Rechtschreibkompetenz und ihrer Entwicklung. In A. Bremerich-Vos, D. Granzer & O. Köller (Hrsg.). *Lernstandsbestimmung im Fach Deutsch. Gute Aufgaben für den Unterricht* (S. 134–159). Weinheim, Basel: Beltz.

Neuweg, G. H. (2000). Mehr lernen, als man sagen kann. Konzepte und didaktische Perspektiven impliziten Lernens. *Unterrichtswissenschaft* 28, 197–217.

Oerter, R. (2000). Implizites Lernen beim Sprechen, Lesen und Schreiben. *Unterrichtswissenschaft* 28, 239–256.

Pfost, M. (2017). Förderung der Vorläuferfähigkeiten. In M. Philipp (Hrsg.). *Handbuch Schriftspracherwerb und weiterführendes Lesen und Schreiben* (S. 199–215). Weinheim, Basel: Beltz.

Ranschburg, P. (1905). Über die Bedeutung der Ähnlichkeit beim Erlernen, Behalten und bei der Reproduktion. *Journal für Psychologie und Neurologie* 5, 93–127.

Reichen, J. (1988): *Lesen durch Schreiben. Heft 1: Wie Kinder selbstgesteuert lesen lernen.* 3. Aufl. Zürich: sabe.

Risel, H. (2011). *Arbeitsbuch Rechtschreibdidaktik.* 2., überarb. Aufl. Baltmannsweiler: Schneider.

Scheerer-Neumann, G. (1986). Wortspezifisch: Ja – Wortbild: Nein. Ein letztes Lebewohl an die Wortbildtheorie. In H. Brügelmann (Hrsg.). *ABC und Schriftsprache* (S. 171–265). Lengwil: Libelle.

Scheerer-Neumann, G. (1997). Rechtschreibschwäche im Kontext der Entwicklung. In I. Naegele & R. Valtin (Hrsg.). *LRS in den Klassen 1–10. Handbuch der Lese- und Rechtschreibschwierigkeiten* (S. 25–35). 4., überarb. und neu ausgestattete Aufl. Weinheim, Basel: Beltz.

Scheerer-Neumann, G. (2020). *Schreiben lernen nach Gehör? Freies Schreiben kontra Rechtschreiben von Anfang an.* Hannover: Klett/Kallmeyer.

Scheele, V. (2006). *Entwicklung fortgeschrittener Rechtschreibfertigkeiten.* Frankfurt a. M.: Lang.

Schnitzler, C. (2008). *Phonologische Bewusstheit und Schriftspracherwerb.* Stuttgart: Thieme.

Siekmann, K. (2011). *Der Zusammenhang von Lesen und (Recht)Schreiben. Empirische Überprüfung der Transferleistung zwischen der rezeptiven und produktiven Fertigkeit.* Frankfurt a. M.: Lang.

Siekmann, K. (2013). *Individuelle Diagnose und Förderung bei Rechtschreibschwierigkeiten.* Berlin: Cornelsen.

Spitzer, M. (2006). *Lernen. Gehirnforschung und die Schule des Lebens.* Heidelberg: Spektrum Akad. Verlag.

Thomé, G. (1999). *Orthographieerwerb. Qualitative Fehleranalysen zum Aufbau der orthographischen Kompetenz.* Frankfurt a. M.: Lang.

Thomé, G. (2006). Entwicklung der basalen Rechtschreibkenntnisse. In U. Bredel, H. Günther, P. Klotz, J. Ossner & G. Siebert-Ott (Hrsg.). *Didaktik der deutschen Sprache. Ein Handbuch,* Bd. 1 (S. 369–379). 2., durchges. Aufl. Paderborn: Schöningh.

Thomé, G. (2021). *ABC und andere Irrtümer über Orthographie Rechtschreiben LRS/Legasthenie.* 5., akt. Aufl. Oldenburg: isb.

Valtin, R., Naegele, I. & Thomé, G. (2000). Nicht nachahmenswert — Vier Ärgernisse in Recht-schreib-materialien. In R. Valtin (Hrsg.). *Rechtschreiben lernen in den Klassen 1–6. Grundlagen und didak-tische Hilfen* (S. 154–158). Frankfurt a. M.: Grundschulverband.

Weiterführende Literatur

Philipp, M. (Hrsg.) (2017). *Handbuch Schriftspracherwerb und weiterführendes Lesen und Schreiben.* Weinheim, Basel: Beltz.

Schründer-Lenzen, A. (2013). *Schriftspracherwerb.* 4. Aufl. Wiesbaden: VS Verlag für Sozialwissen-schaften.

6

Methoden des Anfangsunterrichts

Inhaltsverzeichnis

7.1 Einführung der schriftlichen Einheiten

Am Anfang des Schriftspracherwerbs stellt sich die Frage, wie Kinder lernen können, visuell wahrgenommene graphische Segmente wie Buchstaben, Schriftzeichen und Silben phonetisch zu realisieren. Dazu wurden unterschiedliche Methoden der **Lautgewinnung** entwickelt, die unabhängig von dem Lehr-Lernkonzept betrachtet werden können.

Buchstabiermethode Die Erfindung des Buchdrucks mithilfe beweglicher Lettern von Gutenberg um das Jahr 1450 führte zu einer Alphabetisierung breiter Bevölkerungsschichten. Vorherrschende Lehrmethode war die Buchstabiermethode. Der Lehrer zeigte einzelne Buchstaben und sprach dazu die **Buchstabennamen,** bspw. [a:, be:]; diese sprachen die Schüler*innen nach. Anschließend wurde das jeweilige Wort **vor- und nachgesprochen,** bspw. [ap] <ab>. Das Wort <Vater> etwa wurde schrittweise buchstabierend so erlesen: „Vau – a = Va, te – e – er = ter, Vau – a – te – e – er = Vater" (Bartnitzky 1998).

Valentin Ickelsamer verfasste 1527 sein Werk *Die rechte weis aufs kürtzist lesen zu lernen*, in dem er die Buchstabiermethode kritisierte und feststellte, dass für das Lesen die Lautwerte und nicht die Buchstabennamen benötigt werden (ebd.). Die Buchstaben sollten bspw. [b] statt [be:] oder [r] statt [e:r] benannt werden. Trotz dieser wichtigen Erkenntnis hielt sich die Buchstabiermethode hartnäckig und erst 1872 wurde sie in Preußen amtlich verboten (Topsch 2005).

Die Nennung der Laute statt der Buchstabennamen ist seit Langem im Anfangsunterricht etabliert und die Einführung des Alphabets mit den zugehörigen Buchstabennamen erfolgt meist erst im zweiten Schuljahr. Insofern kann die Buchstabiermethode als überkommene **Methode des Mittelalters** bezeichnet werden. Allerdings begegnen Kinder vor der Schule nicht selten dem Alphabet in Liedern, Spielen für Kleinkinder, elektronischen Spielzeugen etc. Bevor sie in der Schule lernen, den Schriftzeichen einen Lautwert zuzuordnen, haben viele Kinder bereits die Buchstabennamen verinnerlicht. Das erschwert den Erwerbsprozess und Verschriftungen wie *<HSE> für <Hase> oder *<NT> für <Ente> belegen die Schwierigkeiten, die entstehen, wenn für <H> [ha:], für <N> [ɛn] und für <T> [te:] statt der Lautwerte artikuliert wird.

Sinnlautmethode oder Naturlautmethode Die Sinnlautmethode bedient sich **Assoziationen zu Tier- oder Empfindungslauten.** Bspw. das [m] wird als Muhen einer Kuh oder als Ausdruck genussvollen Genießens eingeführt. Allerdings ist die Methode wenig geeignet, da gerade die Inhaltsleere der Laute wichtig ist, um ein Wort zu erlesen. Das Wort <Oma> bspw. kann leichter entziffert werden, wenn die Leser*innen nicht durch ein überraschtes [o:], ein genussvolles [m] und ein bewunderndes [a:] abgelenkt werden (Bartnitzky 1998). Die Sinnlautmethode findet sich nur noch sehr vereinzelt in aktuellen Unterrichtsmaterialien (◘ Abb. 7.1).

Anlautmethode Die Anlautmethode stützt die Lautgewinnung auf Wörter, welche den zu lernenden Laut im Anlaut aufweisen. Bspw. [m] wie Maus, [a:] wie Ameise oder [a] wie Apfel (◘ Abb. 7.2), wobei das Wort als Bild präsentiert wird.

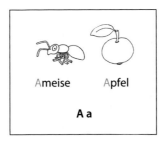

Bereits im 16. Jahrhundert entwickelte Peter Jordan die Anlautmethode auf der Grundlage der Ideen Ickelsamers. Topsch (2005: 52) stellt fest, dass die Beschränkung auf das Abbildbare für die Fibeln der Folgezeit prägend wurde. Die **Gegenüberstellung von Bild und Buchstabe** kann als Ursprung von Anlauttabellen betrachtet werden. Der Einsatz der Anlautmethode bedeutet aber nicht

7

□ **Abb. 7.4**   Lautbildung durch Mundstellungsbild (© shumelki/Getty images/iStock)

zwangsläufig, dass auch eine Anlauttabelle eingesetzt wird. Die Vorgehensweise, den Lautwert von Schriftzeichen durch (Anlaut-)Bilder zu verdeutlichen, hat sich weitgehend durchgesetzt und findet sich in den meisten Lehrwerken, teilweise auch in Kombination mit anderen Methoden (bspw. Lautbildungsmethoden). Mittlerweile beziehen sich die Gegenüberstellungen nicht immer nur auf den Anlaut, sondern auch auf den Inlaut oder den Endlaut wie bspw. ein Dach für <ch>.

Lautbildungsmethoden   Bei den Lautbildungsmethoden steht die **Artikulation des jeweiligen Lautes** im Mittelpunkt und soll von den Kindern reflektiert werden. Es finden sich verschiedene Umsetzungen: gezeichnete oder fotografierte Mundstellungsbilder, Lautgebärden und die Selbstbetrachtung in Spiegeln (□ Abb. 7.3 und 7.4).

Lautbildungsmethoden wird eine grundlegende Bedeutung für die Lautwahrnehmung und die Lautdiskriminierung (Lautunterscheidung) zuerkannt, weswegen sie insbesondere bei der Förderung von Kindern mit sprachlichen Auffälligkeiten oder bei mehrsprachigen Schüler*innen empfohlen werden (Bartnitzky 1998).

7.2 Konzepte des Anfangsunterrichts

Methoden des Schriftspracherwerbs weisen eine lange Tradition auf, wobei der Erstleseunterricht im 16. Jahrhundert verortet wird. Bis Ende der 1960er-Jahre beschränkte sich der Anfangsunterricht zunächst auf das Lesen. Aufgrund der Vorstellung, dass falsche Wortbilder sich nachhaltig einprägen würden, durfte falsch Geschriebenes erst gar nicht entstehen (s. ▶ Abschn. 6.3). Dieses Vorgehen wird als ‚Fehlervermeidungsprinzip' bezeichnet. Schreiben beschränkte sich auf abschreiben. Zwei konkurrierende Konzeptionen haben in der Nachkriegszeit einen langanhaltenden Methodenstreit entfacht (Bartnitzky 1998):

— analytische bzw. ganzheitliche Verfahren
— synthetische Verfahren

Die ab 1970 entstandenen **analytisch-synthetischen Fibellehrgänge** kombinierten beide Ansätze (Methodenintegration), und auch heutige Fibeln folgen mehr oder weniger diesem Ansatz (Topsch 2005). Ergänzt wurden die Konzeptionen ab den 1980er-Jahren durch neue Ansätze – wie Reichens Methode **Lesen durch Schreiben** sowie den **Spracherfahrungsansatz** –, die das produktive Schreiben stärker in den Mittelpunkt stellten. In den letzten Jahren finden sich zudem vermehrt **silbendidaktische Ansätze**. Die folgende Darstellung beschränkt sich auf die Beschreibung grundlegender typischer Aspekte des jeweiligen Konzepts.

7.2.1 Ganzheitsmethode

Inspiriert durch die Gestaltpsychologie und auf der Grundlage der Wortbildtheorie entwickelten zunächst Bormann 1840 und später die Brüder Kern in den 1920er-Jahren die Ganzheitsmethode, auch **analytische Methode** genannt. Der Einstieg erfolgte über Ganzwörter und Sätze, die **naiv-ganzheitlich** eingeprägt werden sollten. Illustrationen bildeten die Inhalte zusätzlich ab und unterstützten die Sinnentnahme. Ganze Sätze und Wörter wurden auswendig gelernt und bildeten als sinntragende Einheiten den Ausgangspunkt.

Nach der naiv-ganzheitlichen Phase folgte die **Durchgliederung**, bei der durch Wortaufbau (bspw. <W, Wa, Wan, Wanz, Wanze>), Wortabbau (bspw. <Hut, Hu, H>), den Austausch von Buchstaben (bspw. <Hund> <Hand>) sowie einzelner Wörter in Sätzen (bspw. *Da ist Lotte. Da ist Paul.*) und anderes mehr die Wörter und Buchstaben extrahiert wurden (Topsch 2005). Die Kinder erkannten durch **Umstellung und Vergleichen von Sätzen und Wörtern** die Buchstaben. Das Gelesene schrieben sie anschließend in verbundener Schrift nach Vorlage ab. Falschschreibungen wurden vollständig überdeckt, um das **Wortbild** nicht zu stören. Die Wortauswahl richtete sich nach der Wortgestalt, die sich in Ober- und/ oder Unterlängen möglichst stark unterscheiden sollte. Die stereotypen Texte der Ganzheitsmethode wurden später vielfach kritisiert, und durch die Widerlegung der Wortbildtheorie verlor die Methode an Bedeutung (Bartnitzky 1998).

Aktuelle Relevanz Lautanalytische Verfahren sind in aktuellen Konzepten des Anfangsunterrichts zwar durchgängig vertreten, diese unterscheiden sich aber von ganzheitlichen Konzepten, da sie mit synthetischen Verfahren kombiniert werden (s. ▶ Abschn. 7.2.2). Ebenso haben **Ganzwörter** an Bedeutung verloren. Einige Lehrwerke weisen ausgewählte Ganzwörter (meist durch eine Umrahmung gekennzeichnet) aus, die im Lehrgang zuvor synthetisch-analytisch (s. ▶ Abschn. 7.2.3) eingeführt wurden, um eine spontane automatisierte Erfassung zu ermöglichen. Nur noch selten finden sich Ganzwörter in aktuellen Lehrwerken, die ein naiv-ganzheitliches, logographemisches Vorgehen erfordern.

7.2.2 Synthetische Methoden

Die synthetische Methode war in den frühen 1970er-Jahren in der BRD weit verbreitet (Scheerer-Neumann 2020). Im Gegensatz zur Ganzheitsmethode gehen synthetische Leselehrgänge von Einzellauten bzw. einzelnen Buchstaben aus, die zu größeren Einheiten wie Silben und Wörtern zusammengesetzt werden. Besondere Bedeutung kommt dabei dem **Verschmelzen von Einzellauten** zu, die synthetisiert werden, um bspw. aus [b] – [au] – [m] das Wort [baum] zu bilden. Zuletzt erfolgt die **Sinnentnahme** des Wortes aus der zuvor phonetisch artikulierten Lautung.

Kritisiert wird, dass von absoluten Einzellauten ausgegangen wird, die lautliche Varianten nicht berücksichtigen. Dadurch entstehen unverständliche Lautketten (‚Wortvorformen‘) wie bspw. [e:-n-t-e:] oder [ai-m-e:-r], für die anschließend mehr oder weniger mühsam ein passendes Wort gefunden werden muss (‚Sprung zum Wort‘; Scheerer-Neumann 2020). Erlesen werden nur Wörter, die aus vorher eingeführten Buchstaben bestehen, was das Lesematerial lange Zeit stark einschränkt. Die Texte enthalten daher häufig **Kunstwörter**, wie bspw. <Mo> und <Ma>, und „dadaistische Silbenreihungen" wie <o o o, so so so, so la la>. Ebenso typisch sind **Fibelsätze** wie „eile Suse eile, eile los", die aufgrund des fehlenden Bezugs zur Kinder- und Lebensweltsprache ebenfalls vielfach kritisiert wurden. Auch bei den synthetischen Verfahren durften die Kinder nicht selbstständig Schreiben. Indem sie schrittweise an das Lesen herangeführt wurden, gab es keinen Raum für eigenständiges oder entdeckendes Lernen (Bartnitzky 1998).

Aktuelle Relevanz   Aktuelle Konzepte verwenden häufig synthetische Vorgehensweisen im Rahmen eines Leselehrgangs, kombinieren diese allerdings mit anderen Verfahren. Lehrgänge, die überwiegend das synthetische Lesen fokussieren, entsprechen nicht dem aktuellen Stand der Fachdidaktik.

7.2.3 Analytisch-synthetische Methoden

❯ Die Konzepte der ganzheitlichen und synthetischen Methode machten den Fehler, die Lautanalyse und die Lautsynthese zeitlich voneinander zu trennen. Beides aber ist für den Schriftspracherwerb wichtig und muss von Anfang aufeinander bezogen werden (Bartnitzky 1998). Analytisch-synthetische Methoden setzten auf einen **synchronen (gleichzeitigen) Beginn.**

Wörter wurden einem inhaltlich bedeutsamen Kontext entnommen, wobei der Anspruch war, einen Bezug zum Sprachverhalten der Kinder herzustellen. Buchstaben und Laute wurden schnell eingeführt und Wörter lautlich analysiert und synthetisiert (Bartnitzky 1998). Bereits im frühen 19. Jahrhundert finden sich Vorläufer analytisch-synthetischer Konzepte. Insbesondere in der DDR wurde seit Anfang der 1970er-Jahre nach der analytisch-synthetischen Methode unterrichtet (Scheerer-Neumann 2020). Insofern beschränkte sich der Methodenstreit zwischen Vertretern ganzheitlicher und synthetischer Konzepte auf die BRD.

7.2.4 Lesen durch Schreiben

Jürgen Reichen (1988) entwickelte das Konzept ‚Lesen durch Schreiben', bei dem das **individuelle selbstgesteuerte Lernen** in einem offenen Unterrichtskonzept im Mittelpunkt stand. Reichen ging davon aus, dass Kinder am Schulanfang neugierig und interessiert sind und die Motivation am besten in einem **Werkstattunterricht** erhalten werden kann. Den Kindern werden Lernangebote zur Verfügung gestellt, die sie individuell nutzen können, aber nicht müssen. Zentrales Werkzeug für das Lesen und Schreiben lernen war die Anlauttabelle, die Reichen als Buchstabentabelle bezeichnete (◨ Abb. 7.5). Mithilfe dieser sollten die Kinder **Einsichten in das Lautprinzip** gewinnen. Als wesentliches Lernziel nennt Reichen die Fähigkeit, ein beliebiges Wort in seine Lautabfolge zu zerlegen und danach phonetisch vollständig aufzuschreiben (Reichen 1988: 8).

Die Kinder erhielten Schreibanlässe, die für sie unmittelbare Bedeutung haben sollten, sowie Leseangebote. Zum Lesen angehalten wurden sie nicht. Anstelle eines progressiven Lehrgangs setzte Reichen darauf, dass die Lesefähigkeit

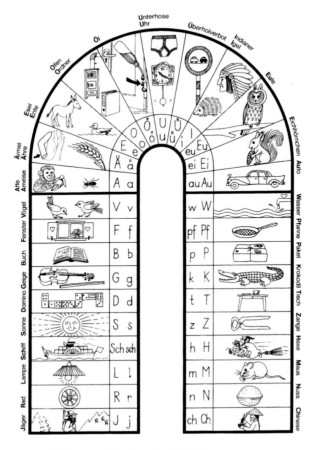

◨ **Abb. 7.5**   Buchstabentabelle von Reichen (Reichen 1988: 17)

durch die Motivation, den Textinhalt rezipieren zu wollen, entwickelt wird. Nach Reichen kann der Lernprozess nicht didaktisch kontrolliert werden (Reichen 1988: 16) und die Lesefähigkeit stellt sich bei den meisten Kindern nach etwa einem halben Jahr von selbst ein. Dabei setzte Reichen auf die Notwendigkeit, beim produktiven Schreiben quasi lesend zu prüfen, was schon geschrieben wurde. Möchte das Kind bspw. <Hut> schreiben, wird es, nachdem es <Hu> analysiert und notiert hat, erlesen, dass [hu:] geschrieben steht. Die Lesetexte waren nicht didaktisiert, sondern sollten eine „vollständige Sprache" widerspiegeln. Weder für das Lesen noch für das Schreiben wurde somit der Wortschatz limitiert. Durch die Anlauttabelle standen den Kindern von Anfang an alle notwendigen Korrespondenzen zur Verfügung, wobei die **Buchstabentabelle** eine didaktische Auswahl darstellt, die nach Reichen für das **phonetische Schreiben** nötig ist. Durch das Konzept ‚Lesen durch Schreiben' wird das Schreiben dem Lesen vorgeschaltet, sodass die bis dahin bestehende Tradition umgekehrt wurde.

7

Aktuelle Relevanz Anlauttabellen finden sich mittlerweile in allen Lehrwerken für den Anfangsunterricht, was nicht bedeutet, dass damit ein Bezug zu Reichens Konzept festgestellt werden kann. Große Unterschiede bestehen darin, ob und wie die jeweilige Tabelle in das Lehr-Lernkonzept integriert wird.

Die Methode Reichens wurde und wird bis heute vielfach kritisiert. Zuweilen wird ihr sogar die Schuld an schlechten rechtschriftlichen Kompetenzen zugesprochen. Funke (2014: 35 f.) stellt in seiner Metastudie (Studie, die mehrere Studien vergleichend auswertet) zu ‚Lesen durch Schreiben' fest:

» Im Ergebnis muss man dennoch sagen, dass eine schlechtere Rechtschreibleistung von Lesen durch Schreiben-Klassen gegenüber Fibelklassen in Klassenstufe 2–4 bei gleichen Eingangsvoraussetzungen derzeit nicht belegt ist. [...] Befunde aus einzelnen Studien legen nahe, dass Lesen durch Schreiben für Schülerinnen und Schüler mit ungünstigen Lernvoraussetzungen, möglicherweise auch für zweitsprachliche Schülerinnen und Schüler, keine optimalen Lernwege bereitstellt. Die Resultate sind jedoch nicht einheitlich, so dass weiterer Forschungsbedarf besteht.

7.2.5 Spracherfahrungsansatz

Der Spracherfahrungsansatz geht mit dem Paradigmenwechsel einer kindgeleiteten Didaktik einher und entwickelte sich ab den 1980er-Jahren. Ziel ist es, den Kindern **individuelle Zugänge zur Schriftsprache** zu eröffnen. Das Kind selbst steht im Mittelpunkt und es wird eine größtmögliche Differenzierung und Individualisierung gefordert. Die Kinder sollen in einem **offenen Unterricht** von Anfang an lesen und schreiben, was sie bewegt und interessiert (Brügelmann 1983). Der klassische Fibelunterricht wird kritisiert, da ein kleinschrittiger und gleichförmiger Lehrgang ebenso wie die sprachliche Reduzierung der Fibeltexte den unterschiedlichen Interessen und Lernvoraussetzungen der Kinder nicht gerecht werden können. Dennoch soll eine Einführung der Grundlagen durch die Lehrkraft erfolgen, allerdings nicht frontal, sondern individuell. Nach Brügelmann (1983) soll der Unterricht zwar lernpsychologisch und linguistisch fundiert sein, die Systematik muss aber individuell gefunden werden. Kinder sollen die **Funktion der Schrift** als kommunikatives Mittel von Anfang erkennen und interessenbezogen nutzen, indem sie bspw. Briefe, Wunschzettel etc. schreiben und Texte zu Sachthemen oder anderen für sie interessanten Themen lesen (Brinkmann und Brügelmann 1993/2010).

Mit einer veränderten Sicht auf Fehler, die als entwicklungsspezifische Notwendigkeit (s. ▶ Abschn. 6.10) aufgefasst werden, erhält das produktive Schreiben besondere Bedeutung. Dabei wird angenommen, dass sich die Schreibfähigkeiten im handelnden Gebrauch und durch individuelle Korrekturen allmählich dem normgerechten Schreiben annähern. In ihrer Ideen-Kiste konkretisieren Brinkmann und Brügelmann (1993/2010) das Konzept des Spracherfahrungsansatzes mit zahlreichen Unterrichtsvorschlägen und Ideen. Den Rahmen bilden die sogenannten **vier Säulen:**
- freies Schreiben eigener Texte,
- gemeinsames (Vor-)Lesen von Kinderliteratur,
- systematische Einführung von Schriftelementen und Leseverfahren,
- Aufbau und Sicherung eines Grundwortschatzes.

Die Unterrichtsideen werden acht Lernbereichen der sog. **didaktischen Landkarte** zum Lesen- und Schreibenlernen zugeordnet (Brinkmann und Brügelmann 1993/2010):
- **Zeichenverständnis (Z):** Symbole vereinbaren, verwenden, verstehen.
- **Aufbau der Schrift (A):** Selbstständiges Erlesen und Verschriften durch Einsicht in die Parallelität von Schriftfolge und Lautkette
- **Funktionen der Schriftverwendung (F):** Soziale Formen und persönlicher Nutzen des Lesens und Schreibens
- **Lautanalyse (L):** Sprachlaute unterscheiden, ausgliedern, verbinden
- **Buchstabenkenntnis (B):** Buchstaben in Formvarianten erkennen und verschiedenen Lauten zuordnen
- **Gliederung in Bausteine (G):** Gliederung von Wörtern in Teile – Zusammenfassung von Buchstaben in Gruppen
- **Sicht-Wortschatz (S):** Häufige Wörter rasch erkennen und „blind" schreiben
- **Verfassen und Verstehen von Texten (V):** Schrift als Informationsquelle und Darstellungshilfe

Konzeptionell wird der Spracherfahrungsansatz oft als ‚methodenintegrierender Ansatz' (Scheerer-Neumann 2020) oder sogar als ‚methodenübergreifender Ansatz' (Topsch 2005) bezeichnet. Er lässt sich als Variante der analytisch-synthetischen Verfahren verorten, welche mit einer weitgehenden **Öffnung des Unterrichts** einhergeht und Veränderungen in der **Unterrichtsmethodik** mit einer größtmöglichen Individualisierung anstrebt (Scheerer-Neumann 2020).

7.2.6 Silbendidaktische Ansätze

Die Arbeit mit Silben hat in der Methodik des Schriftspracherwerbs eine lange Tradition. Günther entwickelte 1986 ein Silbenkonzept, welches eine Übergangsstrategie zum orthografischen Schreiben bereitstellen sollte und als Alternative zu den seiner Ansicht nach schwer erlernbaren Phonemen darstellte (Risel 2011). Sogenannte **intuitive Silbenkonzepte** setzen darauf, durch rhythmisch- silbisches Mitsprechen rechtschriftliche Fähigkeiten zu entwickeln und zu verbessern. Diese sind laut Risel (2011) theoretisch nicht fundiert, und vielfach wird kritisiert, dass die Unterscheidung von Laut- und Buchstabenebene bzw. von phonologischer und graphematischer Ebene nicht angemessen berücksichtigt wird. Empirische Studien zeigen, dass Erstklässler*innen in der Regel Silben wahrnehmen und zu Wörtern verbinden können, diese aber unterschiedlich gliedern (bspw. <So-nne, Sonn-e, Son-ne>; ebd.). Silbische Gliederungen von Silbengelenken (s. ▶ Abschn. 4.7 ‚Silbengelenke') wie bspw. *Mut-ter* müssen unterrichtlich vermittelt werden und sind nicht intuitiv zugänglich (Pröll et al. 2016).

Christa Röber entwickelte in den 1990er-Jahren den **silbenanalytischen Ansatz**. Seither hat die Bedeutung der Silbe in der Unterrichtsdidaktik zugenommen. Röbers Ansatz stellt eine radikale Umkehr der vorherigen Entwicklung dar. Merkmale ihres Konzepts sind der Aufbau von Regelwissen bzw. schriftsprachlichem Wissen, welches den Kindern orthografische und grammatische Regularitäten der Schrift vermitteln soll (Röber 2015). Dieses wird in sachbezogenen Teilschritten aufgebaut. Ausgangspunkt ist der Lerngegenstand selbst, die Orthografie, die nach Silben analysiert und progressiv aufbereitet wird. Damit wendet sich Röber gegen die Modelle des Schriftspracherwerbs und lehnt ein dem orthografischen Schreiben vorangehendes alphabetisches Schreiben ab. Ebenso kritisiert sie Anlauttabellen als methodisches Werkzeug und ganz allgemein das selbstständige Schreiben, ausgenommen als Differenzierungsangebot für leistungsstärkere Schüler*innen. Vielmehr sollen die Kinder durch die Analyse der Schrift direkt zum normgerechten Schreiben angeleitet werden.

Insofern beschränkt sich der Anfangsunterricht wiederum überwiegend auf Lesen und Abschreiben, wobei die bewusste Schriftanalyse im Zentrum steht. Ausgangspunkt ist die silbenbasierte Schriftsystematik und deren Vermittlung durch einen systematischen Unterricht, was konträr zu den unterrichtsmethodischen Vorstellungen offener und selbstgesteuerter Konzepte ist. Konkretisiert wird der Aufbau des schriftsprachlichen Wissens anhand trochäischer Zweisilber, die als prototypische Wortgestalt des Deutschen angenommen werden und anhand derer verschiedene Silbentypen eingeführt werden. Röber hält Veranschaulichungen für notwendig, was sie zunächst in dem sogenannten **Häuschenmodell** realisierte. Später änderte sich die Darstellung in einen Zirkuswagen (◙ Abb. 7.6), der in das Unterrichtskonzept vom „Zirkus Palope" (▶ https://zirkus-palope.de) eingebunden ist.

Die drei Wagen zeigen typische Wortstrukturen trochäischer Zweisilber des nativen Wortschatzes (s. ▶ Abschn. 8.4, ◙ Tab. 8.1). Die bunten Wagen mit

Runddach stehen für die betonte Silbe und die Anhänger für die Reduktionssilbe. Die Vokalqualität – gespannt oder ungespannt – ergibt sich aus dem zweiten bunt umrandeten Feld, in dem entweder ein einzelner Vokal (offene Silbe/ gespannter Vokal/ bspw. <ü>) oder ein Vokal und ein Konsonant (geschlossene Silbe/ ungespannter Vokal/ bspw. <üf>, <üt>) stehen. Das Silbengelenk, bspw. <tt>, wird durch eine „Gelenk-Verbindung" zwischen Hauptwagen und Anhänger dargestellt (s. ► Abschn. 4.7).

Aktuelle Relevanz **Elaborierte Silbenkonzepte** im Sinne eines silbenanalytischen Vorgehens finden sich ansatzweise in einigen Fibeln in Form der Häuschenmodelle. Verbreitet ist – neben der oben bereits dargestellten naiven Silbendidaktik – eine Wortanalyse mithilfe von Silbenbögen und der Bestimmung der Vokale nach dem Grundsatz „Jede Silbe hat einen Vokal", was linguistisch aufgrund der Reduktionssilben problematisch ist (s. ► Abschn. 4.4). Die Vokale werden je nach Konzept als Piloten, Leuchter, Könige oder Ähnliches bezeichnet, wobei die Vokalquantitäten bzw. -qualitäten nicht beachtet werden, was Aufgaben wie etwa: „Markiere das <e> [e:]" in den Wörtern <Esel, Elefant, Ente…> dokumentieren. Ebenso verbreitet in aktuellen Fibeln ist die unterschiedliche Färbung der Texte nach Silben bspw. in blau-rot oder grau-schwarz:

<Die Kinder spielen im Garten>. Die Segmentierung folgt der Silbentrennung am Zeilenende und ist nicht systematisch (bspw. <ba-cken> versus <Kat-ze>; s. Abschn. 4.7).

7.3 Aktuelle Mischkonzepte

Aktuelle Lehrwerke für den Anfangsunterricht können in der Regel als Mischkonzepte bezeichnet werden. Sie thematisieren sowohl die **Lautsynthese** als auch die **Lautanalyse** von Anfang an. Dabei liegt nahezu allen Lehrwerken eine Anlauttabelle bzw. **Schreibtabelle** bei, die allerdings in unterschiedlichem Maße integriert ist. Ebenso obligatorisch ist ein integrierter **Buchstabenlehrgang,** der bestimmte Teilkompetenzen fokussiert. Trotz der **methodenintegrierenden Konzepte** lassen sich erhebliche Unterschiede zwischen den Lehrwerken feststellen (Scheerer-Neumann 2020).

Der **Leselehrgang** ist häufig synthetisch aufgebaut, was bedeutet, dass das Lesematerial aus schrittweise eingeführten Schriftzeichen besteht. Aktuelle Konzepte, die einen synthetisch aufgebauten Leselehrgang enthalten, unterscheidet von früheren synthetischen Lehrgängen, dass sie sich nicht auf den Leselehrgang beschränken. Viele Lehrwerke gestalten den Leseaufbau zwar synthetisch, führen die Schriftzeichen allerdings zügiger oder sogar in Blöcken ein. Einige Lehrwerke kombinieren synthetische Verfahren mit anderen Methoden wie bspw. einem silbenbasierten Leseaufbau. Viele Konzepte ergänzen den Leselehrgang mit Übungen zum **sinnerfassenden Lesen** (bspw. Lesemalblätter) sowie **differenzierten Leseangeboten**. Große Unterschiede zeigen die Fibeln hinsichtlich der verwendeten Texte. Idealerweise sollten **unterschiedliche Textmuster** (Erzählungen, Gedichte, Sachtexte, Anleitungen, Comics etc.) enthalten sein. Einige Fibeln greifen **Kinderliteratur** auf.

Im Bereich des **Schreibens** finden sich neben **Abschreibübungen** auch **angeleitete und produktive Schreibaufgaben**. Beim angeleiteten Schreiben werden Wörter und Sätze nach bestimmten Verfahren (mithilfe einer Schreibtabelle, silbenanalytisch etc.) verschriftet, beim produktiven Schreiben formulieren die Kinder Texte selbstständig. Gerade im Bereich des Schreibens unterscheiden sich die Konzepte sowohl quantitativ (wie oft und wie viel wird angeleitet und/oder produktiv geschrieben) als auch qualitativ (wie ausführlich und fundiert wird gefördert). Während manche Lehrwerke das Schreiben mit einer Schreibtabelle systematisch anleiten, wird in anderen Lehrwerken das Schreiben kaum thematisiert. Wie bereits dargestellt (s. ▶ Abschn. 7.2.6) sehen silbenanalytische Verfahren im Anfangsunterricht ein angeleitetes bzw. produktives Schreiben kaum vor.

Buchstabenlehrgang Ein Buchstabenlehrgang findet sich in allen Lehrwerken. Unabhängig von der jeweiligen Konzeption finden sich **grundlegende Übungen** in fast allen Materialien:

- grafomotorische Übungen
- Übungen zur visuellen Diskriminierung
- Übungen zur auditiven Diskriminierung

Grafomotorische Übungen trainieren die Fertigkeit, die Buchstaben mit der Hand möglichst formgenau zu realisieren und ergonomische (auf den Körper angepasste) Schreibrichtungen einzuüben (s. ▶ Abschn. 7.5). Die **visuelle Diskriminierung** erlaubt den Kindern, den jeweiligen Buchstaben von anderen zu unterscheiden. Der zu übende Buchstabe muss mehrfach in einer Ansammlung unterschiedlicher Buchstaben gefunden werden. Methodisch gibt es Aufgabenformate wie: „Kreise den Buchstaben ein", „Male das Feld mit dem Buchstaben aus." Die **auditive Diskriminierung** betrifft die lautliche Unterscheidung. Unterschieden werden Anlautübungen, bei denen der jeweilige Laut als Anfangslaut erkannt werden muss, von Übungen, in denen der Laut innerhalb eines Wortes bzw. einer Lautkette erkannt werden muss. Typisch sind Aufgaben wie: „Kreise die Bilder ein, die am Anfang ein …. haben." und „Hörst du das …. am Anfang, in der Mitte oder am Ende?" Darüber hinaus finden sich innerhalb der Buchstabenlehrgänge teilweise weitere Übungen wie bspw. Schreibaufträge, lautübergreifende Übungen etc.

7.4 Anlauttabellen

Tabellarische Gegenüberstellungen von Buchstaben und Bildern mit dem Ziel der Lautgewinnung (bspw. U wie Uhr) gibt es schon seit dem Mittelalter. Durch die kommunikative Wende gewann das selbstständige Schreiben im Anfangsunterricht ab den 1980er-Jahren an Bedeutung. Jürgen Reichen (1988) stellte das Schreiben von Texten in den Mittelpunkt seines Deutschunterrichts und entwickelte als methodisches Mittel dafür seine Buchstabentabelle (s. ▶ Abschn. 7.2.4). Zwar setzte sich Reichens Ansatz in der Schulpraxis nicht durch, eine Schreibtabelle findet sich mittlerweile aber in nahezu allen Unterrichtsmaterialien des Anfangsunterrichts. Das freie Schreiben mit einer Anlauttabelle bzw. einer Schreibtabelle, die den Kindern von Anfang an den Zugang zu den notwendigen Schriftzeichen ermöglicht, stellt nach Scheerer-Neumann (2020) einen guten **Einstieg in das alphabetische Schreiben** dar. Die Kinder üben intensiv die PGK (s. ▶ Abschn. 5.2) und vertiefen ihre lautanalytischen Fähigkeiten. Darüber hinaus gebrauchen sie Schrift von Anfang als kommunikatives Mittel, sodass diese für sie persönlich bedeutsam werden kann (Brügelmann 1983). Ebenso wird der Zweck einzelner Übungen für die Kinder nachvollziehbar. Schreibtabellen können innerhalb eines Mischkonzepts wichtige Aspekte des Schriftspracherwerbs abdecken, müssen aber durch andere Lernfelder (bspw. Buchstabenlehrgang, Lesen, Grundwortschatz etc.) ergänzt werden. Als methodisches Instrument beschränkt sich der Einsatz in der Regel auf den Anfangsunterricht und ermöglicht ein differenziertes Arbeiten.

Allerdings sind viele Schreibtabellen nicht zweckmäßig gestaltet (Thomé 2000). Geht man davon aus, dass die Tabelle als **Schreibwerkzeug** genutzt werden soll, muss für jeden Laut, den das Kind lautlich analysiert, ein passendes Schriftzeichen gefunden werden. Häufig finden sich aber **mehrere Schriftzeichen für ein Phonem** wie bspw. /f/ wie <Fisch> und /f/ wie <Vogel>; /ɛ/ wie <Ente> und /ɛ/ wie <Äpfel>; /k/ wie <Kerze> und /k/ wie <Computer> (◧ Abb. 7.7).

Wenn ein Kind das Wort <Flöte> schreiben möchte, muss es dann zwischen <F> und <V> entscheiden. Außerdem **fehlen** auf den meisten Tabellen **wichtige Laute** wie bspw. das Schwa /ə/ und das stimmlose /s/. Diese finden sich im Deutschen nicht anlautend, sodass der Laut nur innerhalb oder am Ende eines Wortes dargestellt werden kann. Für das /ə/ könnte der Endlaut des Wortes <Biene> stehen und für das /s/ der Endlaut des Wortes <Haus>. Für das <ch> hat sich mit <Buch> und <Milch> bereits etabliert, dass es nicht anlautend dargestellt wird (◧ Abb. 7.7 und 7.8). Reichens Buchstabentabelle ist eine reine Anlauttabelle, da alle Korrespondenzen sich auf den Wortanfang beziehen (s. ▶ Abschn. 7.2.4). Gerade Schwa kommt in fast jedem Wort vor, sodass sein Fehlen problematisch ist. Aus diesem Grund muss das **Anlautprinzip für einige PGK aufgehoben werden,** weshalb der Begriff **Schreibtabelle** geeigneter erscheint als die Bezeichnung Anlauttabelle.

7

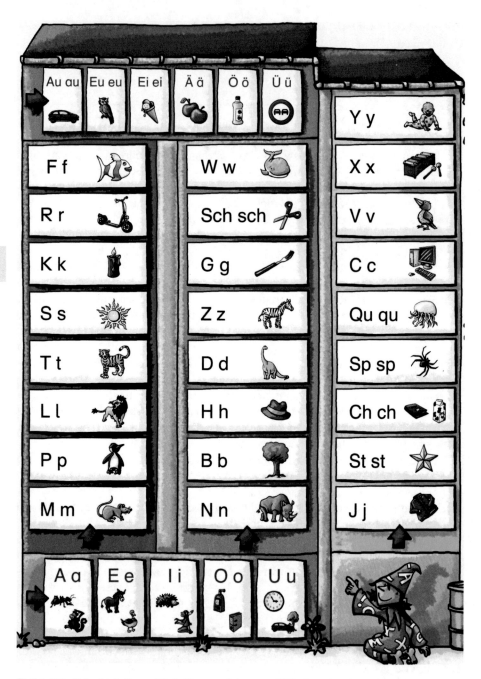

◻ **Abb. 7.7**   Schreibtabelle aus Fibel: Einsterns Schwester, 2008, Cornelsen Verlag Berlin

Schreibtabelle 3

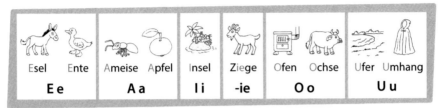

Esel	Ente	Ameise	Apfel	Insel	Ziege	Ofen	Ochse	Ufer	Umhang
E e		**A a**		**I i**	**-ie**	**O o**		**U u**	

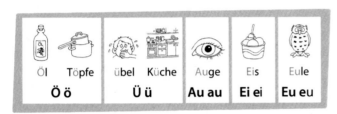

Öl	Töpfe	übel	Küche	Auge	Eis	Eule	Biene	Eimer
Ö ö		**Ü ü**		**Au au**	**Ei ei**	**Eu eu**	**-e**	**-er**

Raupe	**R r**	Maus	**M m**	Nase	**N n**
Junge	**J j**	Pinsel	**P p**	Baum	**B b**
Schaukel	**Sch sch**	Tafel	**T t**	Dose	**D d**
Pfeil	**Pf pf**	Kuchen	**K k**	Gabel	**G g**
		Fisch	**F f**	Wolke	**W w**
		Seil	**S s**	Zaun	**Z z**
		Lampe	**L l**	Hose	**H h**

Milch	**-ch**
Buch	
Haus	**-s**
Ring	**-ng**
Fuchs	**-chs**

🔲 **Abb. 7.8** Schreibtabelle 3 aus Schreiben lernen (2021), Finken Verlag, S. 98

Ein weiteres Problem vieler Tabellen ist, dass sie **zahlreiche Orthographeme** enthalten wie bspw. <V, C, Y, Ä, Sp, St, nk, tz, ck>. Diese führen zum einen, wie bereits dargestellt, zu doppelten Korrespondenzen und andererseits sind sie für das alphabetische Schreiben nicht nötig. Orthographeme müssen gesondert und mit rechtschriftlichen Strategien, Merkstrategien oder Ähnlichem eingeführt werden. Eine bloße Auflistung genügt nicht und verwirrt die meisten Kinder beim Schreiben. Sehr verbreitet ist die Abbildung des <Igels> für das /i:/, obwohl dies eine Ausnahmeschreibung darstellt (◘ Abb. 5.2 ‚Vokalische Basisgrapheme'). Für das „lange i" /i:/ ist das Basisgraphem <ie>. Thomé (2000) bezeichnet dies als **Igelsyndrom,** welches zu typischen Fehlschreibungen wie *<libe, spilen> führt. Er plädiert dafür, von Anfang an für /i:/ das <ie> bspw. durch <Wiese> einzuführen.

Thomé (2000) schlägt vor, ausschließlich Basisgrapheme (s. ▶ Abschn. 5.2) abzubilden. Die folgende Schreibtabelle verzeichnet nur Basisgrapheme zuzüglich des <er> für [ɐ] (◘ Abb. 7.8).

Aktuelle Lehrwerke bieten ihre Schreibtabelle oft mit Vorder- und Rückseite an, sodass die Kinder am Anfang mit einer reduzierten Auswahl arbeiten können. Dabei bleibt unklar, wofür die Darstellung fast aller Grapheme (Rückseite) genutzt werden soll; ob als bloßes Verzeichnis oder für das Lesen (Bohnenkamp 2015). Verschiedene Varianten einer Buchstabentabelle zu verwenden, die flexibel entsprechend der Lernfortschritte der Kinder genutzt werden, erscheint aber durchaus sinnvoll. Bspw. könnten zunächst nur Großbuchstaben angeboten werden (Bohnenkamp 2015). Die **Anordnung der Schriftzeichen** erfolgt mittlerweile meist nicht mehr alphabetisch, wie in früheren Tabellen, sondern greift die bereits von Reichen verwendete Systematik auf, die Vokale und Konsonanten zu trennen. Noch wenig Beachtung findet die Auswahl der Wörter aus linguistischer Sicht. Die Schreibtabelle in ◘ Abb. 7.8 verwendet prototypische Wörter, die nur mit Basisgraphemen geschrieben werden.

Methodisch müssen die oft mehrdeutigen Bilder eingeführt werden. Ebenso sollten Lautübungen und Orientierungsübungen durchgeführt werden. Da das selbstständige Schreiben eine hohe Anforderung darstellt, können auch vorgegebene lautgetreue Wörter mit der Schreibtabelle verschriftet werden und dabei der Umgang mit der Tabelle geübt werden.

7.5 Handschreiben

Der Lernbereich Schreiben umfasst neben der Textproduktion und der Rechtschreibung auch die Entwicklung einer gut lesbaren und flüssigen Handschrift (KMK 2005). Verschiedene Aspekte sind für das Thema Handschreiben relevant: Die **Schreibmotorik** (Grafomotorik) und die **Schriftart** (Druckschrift, verbundene Schrift).

Schreibmotorik Schreibmotorische Bewegungen geübter Schreiber*innen entstehen durch ein harmonisches Zusammenspiel der Bewegungen von Fingern und Handgelenk und werden mit dem Armtransport kombiniert (Mai und Marquardt 1995). Beim Nachfahren vorgegebener Formen (bspw. Buchstaben) und beim Schreiben in vorgegebenen Linien verlangsamen sich die Bewegungsabläufe und die Druckentwicklung verstärkt sich. Aufgrund der für diese Aufgaben notwendigen visuellen Kontrolle, zeigen die motorischen Abläufe unregelmäßige Geschwindigkeiten, was als **kontrollierte Bewegung** bezeichnet wird. Kontrollierte Bewegungen entwickeln sich durch vielfaches Wiederholen nicht zwangsläufig zu flüssigen Abläufen (Marquardt et al. 2006). Kinder verfügen bereits bei Schuleintritt über die Fähigkeit, einfache Figuren flüssig auszuführen, wenden dieses Können beim Schreiben von Buchstaben allerdings kaum an (Quenzel 1998). Flüssige Bewegungen sind motorisch entspannter und setzen ein ausreichendes Tempo voraus. Sie werden als **automatisierte Bewegungen** bezeichnet. Es gilt also beim Erstschreiben, Bedingungen zu schaffen, die automatisierte Bewegungen ermöglichen. Dies setzt ein bestimmtes **Schreibtempo** voraus, welches durch gesteigerte visuelle Kontrolle und einen hohen Kraftaufwand gehemmt wird. Deshalb sind eine **reduzierte visuelle Kontrolle** und eine **Minimierung des Krafteinsatzes** wichtige Voraussetzungen. Ebenso können eine ungünstige Schreibhaltung und eine verkrampfte Stifthaltung die automatisierte Bewegung beeinträchtigen (ebd.).

❯ Am Anfang sollte also der **Bewegungsprozess** im Vordergrund stehen und nicht das Schreibprodukt.

Übungen zum Nachspuren oder Kopieren von Buchstaben, die formgenaue Wiedergabe der Buchstaben sowie die Vorgabe von Begrenzungslinien stehen der Förderung der Schreibmotorik entgegen (Marquardt et al. 2006). Es gilt einen Ausgleich zwischen einer **ausreichenden Bewegungsgeschwindigkeit** und der **Entwicklung der Bewegungsform** zu schaffen.

Schriftarten In den 1950er-Jahren wurde in der BRD die **Lateinische Ausgangsschrift (LA)** eingeführt, während in der ehemaligen DDR zunächst die Deutsche Schulschrift gelehrt wurde. Diese wurde 1968 durch die **Schulausgangsschrift (SAS)** abgelöst (Topsch 2005). Zuvor gab es eine Vielzahl unterschiedlicher Schriften. Ende der 1980er-Jahre etablierte sich die **Druckschrift als Erstschrift** für das Schreibenlernen, weil vor dem Erlernen einer verbundenen Schrift eine motorisch einfacher zu erlernende Schriftart eingeführt werden sollte. Durch die motorische Entlastung konnten andere Aspekte des Schreibens, wie das Verfassen eigener Texte, leichter in den Unterricht integriert werden. Brügelmann (1983) plädiert sogar dafür, als Erstschrift eine **Blockschrift** (ausschließlich Großbuchstaben) zu verwenden, da die Kinder bei ihren eigenen Schreibversuchen überwiegend diese Schriftform verwenden. Die ‚Lateinische Ausgangsschrift' wurde aufgrund ihrer zahlreichen Drehrichtungswechsel und Deckstriche sowie fehlender Haltepunkte kritisiert, sodass in den 1970er-Jahren in der BRD die **Vereinfachte Ausgangsschrift (VA)** eingeführt wurde. Die Großbuchstaben der SAS und der VA ähneln denen der Druckschrift. Die VA vermeidet Drehrichtungswechsel so weit wie möglich und hat die Besonderheit, dass alle Kleinbuchstaben an der Oberlinie des mittleren Feldes beginnen und enden. Die Erwartungen, die an die VA als vereinfachte Ausgangsschrift geknüpft wurden, konnten letztlich nicht nachgewiesen werden (ebd.). Der Grundschulverband veröffentlichte 2011 mit der **Grundschrift** eine neue Ausgangsschrift. Die an der Handschrift orientierten Druckbuchstaben und insbesondere die mit einem Aufstrich endenden Kleinbuchstaben können zu einer verbundenen Schrift weiter-entwickelt werden. Damit wird die Trennung zwischen Druckschrift und verbundener Schrift aufgehoben (Bartnitzky 2016).

Ziel verbundener Ausgangsschriften ist nicht die Beherrschung der jeweiligen Schrift. Vielmehr soll diese die **Entwicklung einer individuellen Handschrift** ermöglichen. Routinierte Schreiber*innen verbinden auf dem Papier in der Regel nur zwei oder drei Buchstaben, sodass regelmäßiges Abheben eine Muskelentlastung ermöglicht (Quenzel 1998). Dabei werden die Bewegungen in der Luft weiter-geführt. Unabhängig von der Schriftart – Druckschrift oder verbundene Schrift – finden verbindende Bewegungen mehr oder weniger ökonomisch und entweder auf dem Papier oder in der Luft statt (Mai und Marquardt 1995).

Neben dem Handschreiben erlangt auch das **Tastaturschreiben** immer größere Aufmerksamkeit. Dabei unterscheiden sich die beiden Schreibarten ganz grund-sätzlich, was bereits unterschiedliche Fehlerarten zeigen, die zum einen durch Vertippen (bspw. <f> statt <g>) und zum anderen durch Verschreiben (i statt j) entstehen können. Es ist davon auszugehen, dass beides – Handschreiben und Tasturschreiben – relevante Fähigkeiten sind, wobei auch hybride Formen (Hand-schreiben auf einem Tablett) zunehmend praktiziert werden.

7.6 Fazit

Im historischen Rückblick lassen sich viele unterschiedliche Konzepte und Methoden für das Lesen- und Schreibenlernen identifizieren. Nach der kognitiven Wende wurde das Schreiben ab den 1980er-Jahren zunehmend in den Anfangs-unterricht integriert. Zuvor handelte es sich hauptsächlich um einen Erstlese-unterricht. Der seither verwendete **Begriff Schriftspracherwerb** verweist auf eine veränderte Sicht auf die Kinder als aktiv Lernende. Der Methodenstreit zwischen ganzheitlichen und synthetischen Verfahren kann als weitgehend beigelegt be-trachtet werden und ihre Verbindung in **analytisch-synthetischen Konzeptionen** findet sich in den meisten aktuellen Materialien. Dennoch unterscheiden sich die Lehrwerke in vielfacher Hinsicht. Aus fachdidaktischer Sicht sind **Mischkonzepte empfehlenswert,** die grundlegende Lernbereiche verbinden. Diese sind:

- das Üben der Buchstaben,
- Übungen zur Lautanalyse und zur Lautsynthese,
- ein Leselehrgang,
- vielfältige Leseangebote unterschiedlicher Textmuster,
- angeleitete Schreibübungen und Schreibanlässe für das selbstständige Schreiben mithilfe einer Schreibtabelle.

Die **Entwicklung einer flüssigen und leserlichen Handschrift** ist eine wichtige Aufgabe des Anfangsunterrichts. Empfehlenswert ist eine Reduzierung der visuellen Kontrolle und begrenzender Lineaturen sowie eine ausreichende Schreibgeschwindigkeit. Dabei sollte der Fokus auf dem Bewegungsprozess liegen und nicht auf dem Schreibprodukt. Die Kinder lernen zunächst eine **Druckschrift** und später eine auf dem Papier verbundene Schrift. Ziel ist die Entwicklung einer individuellen Handschrift.

7.7 Aufgaben

1. Nennen Sie zu den folgenden Erläuterungen die passende Methode der Lautgewinnung bzw. der Lauteinführung.
   a. Der Laut wird mit einem Bild eingeführt, dessen Wort den zu erlernenden Laut und Buchstaben am Anfang enthält.
   b. Der Laut wird mithilfe einer auditiven Assoziation aus der Alltagserfahrung vermittelt. Bspw. ein [m] für etwas Leckeres.
   c. Die Kinder erkunden mithilfe eines Spiegels, was in ihrem Mund geschieht, wenn Sie den Laut artikulieren.
2. Erläutern Sie in eigenen Worten, was man unter einem synthetischen Fibellehrgang versteht.
3. Bilden Sie mit den folgenden Buchstaben möglichst viele Wörter: L, O, A, M, I, S, T.
4. Nennen Sie möglichst viele Gründe, die gegen einen rein synthetischen Fibellehrgang sprechen.
5. Ordnen Sie die Begriffe ‚Lautsynthese' und ‚Lautanalyse' dem Lese- und Schreibprozess zu.

Literatur

Bartnitzky, H. (1998). „Die rechte weis aufs kürtzist lesen zu lernen" Oder: Was man aus der Didaktik-Geschichte lernen kann. In H. Balhorn, H. Bartnitzky, I. Büchner & A. Speck-Hamdan (Hrsg.). *Schatzkiste Sprache 1. Von den Wegen der Kinder in die Schrift* (S. 14–46). Frankfurt a. M.: Grundschulverband.

Bartnitzky, H. (2016). Grundschrift – wie es dazu kam und warum sie schriftdidaktisch nötig ist. In H. Bartnitzky et al. (Hrsg.). *Grundschrift. Kinder entwickeln ihre Handschrift* (S. 12–38). Frankfurt a. M.: Grundschulverband.

Bohnenkamp, A. (2015). „(An-)Lauttabelle" – „Schreibtabelle" – „Buchstabentabelle". In E. Brinkmann (Hrsg.). *Rechtschreiben in der Diskussion. Schriftspracherwerb und Rechtschreibunterricht* (S. 232–237). Frankfurt a. M.: Grundschulverband.

Brinkmann, E. & Brügelmann, H. (2010 [1993]): *Ideen-Kiste 1.* 8. völlig neu bearb. Aufl. Stuttgart: vpm/Klett.

Brügelmann, H. (1983). *Kinder auf dem Weg zur Schrift. Eine Fibel für Lehrer und Laien.* Lengwil: Libelle.

Funke, R. (2014). Erstleseunterricht nach der Methode Lesen durch Schreiben und Ergebnisse schriftsprachlichen Lernens – Eine metaanalytische Bestandsaufnahme. *Didaktik Deutsch* 19/36, 21–41

KMK (2005). *Bildungsstandards im Fach Deutsch für den Primarbereich.* Beschluss vom 15.10.2004. München: Luchterhand.

Mai, N. & Marquardt, C. (1995). *Schreibtraining in der neurologischen Rehabilitation. EKN – Materialien für die Rehabilitation.* Dortmund: Borgmann.

Marquardt, C., Söhl, K, & Kutsch, E. (2006). Motorische Schreibschwierigkeiten. In U. Bredel, H. Günther, P. Klotz, J. Ossner & G. Siebert-Ott (Hrsg.). *Didaktik der deutschen Sprache. Ein Handbuch,* Bd. 1 (S. 341–351). 2., durchges. Aufl. Paderborn: Schöningh.

Pröll, S., Freienstein, J.-C. & Ernst, O. (2016). Exemplarbasierte Annäherung an das Silbengelenk. *ZGL* 44/2, 149–171.

Reichen, J. (1988): *Lesen durch Schreiben*. Heft 1: *Wie Kinder selbstgesteuert lesen lernen*. 3. Aufl. Zürich: sabe.

Risel, H. (2011). *Arbeitsbuch Rechtschreibdidaktik*. 2., überarb. Aufl. Baltmannsweiler: Schneider.

Röber, Ch. (2015). Das Konzept „Rechtschreiben durch Rechtlesen." In E. Brinkmann (Hrsg.). *Rechtschreiben in der Diskussion. Schriftspracherwerb und Rechtschreibunterricht* (S. 90–98). Frankfurt a. M.: Grundschulverband.

Scheerer-Neumann, G. (2020). *Schreiben lernen nach Gehör? Freies Schreiben kontra Rechtschreiben von Anfang an*. Hannover: Klett/Kallmeyer.

Thomé, G. (2000). Möglichkeiten und Grenzen der Arbeit mit Anlauttabellen. In R. Valtin (Hrsg.). *Rechtschreiben lernen in den Klassen 1–6. Grundlagen und didaktische Hilfen* (S. 116–118). Frankfurt a. M.: Grundschulverband.

Topsch, W. (2005). *Grundkompetenz Schriftspracherwerb. Methoden und handlungsorientierte Praxisanregungen*. Weinheim, Basel: Beltz.

Quenzel, I. (1998). Erstschreibunterricht – Implikationen aus dem Schreibtraining in der neurologischen Rehabilitation. In H. Balhorn et al. (Hrsg.). *Schatzkiste Sprache 1. Von den Wegen der Kinder in die Schrift* (S. 266–278). Frankfurt a. M.: Grundschulverband.

Weiterführende Literatur

Brügelmann, H. (2020). *„Schreiben, wie man spricht" – ein sinnvoller Einstieg in den Schriftspracherwerb. Einordnung der Ergebnisse der „Bonner Studie" zur Wirkung verschiedener Ansätze des Lese- und Schreibunterrichts auf die Entwicklung der Rechtschreibleistung im Verlauf der Grundschulzeit*. ► https://nbn-resolving.org/urn:nbn:de:0111-pedocs-203908. Zugegriffen: 17.02.2022.

Roos, J. & Schöler, H. (2009). *Entwicklung des Schriftspracherwerbs in der Grundschule Längsschnittanalyse zweier Kohorten über die Grundschulzeit*. Wiesbaden: VS Verlag für Sozialwissenschaften.

Schründer-Lenzen, A. (2013). *Schriftspracherwerb*. 4. Aufl. Wiesbaden: VS Verlag für Sozialwissenschaften.

Rechtschreibdidaktik

Inhaltsverzeichnis

© Der/die Autor(en), exklusiv lizenziert an Springer-Verlag GmbH, DE, ein Teil von
Springer Nature 2023
R. Hoffmann-Erz, *Deutsch in der Grundschule*,
https://doi.org/10.1007/978-3-662-66653-1_8

8.1 Regelorientierte Ansätze

Regelorientierte Ansätze basieren auf der Annahme, dass Rechtschreibfähigkeiten auf **explizitem Wissen** beruhen (Steinig und Huneke 2015). Über Regelsätze wird den Schüler*innen das jeweilige Phänomen gegenstandsorientiert vermittelt. Eine typische Regel lautet: „Nomen sind Namen für Menschen, Tiere, Pflanzen und Dinge. Man schreibt sie groß." Nach einer deduktiven Einführung der Regel wird diese an Anwendungsaufgaben von den Kindern geübt. Deduktiv bedeutet in diesem Zusammenhang, dass die Einführung über eine theoretische Regel erfolgt. Daraus ergeben sich zwei Schwierigkeiten. Zum einen sind Regeln nicht auf alle Fälle übertragbar (Ausnahmen) und in den allermeisten Fällen sind sie aufgrund der notwendigen didaktischen Reduzierung unvollständig (Augst und Dehn 2009). Die Regel zu den Nomen etwa bezieht sich nur auf Konkreta und schließt abstrakte Nomen wie *Luft, Fantasie, Angst* etc. aus. Insofern erfahren Regeln im Laufe der Zeit meist Erweiterungen. Im Fall der Nomen bspw. die Erweiterung, dass auch Gedanken und Gefühle Nomen sind. Diese Erweiterungen bleiben allerdings ebenfalls unvollständig. Regeln, die sich auf alle in der Regel genannten Bereiche beziehen und allgemeingültig sind, sogenannte „echte Regeln" (Risel 2011), finden sich selten und sind aufgrund der Komplexität der meisten Phänomene kaum für Schüler*innen geeignet. Insofern können Regelformulierungen nur eine bloße Annäherung herstellen und sind schon rein sachlich anfällig für fehlerhafte Ableitungen.

Eine andere Schwierigkeit abstrakter Regeln ist, dass Regelkenntnisse nicht automatisch mit **Rechtschreibkompetenz** einhergehen (s. ▸ Abschn. 6.7). Zum einen produzieren Schreiber*innen Fehler, obwohl sie die Regeln nennen können (Nickel 2006), und zum anderen können kompetente Schreiber*innen ihr Können nur unzureichend explizieren (Hoffmann-Erz 2015, Löffler 2004). Auch typische Fehlableitungen sprechen gegen Rechtschreibregeln. Bspw. die Artikelprobe (vor Nomen kann *der, die* oder *das* stehen) kann bei einem Satz wie „Wir essen morgen die große Torte" dazu führen, dass *essen* (das Essen), *morgen* (der Morgen) und *große* (die Große) fälschlicherweise als Nomen identifiziert werden. Es ist davon auszugehen, dass das Besprechen von Rechtschreibregeln die Regelbildung nicht fördert (Bredel 2015a). Um dem Problem, dass die Kinder die Regeln nicht nachhaltig erinnern und anwenden entgegenzuwirken, werden Merksätze entwickelt (bspw. „Wer nämlich mit h schreibt, ist dämlich."), die nach Bredel (2015a: 416) Inseln rechtschriftlichen Wissens bilden, die weder transferiert noch generalisiert werden können.

❯ Eine Didaktik, die auf der Übernahme vorgegebener Regeln beruht, gilt aus fachdidaktischer Perspektive als überholt (Risel 2011).

Eigenregeln, die von den Lerner*innen selbst meist implizit entwickelt werden, spielen bei der Entwicklung rechtschriftlicher Kompetenzen hingegen eine bedeutende Rolle (ebd., s. ▸ Abschn. 6.6). Explizites Regelwissen wird für Lehrkräfte hingegen als wichtig erachtet und stellt eine notwendige Grundlage für professionelles Lehrerhandeln dar (Riegler und Weinhold 2018).

8.2 Rechtschreibstrategien

Rechtschreibstrategien sind Handlungsanleitungen, die Schüler*innen befähigen sollen, rechtschriftliche Probleme mit passenden Strategien zu lösen. Ziel ist es, prozedurales (die Ausführung steuerndes) Wissen aufzubauen, welches in **automatisiertes Handeln** übergeht. Christine Mann (2010: 24 f.) stellt fest, dass nicht das Regelwissen entscheidend für die Rechtschreibfähigkeit ist, sondern die Strategie der Regelanwendung. Weiter führt sie aus, dass das Regelwissen auf ein Minimum reduziert werden soll und stattdessen die Denkbewegungen eingeübt werden sollen, die der Anwendung der Regel zugrunde liegen. Strategiebasierte Ansätze dominieren aktuell den Rechtschreibunterricht und die Bildungsstandards nennen folgende Hauptstrategien: Mitsprechen, Ableiten, Einprägen (KMK 2005).

Mitsprechen Die Strategie des Mitsprechens ist grundlegend und ergibt sich aus dem **phonologischen Prinzip,** welches unserem alphabetischen Schriftsystem zugrunde liegt. Während des Schreibens sprechen wir das zu schreibende Wort synchron meist in Silben mit und übertragen so die lautsprachlichen Einheiten in graphematische. Im besten Fall wird dabei auf eine Explizitlautung rekurriert (s. ▶ Abschn. 3.3). Wörter, die ausschließlich aus Basisgraphemen bestehen bzw. lautgetreu sind, können bereits mithilfe der Mitsprechstrategie vollständig verschriftet werden. Wörter, die orthografische Besonderheiten aufweisen, benötigen weitere Strategien. Das innere Mitsprechen wird aber für jedes Wort und von jedem Schreibenden benötigt (Renk und Brezing 2015, Mann 2010, Scheerer-Neumann 1986).

Ableiten und Einprägen Wörter mit orthografischen Besonderheiten unterscheiden sich hinsichtlich ihrer Regelhaftigkeit und bedürfen unterschiedlicher didaktischer Behandlung. Wörter, die nicht regelhaft sind, müssen einzeln gemerkt werden, was im Kanon der Strategien unter **Einprägen** oder Merkwörter gefasst wird. Regelhafte Schreibweisen können über rechtschriftliche Strategien hergeleitet werden. Der Begriff **Ableiten** wird dabei einerseits als Oberbegriff für verschiedene Strategien (Verlängern, Wörter auseinandernehmen etc.) verwendet (Mann 2010, KMK 2005) oder spezifisch für die Erschließung der Umlautung (bspw. *Zähne-Zahn, Läufer-laufen*; Renk und Brezing 2015). Das **Verlängern** von Wörtern ermöglicht es, Wortendungen zu erschließen, deren Schreibung von der Aussprache abweicht bspw. aufgrund der Auslautverhärtung (bspw. *Hund-Hunde, bunt-bunte, klug-kluge*). Ebenso können die Suffixe {-lich} und {-ig} (bspw. *freundlich-freundliche, freudig-freudige*) durch Verlängerung unterschieden werden. Auch soll durch die Verlängerung von Einsilbern die zweisilbige Form helfen, Phänomene wie die Konsonantenverdopplung (*schnell-schneller, komm-kommen*) und die Längemarkierungen <ie> sowie das silbentrennende h (bspw. *spiel-spielen, geht-gehen*) zu erschließen (Renk und Brezing 2015; Mann

2010). Dabei gilt zu beachten, dass auch in der Grundform kein [h] und kein Doppelkonsonant artikuliert werden (s. ▶ Abschn. 5.5.2, 5.5.3).

Heide Buschmann entwickelte in den 1980er-Jahren eine Methode zur Förderung rechtschreibschwacher Kinder, die von Renk und Brezing weiterentwickelt und im Jahr 2000 als sogenannte **FRESCH-Methode** (Freiburger Rechtschreibschule) veröffentlicht wurde. Diese beinhaltet vier Strategien.

- Sprechschwingen
- Weiterschwingen
- Ableiten
- Einprägen

Das ‚Sprechschwingen' ist die grundlegende Strategie für das elementare Richtigschreiben (lautgetreues Schreiben) und wird über rhythmisch silbisches Sprechen und synchrones Schwingen mit dem Arm (Sprechschwingen) realisiert. Hinzu kommen das ‚Weiterschwingen' (Verlängern), das ‚Ableiten' und das Einprägen von ‚Merkwörtern'. Die Methode FRESCH kommt in aktuellen Schulbuchmaterialien vielfach zum Einsatz. In der Fachliteratur wird sie häufig den silbendidaktischen Ansätzen zugeordnet (Scheerer-Neumann 2020). Risel (2011) kritisiert an solchen intuitiven Silbenkonzepten, dass sie fälschlicherweise den Eindruck vermitteln, orthografische Schreibungen könnten über silbisches Sprechen erschlossen werden (s. ▶ Abschn. 7.2.6).

8.3 Grundwortschatzkonzepte

Grundwortschätze sind eine Sammlung von in der Regel rund 800 Wörtern, deren Rechtschreibung geübt und beherrscht werden soll, um rechtschriftliche Kompetenzen zu sichern. Die Begrenzung des Wortmaterials wird als Chance verstanden, Schüler*innen durch überschaubare Anforderungen zu ermutigen (Naumann 2000). Der Einsatz von Grundwortschätzen war in der 1990er-Jahren verbreitet. In vielen Bundesländern war ein Grundwortschatz verbindlich vorgeschrieben, wobei sich die Anzahl und Auswahl der Wörter stark unterschied. Es entstand eine Debatte darüber, welche Wörter in einen Grundwortschatz aufgenommen werden sollten und nach welchen Kriterien die Auswahl zu treffen sei. Kritisiert wurde vor allem, Wörter danach auszuwählen, wie häufig sie in Texten Erwachsener vorkommen. Gefordert wurde, dass die Bedeutsamkeit der Wörter für die Kinder im Zentrum stehen sollte (Augst 1989). Ebenso diskutiert wurde der Aspekt der Fehleranfälligkeit. Grundwortschätze enthalten in der Regel ausschließlich Grundformen (bspw. <fahren>, aber nicht <fährt, fuhr…>) und die Aufnahme von Flexionen beschränkt sich auf wenige Ausnahmen (bspw. <hat> und <hatte>). Dabei sind gerade Flexionen fehleranfällig. Zum einen wird also die Relevanz wenig fehleranfälliger Grundformen hinterfragt und zum anderen das Fehlen fehleranfälliger Wortformen problematisiert.

Häufige Wörter Häufigkeitsauszählungen zeigen, dass rund **100 Wörter besonders häufig** in Texten vorkommen und bereits **circa 50 %** der fortlaufenden Wörter eines Textes abdecken (Spitta 2000). Bei diesen 100 sehr häufigen Wörtern handelt sich um **Funktionswörter** (s. ▶ Abschn. 5.6). Siekmann nahm 2017 eine Neuauszählung der 100 häufigsten Wörter anhand selbstverfasster Schüler*innentexte der Jahrgangsstufen 3 bis 5 vor und verglich diese mit der von Meier 1967 ermittelten Liste. Die folgende Wortsammlung zeigt die Funktionswörter, die in den beiden Auszählungen übereinstimmen in alphabetischer Reihenfolge:

> ❯ aber, alle, alles, als, am, an, auch, auf, aus, bei, bin, da, dann, das, dem, den, denn, der, die, doch, du, ein, eine, einem, einen, einer, er, es, für, ganz, habe, haben, hat, hatte, ich, ihm, ihn, ihr, im, in, ist, kann, mehr, meine, mich, mir, mit, nach, nicht, noch, nur, schon, sehr, sein, seine, sich, sie, sind, so, um, und, uns, von, vor, war, was, wenn, wie, wieder, wir, wo, zu, zum, zur

Über die 100 häufigen Wörter hinaus nimmt die Häufigkeitsrate rapide ab und die Wörter unterscheiden sich bezüglich ihrer Vorkommenswahrscheinlichkeit nur geringfügig (August 1989). Nach dem Kriterium der Häufigkeit lässt sich die Auswahl also nur für die rund 100 häufigsten Funktionswörter begründen. Mutmaßungen über die Gebrauchswahrscheinlichkeit von Wörtern, die bspw. Wörter wie <Wald, Zoo, Hund> etc. für einen Grundwortschatz als sinnvoll erachten, lassen sich sprachstatistisch nicht belegen. Die Verwendung von Inhaltswörtern hängt von dem jeweiligen Inhalt bzw. Thema eines Textes ab (August und Dehn 2009).

Zusätzlich zu der Frage nach der Wortauswahl wurde die **Effektivität der Wortschatzarbeit** grundsätzlich in Frage gestellt. Dabei wurde bezweifelt, dass ein additives Üben vorgegebener Wortlisten geeignet ist, die Rechtschreibkompetenz zu fördern (Brügelmann 2015). Vielmehr findet sich die Auffassung, dass die Wörter in einen Grundwortschatz aufgenommen werden sollten, die für die Kinder selbst bedeutsam sind (individueller Grundwortschatz) und/ oder im Kontext schreibbezogener Klassenaktivitäten stehen (klassenbezogener Grundwortschatz; Brügelmann 2015, Leßmann 2015). Empirisch belegt werden konnte, dass Kinder diejenigen Wörter häufiger normgerecht schreiben können, die in ihrem Interessensbereich liegen (Richter 1996). Dagegen spricht, dass ein vollständig individualisierter Grundwortschatz im Unterricht schwer zu handhaben und zu kontrollieren ist (Naumann 2000).

Mit der Erkenntnis, dass die Struktur des deutschen Orthografiesystems systematisch und erlernbar ist, entstand die Arbeit mit Rechtschreibstrategien (s. ▶ Abschn. 8.2). Diese dominieren den Rechtschreibunterricht der beiden letzten Jahrzehnte, wodurch die Grundwortschatzarbeit weitgehend verdrängt wurde. Seit einigen Jahren lässt sich eine **Wiederentdeckung von Grundwortschätzen** verzeichnen und in vielen Bundesländern finden sich wieder verbindlich vorgegebene Grundwortschätze. Die Vorgabe einer starren Wortliste, die für alle Schüler*innen eines Bundeslandes grundlegend sein soll, scheint allerdings wenig zu einer zunehmend heterogenen Schülerschaft zu passen und zu einer Didaktik, die die individuelle Förderung in den Blick nimmt (Merten 2011).

Modellwortschatz Eine erweiterte Vorstellung vom Rechtschreibenlernen entstand mit dem **Orientierungswortschatz** von Naumann (1999), der neben der Frequenz und Bedeutsamkeit für die Kinder die Modellhaftigkeit der Wörter in die Diskussion einbrachte. Nach orthografischen Gesichtspunkten ausgewählte Wörter sollten demnach den Schüler*innen modellhaft rechtschriftliche Strukturen vermitteln. Mit den Ergebnissen der sprachwissenschaftlichen Forschung der letzten Jahrzehnte konnte die Vorstellung überwunden werden, Rechtschreibkompetenz beruhe vorwiegend auf dem Auswendiglernen zahlreicher Einzelschreibungen. Studien zum Rechtscheibenlernen konnten den Aufbau innerer Regeln belegen, die in weiten Teilen unbewusst entwickelt werden (s. ▶ Abschn. 6.6). Durch die zunehmende Erfahrung und Begegnung mit zahlreichen strukturgleichen Wörtern (Modellwörtern) werden Kenntnisse zu regelhaften Strukturen aufgebaut. Dabei entstehen Generalisierungen, was bedeutet, dass Regelhaftigkeiten auf ungeübte Wörter übertragen werden (s. ▶ Abschn 6.9).

Studien zeigen, dass für die Entwicklung von Generalisierungen eine **größere Menge an Modellwörtern** – also eine Sammlung strukturgleicher Wörter (bspw. <müssen, rollen, Zimmer, Koffer, immer…>) – nötig ist, damit das Gehirn die Regelhaftigkeit verarbeiten und generalisieren kann (Hoffmann-Erz 2015). Das Konzept der Modellwörter stellt eine Verbindung zwischen dem systematischen Rechtschreibunterricht und der Grundwortschatzarbeit her (Hoffmann-Erz 2019). Thematisch motivierte Wortsammlungen (*Frühstück, Müsli, Orange, Käse…*) beinhalten hingegen eine Vielfalt unterschiedlicher rechtschriftlicher Besonderheiten und stellen hohe Anforderungen an die Lerner*innen. Nach orthografischen Kategorien ermittelte Wortsammlungen (Orthografischer Wortschatz) ermöglichen ein **phänomenorientiertes Arbeiten**.

8.4 Silbenkonzepte

Silbenkonzepte wurden bereits in ▶ Abschn. 7.2.6 beleuchtet. Da von Vertretern silbenanalytischer Ansätze eine Trennung zwischen alphabetischem und orthografischem Schreiben abgelehnt wird, unterscheiden sich die didaktischen Vorschläge für den fortgeschrittenen Rechtschreiberwerb nicht grundlegend von denen für das basale Schreiben (Bredel und Röber 2015). **Intuitive silbendidaktische Ansätze** sind zum Teil in Rechtschreibstrategien enthalten und sind an der **Sprechsilbe** orientiert (s. ▶ Abschn. 8.2). Diese unterscheiden sich grundlegend von Schreibsilben (s. ▶ Abschn. 5.7) bzw. nimmt die Orthografie gerade nicht Bezug auf die konkret gesprochene Sprache (Thomé 2014). Ansätze, die auf silbischem Sprechen beruhen, unterscheiden sich grundlegend von **silbenanalytischen Ansätzen,** die eine Analyse der **Schreibsilbe** präferieren. Hinney (2017) schlägt vor, anhand vier prototypischer Baumuster die grundlegenden silbischen Strukturen nativer Wörter im Unterricht zu behandeln (◻ Tab. 8.1).

Das in der Übersicht fehlende Dehnungs-h ordnet Hinney dem Randbereich zu. Die vier Baumuster sollen durch entdeckendes Lernen verinnerlicht werden. Die Kinder begründen Schreibungen und erkennen und korrigieren Fehler (ebd.). Schreibungen der Randbereiche werden in den Merkwortbereich eingeordnet und sollen gesondert untersucht werden. Nachdem mithilfe der prototypischen trochäischen Zweisilber das **phonologisch-silbische Prinzip für die Stammmorpheme** verdeutlicht wurde, gilt es, **morphologische Schreibungen durch Ableitungen** zu erschließen. Abgeleitet werden zum einen Einsilber (bspw. <malt, kommt, Bett, Reh> von <malen, kommen, Betten, Rehe>) und zum anderen komplexe Wörter (bspw. <Malschule, Bettbezug, Rehkitz>).

Silbe versus Morphem Bredel (2015b) schlägt ein Häuschenmodell vor, welches von Beginn an neben dem silbischen zusätzlich den **morphematischen Aufbau** durch Färbung verdeutlicht (◻ Abb. 8.1).

Das Häuschenmodell verzeichnet zunächst die betonte Silbe im Haus und die unbetonte in der Garage. Durch die Besetzung der Zimmer im Haus lassen sich offene von geschlossenen Silben unterscheiden und die Vokalqualität bestimmen (s. ▶ Abschn. 7.2.6). Das Modell von Bredel verdeutlicht, dass sich silbische Segmentierungen von morphematischen unterscheiden. Das Stammmorphem {geh} (in ◻ Abb. 8.1 dunkel gefärbt) wird in der silbischen Gliederungen in *ge-h* (in ◻ Abb. 8.1 in Haus und Garage) geteilt.

Silbische Segmentierungen von Flexionen und zusammengesetzten Wortformen bereiten häufig Schwierigkeiten. Das Wort <fiebrig> etwa müsste aufgrund des Langvokals und der daraus folgenden offenen ersten Silbe *fie-brig* gegliedert werden. Begründen lässt sich dies durch die Grundform: *Fie-ber.* Die morphematische Analyse lautet {fiebr} {ig} und die Trennung am Zeilenende *fieb-rig.* Das Beispiel verdeutlicht die Unterschiedlichkeit der Segmentierungsformen (Risel 2011):

— silbisch: *fie-brig*
— morphologisch: {fiebr} {ig}
— Trennung am Zeilenende: *fieb-rig*

◻ **Tab. 8.1** Wortbaumuster silbenanalytischer Ansätze

Baumuster I	Baumuster II	Baumuster IIII	Baumuster IV
unmarkiert offene Silbe	unmarkiert geschlossene Silbe	markiert, doppelter Konsonant/ Silbengelenk geschlossene Silbe	markiert, silbeninitiales-h geschlossene Silbe
Malen, lieben, Töne	*Winter, Kante, Helme, kalte*	*Betten, kommen backen, kratzen Hunger, Fische, Küche*	*Rehe, gehen, fliehen*

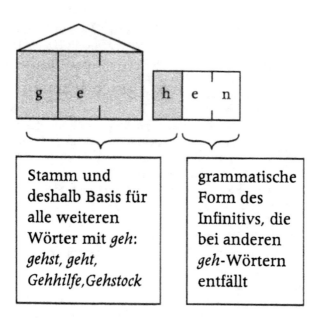

◘ Abb. 8.1   Bredel, Fuhrhop, Noack (2017), Wie Kinder lesen und schreiben lernen, S. 111

> ❯ Silbische und morphematische Segmentierungen unterscheiden sich voneinander, und sie stimmen teilweise nicht mit der Trennung am Zeilenende überein (Risel 2011).

Für die Erschließung von Flexionsformen und zusammengesetzten Wortformen benötigen Kinder eine **morphematische Bewusstheit** (Kargl et al. 2018,
s. Abschn. 12). Silbische Konzepte sehen vor, nach der Vermittlung der grundlegenden silbischen Baumuster, morphematische Strategien zu erarbeiten,
oder – wie bei dem Modell von Bredel – sie arbeiten von Beginn an mit beiden
Segmentierungsformen.

8.5 Überblick Rechtschreibphänomene und Lernstrategien

Neben den didaktischen Ansätzen stellt sich die Frage nach der curricularen
Systematik. Die folgende ◘ Tab. 8.2 ordnet die rechtschriftlichen Phänomene
lernprogressiv an, wobei die Strukturierung (linke Spalte) an dem Haus der
Orthografie von Carl Ludwig Naumann (2006) orientiert ist. Die Darstellung
zeigt, dass zunächst die **phonologischen Phänomene bzw. das alphabetische Schreiben** im Zentrum des Lernprozesses stehen, danach die **wortbezogenen Phänomene**
angeeignet werden und erst am Ende des Erwerbsprozesses **satzbezogene Phänomene** beherrscht werden.
    Die Darstellung ordnet jedem der drei Teilbereiche **passende Lernstrategien zu**
(rechte Spalte). Am Anfang werden lautbezogene Basisstrategien benötigt – „Ich

◻ Tab. 8.2   Rechtschreibphänomene und Lernstrategien

3	**Satzbezogene Phänomene**	
	satzinterne Großschreibung das-dass-Schreibung Getrennt- und Zusammenschreibung komplexer Wortformen Kommasetzung	grammatisches Wissen explizite Regelanwendung Sprachbewusstheit
2	**Wortbezogene Phänomene**	
	Fremd- und Ausnahmeschreibungen morphologische Schreibungen – Auslautverhärtung – Erhalt von Markierungen – grammatische Morpheme Längemarkierungen – silbentrennendes-h – Dehnungs-h – Doppelvokale – Schriftzeichen ß Kürzemarkierungen (Doppelkonsonanz) graphotaktische Einschränkungen: \<Sp, St, nk> Funktionswörter	implizites Können morphematische Bewusstheit Rechtschreibstrategien Merkstrategien
1	**Phonologische Phänomene/ alphabetisches Schreiben**	
	Großschreibung am Satzanfang Einhaltung von Wortgrenzen vokalisiertes R phonologische Endungen – Schwatilgung: \<-en, -el> – a-Schwa: \<-er> Wörter mit Basisgraphemen	Wort- und Satzkonzept phonologische Strategien bzgl. der Endungen: – „Ich spreche x, aber schreibe y" phonologische Strategien bzgl. PGK: – „Ich spreche x und schreibe y" Mitsprechstrategie phonologische Bewusstheit

spreche x (bspw. [aː]) und schreibe y (bspw. \<a>)" – sowie grundlegende phonologische Regelmäßigkeiten – „Ich spreche x (bspw. [ŋ]), aber ich schreibe y (bspw. \<en>)" –, welche die Schwa-Tilgung, das a-Schwa und das vokalisierte R betreffen. Im Bereich der wortbezogenen Phänomene sind Rechtschreibstrategien zielführend (bspw. die Verlängerungsstrategie für die Auslautverhärtung), Merkstrategien (bspw. für Funktionswörter, Ausnahmeschreibungen etc.) und die implizite Verinnerlichung orthografischer Wortstrukturen. Für die satzbezogenen Phänomene müssen Wörter in ihrer Satzfunktion erkannt werden, was mit grammatischem Wissen, der Anwendung expliziter Regeln und einer höheren Sprachbewusstheit einhergeht (Eichler 2000).

Didaktik der satzinternen Großschreibung   Die satzinterne Großschreibung gehört zu einer der orthografischen Hauptfehlerquellen. In den letzten Jahren wurde für diesen Themenbereich die Weiterentwicklung didaktischer Konzeptionen besonders intensiv diskutiert und es finden sich Vorschläge für erneuerte Konzepte (Bangel 2022, Hlebec und Sahel 2022). Deshalb soll die Didaktik der satzinternen Großschreibung im Folgenden näher ausgeführt werden.

In der Grundschule werden Nomen traditionell wortartenbezogen unterrichtet. Dabei werden zunächst die Konkreta über semantische – die Wortbedeutung betreffende – Ansätze vermittelt. Typische Erklärungen sind: Nomen sind Namen für Menschen, Tiere, Dinge; alles was man sehen und anfassen kann sind Nomen. Der Hinweis, dass Verben, Adjektive und Artikel kleingeschrieben werden, ist insofern überflüssig, da dies der Normalfall ist. Es kommt darauf an, die Wörter zu identifizieren, die großzuschreiben sind (Kluge 2002). Später lernen die Kinder die Großschreibung von Abstrakta kennen, die üblicherweise als Ausdrücke von Gefühlen und Gedanken (*Angst, Glück, Fantasie*) bezeichnet werden. Weitere Erklärungsansätze sind die Endungen <-ung, -heit, -keit, -nis>, die Artikelprobe (alle Wörter, vor welche *der, die* oder *das* gesetzt werden kann) sowie die Mehrzahlbildung (*Angst-Ängste*). Die Großschreibung von Nominalisierungen (*Das Rennen ist heute besonders spannend.*) wird üblicherweise erst in der Mittelstufe behandelt.

Die genannten Verfahren können zu **typischen Fehlhypothesen** führen. Die Kinder schreiben, dass der Himmel **Blau* ist, weil man die Farbe sehen kann. Ebenso kann man sehen, dass jemand **Dick* ist. Einen **ofen* und einen **löwen* darf man nicht anfassen, daher schreibt man diese Wörter klein. Dem **hund* schmeckt das **Leckere* fressen gut, lässt vermuten, dass **hund* klein zu scheiben ist, da es *dem Hund* und nicht *der Hund* heißt. Das Wort **Leckere* großzuschreiben, erklärt sich durch die Artikelprobe (das **Leckere*). Isoliert betrachtet kann vor fast alle Wörter *der, die* oder *das* gesetzt werden. Bspw.: *Bitte spiel mit Tina schöne Spiele = die Bitte, das Spiel, die Tina, die Schöne, die Spiele* (Bangel 2022).

Aus der Kritik am wortartenbezogenen Ansatz entstand die **syntaxbasierte Didaktik der satzinternen Großschreibung** (Röber-Siekmeyer 1999). Im Zentrum steht dabei die **Erweiterung nominaler Phrasen** im Satz **durch Adjektivattribute**. Das bedeutet, kann im Satz ein flektiertes Adjektiv vor das Wort gesetzt werden, handelt es sich um ein Nomen. Bspw.: *Das Gespenst hört ein Klirren im Rittersaal. Das <u>kleine</u> Gespenst hört ein <u>lautes</u> Klirren im <u>großen</u> Rittersaal.* Die Kinder lernen anfangs mithilfe der Umstellprobe, Nominalphrasen zu ermitteln. Bspw.: *Der Riese / hört / ein lautes Krachen. Ein lautes Krachen / hört / der Riese* (Rautenberg et al. 2016). Durch sogenannte **Treppengedichte** lernen die Kinder, dass sich Nominalphrasen durch Adjektivattribute erweitern lassen und identifizieren die Nomen als Kern der Phrase (Müller 2010):

» Der Löwe
  der große Löwe
  der große, gefährliche Löwe
  erschrickt
  vor der kleinen Möwe

Adjektivattribute haben immer eine Flexionsendung. Indem die Endungen der Adjektivattribute (-e, -es, -er, -en, -em) in Nominalphrasen erkannt werden, ist es möglich, diese von Phrasen zu unterscheiden, in denen auf das Adjektiv kein Nomen folgt. In diesen Fälle steht das Adjektiv in der Grundform. Bspw.: *Paul hat eine schöne Schrift. Paul kann schön schreiben.* Im ersten Fall ist *schöne* ein Adjektivattribut und *Schrift* ist folglich ein Nomen. Im zweiten Satz steht *schön* in der Grundform, wird adverbial gebraucht und *schreiben* ist in diesem Fall kein Nomen (ebd.). Ziel ist es, dass Kinder Nomen in eigenen Texte mithilfe von Adjektivattributen identifizieren und normgerecht schreiben können.

8.6 Diktate

> Die schulische Diktatpraxis ist wenig geeignet, die rechtschriftlichen Fähigkeiten von Kindern zu erfassen (Erichson et al. 1998, Fix 1994).

Vergleicht man die Fehler der beiden Sätze *<Main Fata hört chöne Musik.> *<Mein Fater höhrt Schöne Musiek.>, finden sich zwar die gleiche Anzahl an Fehlern, dennoch unterscheiden sich die Fehler qualitativ. Während im ersten Satz noch elementare Schwächen im alphabetischen Schreiben zu verzeichnen sind (<a> statt <er>, <ai> statt <ei>, <ch> statt <sch>), handelt es sich im zweiten Beispiel überwiegend um Übergeneralisierungen. Eine rein **quantitative Fehlererfassung** gibt also nur sehr begrenzt Auskunft über den Lernstand im rechtschriftlichen Bereich. Darüber hinaus wird kritisiert, dass Diktattexte häufig ein **Übermaß an orthografischen Schwierigkeiten** aufweisen. Dies führt zu „künstlichen" Texten, die Kinder zu Fehlern verleiten (Fix 1994).

Der Grundschulverband veröffentlichte 1998 in seiner Mitgliederzeitschrift einen Aufruf mit der Überschrift: „Fördert das Rechtschreibenlernen – schafft die Klassendiktate ab!" Als Gründe gegen Diktate wurden angeführt, dass das Schreiben nach Diktat keine wichtige Anforderung in der Lebenswirklichkeit sei und damit **nicht mehr zeitgemäß.** Außerdem wurde festgestellt, dass die Diktatpraxis einem **überkommenen Lernverständnis** folgt, welches davon ausgeht, dass Rechtschreibfähigkeiten mit dem Einprägen von Wortbildern bzw. dem Auswendiglernen einzelner Wortschreibungen einhergeht. Ebenso wurden pädagogische Gründe gegen Diktate angeführt, da in diese vielfältige rechtschreibfremde Faktoren einfließen, wie der **Umgang mit Stress.** Diktate verstärken **konkurrierendes Lernen,** da Zusammenarbeiten und die Nutzung von Hilfsmitteln verboten sind. Insbesondere für Kinder mit schwächeren rechtschriftlichen Leistungen sind sie der **Lernmotivation** abträglich (Erichson et al. 1998).

Die Kritik an der Diktatpraxis führte zu einer weitgehenden Abschaffung des klassischen Diktats in den Bildungsplänen seit 2004 (Risel 2017). Seither werden **alternative Diktatformen** präferiert wie Dosendiktate, Schleichdiktate, Fensterbankdiktate etc. Bei diesen prägt sich das Kind vorgeschriebene Wörter oder Sätze ein, schreibt diese aus dem Gedächtnis auf und kontrolliert und verbessert ggf. anschließend seine Schreibweise (ebd.). Allerdings setzen diese alternativen Diktatformen in der Regel mehr auf wiederholtes Abschreiben als auf Reflexion. Risel (2017, 2011) schlägt daher vor, mit Diktatformen zu operieren, die die Aufmerksamkeit auf orthografische Phänomene lenken und sprachreflektierend

angelegt sind. Dies kann durch Pseudowortdiktate, durch ausgewählte Lücken-
wörter sowie durch Gruppendiktate realisiert werden, bei denen die korrekte
Rechtschreibung in der Gruppe diskutiert und reflektiert wird. Trotz der seit
Langem geübten Kritik sind traditionelle Diktatformen in der Unterrichtspraxis
immer noch verbreitet (Risel 2017; Siekmann und Thomé 2018).

8.7 Methodische Aspekte

Kognitive Aktivierung Mit der Erkenntnis, dass Rechtschreiblernen auf eigenaktiven Konstruktionsprozessen basiert und Kinder die normierte Rechtschreibung während des Schreibens nicht einfach aus dem Gedächtnis abrufen,
sind Unterrichtsmethoden entwickelt worden, die über ein bloßes Abschreibtraining hinausgehen. Vorgeschlagen werden **kognitiv aktivierende Lernmethoden.** Diese anspruchsvollen Aufgaben ermöglichen den Kindern ein vertieftes Verständnis der Lerninhalte. Hanisch (2018) konnte die Bedeutung eines kognitiv
aktivierenden Unterrichts auf die Rechtschreibleistung von Grundschüler*innen
belegen. Dabei wurde den Kindern eine bewusste Auseinandersetzung mit orthografischen Strukturen ermöglicht. Ziel war die handlungsorientierte Anwendung
von Problemlösestrategien, deren flexible Nutzung in anspruchsvollen Kontexten
sowie ein diskursiver Austausch in kognitiv aktivierenden Gesprächen. Der
reflektierende Austausch kann anhand von Normschreibungen geführt werden
oder Fehlschreibungen fokussieren.

> ▶ **Kognitiv aktivierende Aufgabenbeispiele**
>
> Hanisch (2018) präsentierte den Kindern vier falsch geschriebene Wörter (*<Zielinie,
> Golt, Zwerk, lept>), wovon drei in Sätze eingebettet waren. Die Kinder mussten die
> fehlerhaften Wörter identifizieren und korrigieren und dabei ihre Korrektur begründen.
> Darüber hinaus sollten sie Rechtschreibstrategien sowie Tipps und Tricks, die sie für
> das korrekte Schreiben als sinnvoll erachten, erläutern.
> Bei einem weiteren von Hanisch genannten Beispiel erhielten die Kinder die folgenden
> korrekt geschriebenen Wörter: <Spinnennetz>, <Anfänger> und <Fahrrad>. Die
> Aufgabe war, schwierige Stellen zu benennen und zu begründen, warum diese als be-
> sonders schwierige Stolperstellen eingeschätzt wurden. ◀

Rechtschreibgespräche Rechtschreibgespräche sollen Kinder zum gemeinsamen
Nachdenken über die Rechtschreibung anregen (Brügelmann und Brinkmann
2018). Christa Erichson schlägt vor (2015), den Kindern täglich mit dem
„harten Brocken des Tages" ein schwieriges Wort aufzugeben, dessen normgerechte Schreibweise gemeinsam geklärt und ggf. mit dem Wörterbuch verifiziert wird. Die Wortauswahl kann auch durch die Kinder selbst erfolgen. Die
Arbeit mit einem Wörterbuch gehört ebenfalls zum Methodenrepertoire der
Grundschule, wobei neben der Beherrschung des alphabetischen Ordnungs-
systems das Nachschlagen und die Ableitung flektierter und zusammengesetzter
Wörter intensiver Übung bedarf. Nach Hans Brügelmann und Erika Brinkmann

(2018) differenzieren die Kinder in den Rechtschreibgesprächen ihre individuellen Regeln an immer neuen Beispielen. Sie plädieren dafür, komplexe, alltagsnahe Aufgaben mit Unterstützung bearbeiten zu lassen, statt die Anforderungen zu isolieren und zu vereinfachen.

Induktive Aufgaben Ein weiteres Vorgehen stellt die Auseinandersetzung mit orthografischen Phänomenen anhand einer ausgewählten Wortsammlung dar, was als **induktive Einführung** bezeichnet wird (Hoffmann-Erz 2018). Die Kinder untersuchen eine Auswahl strukturgleicher Wörter; bspw. <Teller, kommen, Roller, schneller…>. In einem anschließenden Gespräch verbalisieren die Kinder ihre Hypothesen und vergleichen und reflektieren diese miteinander. Die Lehrkraft moderiert das Gespräch, indem sie nachfragt, paraphrasierend wiederholt etc. Ziel ist es, das implizite Lernen anzuregen und sprachreflexives Denken zu entwickeln.

Induktive Aufgaben ermöglichen den Kindern, selbstständig Hypothesen zu bilden und innere Regeln aufzubauen (s. ▶ Abschn. 6.6). Untersuchungen zeigen, dass die Aufforderung, gezielt nach Regeln zu suchen, zu besseren Leistungen führt, sofern die Suche sich auf Darstellungen bezieht, die Muster erkennen lassen (Reber 1989). Für den Rechtschreiberwerb sind das Wortsammlungen mit gleichen Strukturen wie bspw. *sehen, gehen, stehen, Ruhe, Schuhe*. Wichtig ist, dass sich die Kinder im Anschluss an die Einzelarbeit im Plenum über ihre Erkenntnisse und Hypothesen austauschen und diese gemeinsam reflektieren und vergleichen (Hoffmann-Erz 2019, 2018). Dabei muss die Lehrkraft offen für alle Überlegungen der Kinder sein und diese gleichermaßen würdigen (Eisenberg und Feilke 2001). Der Einstieg in die Einzelarbeit kann methodisch durch folgende sprachliche Operationen angeleitet werden (Hoffmann-Erz 2019, 2018):

- **Markieren:** Gemeinsamkeiten der Wörter markieren (bspw. *sehen, gehen, Ruhe*)
- **Sortieren:** Wörter unterschiedlicher Merkmale sortieren (bspw. *sehen, gehen; geht, sieht*)
- **Sammeln:** Eine Wortsammlung ergänzen (bspw. sehen, gehen…)
- **Forschen:** Ein Phänomen erforschen (bspw. Welche Wörter werden mit ß geschrieben?)

Induktive Aufgaben werden als Einstieg empfohlen. Anschließend sollen die Phänomene durch die Lehrkraft erläutert, weiter behandelt und vertiefend geübt werden.

▶ **Beispiele für induktive Einführungen (Hoffmann-Erz 2018)**

1. Beispiel: Die Kinder erhalten folgende Wortsammlung: *Roller, Futter, immer, bitter, Zimmer, Treffer, Schwimmer*. Die Aufgabenstellung lautet:
- Finde heraus, wo die Wörter gleich geschrieben werden.
- Markiere farbig.
- Was fällt dir auf?

2. Beispiel: Die Kinder erhalten folgende Wortsammlung: *Spieler, Futter, aber, immer, Meter, bitter, Kleber, Zimmer, jeder*. Die Aufgabenstellung lautet:
— Finde heraus, wo die Wörter gleich geschrieben werden.
— Kannst du die Wörter nach ihrer Schreibweise in zwei Gruppen ordnen?
— Finde für die Gruppen eine Überschrift. ◄

Automatisieren und Flexibilisieren   Augst und Dehn (2009) weisen auf die Notwendigkeit hin, **Schreibschemata** aufzubauen. Um dabei einem unreflektierten Abschreibtraining entgegenzuwirken, werden motivierende und spielerische Übungsformate vorgeschlagen (Mann 2010; Hoffmann-Erz 2019). Bei diesen können die Kinder bspw. um die Wette schreiben, Wörterbilder gestalten, Gedichte schreiben etc. Damit das Erlernte auch in komplexen Anforderungen, wie dem Schreiben von Texten, angewendet werden kann, sind Aufgaben notwendig, die eine **Flexibilisierung und Kontextualisierung** ermöglichen. Beispiele sind der **Satz des Tages** sowie die bereits genannten ‚Rechtschreibkonferenzen‘ und ‚Rechtschreibgespräche‘. Insbesondere die **rechtschriftliche Überarbeitung selbstverfasster Texte** fördert die Fähigkeit, erworbenes Können in komplexen Kontexten anzuwenden. Schüler*innen sollen schrittweise angeleitet werden, die **Fehler in ihren eigenen Texten zu korrigieren** (KMK 2005). Dabei gilt es, geeignete Fehler bzw. Fehlerschwerpunkte auszuwählen, deren Bearbeitung den Kindern ermöglichen, ihre Rechtschreibfähigkeiten weiterzuentwickeln (Hoffmann-Erz 2021).

Fehlerschwerpunkte ermitteln   Bei der Ermittlung geeigneter Fehlerschwerpunkte stellt sich zunächst die Frage, was das Kind schon kann. Der Schülertext eines Erstklässlers (◘ Abb. 8.2) zeigt, dass die Wörter mit wenigen Ausnahmen lautlich vollständig verschriftet wurden. Die beiden Ausnahmen sind *<fist>*, bei dem das <r> fehlt bzw. /r/ nicht verschriftlicht wurde, außerdem *<eso>*, bei dem ein <s> sowie die Wortgrenze <es so> fehlen. Die fehlerhafte Endung <a> bei den Wörtern <Zucker> und <Wasser> zeigen, dass das Kind die phonologische Endung noch nicht beherrscht. Bei dem Wort *<Löfel>* hingegen wird die

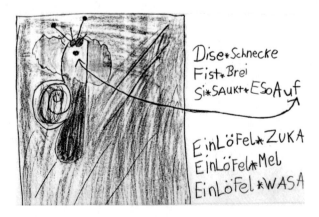

◘ Abb. 8.2   Schülertext 1. Klasse

Schwatilgung bereits verschriftet. Auch fällt auf, dass bei den Wörtern *<Dise> und *<si> für das lange /i:/ <i> statt <ie> steht. Insofern finden sich noch Fehlerquellen, welche das **alphabetische Schreiben** betreffen. Diese sollten zunächst mit dem Kind besprochen und korrigiert werden. Eventuell könnte auch dabei schon eine Auswahl getroffen werden. Die übrigen Fehler – bspw. *<saukt, Zuka, mel, Löfel, Wasa> betreffen **orthografische Phänomene** (Auslautverhärtung, Dehnungs-h, Doppelkonsonanz), deren Korrektur bzw. Fokussierung das Kind vermutlich überfordern würde.

8.8 Rechtschreibdiagose

Rechtschriftliche Fähigkeiten können mithilfe **qualitativer Fehleranalysen** diagnostiziert werden (s. ▶ Abschn. 6.10). Das bedeutet, einzelne Fehler – und nicht ganze Wörter – werden nach linguistischen und entwicklungspsychologischen Kriterien bewertet (Siekmann und Thomé 2018). So zeigt etwa die Fehlschreibung *<fist> für <frisst> zwei Fehler: Die Auslassung des <r> deutet darauf hin, dass das Kind die Lautstruktur noch nicht vollständig analysieren kann, was dem alphabetischen Schreiben zugeordnet wird. Die Einfachschreibung *<s> für die Schreibweise des doppelten Konsonanten <ss> entspricht einer Basisverschriftung statt einer orthografischen Markierung und ist dem orthografischen Schreiben zuzuordnen.

❯ Rechtschreibfähigkeiten können mithilfe standardisierter Tests und durch testunabhängige Verfahren diagnostiziert werden.

Standardisierte Tests und testunabhängige Verfahren Zu den gängigen standardisierten Tests gehören die **Hamburger Schreibprobe** (HSP), der **Diagnostische Rechtschreibtest** (DRT) und der **Weingartener Grundwortschatz Rechtschreib-Test** (WRT) (Siekmann und Thomé 2018). Diese beruhen auf Wort-, Satz- und/ oder Lückendiktaten, wobei die Schreibweisen mithilfe vorgegebener Auswertungshilfen – teilweise auch in digitaler Form – ausgewertet werden. Die Ergebnisse ermöglichen es, die Schülerleistungen vergleichend zu bewerten. Die Leistung jedes Kindes wird in Form eines Prozentranges angegeben, was einen Klassen- und schulübergreifenden Leistungsvergleich ermöglicht. Dabei gilt es zu bedenken, dass sich die Aussage über den Leistungsstand auf den getesteten Bereich beschränkt und es wird kritisch hinterfragt, welche Fähigkeiten in Rechtschreibtests tatsächlich überprüft werden (ebd.).

Untersuchungen zeigen, dass rechtschriftliche Fähigkeiten sich in verschiedenen Schreibszenarien – bspw. Diktate versus frei formulierte Texte – unterscheiden (ebd., Fay 2010). Daher sollten standardisierte Verfahren durch testunabhängige Verfahren und/ oder Beobachtungen ergänzt werden. Testunabhängige Verfahren beruhen darauf, selbstverfasste Texte mithilfe vorgegebener Fehlerkategorien einer qualitativen Fehleranalyse zu unterziehen. Diese sind empirisch nicht normiert, sondern zielen darauf ab, den individuellen

Lernstand zu ermitteln, um adaptive – auf den Lernstand abgestimmt – Förderangebote zu erstellen. Zu den testunabhängigen Verfahren zählen die **Oldenburger Fehleranalyse (OLFA)**, die **Aachener Förderdiagnostische Rechtschreibfehler-Analyse (AFRA)** und die **Dortmunder Rechtschreibfehler-Analyse (DoRA)** (Siekmann und Thomé 2018).

8.9 Fazit/ Anwendung

Im Laufe der Zeit haben sich verschiedene **didaktische Ansätze** für den Rechtschreibunterricht herausgebildet. **Regelorientierte Ansätze** gelten für die in der Grundschule relevanten rechtschriftlichen Phänomene fachdidaktisch als überholt, finden sich aber dennoch in der schulischen Praxis. Vorherrschend ist aktuell die Arbeit mit **Rechtschreibstrategien**, die verschiedene Aspekte integrieren. Dabei werden **intuitive Silbenansätze**, die orthografische Schreibweisen von silbischem Sprechen ableiten, kritisiert (Thomé 2014, Risel 2011). Seit einigen Jahren kommen wieder vermehrt Grundwortschätze zum Einsatz. Statt eines additiven Einübens vorgegebener Wortlisten wird dafür plädiert, mithilfe eines **orthografisch strukturierten Modellwortschatzes** eine sinnvolle Wortauswahl für den Rechtschreibunterricht bereitzustellen. **Silbenanalytische Ansätze** basieren auf einer analytischen Auseinandersetzung mit typischen Baumustern trochäischer Zweisilber, wodurch die typischen Wortstrukturen des nativen Wortschatzes fokussiert werden können.

Rechtschreibkompetenz wird schrittweise entwickelt und die empirische Erwerbsforschung offenbart eine bestimmte **Lernprogression**. Dabei sind für die verschiedenen Phasen und orthografischen Phänomene **unterschiedliche Lernstrategien** bedeutsam. **Mitsprechstrategien** bzw. der innere Vollzug der Lautstruktur bei paralleler Übertragung in Schriftzeichen, bilden die wichtigste Grundlage für das Schreiben. Nach dem alphabetischen Schreiben ist die Ausbildung einer **morphematischen Bewusstheit** und die Anwendung morphematischer Strategien bedeutsam. **Funktionswörter** stellen eine besondere Wortgruppe dar und sind aufgrund ihrer Häufigkeit für rechtschriftliche Fähigkeiten wichtig, wobei sie überwiegend als Merkschreibungen eingestuft werden können. Da nach dem alphabetischen Schreiben **implizite Lernprozesse** eine große Rolle spielen, ist es wichtig, mit einer ausreichenden Anzahl strukturgleicher Wörter zu operieren.

Methodisch werden vor allem kognitiv aktivierende Lernformate empfohlen und die Kontextualisierung erworbener Fähigkeiten in komplexen Schreibaufgaben als notwendig erachtet. Die klassische **Diktatpraxis** wird fachdidaktisch als uneffektiv und lernhemmend eingeschätzt und stattdessen werden alternative Diktatformen und insbesondere Rechtschreibkonferenzen und Rechtschreibgespräche präferiert. Der rechtschriftlichen Überarbeitung selbstverfasster Texte anhand zum Lernstand passender Fehlerschwerpunkte wird ein hoher Stellenwert beigemessen. Die Diagnose rechtschriftlicher Kompetenzen kann anhand **qualitativer Fehleranalysen** ermittelt werden.

8.10 Aufgaben

1. Ordnen Sie die folgenden rechtschriftlichen Erläuterungen bitte einem didaktischen Konzept zu.
   a. Wenn du wissen willst, wie ein Wort geschrieben wird, das auf [p, t, k] endet, verlängere es.
   b. Zerlege die Wörter in Silben und finde heraus, ob die Silbe offen oder geschlossen ist.
   c. Nomen sind Wörter für Namen, Tiere, Dinge. Wir schreiben sie groß.
   d. Schreibe die Wörter auf Karteikarten ab und übe sie so oft, bis du sie 5 Mal richtig geschrieben hast.
2. Erläutern Sie, wie die Schreibweisen der folgenden Wörter didaktisch erschlossen werden können.
   - (er) schläft
   - Angler
   - (er) lügt
   - abfahren
   - Handtücher
   - wir
   - Obst
3. Bereiten Sie den folgenden Diktattext für ein Rechtschreibgespräch in einer 4. Klasse vor. Markieren Sie bitte die Stellen, die schwierig sein könnten. Unterscheiden Sie dabei Merkschreibungen von Schreibungen, die durch Rechtschreibstrategien ermittelt werden können.

   Viel Verkehr
   Paul schaut sich verwundert um. So viele Fahrzeuge hat er noch nie vor seinem Haus gesehen. Einige Autofahrer hupen verärgert. Andere steigen aus ihrem Wagen. Ein Fahrer meint: „Ein Unfall ist nicht passiert. Es hätte sonst laut geknallt." Doch nun sieht Paul den Grund für den Stau. Vor dem ersten Fahrzeug sitzt Tinas Hund Tobi und leckt sich sein Fell. Wie unvorsichtig er doch manchmal ist.

4. Nennen Sie Gründe, die gegen die traditionelle Diktatpraxis sprechen.
5. Ordnen Sie Aufgaben zum Thema Rechtschreibung in aktuellen Schulbüchern einem didaktischen Konzept zu.

Literatur

Augst, G. (1989). *Schriftwortschatz. Untersuchungen und Wortlisten zum orthografischen Lexikon bei Schülern und Erwachsenen.* Frankfurt a. M.: Peter Lang.

Augst, G. & Dehn, M. (2009). *Rechtschreibung und Rechtschreibunterricht.* 4. Aufl. Seelze: Klett/Kallmeyer.

Bangel, M. (2022). Potentiale einer syntaxbasierten Vermittlung der satzinternen Großschreibung in Jahrgang 5 und mögliche vermittlungsunabhängige Einflussfaktoren. In H. Hlebec & S. Sahel (Hrsg.). *Orthographieerwerb im Übergang Perspektiven auf das Rechtschreiben zwischen Primar- und Sekundarstufe* (S. 119–145). Berlin: Erich Schmidt Verlag.

Bredel, U. (2015a). Merksätze – Die Relation zwischen orthographischem Können und orthographischem Wissen. In U. Bredel & T. Reißig (Hrsg.). *Weiterführender Orthographieerwerb, Deutschunterricht in Theorie und Praxis*, Bd. 5 (S. 409–421). Baltmannsweiler: Schneider.

Bredel, U. (2015b). Der Aufbau von elementarem Wissen über die Systematik der Orthographie deutscher Wörter. In Ch. Röber & H. Olfert (Hrsg.). *Schriftsprach- und Orthographieerwerb: Erstlesen, Erstschreiben, Deutschunterricht in Theorie und Praxis*, Bd. 2 (S. 255–279). Baltmannsweiler: Schneider.

Bredel, U. & Röber, Ch. (2015). Grundlegende Überlegungen zur Gegenwart des Schriftsprach- und Orthographieunterrichts. In Ch. Röber & H. Olfert (Hrsg.), *Schriftsprach- und Orthographieerwerb: Erstlesen, Erstschreiben, Deutschunterricht in Theorie und Praxis*, Bd. 2 (S. 3–10). Baltmannsweiler: Schneider.

Bredel, U., Fuhrhop, N. & Noack, Ch. (2017). *Wie Kinder lesen und schreiben lernen*. 2. Aufl. Tübingen: Narr/Francke.

Brügelmann, H. (2015). Der „Grundwortschatz"-Mythos. In E. Brinkmann (Hrsg.). *Rechtschreiben in der Diskussion. Schriftspracherwerb und Rechtschreibunterricht* (S. 215–219). Frankfurt a. M.: Grundschulverband.

Brügelmann, H. & Brinkmann, E. (2018). Nachdenken statt Drill: Rechtschreibgespräche als Förderkonzept. Befunde aus dem Projekt „Bremer Rechtschreibforscher*innen". *Grundschule aktuell* 143, 44–47.

Eichler, W. (2000). Über die Rolle der Grammatik in der Orthographie. In H. Balhorn, C. Osburg & H. Giese (Hrsg.). *Betrachtungen über Sprachbetrachtungen. Grammatik und Unterricht* (S. 122–141). Seelze: Klett/Kallmeyer.

Eisenberg, P & Feilke, H. (2001). Rechtschreiben erforschen. *Praxis Deutsch* 170, 6–15.

Erichson, Ch. (2015). Der harte Brocken des Tages. Ein Rechtschreibgespür und ein Rechtschreibbewusstsein entwickeln. In E. Brinkmann (Hrsg.). *Rechtschreiben in der Diskussion. Schriftspracherwerb und Rechtschreibunterricht* (S. 258–265). Frankfurt a. M.: Grundschulverband.

Erichson, Ch., Brügelmann, H. & Bartnitzky, H. (1998). Fördert das Rechtschreibenlernen – schafft die Klassendiktate ab. *Grundschulverband aktuell* 61/1, 3–7.

Fay, J. (2010). *Die Entwicklung der Rechtschreibkompetenz beim Texteschreiben. Eine empirische Untersuchung in Klasse 1 bis 4*. Frankfurt a. M.: Lang.

Fix, M. (1994). *Geschichte und Praxis des Diktats im Rechtschreibunterricht*. Frankfurt a. M.: Lang.

Hanisch, A. (2018). *Kognitive Aktivierung im Rechtschreibunterricht: Eine Interventionsstudie in der Grundschule*. Münster: Waxmann.

Hlebec, H. & Sahel, S. (Hrsg.) (2022). *Orthographieerwerb im Übergang Perspektiven auf das Rechtschreiben zwischen Primar- und Sekundarstufe*. Berlin: Erich Schmidt Verlag.

Hinney, G. (2017). Wortschreibung. In J. Baurmann, C. Kammler & A. Müller (Hrsg.). *Handbuch Deutschunterricht. Theorie und Praxis des Lehrens und Lernens* (S. 263–267). Seelze: Klett/Kallmeyer.

Hoffmann-Erz, R. (2015). *Lernprozesse im Orthografieerwerb*. Berlin: wvb.

Hoffmann-Erz, R. (2018). Von Beispiel zu Beispiel und immer mehr... Mithilfe eines orthografischen Wortschatzes Rechtschreibkompetenz fördern. *Grundschulunterricht Deutsch*, 1, 8–11.

Hoffmann-Erz, R. (2019). Die Wiederentdeckung des Grundwortschatzes. Darstellung einer erneuerten Konzeption. *Lernen und Lernstörungen* 8, 133–139.

Hoffmann-Erz R. (2021). Fehler in freien Texten korrigieren – aber wie? *SchulVerwaltung* 3, 189–191.

Kargl, R., Wendtner, A., Purgstaller, Ch. & Fink, A. (2018). Der Einfluss der morphematischen Bewusstheit auf die Rechtschreibleistung. *Lernen und Lernstörungen* 7/1, 45–54.

Kluge, W. (2002). Die Rede ist vom Namenwort. Anmerkungen zu einem didaktischen Kunstfehler. In H. Balhorn u.a. (Hrsg.). *Sprachliches Handeln in der Grundschule. Schatzkiste Sprache 2* (S. 273–285). Frankfurt a. M.: Grundschulverband.

KMK (2005). *Bildungsstandards im Fach Deutsch für den Primarbereich*. Beschluss vom 15.10.2004. München: Luchterhand.

Leßmann, B. (2015). Wortschatzarbeit – sinnstiftend und strukturorientiert. In E. Brinkmann (Hrsg.). *Rechtschreiben in der Diskussion. Schriftspracherwerb und Rechtsschreibunterricht* (S. 244–250). Frankfurt a. M.: Grundschulverband.

Löffler C. (2004). Zum Wissen von Primarstufenlehrerinnen zu Orthographie und Orthographie-erwerb – Konsequenzen für die Lehrerausund -fortbildung. In A. Bremerich-Vos, K. L. Herné, C. Löffler & G. Augst (Hrsg.). *Neue Beiträge zur Rechtschreibtheorie und -didaktik* (S. 145–161). Freiburg i. Br.: Fillibach.

Mann, Ch. (2010). *Strategiebasiertes Rechtschreiblernen. Selbstbestimmter Orthografieunterricht von Klasse 1–9.* Weinheim, Basel: Beltz.

Merten, St. (2011). Problematik des „Grundwortschatzes". In W. Ulrich (Hrsg.). *Wortschatzarbeit. Deutschunterricht in Theorie und Praxis. Band 7* (S. 74–84). Baltmannsweiler: Schneider.

Müller, A. (2010). *Rechtschreiben lernen. Die Schriftstruktur entdecken – Grundlagen und Übungsvorschläge.* Seelze: Klett/Kallmeyer.

Naumann, C. L. (1999). *Orientierungswortschatz. Die wichtigsten Wörter und Regeln für die Rechtschreibung. Klasse 1–6.* Weinheim, Basel: Beltz.

Naumann, C. L. (2000). Orientierungswortschatz – Ermutigung aus Begrenzung und Struktur der Orthografie. In R. Valtin (Hrsg.). *Rechtschreiben lernen in den Klassen 1–6. Grundlagen und didaktische Hilfen* (S. 82–85). Frankfurt a. M.: Grundschulverband.

Naumann, C. L. (2006). Rechtschreiberwerb. Die graphematischen Grundlagen und eine Modellierung bis zum Ende der Schulzeit. In S. Weinhold (Hrsg.). *Schriftspracherwerb empirisch. Konzepte – Diagnostik – Entwicklung* (S. 45–86). Baltmannsweiler: Schneider.

Nickel, S. (2006). *Orthographieerwerb und die Entwicklung von Sprachbewusstheit: Zur Genese und Funktion von orthographischen Bewusstseinsprozessen beim frühen Rechtschreiberwerb in unterschiedlichen Lernkontexten.* Norderstedt: Books on Demand GmbH.

Rautenberg, I., Wahl, S., Helms, S. & Nürnberger, M. (2016). *Syntaxbasierte Didaktik der Großschreibung ab Klasse 2. Einführung, Methodensammlung und Kopiervorlagen.* Offenburg: Mildenberger.

Reber, A. S. (1989). Implicit Learning and Tacit Knowlege. *Journal of Experimental Psychology General* 118/3, 219–235.

Renk, G. & Brezing, H. (2015). FRESCH. Freiburger Rechtschreibschule. In E. Brinkmann (Hrsg.). *Rechtschreiben in der Diskussion. Schriftspracherwerb und Rechtschreibunterricht* (S. 80–89). Frankfurt a. M.: Grundschulverband.

Richter, S. (1996). *Unterschiede in den Schulleistungen von Mädchen und Jungen. Geschlechtsspezifische Aspekte des Schriftspracherwerbs und ihre Berücksichtigung im Unterricht.* Regensburg: S. Roderer Verlag.

Riegler, S. & Weinhold, S. (Hrsg.) (2018). *Rechtschreiben unterrichten. Lehrerforschung in der Orthographiedidaktik.* Berlin: Erich Schmidt Verlag.

Risel, H. (2017). Ist das Diktat tot? Leistungsmessung im aktuellen Rechtschreibunterricht. In K. Siekmann, I. Corvacho del Toro & R. Hoffmann-Erz (Hrsg.). *Schriftsprachliche Kompetenzen in Theorie und Praxis. Festschrift für Günther Thomé* (S. 167–175). Tübingen: Narr.

Risel, H. (2011). *Arbeitsbuch Rechtschreibdidaktik.* 2., überarb. Aufl. Baltmannsweiler: Schneider.

Röber-Siekmeyer, C. (1999): *Ein anderer Weg zur Groß- und Kleinschreibung.* Leipzig: Klett.

Scheerer-Neumann, G. (1986). Sprechen, Denken und Rechtschreiben. Schreib, wie du sprichst – Rechtschreibhilfe? – falsche Strategie oder unvermeidlich? *Grundschule* 18/6, 20–24.

Scheerer-Neumann, G. (2020). *Schreiben lernen nach Gehör? Freies Schreiben kontra Rechtschreiben von Anfang an.* Hannover: Klett/Kallmeyer.

Siekmann, K. (2017). Eine multiperspektivische Häufigkeitsauszählung des Schreibwortschatzes von Schülerinnen und Schülern der Jahrgangsstufen 3–5. In K. Siekmann, I. Corvacho del Toro & R. Hoffmann-Erz (Hrsg.). *Schriftsprachliche Kompetenzen in Theorie und Praxis. Festschrift für Günther Thomé* (S. 49–60). Tübingen: Narr.

Siekmann, K. & Thomé, G. (2018). *Der orthographische Fehler. Grundzüge der orthographischen Fehlerforschung und aktuelle Entwicklungen.* 2., akt. Aufl. Oldenburg: isb.

Spitta, G. (2000). Welche Lernvorteile bietet die Arbeit mit einem Grundwortschatz? In R. Valtin (Hrsg.). *Rechtschreiben lernen in den Klassen 1–6. Grundlagen und didaktische Hilfen* (S. 77–80). Frankfurt a. M.: Grundschulverband.

Steinig, W. & Huneke, H.-W. (2015). *Sprachdidaktik Deutsch. Eine Einführung.* Berlin: Erich Schmidt Verlag.

Thomé, G. (2014). Warum man das Schriftsystem des Deutschen nicht als ein silbisches beschreiben sollte. In K. Siekmann (Hrsg.). *Theorie, Empirie und Praxis effektiver Rechtschreibdiagnostik* (S. 13–27). Tübingen: Stauffenburg.

Weiterführende Literatur

Kruse, N. & Reichardt, A. (Hrsg.) (2016). *Wie viel Rechtschreibung brauchen Grundschulkinder? Positionen und Perspektiven zum Rechtschreibunterricht in der Grundschule.* Berlin: Erich Schmidt Verlag.
Steinig, W. & Ramers, K. H. (2020). *Orthografie.* Tübingen: Narr.

8

Textlinguistik

Inhaltsverzeichnis

© Der/die Autor(en), exklusiv lizenziert an Springer-Verlag GmbH, DE, ein Teil von
Springer Nature 2023
R. Hoffmann-Erz, *Deutsch in der Grundschule*,
https://doi.org/10.1007/978-3-662-66653-1_9

Einführendes Praxisbeispiel

Der Text eines Zweitklässlers (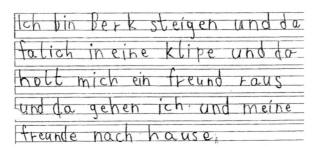 Abb. 9.1) zeigt, welche besonderen Herausforderungen Kinder beim Textschreiben bewältigen müssen. Eine Schwierigkeit besteht darin, grammatische Strukturen der Schriftlichkeit – insbesondere im Bereich der Satzstrukturen – zu verwenden. Die Sätze des Schülertextes weisen eine reihende Struktur auf und sind mit *und da* verbunden. Deshalb setzt das Kind auch nur ein Satzschlusszeichen am Ende des Textes. Die Verwendung des *da* in einer lokal-temporalen Funktion – wie hier im Schülertext *und da falich* – wurde historisch betrachtet in schriftsprachlichen Texten von einer überwiegend kausalen Funktion (bspw. *Ich schreibe, da es mir Spaß macht.*) verdrängt (Gillmann 2020). Der Schülertext entspricht insofern einer mündlichen Ausdrucksweise. Um ihn in eine schriftliche Konzeption zu bringen, müssten die Sätze in geschlossene syntaktische Strukturen umgewandelt werden. Zum Beispiel könnte der Satz *und da falich in eine klipe* in *Plötzlich falle ich in eine Klippe* umformuliert werden. Dies würde das Setzen von Satzschlusszeichen im Text ermöglichen.

Ebenso entspringt die Reduktion *falich* statt *falle ich* einer mündlichen Ausdrucksweise, die durch Endungsreduktionen geprägt ist. Der Text enthält aber überwiegend schriftsprachliche Endungen und sogar Wortgrenzen (bspw. *steigen, in eine, gehen*). Insofern wird deutlich, dass der Schreiber in diesen Bereichen bereits über schriftsprachliches Können verfügt. Darüber hinaus fällt auf, dass der Schüler ein dramatisches Ereignis, wie den Absturz „in eine Klippe", aufzählend und äußerst kurz beschreibt. Die Funktion des Textes – informierend oder unterhaltend – bleibt daher unklar und Inhalt und Realisierungsform scheinen wenig aufeinander abgestimmt zu sein. Der Text zeigt am Anfang und Ende eine klare Strukturierung, indem der Einstieg über eine Situierung *Ich bin Berk steigen* erfolgt und ein floskelhafter Schlusssatz *und da gehen ich und meine freunde nach hause* den Text abschließt.

Um Kompetenzen zu bestimmen, die für das Texteschreiben benötigt werden, sind Kenntnisse über die Merkmale und Besonderheiten schriftsprachlicher Sprache notwendig. Diese werden im Folgenden skizziert.

▢ Abb. 9.1   Schülertext

9.1 Mündlichkeit versus Schriftlichkeit

Schriftlichkeit wird als **autonomes Kommunikationssystem** verstanden, welches sich von mündlicher Sprache in grundlegenden Merkmalen unterscheidet (Merz-Grötsch 2010, Fix 2008). Durch Vergleiche mündlicher und schriftlicher Texte können diese deutlich werden. Die beiden kurzen Auszüge aus Beschreibungen eines Cartoons zeigen bereits große Unterschiede.

▶ **Beispiel**

Mündlicher Text:
Ja also (-) ähm, da ist ne' KATZE (-) und viele Mäuse (--), und die sitzen da so an PULTEN (-) und der Lehrer (-) ist die (--) KATZE (-) und die Katze (-) sagt (--), dass ja neunzig Prozent wieder nicht aufgepasst haben (--) und (-) ähm (--) eine Maus sagt (-): „So viele sind wir doch gar nich" und (-) alle kucken ganz bedröbbelt.

Schriftlicher Text:
Das Cartoon zeigt eine Katze, die als Lehrer erhöht am Pult sitzt. An Bänken sitzen Mäuse, welche als Schüler fungieren. Die Katze schaut aufgebracht von oben auf die Mäuse herab und schreit: „Neunzig Prozent von euch haben in der letzten Stunde wieder nicht aufgepasst!" Alle Mäuse schauen betroffen und eine antwortet trotzig: „So viele sind wir ja gar nicht." ◀

Der Textvergleich offenbart Unterschiede zwischen mündlicher und schriftlicher Sprache. Diese betreffen u. a. die Satzstruktur (wiederholtes *und* versus geschlossene Strukturen) sowie die Wortwahl (*bedröppelt* versus *betroffen*). Die ☐ Tab. 9.1 stellt Merkmale der Schriftlichkeit und der Mündlichkeit gegenüber, die typisch sind (Merz-Grötsch 2010, Fix 2008).

Medium und Konzeption Texte können in mündlicher und in schriftlicher Form realisiert werden. Das bedeutet, sie unterscheiden sich durch das **Medium** (gesprochen versus geschrieben). Dies ist eindeutig bestimmbar. Andererseits unterscheiden sie sich **konzeptionell durch typische Merkmale** (☐ Tab. 9.1). Diese können unabhängig von der medialen Umsetzung auftreten. Bspw. werden wissenschaftliche Vorträge, gesprochene Nachrichten, Predigten, feierliche oder politische Reden zwar mündlich realisiert, ihnen liegen aber meist schriftliche Texte zugrunde bzw. sie sind in der Regel konzeptionell schriftsprachlich gestaltet. Demgegenüber sind schriftliche Texte wie bspw. eine SMS oder ein privater Brief zwar im schriftlichen Medium festgehalten, weisen aber in der Regel überwiegend konzeptionell mündliche Merkmale auf.

❯ Mündliche Sprache kann konzeptionell schriftliche Merkmale aufweisen und schriftliche Sprache kann konzeptionell mündlich gestaltet sein (Koch und Oesterreicher 2007).

□ Tab. 9.1   Gegenüberstellung typischer Merkmale mündlicher und schriftlicher Sprache

Mündlichkeit (Oralität)	Schriftlichkeit (Literalität)
eher ungeplant, spontan, assoziativ, emotionaler, vergänglich, Wiederholungen, unmittelbare Verbesserungen	eher geplant, reflektierter, distanzierter, konserviert, Vermeidung von Redundanzen, revidierbar
simultane, dialogische Kommunikations-situation: – Sprecherwechsel und gegenseitiges Reagieren möglich	situationsentbundene Kommunikations-situation: – Produktion und Rezeption verlaufen unabhängig und zeitlich versetzt
nonverbale Signale: – Mimik, Gestik, Körperhaltung, Blickkontakt… paraverbale Signale: – Prosodie: Betonung, Sprechmelodie, Lautstärke, Betonung… – Artikulation: deutlich, undeutlich… – Klangfarbe: hell, klangvoll… – Sprechtempo: schnell, schwerfällig – … Zuhörpartikel (*mhm, aha* …)	Kontaktsignale fehlen, Interpunktionszeichen ermöglichen einige Kontaktsignale, Fettdruck, verschiedene Schriftformen, Unterstreichungen, Absätze, Einrückungen, Überschriften
Dialekte, Soziolekte, Umgangssprache	Standardsprache
einfachere, variationsärmere Lexik (Wortschatz)	differenziertere, umfangreichere Lexik
weniger Informationsgehalt im Verhältnis zur Textlänge,	verdichtete Information,
geringere Strukturiertheit, Kohärenzbrüche (s. ▶ Abschn. 9.3) möglich, Kohäsionsmittel (s. ▶ Abschn. 9.4) undifferenzierter	stärker strukturierter Textaufbau, Verwendung präziser Kohäsionsmittel (s. ▶ Abschn. 9.4)
einfachere, variationsarme Syntax, reihende Struktur mit parataktischen Konstruktionen, Ellipsen (Auslassungen im Satz: bspw. *Ich singe gerne. Ich … auch*), Abbrüche	komplexere Syntax, längere Sätze, mehr hypotaktische Konstruktionen, vollständige Sätze
Endungsreduktionen (bspw. *Wir gehn raus.*)	hoher Explizitheitsgrad (bspw. *Wir gehen raus.*)

Die folgende kurze Nachricht ist zwar medial schriftlich verfasst, aber sprachlich konzeptionell mündlich geprägt.

» Hallo Spatzi!
Bin beim Prof.
Komme später.
Kuss Kuss ♡ ♡ ♡

Das Medium, in dem Texte präsentiert werden (schriftlich oder mündlich), lässt sich zwar klar bestimmen, die Konzeption – also die Verwendung typischer Merkmale der Mündlichkeit bzw. Schriftlichkeit – kann aber davon abweichen.

Koch und Oesterreicher (2007/1985) verwenden zur Unterscheidung auch das Begriffspaar **Nähe** (konzeptionell mündlich) und **Distanz** (konzeptionell schriftlich). Tatsächlich sind die Übergänge zwischen konzeptioneller Mündlichkeit und Schriftlichkeit fließend und die Verhältnisse insgesamt komplex. Die Konzeption bspw. eines privaten Briefs oder einer E-Mail kann sehr unterschiedlich sein.

Die Auseinandersetzung mit sprachlichen Konzeptionen ist für die Schreibentwicklungsforschung von großem Interesse und mit Verweis auf Wygotski (1986) wird vermutet, dass Schriftsprache modellbildend für allgemeine sprachliche Fähigkeiten und sogar für das abstrakte und logische Denken ist. Die Problematik, dass Texte von Schüler*innen häufig konzeptionell mündlicher geprägt sind, als es die schulische Norm vorsieht (Fix 2008), zeigt sich bereits im einführenden Textbeispiel. Andererseits zeigen Kinder im Vorschulalter, die noch nicht schreiben können, beim Diktieren von Texten sprachliche Ausdrucksweisen, die schriftlich konzeptioniert sind (Merklinger 2011). Zum Beispiel diktiert ein Vorschulkind seiner Mutter einen Brief an die Oma und spricht den Text schriftlich geprägt vor: „Liebe Oma, gestern waren wir im Schwimmbad. Ich bin zum ersten Mal ohne Schwimmflügel geschwommen...." Dies ist durch sogenannte literale Vorerfahrungen begründet, die Kinder unter anderem durch literarische Texte und Bilderbücher, die ihnen vorgelesen werden, entwickeln. Das bedeutet, Kinder entwickeln teilweise schon vor dem Schriftspracherwerb Vorstellungen darüber, wie schriftliche Sprache gestaltet ist.

Die Erstellung schriftsprachlich konzeptionierter Texte stellt für Kinder in der Regel eine Herausforderung dar und bedarf didaktischer Anleitung. Vor einer einseitigen Fokussierung auf schriftliche Normen ist allerdings zu warnen, da der Einsatz sprachlicher Mittel durch den Kontext der jeweiligen Sprachhandlung (Intention des Textes, anvisierte Leserschaft, situativer Kontext etc.) bestimmt wird. Darüber hinaus wohnt dem Medium der Schriftlichkeit in gewisser Weise immer eine Abstraktionsebene inne, die es von gesprochener Sprache unterscheidet (Feilke 2016).

9.2 Textverständlichkeit

Merz-Grötsch (2010: 27) nennt mit Bezug auf Christmann und Groeben (2001) folgende **Kriterien der Textverständlichkeit:**
- sprachlich-stilistische Einfachheit
- semantische Kürze/Prägnanz bzw. Redundanz
- kognitive Gliederung/Strukturierung
- motivationale Stimulanz

Die sprachlich-stilistische Einfachheit betrifft Wortwahl und Satzbau. Die semantische Kürze nennt Kriterien wie Beschränkung auf das Wesentliche, Vermeidung von Ausschweifungen und Verringerung der Informationsdichte. Die kognitive Gliederung und Strukturierung kann durch Abstracts (Kurzzusammenfassungen), Teilüberschriften, Abbildungen, Schaubilder und Randbemerkungen realisiert werden. Ebenso können Beispiele, Hervorhebungen und Unterstreichungen die Textverständlichkeit erhöhen.

Die Kriterien der Textverständlichkeit können allerdings kaum verallgemeinert werden, da die Verständlichkeit ebenso wie der Grad an gelungener Kommunikation durch verschiedene Faktoren bestimmt wird: die Akzeptanz seitens des Rezipienten (Lesenden), die Kommunikationssituation und den Adressaten. So haben etwa unterschiedliche Interessen einen Einfluss auf die Lesemotivation und die Bereitschaft, sich mit einem Text auseinanderzusetzen.

Einbezug des Rezipienten   Ob ein Text in Wortwahl, Satzbau, Anschaulichkeit und Strukturiertheit verständlich ist, hängt unter anderem mit der anvisierten Leserschaft zusammen. Textbeispiel 1 wird für Kenner der schulischen Szene ebenso unterhaltsam wie verständlich sein; trotz oder gerade durch die zahlreichen aneinandergereihten Partizipialgruppen und Satzschachtelungen. Das zweite Textbeispiel ist für Drittklässler*innen konzipiert und insofern sprachlich einfacher gestaltet.

▶ **Textbeispiel 1**

Den Himmel, wahlweise die Hölle auf Erden, beschreibt Frau Freitag, Klassenlehrerin einer „lernschwachen" neunten Klasse, Gesamtschule, „in einer deutschen Großstadt". Manchmal fürchtet sie […], dass […] aus keinem ihrer nichts arbeitenden, nichts lernenden, kaum Deutsch beherrschenden, sich ewig schminkenden oder alle Hinweise überhörenden, fluchenden, egoistischen Schüler […] je etwas werde. (Auszug aus: *Chill mal, Frau Freitag: Aus dem Alltag einer unerschrockenen Lehrerin*). ◀

▶ **Textbeispiel 2: Schule vor 100 Jahren**

Früher gingen bis zu 60 Kinder in eine Klasse. Jungen und Mädchen saßen getrennt voneinander. Sie blieben still und ordentlich an ihrem Pult. Die jüngeren Kinder schrieben auf Schiefertafeln. Einige Lehrer schlugen freche Kinder. Wie gut, dass wir heute zur Schule gehen! (Auszug aus *Pusteblume. Das Sprachbuch* 3, 2016: 134). ◀

Die sprachliche Einfachheit als Kriterium für Textverständlichkeit ist ohne Einbezug **der anvisierten Leserschaft** kaum definierbar, da die Textverständlichkeit durch deren **Wissen** (Weltwissen, Textverständnis…) beeinflusst wird (Fix 2008).

Situationalität   Die Textverständlichkeit wird ebenso durch den situativen Kontext beeinflusst, da dieser den Grad der notwendigen Explizitheit (Ausführlichkeit) bedingt. Ein Zettel an der Tür einer Lehrkraft zur Zeit der Sprechstunde mit folgendem Text dürfte für Studierende ausreichend verständlich sein (◘ Abb. 9.2).

Eine Bastelanleitung hingegen sollte die einzelnen Schritte möglichst genau und ausführlich beschreiben, und bildliche Veranschaulichungen und Ähnliches mehr sind gut geeignet, die Verständlichkeit zu verbessern. Aufgrund der **situativen Bedingung** (Ort, Zeit, Leser*in …) ergeben sich für die Textverständlichkeit unterschiedliche Kriterien. Ebenso ist die **Komplexität des Sachverhalts** bedeut-

◻ **Abb. 9.2**   Eigene Darstellung

sam. Ausführlichkeit und Wiederholungen können bspw. für schwierige Sachverhalte verständlichkeitsfördernde Effekte haben (Fix 2008).

Explizitheit   Texte sind unterschiedlich explizit bzw. ausführlich und differenziert. Der Grad der notwendigen Explizitheit wird durch mehrere Faktoren bestimmt. Zum einen sollte ein Text gerade so explizit sein, wie es für die **angezielte Leserschaft** notwendig erscheint (Fix 2008). Eine zu ausführliche Darstellung kann die Leser*innen langweilen; eine ungenaue Darstellung kann sie überfordern. Ebenso erfordern verschiedene **Situationen** – wie bei dem Beispiel „Bin gleich zurück" – unterschiedliche Grade an Explizitheit. Insbesondere die **Textintention** (informieren, unterhalten) hat einen Einfluss auf die semantische Kürze. Das einleitende Textbeispiel des Zweitklässlers beschreibt die Situation zwar so ausführlich, dass die Lesenden sich die Situation vorstellen können, der Text ist aber nicht geeignet, diese emotional einzubinden.

❯ Die ausreichende Explizitheit von Texten stellt für Grundschüler*innen eine Herausforderung dar. Diese kann aber nur im Kontext der Textintention bzw. der kommunikativen Funktion beurteilt werden.

9.3 Kohärenz und Kohäsion

Die Begriffe ‚Kohärenz' und ‚Kohäsion' beschreiben Zusammenhänge innerhalb von Texten. Der Terminus ‚Text' geht auf den lateinischen Begriff ‚textus' zurück und bedeutet ‚Gewebe, Geflecht, Zusammenhang'. Die Vorstellung eines textlichen Gewebes, bei dem einzelne Stränge miteinander verwoben werden und daraus ein Gesamtgewebe entsteht, kann dies gut veranschaulichen. Mithilfe sprachlicher Mittel werden Wörter und Sätze in sinnhafte Zusammenhänge gebracht, um auf verschiedenen Ebenen einen stimmigen Text zu erzeugen. Von einem **kohärenten Text** wird erwartet, dass die Sachverhalte nachvollziehbar dargestellt sind und ein roter Faden erkennbar ist. Dies wird realisiert, indem die verschiedenen Teilbereiche (Thema, Struktur, Grammatik) passend aufeinander abgestimmt werden.

Der Begriff **Kohärenz** wird in der Linguistik uneinheitlich verwendet. Zum einen fungiert er als Oberbegriff und umfasst die Unterkategorien **thematische Kohärenz** und **grammatische Kohärenz**. Zum anderen bezieht er sich auf die inhaltlich-thematischen Zusammenhänge, während für die grammatische Ebene der Begriff **Kohäsion** verwendet wird. Im Folgenden fungiert der Begriff Kohärenz als Oberbegriff. ◘ Abb. 9.3 (nach Merz-Grötsch 2010: 29, Fix 2008: 76) verdeutlicht die Zusammenhänge.

Die **Oberflächenstruktur** von Texten ergibt sich aus der linearen Abfolge von Wörtern und Sätzen, die auf der Mikroebene mithilfe von **Kohäsionsmitteln** (bspw. *dann, obwohl*) zu einem textlichen Gewebe verknüpft werden. Die **Tiefenstruktur** verbirgt sich sozusagen unter der Textoberfläche und kann als mehrdimensional betrachtet werden. Auf der **Makroebene** können übergeordnete Konzeptionen und Informationseinheiten erfasst werden. Dabei ist festzuhalten, dass die beiden Ebenen – thematische und grammatische – ebenso wie die Tiefenstruktur und die Oberflächenstruktur in komplexer Weise miteinander verknüpft sind (Linke et al. 2004). In der Textlinguistik wurden verschiedene Modellierungen zur Beschreibung der Kohärenz entwickelt, deren Darstellung hier nicht möglich ist. Im Folgenden werden ausgewählte Aspekte beleuchtet.

Das Thema eines Textes kann als **Inhaltskern** bezeichnet werden, der sich aus der größtmöglichen Kurzfassung des Textinhaltes ergibt (Brinker 2010). Die Kohärenz von Textinhalten (thematische Ebene) wird durch die semantische Strukturiertheit bestimmt. Das bedeutet, ein Text ist umso verständlicher, je

9

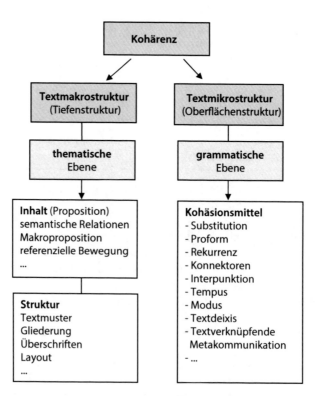

◘ **Abb. 9.3**   Eigene Darstellung nach Merz-Grötsch 2010: 29 und Fix 2008: 76.

klarer die inhaltlichen Aussagen aufeinander aufbauen. Eine Aussage wird als **Proposition** bezeichnet. Dabei kann der Inhalt eines Satzes über verschiedene sprachliche Realisationen erfasst werden. Zum Beispiel enthält der Satz *Ich lese ein Buch* die gleiche Proposition wie der Satz *Ein Buch lese ich.* Der Textinhalt ist also unabhängig von der konkreten sprachlichen Formulierung. Die Gesamtheit aller Propositionen eines Textes ergibt den **Textinhalt** (Fix 2008).

Die **thematische Textkohärenz** ergibt sich einerseits durch die **sprachlichen Mittel**, beruht andererseits aber auf einem **kognitiven Prozess**, der das erworbene Weltwissen der Leserschaft einbezieht. Unterschiedliche textlinguistische Modelle betreffen die mentalen Verknüpfungen, die zwischen Begriffen und erworbenem Wissen hergestellt werden. Die Begriffe *Uni, Dozent, Hörsaal* passen semantisch zusammen und werden von den Leser*innen in einen Wissensrahmen eingebunden, der einerseits semantisch passende Begriffe (semantische Netze) und andererseits außersprachliches Wissen (Weltwissen) umfasst.

Die thematische Progression eines Textes kann durch die Analyse von **Wiederaufnahmestrukturen** (Brinker 2010) in ihren Grundzügen dargestellt werden. Ebenso können **Verknüpfungen** – wie bspw. temporale, lokale und kausale – thematisch-semantische Zusammenhänge herstellen. Einige Aspekte sollen anhand des folgenden Beispieltextes beleuchtet werden.

▶ **Beispiel**

An diesem Montagmorgen in der Uni betrat ein mir unbekannter Dozent den Hörsaal. Er schaute in die Runde und sprach kein Wort. Nach einer Weile kam er plötzlich direkt auf mich zu. Im Hörsaal war Totenstille. Der unbekannte Dozent öffnete den Mund und sagte: „… ◀

Die Einführung *An diesem Montagmorgen* schafft zunächst eine temporale Situierung, die durch die lokale Angabe *in der Uni* präzisiert wird. Da diese sich nicht widersprechen, sondern bezogen auf weltliche Erfahrungen gut zusammenpassen (*morgens/ in der Uni*), lässt sich die Verknüpfung als kohärent einstufen. Kohärenz wird ebenso durch die Wiederaufnahme in Form einer Wiederholung *unbekannter Dozent* und durch die Proform *Er* erzeugt. Die unbestimmte Einführung *ein unbekannter Dozent* wird mit *der unbekannte Dozent* wiederaufgenommen.

Schon in diesen wenigen Sätzen finden sich also eine Reihe an Verknüpfungen und Wiederaufnahmen. Ebenso zeigt sich, dass die thematisch-semantischen Zusammenhänge auf der grammatischen Ebene durch Kohäsionsmittel (Proform, Rekurrenz…) realisiert werden, die im nachfolgenden Abschnitt behandelt werden.

9.4 Kohäsionsmittel

Kohäsionsmittel erzeugen auf der **grammatischen Ebene** Kohärenz und stellen Zusammenhänge auf der **mikrostrukturellen Textebene** her. Fehlende oder ungenaue Verknüpfungen erschweren das Textverständnis; sie sind für Leser*innen

◘ Tab. 9.2 Ausgewählte Kohäsionsmittel

Kohäsionsmittel	Erklärung	Beispiel
Rekurrenz	Wiederaufnahme eines Wortes oder einer Wortgruppe	Ein *Computer* ist nützlich. Mein *Computer*...
Substitution	Ersetzung durch ein bedeutungsähnliches Wort oder Wortgruppe	Der *Löwe* ist los. Das gefährliche *Raubtier*.... Der *König der Tiere*...
Proformen	Ersetzung durch Pronomen, Adverbien, Demonstrativpronomen...	*Lisa* schläft. *Sie*... Lisa wohnt in einer schönen Wohnung. *Diese* hat Lisa kürzlich bezogen. *Dort* fühlt sie sich wohl.
Konnektoren	Verknüpfungen syntaktischer Einheiten durch Konjunktionen, Adverbien, Präpositionen, Abtönungspartikel...	Er stand auf, *weil* es ihm reichte Er schrieb *danach* alles auf.
Ellipse	Leerstelle in einem Satz, die durch Verweis auf einen Nachbarsatz gefüllt wird	Das Auto gefällt mir. *Das grüne.* (Anstatt: Das grüne Auto gefällt mir.).
Metakommunikative Textverknüpfung	Innerhalb eines Textes wird auf Textelemente oder Strukturen verwiesen.	Wie bereits ausgeführt... Im Folgenden wird erläutert...

und Schreiber*innen gleichermaßen relevant. Daher ist die Auseinandersetzung mit Kohäsionsmitteln didaktisch bedeutsam (Neuland und Peschel 2013) und erfolgt bereits in der Primarstufe. ◘ Tab. 9.2 (nach Merz-Grötsch 2010) gibt einen Überblick über ausgewählte Kohäsionsmittel.

9.5 Textsorten versus Textmuster

Textsorten können als **konventionelle Muster** beschrieben werden, die sich im Laufe der Zeit etabliert haben. Das bedeutet, dass wir Texte häufig intuitiv einer bestimmten Textsorte zuordnen, mit der wir bestimmte Charakteristika bzw. ein Bündel an Merkmalen verbinden (Linke et al. 2004). Tatsächlich existiert eine **unüberschaubare Menge** (mind. 1600) textsortenorientierter Begriffe.

❯ Der textlinguistischen Forschung ist es bislang nicht gelungen, eine einheitliche Textsortenklassifizierung zu erstellen und methodische Verfahren zu ermitteln (ebd.). Aus Sicht der Textlinguistik ist es demnach nicht möglich, jeden Text einer bestimmten Textsorte zuzuordnen und typische Merkmale zu bestimmen.

Nur **stark normierte Textsorten** wie Wetterbericht, Kochrezept, Vertrag etc. können weitgehend eindeutig beschrieben und klassifiziert werden (Brinker 2010: 125). Die Kriterien, die zur Einordnung bestimmter Textsorten dienen, sind

heterogen und es werden unterschiedliche Beschreibungsebenen (Wortwahl, Satzmuster, Themenverlauf etc.) herangezogen. Vergleicht man die beiden folgenden
Textbeispiele, die beide der Textsorte Personenbeschreibung zugeordnet werden
können, finden sich Gemeinsamkeiten und Unterschiede.

▶ Textbeispiel 1

Eine Praktikantin beschreibt einer Freundin ihre Mentorin, von der sie in der Schule
betreut wird:
Meine Mentorin heißt Frau Engel. Sie ist unglaublich nett und nimmt sich viel Zeit
für mich. Ihre Klasse hat sie richtig gut im Griff und die Kinder mögen sie. Sie gibt
mir viele gute Tipps und Unterrichtsmaterialien, lässt mir aber auch Freiraum, eigene
Ideen auszuprobieren… ◀

▶ Textbeispiel 2

Im Lehrerzimmer wurde ein Laptop entwendet. Herr Schulz hat den Mann gesehen,
der ihn genommen hat, und beschreibt ihn der Schulleiterin:
Das war ein großer, kräftiger Kerl mit Bart. Er hatte eine Jeans und ein kariertes Hemd
an. Die Haare waren kurz geschnitten und dunkelblond… ◀

Beide Texte weisen durch die Verwendung von Adjektiven sprachliche Gemeinsamkeiten auf. Dennoch unterscheiden sie sich in vielfacher Hinsicht (*Frau
Engel/ ein Mann; die Kinder mögen sie/ kräftiger Kerl*). In schulischen Materialien
finden sich zu den Textsorten normative Vorgaben, wie bspw. zur Personenbeschreibung die Vorgabe, es sollen äußere Merkmale sachlich beschrieben
werden. Dies trifft aber nur auf eine bestimmte Form der Personenbeschreibung
zu, wie bspw. eine für polizeiliche Ermittlungen angefertigte. In vielen anderen
Kontexten sind die Verhaltensweisen einer Person von Interesse (s. Textbeispiel 1)
und nicht das Aussehen.

> ❯ Ohne konkreten Kontext (Situierung, anvisierte Leserschaft, Textintention etc.)
> können die für einen Text notwendigen sprachlichen Mittel kaum bestimmt
> werden. Für schulische Aufgaben wird daher gefordert, sie in einen möglichen **au-
> thentischen Zusammenhang** einzubetten bzw. sie an eine **reale Schreibfunktion** zu
> binden (Fix 2008).

Erst daraus können für das Schreiben und die Textbeurteilung notwendige
Schlüsse gezogen werden. Nicht selten findet sich in der schulischen Praxis der
umgekehrte Weg. Die Kinder erhalten allgemeine Kriterien, anhand derer sie
einen Text anfertigen, der nach den vorgegebenen kontrollierbaren Kriterien beurteilt wird. Statt einem solchen **deduktiven** (von einer allgemeinen Regel aus-
gehenden) Vorgehen wird gefordert, **induktiv** (beispielhaft) zu arbeiten. Das bedeutet, die Kinder erhalten konkrete Schreibaufgaben, anhand derer sie Erfahrungen mit bestimmten Textmustern sammeln und verallgemeinernde
Schlussfolgerungen zu passenden Merkmalen ableiten können. Ohne Kontext

wird das Texteschreiben zu einem „stereotypen Drill", bei dem erwartete schulische Normen zu erfüllen sind (Fix 2008: 92).

Textmuster Aufgrund der Problematik, Textsorten zu definieren, hat sich die Unterscheidung sogenannter Textmuster etabliert, die nach der **Textfunktion** bestimmt werden. Die Textfunktion ergibt sich aus der **kommunikativen Absicht**, die der Sprechende bzw. Schreibende gegenüber den Hörenden bzw. Lesenden verfolgt (Brinker 2010). Textmuster können als kommunikative Gattungen oder auch Grundbausteine verstanden werden. Brinker (2010) unterscheidet auf Basis der Textfunktion fünf Textklassen, die sich aufgrund **kommunikativ-funktionaler Aspekte** ergeben:

- informativ (informieren)
- appellativ (überzeugen)
- obligatorisch (sich verpflichten)
- kontaktspezifisch (persönliche Beziehung)
- deklarativ (neue Realität schaffen)

> Auf der thematischen Eben ergeben sich **vier Grundformen,** die im schulischen Kontext relevant sind (Brinker 2010, Fix 2008):
> - Erzählen (narrativ)
> - Berichten
> - Beschreiben
> - Argumentieren

9

Fix (2008) skizziert zu jedem Textmuster typische Schreibziele und Modalitäten der Themenentfaltung. **Erzählendes Schreiben** dient demnach der Unterhaltung und ist meist subjektbezogen und emotional. **Berichtendes Schreiben** informiert in der Regel über abgeschlossene Ereignisse in der Vergangenheit (bspw. Unfallbericht, Bericht über eine Veranstaltung). Eine **Beschreibung** dient der Darstellung eines Sachverhalts, eines Objekts oder eines Prozesses (bspw. Rezept, Bastel- oder Spielanleitung, Personenbeschreibung). Sowohl berichtende als auch beschreibende Texte sind in der Regel sachlich informierend. Der Unterschied besteht darin, dass der ‚Bericht' ein **singuläres zeitlich zurückliegendes Ereignis** beschreibt, während die ‚Beschreibung' ein Objekt bzw. einen Ablauf fokussiert, welche **statisch bzw. wiederholbar** sind und daher einen allgemeingültigen Gestus aufweisen. Für ein berichtendes Textmuster sind die sogenannten **journalistischen W-Fragen** grundlegend:

- **Wer** ist am Ereignis beteiligt?
- **Was** geschah?
- **Wo** passierte es?
- **Wann** geschah es?
- **Wie** geschah es?
- **Warum** kam es dazu?

Das **argumentierende Textmuster** dient der Begründung eigener Positionen und der Überzeugung anderer. Es weist in der Regel eine klare Struktur auf, die Argumente in einer bestimmten Form anordnet. Auch Textmuster können nicht immer klar abgegrenzt werden und häufig finden sich **Mischformen** oder Überschneidungen.

9.6 Narratives Schreiben

Alltagserzählung versus fiktionale Erzählung Ein Kind erzählt mündlich von einem Erlebnis und beginnt folgendermaßen: *Gestern war ich zur Schule gegangen* (s. ▶ Abschn. 2.9). Ein solcher für das mündliche Erzählen typische Einstieg wird in der Erzählforschung als **Exposition** bezeichnet (Ehlich 2007). Mit dem Einstieg informiert das Kind darüber, wann und wo das zu Erzählende stattgefunden hat. Alltägliche Erzählformen unterscheiden sich **thematisch** von literarisch-fiktionalen Erzählungen. Da sie sich in der Regel auf etwas Erlebtes beziehen, entstehen Verflechtungen von erzählenden und berichtenden Elementen, die für Alltagserzählungen typisch sind (Fix 2008). Durch eine Exposition mit Situierung – ausgedrückt durch Formulierungsfloskeln wie *Gestern in der Schule…, Letzten Sommer…* – bindet der Sprechende die Hörenden in den entsprechenden Kontext der Alltagserzählung ein (Ehlich 2007).

Ebenso unterscheidet sich die Alltagserzählung **funktional** von fiktionalen Erzählformen. Erlebnisgeschichten entlasten den Erzählenden psychisch und sind interaktiv angelegt. Fiktionale Erzählungen hingegen führen die Leser*innen in Welten, die nicht selten gerade jenseits des Alltags liegen, und haben eine unterhaltende Funktion (ebd.). Das alltägliche Erzählen weist dabei eine eigene, strukturierte Form auf, für die eine einleitende informierende Exposition kennzeichnend ist.

Ein weiterer Unterschied zwischen alltäglichem und literarisch-fiktionalem Erzählen liegt in der **Nähe zur Mündlichkeit** (Fix 2008). Wie bereits erwähnt, zielt die Erlebniserzählung auf die Anteilnahme der Zuhörer*innen ab und ist dialogisch angelegt. Kinder benötigen verbale und nonverbale Äußerungen eines Zuhörers bzw. einer Zuhörerin, um Erlebtes entwicklungsentsprechend erzählen zu können. Insofern stellt sich die schriftliche Erlebniserzählung für Kinder als besonders schwierig dar (Becker 2002).

> Die naheliegende Vorstellung, dass die Aufforderung, über etwas Erlebtes zu schreiben, Kinder thematisch entlasten würde, gilt es zu revidieren. Empirische Studien belegen, dass Erlebniserzählungen wesentlich weniger gut als Fantasieerzählungen geeignet sind, schriftliche Erzählkompetenzen zu entfalten. **Kindern fällt es schwerer, eine gelungene Erlebniserzählung zu schreiben als eine Fantasieerzählung** (Quasthoff et al. 2019: 333, Becker 2002).

Ein Argument für die Aufrechterhaltung normativer Vorgaben ist, dass Kinder Stilelemente erst beherrschen müssen, bevor sie damit frei umgehen können.

Dehn et al. (2011) widersprechen dem, da unterschwellig vermittelt werde, es gebe den perfekten Text, der durch die Erfüllung vorgegebener Normen erzeugt werden könne.

Martin Fix (2008: 95) stellt fest:

» Das typische ‚Mausschema' (Einleitung – Hauptteil mit Höhepunkt der Spannungs-kurve – Schluss der Schulerzählung) ist [...] nichts anderes als die Abbildung der in der außerschulischen Sprachwirklichkeit ‚natürlich' vorkommenden ‚story grammar', die allerdings in ihrer unflexiblen Normierung im Unterricht der Grundschule bisweilen groteske Züge annimmt.

Es lässt sich also ein Unterschied zwischen verschiedenen narrativen Textsorten – wie etwa der Erlebniserzählung und der Fantasieerzählung – feststellen. Die **Gestaltung der Einleitung** wird dabei durch die jeweilige Erzählfunktion be-stimmt. Die Erlebniserzählung beginnt meist informierend-berichtend, um die Hörer*innen bzw. Leser*innen ausreichend an dem zu Erzählenden teilhaben zu lassen. Literarische Formen hingegen – wie etwa die Kurzgeschichte, die Novelle, der Roman – erzeugen häufig Spannung, indem sie die Leser*innen direkt in die Handlung einbinden und liefern notwendige Informationen nur sukzessive und sozusagen zwischen den Zeilen.

9

Einleitungen   Eine Schülerin beginnt ihre Geschichte folgendermaßen:

▶ **Beispiel**

Im Schwimmbad

„Los Jonas!", sagt Felix, „spring doch auch mal!" Jonas überlegt. Eigentlich hat er ja Angst. Da sagt Lotte zu ihm: „Sei doch kein Feigling!" Jonas stellt sich vorsichtig auf den Startblock. [...]. ◀

Der Kommentar der Lehrerin lautet: „Einleitende Worte fehlen. Ohne Über-schrift wäre es unklar." Ein Blick in die Schulbücher stützt die Bewertung der Lehrkraft. Dort finden sich folgende **Vorgaben** für das Schreiben von Ein-leitungen in Geschichten:

- **Wer, wann, wo?** Schreibe am Anfang, von wem deine Geschichte handelt und wann und wo sie spielt (Papiertiger, Sprachlesebuch 2, Diesterweg, 2007: 87).
- Damit der Leser deine Erlebnisgeschichte verstehen kann, musst du in der Einleitung die Fragen **Wer?, Wo?, Wann?** beantworten (Flex und Flora 4, Themenheft: Texte schreiben. Diesterweg, 2018: 27).
- Einleitung: Teil der Geschichte, in dem angegeben wird, **wer** mitspielt und **wo** und **wann** die Geschichte spielt (Jo-Jo Sprachbuch 3, Cornelsen, 2020: KV 32).

Die Schulbuchauszüge sind exemplarisch zu verstehen, da sich in fast allen Lehr-werken und bei allen Schulbuchverlagen solche oder ähnliche Vorgaben finden. Dies ist insofern überraschend, da Anfänge narrativer Erzählformen in der Literatur meist gerade nicht die genannten Merkmale aufweisen.

Der Anfang eines Titels aus der populären Kinderbuchreihe „Das magische Baumhaus" beginnt *in medias res*:
„Hilfe! Ein Monster!", schrie Anne. „Aber klar doch", sagte Philipp, „ein Monster in Pepper Hill, Pennsylvania!" „Lauf, Philipp!", rief Anne. Sie rannte die Straße entlang, „Oh, Mann! Das hatte man davon, wenn man seine Zeit mit seiner siebenjährigen Schwester verbrachte. (Osborne 2000: 11). ◀

Das nächste Beispiel stammt aus dem mit dem Deutschen Jungendliteratur Preis ausgezeichneten Buch von Andreas Steinhöfel „Rico, Oskar und die Tieferschatten":
Die Nudel lag auf dem Gehsteig. Sie war dick und geriffelt, mit einem Loch drin von vorn bis hinten. Etwas getrocknete Käsesoße und Dreck klebten dran. Ich hob sie auf, wischte den Dreck ab und guckte an der alten Fensterfront der Dieffe 93 rauf in den Sommerhimmel. (Steinhöfel 2008: 9). ◀

Beiden literarischen Texten gemeinsam ist ein Einstieg, der die Leser*innen direkt in das Geschehen einbindet. Im ersten Textauszug erfährt der Lesende durch die Gedanken eines Protagonisten (Philipp), dass es sich um ein Geschwisterpaar handelt, wobei Anne sieben Jahre alt ist. Im zweiten Textbeispiel nimmt der Lesende Anteil an der sinnlich geprägten Erlebniswelt des Ich-Erzählers, indem eine scheinbar belanglose Gegebenheit bzw. ein Gegenstand (Nudel) detailliert beschrieben wird. Ortsangaben und Zeitangaben finden sich in beiden Textbeispielen spärlich oder gar nicht und sie erfolgen beiläufig (Pepper Hill, Pennsylvania, Dieffe 93, Sommerhimmel). Es scheint so zu sein, dass gängige literarische Gestaltungsmittel dann, wenn sie von Kindern gebraucht werden (s. o. Beispieltext „Im Schwimmbad"), im Schulalltag zu Kritik führen (Dehn et al. 2011).

Dies lässt sich aus unterschiedlichen Perspektiven beleuchten. Die Gestaltung einer **Einleitung** wird durch die jeweilige **Erzählfunktion** bestimmt. Aus sachanalytischer Sicht sollten Geschichtenanfänge darauf hin überprüft werden, ob das Erzählte seine kommunikative Funktion erfüllt. Eine Erzählung kann dabei floskelhaft beginnen (*An einem schönen Tag…, Vor langer Zeit…, Paul ist allein zu Hause…*) oder direkt in die Handlung einsteigen („*Los Jonas", sagt Felix, „Hilfe! Ein Monster!", schrie Anne.*). Anfänge wie *Paul und Lisa treffen sich am Montagmorgen auf dem Spielplatz* wirken hingegen formelhaft und wenig narrativ gestaltet oder gar originell.

9.7 Fazit und Anwendung

Schriftlichkeit wird als **autonomes Kommunikationssystem** verstanden, welches sich von mündlicher Sprache in grundlegenden Merkmalen unterscheidet. Texte können – unabhängig von dem jeweiligen Medium (mündlich versus schriftlich) –

konzeptionell mündlich oder **schriftlich** angelegt sein. Ein **Text** wird als eine begrenzte Folge sprachlicher Zeichen verstanden, die thematisch, strukturell und grammatisch zusammenhängen, also kohärent sind. **Kohäsionsmittel** erzeugen auf der grammatischen Ebene Kohärenz und stellen Zusammenhänge auf der mikrostrukturellen Textebene her. Texte weisen eine spezifische **kommunikative Funktion** auf. Die Verständlichkeit und der kommunikative Erfolg eines schriftlichen Textes hängen davon ab, ob er im Hinblick auf die Voraussetzungen der Leser*innen semantisch und grammatisch für diese nachvollziehbar ist und damit die pragmatischen Bedingungen der **Situationalität** und **Funktionalität** erfüllt. Das Problem zu **impliziter Texte** tritt bei Schreibanfänger*innen häufig auf, sodass es wichtig ist, Schreibziele und Textfunktionen mit den Schüler*innen zu bearbeiten.

Die in den **Bildungsstandards** (KMK 2005: 11) genannten Kompetenzen nehmen Bezug auf die dargestellten Erkenntnisse der Textlinguistik. Im Bereich der Textplanung sollen Schreibabsicht, Schreibsituation, Adressat und Verwendungszusammenhang geklärt werden. Die Texte sollen adressaten- und funktionsgerecht geschrieben und im Bereich der Textüberarbeitung auf Verständlichkeit und Wirkung hin überprüft werden.

Textsorten konnten linguistisch bislang nicht abschließend klassifiziert werden und die Grenzen zwischen den Textsorten sind fließend. Im schulischen Kontext findet daher eine Orientierung an den vier **Textmustern** Erzählen, Beschreiben, Berichten, Argumentieren statt. Die Bildungsstandards (ebd.) verweisen darauf, dass Kinder über Schreibkompetenzen in unterschiedlichen kommunikativen Kontexten (Erlebtes, Erfundenes, Bitten, Wünsche, Aufforderungen, Vereinbarungen, Erfahrungen, Sachverhalte) verfügen sollen. Das Wissen über Textmuster sollte durch praktische Erfahrungen als **Handlungswissen** (*knowing how*) den Schreibprozess unterstützen. Eine **didaktisch sinnvolle Textsortenklassifikation** verbindet die typischen strukturellen und sprachlichen Eigenschaften mit der Orientierung an deren kommunikativen Funktion.

Erlebniserzählungen unterscheiden sich grundlegend von Fantasiegeschichten. Die **Erlebniserzählung** beginnt meist informierend-berichtend, um die Hörer*innen bzw. die Leser*innen ausreichend an dem zu Erzählenden teilhaben zu lassen (bspw. *Gestern in der Schule…*). **Literarische und fiktionale Formen** erzeugen häufig Spannung, indem sie die Leser*innen direkt in die Handlung einbinden und liefern notwendige Informationen sukzessive und sozusagen zwischen den Zeilen. Textsortenspezifische Vorgaben und Schemata waren zunächst als methodische Hilfsmittel zur Entlastung des Schreibprozesses gedacht. Im Laufe der Zeit verselbstständigten sich diese, sodass sie losgelöst vom Kontext als Norm gelten, deren Einhaltung es im schulischen Kontext lediglich zu überprüfen gilt. Ankündigungselemente in **Einleitungen** sind tatsächlich nicht immer erforderlich (Fix 2008). Empirische Studien zeigen, dass **Erlebniserzählungen weniger geeignet** sind, die schriftliche Erzählkompetenz zu fördern als Fantasieerzählungen (Quasthoff et al. 2019: 333, Becker 2002).

Ein Blick in die Praxis ebenso wie in die Erwerbsforschung zum Texteschreiben offenbart, dass Kinder vielfältige Herausforderungen beim Verfassen von Texten meistern müssen. **Geschichtenanfänge** haben die Aufgabe, die Leser*innen so in das Geschehen einzubinden, dass sie nicht unterfordert und gelangweilt, aber auch nicht durch Unverständlichkeit überfordert werden. Ersteres entsteht durch eine zu explizite oder uninteressante Darstellung, welche durch die Einhaltung von Normen oder den Gebrauch formelhafter Muster hervorgerufen werden kann. Letzteres erfolgt durch eine zu implizite Darstellung, die durch inhaltliche Lücken und fehlende referenzielle Bezüge (bspw. Pronominalform *er* ohne Nominalform *der Mann* oder durch mehrere mögliche eingeführte Aktanten *der Mann, der Lehrer*) gekennzeichnet ist.

Eine **zu implizite Darstellung** ist für Schreibanfänger*innen typisch. Dies lässt sich allerdings weniger durch schematische Vorgaben auflösen, sondern bedarf ausreichender **Schreiberfahrung,** literarischer Sozialisation und der gemeinsamen Überprüfung von Texten aus Sicht eines anvisierten (gedachten) bzw. tatsächlichen Lesers bzw. Leserin (Mitschüler*innen etc.). Ebenso müssen die jeweilige Schreibaufgabe und **Schreibintention** berücksichtigt werden (Fix 2008, Dehn et al. 2011). **Schreibkompetenz** entwickelt sich allmählich durch praktische Erfahrungen und die Explizierung von implizit entwickelten Handlungsroutinen. Diese werden durch das Schreiben selbst, durch gemeinsame Reflexionen sowie rezeptiv angeeignet (Feilke 2014).

9.8 Aufgaben

1. Geben Sie für die folgenden Beispiele an, welches Medium und welche Konzeption im Normalfall vorliegen. Begründen Sie Ihre Entscheidung.
   a. Rede im Bundestag
   b. Nachricht in einem Chat
2. Formulieren Sie für jedes Textmuster (erzählen, berichten, beschreiben, argumentieren) eine konkrete Schreibaufgabe.
3. Formulieren Sie zu jedem der folgenden Kohäsionsmittel zwei Beispielsätze:
   – Rekurrenz
   – Substitution
   – Proform
   – Konnektor
   – Ellipse
   – Explizite metakommunikative Verknüpfung
4. Analysieren Sie die Kohäsionsmittel, die in dem folgenden Schülertext verwendet werden. Diskutieren Sie, an welchen Stellen der Text zu implizit oder unverständlich sein könnte.
   Schülertext:

>> An einem schönen Tag im warmen Sommer unternahmen Vater und Sohn auf einem Schiff eine Fahrt. Sie gingen über ein langes Brett an Bord. Als sie eine Weile gefahren waren, sahen Vater und Sohn eine Hand, die im Wasser schwamm. Vater sagte: „Wir springen auf drei. Eins, zwei, drei!" Vater und Sohn sprangen ins kühle Nass und tauchten so schnell sie konnten. Doch da sahen sie, dass diese Hand ein Wegweiser war. Nun saßen sie dort. Das Schiff fuhr weg und sie waren verloren. Vater rief: „Hallo! Ist da jemand!" Vater sagte: „Wir werden hier wohl für immer bleiben müssen." Aber da kam ein Rettungsboot. Ein rotes. Vater und Sohn stiegen auf das Boot. Jetzt konnten sie beruhigt nach Hause fahren.

5. Lesen Sie verschiedene Anfänge narrativer Texte und analysieren Sie die Gestaltungsform (*in medias res*, floskelhaft...).

Literatur

Becker, T. (2002). Mündliches und schriftliches Erzählen. Ein Vergleich unter entwicklungstheoretischen Gesichtspunkten. *Didaktik Deutsch* 12, 23–38.

Brinker, K. (2010). *Linguistische Textanalyse. Eine Einführung in Grundbegriffe und Methoden.* 7. Aufl. Berlin: Erich Schmidt Verlag.

Christmann, U. & Groeben, N. (2001). Psychologie des Lesens. In B. Franzmann (Hrsg.). *Handbuch Lesen.* Baltmannsweiler: Schneider.

Dehn, M., Merklinger, D. & Schüler, L. (2011). *Texte und Kontexte. Schreiben als kulturelle Tätigkeit in der Grundschule.* Seelze: Klett/Kallmeyer.

Ehlich, K. (2007). *Sprache und sprachliches Handeln. Band 3: Diskurs – Narration – Text – Schrift.* Berlin: de Gruyter.

Feilke, H. (2014). Argumente für eine Didaktik der Textprozeduren. In Th. Bachmann & H. Feilke (Hrsg.). *Werkzeuge des Schreibens. Beiträge zu einer Didaktik der Textprozeduren* (S. 11–34). Stuttgart: Fillibach/Klett.

Feilke, H. (2016). Nähe, Distanz und literale Kompetenz. In H. Feilke & M. Hennig (Hrsg.). *Zur Karriere von ‚Nähe und Distanz‘, Rezeption und Diskussion des Koch-Oesterreicher-Modells* (S. 113–154). Berlin: de Gruyter.

Fix, M. (2008). *Text schreiben. Schreibprozesse im Deutschunterricht.* 2. Aufl. Paderborn: Schöningh.

Gillmann, M. (2020). Da eine oder mehrere betroffen ... Eine Korpusuntersuchung zur Konstruktionalisierung und Indexikalisierung der (kausalen)da-Satz-Konstruktion in der standardisierenden Schriftsprache des 17. und 18. Jahrhunderts. *Zeitschrift für germanistische Linguistik.* 48/1, 47–100.

KMK (2005). *Bildungsstandards im Fach Deutsch für den Primarbereich.* Beschluss vom 15.10.2004. München: Luchterhand.

Koch, P. & Oesterreicher, W. (1985). Sprache der Nähe – Sprache der Distanz. Mündlichkeit und Schriftlichkeit im Spannungsfeld von Sprachtheorie und Sprachgeschichte. In *Romanistisches Jahrbuch* 36, 15–43.

Koch, P. & Oesterreicher, W. (2007). Schriftlichkeit und kommunikative Distanz. *Zeitschrift für germanistische Linguistik* 35/3, 346–375.

Linke, A., Nussbaumer, M. & Portmann, P., R. (2004). *Studienbuch Linguistik.* 5., erw. Aufl. Tübingen: Max Niemeyer.

Merklinger, D. (2011). *Frühe Zugänge zu Schriftlichkeit. Eine explorative Studie zum Diktieren.* Freiburg i.Br.: Fillibach

Merz-Grötsch, J. (2010). *Text schreiben lernen. Grundlagen, Methoden, Unterrichtsvorschläge.* Seelze: Klett/Kallmeyer.

Neuland, E. & Peschel, C. (2013). *Einführung in die Sprachdidaktik.* Stuttgart, Weimar: Metzler.

Osborne, M. P. (2000). *Das magische Baumhaus. Im Tal der Dinosaurier.* Bindlach: Löwe.

Quasthoff, U., Friederike Kern, Ohlhus, S. & Stude, J. (2019). *Diskurse und Texte von Kindern Prakti-ken – Fähigkeiten – Ressourcen: Erwerb.* Tübingen: Stauffenburg.

Steinhöfel, A. (2008). *Rico, Oskar und die Tieferschatten.* Hamburg: Carlsen.

Wygotski, L. (1986). *Denken und Sprechen.* Frankfurt: Fischer (1. Aufl. Moskau 1934).

Weiterführende Literatur

Fix, U. (2008). *Texte und Textsorten – sprachliche, kommunikative und kulturelle Phänomene.* Berlin: Frank & Timme.

Janich, N. (Hrsg.). (2019). *Textlinguistik. 15 Einführungen und eine Diskussion.* 2. akt. und erw. Aufl. Tübingen: narr.

Vater, H. (2001). *Einführung in die Textlinguistik.* 2. Aufl. München: Fink.

Texte verfassen

Inhaltsverzeichnis

© Der/die Autor(en), exklusiv lizenziert an Springer-Verlag GmbH, DE, ein Teil von
Springer Nature 2023
R. Hoffmann-Erz, *Deutsch in der Grundschule*,
https://doi.org/10.1007/978-3-662-66653-1_10

10.1 **Schreibprozess und Schreibkompetenz**

Seit der kognitiven Wende wird das Schreiben von Texten als Konstruktionsprozess verstanden und es wird davon ausgegangen, dass sprachliche und mentale Prozesse die Textproduktion maßgeblich bestimmen. Insbesondere in den USA wurde der Schreibprozess intensiv erforscht und in unterschiedlichen Modellen dargestellt. Am bekanntesten wurde das **Modell** von Hayes & Flower (1980: 11), welches die Textproduktion als Problemlöseprozess auffasst und drei Hauptphasen beschreibt: **Planen, Formulieren, Überarbeiten** (◘ Abb. 10.1).

In der **Planungsphase** generiert und strukturiert der Schreibende Ideen und Schreibziele und ordnet diese unter Abruf seines Vorwissens aus dem Langzeitgedächtnis. Die Planung wird durch das jeweilige Thema, den anvisierten Adressaten und die Motivation des Schreibenden bezüglich des konkreten Vorhabens (Schreibauftrag) beeinflusst. Die **Phase des Formulierens** bezieht sich auf die Versprachlichung auf Wort- und Satzebene. Die **Überarbeitung bzw. Revision** kann auf verschiedenen Ebenen erfolgen. Einzelne Formulierungen oder größere Passagen können korrigiert bzw. verändert, erweitert, gekürzt oder gestrichen werden. Aber auch übergeordnete, den ganzen Text betreffende Aspekte, wie die Veränderung der Schreibziele, des Aufbaus etc., können überarbeitet werden.

10

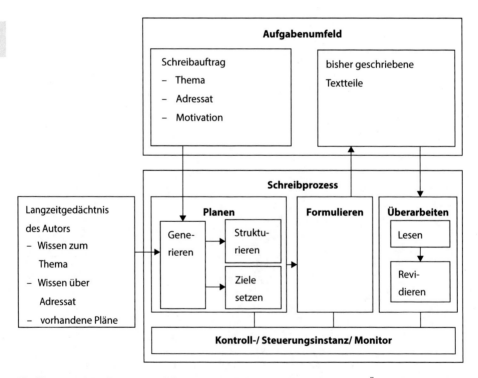

◘ **Abb. 10.1**   Schreibprozessmodell von Hayes & Flower 1980: 11/ deutsche Übersetzung Molitor-Lübbert 1996

◘ Tab. 10.1 Teilkompetenzen des Schreibprozesses nach Fix 2008: 26

	Was schreibe ich? Inhaltliche Kompetenz	
Warum und für wen schreibe ich? Zielsetzungskompetenz	**Interdependente Fragen im Schreibprozess**	Wie formuliere und überarbeite ich? Formulierungskompetenz
	Wie baue ich den Text auf? Strukturierungskompetenz	

Revisionshandlungen finden in der Regel bereits während des Schreibprozesses statt (Merz-Grötsch 2010, Fix 2008). Das Modell bzw. die Unterscheidung der drei Hauptphasen wurde für die Textdidaktik richtungsweisend und die **Bildungsstandards** gliedern den Lernbereich „Texte verfassen" entsprechend in die drei Teilbereiche: **Texte planen, schreiben und überarbeiten** (KMK 2005: 11).

Das Modell von Hayes & Flower wird vielfach kritisiert. Zum einen wird seine **didaktische Verwertbarkeit** angezweifelt, da es sich auf den Schreibprozess kompetenter Schreiber*innen bezieht. Alternative Modelle – wie bspw. das von Ludwig (1983) – integrieren Teilaspekte, welche die Lernenden fokussieren, wie etwa innersprachliche, motorische und motivationale Faktoren. Zum anderen wird vor allem die Frage diskutiert, inwiefern das Modell geeignet ist, dem tatsächlich **nicht linear verlaufenden Schreibprozess** Rechnung zu tragen (Fix 2008, Molitor-Lübbert 1996).

❯ Kritisiert wird, dass durch die drei Hauptphasen der Eindruck entsteht, diese wären **aufeinanderfolgend und klar abgrenzbar.** Dabei sind die einzelnen Operationen (Handlungen) des Schreibprozesses **interdependent.** Das bedeutet, sie hängen voneinander ab und bedingen sich gegenseitig (Fix 2008).

Während des Schreibens (Formulierungsphase) müssen Planungen immer wieder überdacht und angepasst werden. Dies geschieht, indem der Schreibende Passagen liest bzw. sich sein Schreibvorhaben vergegenwärtigt und während des Schreibens Anpassungen und Revisionen vornimmt. Der Schreibprozess verläuft also **nicht linear,** Schritt für Schritt, sondern stellt einen komplexen Vorgang dar (ebd.). Fix (2008: 26) veranschaulicht die bei der Textproduktion benötigten und sich gegenseitig bedingenden Teilkompetenzen wie in ◘ Tab. 10.1 dargestellt.

▶ Beispiel

Das folgende Unterrichtsbeispiel zeigt **Herausforderungen, die sich aus der Komplexität des Schreibprozesses** ergeben:
Die Lehrkraft hat mit den Kindern gemeinsam Ideen für die anschließende Schreibaufgabe gesammelt. Ein Schüler hat sich besonders häufig beteiligt und zahlreiche Ideen eingebracht. Mit Beginn der Schreibphase allerdings findet er nicht ins Schreiben und äußert, ihm fiele nichts ein. Die Lehrkraft verweist ihn auf vorbereitete Bildkarten, die Ideen für die Schreibaufgabe anregen sollen. Diese werden von dem Schüler kaum

beachtet und auch die hilfreichen Tipps, die von der Lehrkraft nun in einem Gespräch eingebracht werden, führen nicht zum Erfolg.

Alle Bemühungen der Lehrkraft sind darauf ausgerichtet, den Schüler inhaltlich zu unterstützen, also die Frage nach dem „Was schreibe ich?" zu beantworten. Die starke Beteiligung in der ersten Unterrichtsphase deutet aber darauf hin, dass es dem Schüler nicht an Ideen mangelt. Anzunehmen ist, dass es ihm eher Schwierigkeiten bereitet, seine zahlreichen Ideen zu strukturieren und die komplexen Anforderungen der Textproduktion zu meistern. Es ist zu vermuten, dass Strukturierungshilfen und didaktische Anregungen, die auf sprachliche Mittel bzw. auf Textprozeduren (s. ▶ Abschn. 10.3.2) ausgerichtet sind, den Schüler besser unterstützen könnten. ◀

❱ Die **Zerlegung des Schreibprozesses** in die drei Phasen Planen, Formulieren und Überarbeiten kann didaktisch genutzt werden, um einzelne Teilbereiche gezielt zu üben. Während des Schreibprozesses ist eine Isolierung bzw. ein schrittweises Vorgehen aufgrund der Komplexität und Rekursivität des Prozesses allerdings nur begrenzt möglich (Fix 2008).

Aus diesem Grund sollten die Kinder auch Aufgabenformate erhalten, bei denen sie den gesamten Schreibprozess bewältigen müssen. Das heißt, alle Fragen (◻ Tab. 10.1) müssen durch die Schüler*innen beantwortet werden. Didaktisch gilt es, gleichzeitig Teilfähigkeiten gezielt zu fördern und diese zu integrieren (ebd.).

10

10.2 Schreibentwicklung

Bereiters Entwicklungsmodell   Bereiter (1980) modelliert die Schreibentwicklung in fünf Stufen bzw. Schreibmodi:
- 1. Stufe: *associative writing/* assoziativ/ expressiv
- 2. Stufe: *performative writing/* normorientiert
- 3. Stufe: *communicative writing/* kommunikativ
- 4. Stufe: *unified writing/* selbstreflektierend
- 5. Stufe: *epistemic writing/* heuristisch, erkenntnisgewinnend

Die Stufen werden in Beziehung zu drei Ebenen gesetzt, die jeweils im Zentrum des jeweiligen Schreibstadiums stehen: **Prozess, Produkt, Leser.**
1. Am Anfang reiht das Kind die Sätze assoziativ **aneinander (*associative writing*)** und der **Prozess** steht im Mittelpunkt. Das Kind wird durch die Anforderungen der Textproduktion so stark gefordert, dass es noch nicht in der Lage ist, einem Textplan oder einem globalen Muster zu folgen und einen antizipierten Leser zu berücksichtigen.
2. In der zweiten Stufe orientiert sich der Schreibende am **Produkt** und berücksichtigt **Schreibkonventionen (*performative writing*)**. Normierte Muster werden verwendet, um bspw. schulische Erwartungen zu erfüllen, ohne die Fähigkeit, den Text kritisch zu lesen und zu überarbeiten (Feilke 2005).
3. In der nächsten Stufe (*communicative writing*) wird die **Leserperspektive** integriert, sodass es gelingt, die Lesererwartung zu antizipieren.

4. Auf der Stufe des *unified writing* gelingt es, die beiden vorangegangenen Stufen zu integrieren. Der Schreibende beurteilt sein **Produkt aus Leserperspektive** und kontrolliert und überarbeitet seinen Text leserorientiert.

5. Die letzte Stufe (*epistemic writing*) beschreibt die Fähigkeit, Schreiben zur Erkenntnisgewinnung zu nutzen und als Mittel des Denkens einzusetzen (Fix 2008), sodass wiederum der **Prozess** im Mittelpunkt steht.

Bereiter versteht seine Darstellung als **Integrationsmodell,** bei dem die nächsthöhere Stufe die vorangegangenen Schreibmodi verknüpft.

An dem Entwicklungsmodell wird unter anderem kritisiert, dass es **theoretisch abgeleitet** wurde, ohne empirisch verifiziert worden zu sein (Pohl und Steinhoff 2010). Das bedeutet, die Stufen wurden nicht anhand eines Textkorpus (Textsammlung) von Schreiblerner*innen überprüft.

Die beiden folgenden Textbeispiele von Schreibanfänger*innen zeigen die Schwierigkeit einer eindeutigen Zuordnung und außerdem die Problematik der angenommenen Hierarchie.

▶ **Textbeispiel 1**

Ich liege im Bett und schlafe. Da kommt Mama und kräht wie ein Hahn. Ich ziehe mir die Decke bis über beide Ohren und bin dann wütend auf meine Mutter. (aus: E. Altenburg 1996: 27). ◄

▶ **Textbeispiel 2**

LIEBER LEHRER
ICH DANKE FÜR DEINEN BRIEF.
BALD KOMT NIKOLAUS.
IN 3 TAGEN.
ICH SCHTELE MEINEN TELER RAUS.
ARNE.
(aus: G. Sennlaub 1998: 68). ◄

Der zweite Text weist aufgrund der Briefform die Norm der Anrede und Unterschrift auf. Außerdem wird der Leser direkt angesprochen *Ich danke für deinen Brief*, was für eine Leserorientierung spricht. Der erste Text zeigt durch die häufige Verwendung von *und* und *da* eine eher reihende Struktur, die typisch für ein assoziativ-expressives Schreiben ist, welches bei Bereiter der 1. Stufe entspricht. Hier zeigt sich die Problematik, dass sich Texte **aufgrund unterschiedlicher Textmuster** bzw. unterschiedlicher kommunikativer Funktionen voneinander unterscheiden. Für den Schreibenden ergeben sich daraus unterschiedliche Notwendigkeiten, verschiedene Ebenen (bspw. den Leser bzw. die Leserin) zu berücksichtigen.

Alternative Modelle zur Schreibentwicklung orientieren sich an dem Bühlerschen Organonmodell (Sender, Gegenstand, Empfänger, s. ▶ Abschn. 1.5) und den daraus entwickelten kommunikativen Handlungen: **Ausdrucksfunktion, Darstellungsfunktion, Appellfunktion** (Baurmann und Pohl 2017, Feilke 2005). Es wird immer wieder darauf hingewiesen, dass Kinder schon in frühen Phasen des

Schreiberwerbs in ihren Texten hierarchiehöhere Fähigkeiten zeigen und bspw. leserorientiert schreiben oder Ansätze heuristischer Schreibformen erkennbar sind (Fix 2008, Spitta 1992).

> ❯ Grundschüler*innen sind in der Lage, zu allen Textfunktionen zu schreiben, und sollten durch entsprechende Schreibaufgaben dabei unterstützt werden (Augst et al. 2007, KMK 2005).

Für den Grundschulbereich sind also alle Schreibmodi bedeutsam und nicht, wie häufig fälschlich angenommen, nur das assoziativ-expressive und das normorientierte Schreiben. Die besondere Herausforderung für Schreibanfänger*innen besteht darin, die verschiedenen Dimensionen – Prozess, Produkt, Leser – gleichzeitig im Blick zu behalten und zu koordinieren (Weinhold 2014: 146).

Entwicklungsmodell zur Text-Sorten-Kompetenz Der Frage, ob übergeordnete von dem Textmuster unabhängige Stufen beschrieben werden können, gehen Augst et al. (2007) in einer echten Longitudinalstudie nach. Das bedeutet, Grundschulkinder wurden vom 2. bis 4. Schuljahr hinsichtlich ihrer Entwicklung der Textkompetenz begleitet. Dabei wurden verschiedene Textmuster bzw. Textsorten (Erzählen, Instruieren, Beschreiben, Argumentieren) berücksichtigt und die Entwicklung domänenspezifisch (auf die jeweilige Textsorte bezogen) erfasst. Gleichzeitig wurde versucht, **übergreifende Kompetenzstufen** ausfindig zu machen. Die Forschergruppe ermittelte vier Entwicklungsniveaus, denen eine universelle strukturelle Genese zugrunde liegt, die aber domänenabhängig durchschritten werden (Augst et al. 2007: 347). Das bedeutet, dass ein Kind beim Schreiben bspw. einer Beschreibung einen fortgeschritteneren Text produzieren kann, als es ihm zur gleichen Zeit beim argumentierenden Schreiben gelingt. Die **vier Entwicklungsstadien** lauten:

1. **Selektive Assoziation** – Text als subjektiv konstruierte, mentale Einheit
   - Inhalte werden durch ihren persönlichen Zugang zum Schreibgegenstand generiert
2. **Sequenzierte Selektion** – Text als sachlogische Verkettung
   - Sinneinheiten werden durch Generierungsmechanismen (bspw. *und-dann*-Relationen) vornehmlich auf der sprachlichen Oberfläche verkettet
3. **Perspektivierte Sequenzen** – Text als mehrdimensionales/-perspektivisches Gebilde
   - sachlogische Verkettungen werden aufgebrochen, dafür werden unterschiedliche Perspektiven/Dimensionen auf den Gegenstand entfaltet
4. **Synthetisierte Perspektiven** – Text als textsortenfunktional synthetisierte Perspektiven
   - Text wird nach seinem funktionalen Ziel gegliedert und gestaltet

Diese vier Entwicklungsstadien werden von der Forschergruppe hinsichtlich der Textsorten spezifiziert. In Bezug auf **erzählendes Schreiben** zeigen sich folgende Schwerpunkte (Augst 2010, Augst et al. 2007: 366), die anhand von Textbeispielen belegt werden:

1. Entwicklungsniveau Einzelne aufgezählte Ereignisse, z. T. Erzählformeln; oft ich-Erzählungen

» Das Bergwerk // Es war einmal / ein Bergwerk / es wurde vor / 80 Jahren / nicht mehr ben / utzt es lebte / ein Kobold in / der Höhle. // sie leben ohne Essen und Trinken. / auf einmal kam ein Monster / und auf einmal kam ein Kobold / raus, und das Monster sagte: „Ich besch / ütze eure Höhle".

2. Entwicklungsniveau Lineare Ereignisverkettung auf der Zeitachse; oft „und dann"

» Es war einmal / ein Zwerg / und ein / Riese die / hatten Streit / und der Zwerg / wollte dem / Riesen einen / Streich spielen / der Zwerg / ist in die Höhle gegangen und / hat den Boden mit Butter / eingeschmiert. Dann hat / der Riese die Höhle von dem Zwerg / zugegraben.

3. Entwicklungsniveau Aufspaltung der linearen Ereignisverkettung in (meistens) Exposition und Planbruch

» Die Zauberhöhle // Eines Tages / es war heiß / und sonnig, / da ging ein / Junge spazieren. / Er kam an / einer Höhle / vorbei. Er wusste / nicht was ihn / in der Höhle erwarten würde aber er wollte / auf jeden Fall in die Höhle es war dunkel in / der Höhle der Junge ging wieder nach draußen. / Auf einmal stand dort einen Kerze. Sie war / angezündet. Es war wie durch Zauberei. // Der Junge war etwas erschrocken aber auch / beeindruckt. Auf einmal durchkam ihn ein Schreck / Er meinte dass er etwas gehört hätte. / Nun lief er schnell weg.

4. Entwicklungsniveau Entfaltung von Exposition, Planbruch, Spannung und Pointe (evtl. Coda)

» Eines Tages / ging ein / Junge in / eine Höhle / er verirrte / sich und / kam nie / wieder. Ein / anderer Junge / wollte der / Sache auf den Grund gehen. Er / ging in die Höhle. Als er eine halbe / Stunde ging hörte er eine Stimme / sagen: „Wer ist da, was willst du / hier?" Der Junge zitterte. Dann / fragte wieder jemand: „Was ist da, was willst / du hier." Der Junge sagte mit zittriger Stimme: „Ich woll wollte nu nu / nur der der Sache auf den Grund ge ge / gehen wegen dem ver ver / verschwundenen Jungen. Ich / bin der verschwundene Junge." / sagte eine Stimme. Warum bist du denn verschwunden / fragte der andere Junge. Ich bin verschwunden weil, ich wissen / wollte was ihr in der Höhle ist" / sagte der Verschwundene. Komm mit ich führe dich raus" sagte der andere Junge. / Sie gingen aus der Höhle und / alle waren froh dass der verschwundene Junge wieder da / ist. Aber er ist jetzt kein / Junge mehr sondern ein erwachsener Mann. Er lebt mit seiner Familie jetzt glücklich und / gesund. (/ = Zeilensprung, // = Absatz)
(Texte wortorthografisch korrigiert, aus August 2010: 66)

❯ Es können zum einen **grundlegende Entwicklungsstufen** beschrieben werden, die aber andererseits aufgrund unterschiedlicher Textfunktionen spezifische Ausprägungen zeigen. Die **textsortenspezifische Entwicklung** verläuft bei den einzelnen Kindern nicht parallel, sodass die Leistungen eines Kinder bei verschiedenen Textmustern abweichen.

Zur Schreibentwicklung finden sich Studien, die einzelne Textsorten fokussieren wie bspw. zur Argumentation Feilke (1995), zu Erzählungen Weinhold (2000) und zur Instruktion Becker-Mrotzek (1997) (s. den Überblick bei Augst et al. 2007).

❯ Grundsätzlich zeigt sich, dass Fähigkeiten im Bereich der Textproduktion von dem sogenannten **Schreibalter** abhängen. Das bedeutet, die Erfahrung bzgl. bestimmter Textmuster ist entscheidender als das Lebensalter.

Die Bildungsstandards für den Primarbereich nennen ausdrücklich **verschiedene Schreibfunktionen** (Erlebtes, Erfundenes, Gedanken, Gefühle, Bitten, Wünsche, Aufforderungen, Vereinbarungen, Erfahrungen und Sachverhalte), die innerhalb des Lernbereichs „Texte verfassen" Berücksichtigung finden sollen (KMK 2005: 11). Eine Beschränkung auf erzählendes Schreiben im Grundschulbereich ist fachdidaktisch überholt, und ebenso widerlegt ist die These, dass erzählendes Schreiben den Ausgangspunkt für andere Textsorten darstellt (Weinhold 2014).

Feilke (2005: 45) betont, dass Textsorten nicht ohne Weiteres mit Großklassen wie Erzählen, Beschreiben, Argumentieren gleichzusetzen sind und die Fähigkeiten und Entwicklungsverläufe auch innerhalb der Textmuster variieren. Bspw. zeigen die Fantasieerzählungen eines Kindes in der Regel bessere Leistungen als Erlebniserzählungen (Becker 2005). Das lässt darauf schließen, dass die konkrete **Schreibaufgabe** einen großen Einfluss darauf hat, welche Textkompetenz die Schüler*innen entfalten können. Darüber hinaus spielen auch die **Interessen** und die daraus resultierende **Schreibmotivation** eine wichtige Rolle für die Textqualität (Spitta 1992).

10.3 Schreibdidaktik

Grundschüler*innen stehen mit der Aufgabe, Texte zu verfassen, vor einer komplexen Herausforderung, die durch die Mehrdimensionalität des Lerngegenstandes gekennzeichnet ist (Weinhold 2014). Für den Erwerb **konzeptioneller Schriftlichkeit** müssen Versprachlichungsstrategien einer Distanzkommunikation, die also vom Lesenden zeitlich und räumlich unabhängig ist, angeeignet werden. Die dafür notwendigen Schrifterfahrungen ergeben sich durch die eigene Leseerfahrung und durch den Umgang mit Texten in Vorlesesituationen. Ebenso wichtig sind Gespräche über die Inhalte, besonders aber auch über die sprachliche und ästhetische Form der Texte, um ein Bewusstsein für die besonderen Gestaltungsmerkmale von Schrifttexten zu schaffen (Feilke 2011).

In einem kompetenzorientierten Unterricht sollen die Kinder **verschiedene Funktionen** des Schreibens kennen- und nutzenlernen. Ebenso ist es wichtig, dass

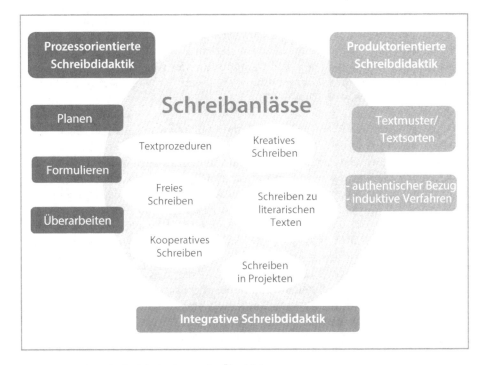

□ **Abb. 10.2**   Schreibdidaktische Ansätze im Überblick

sie den **Sinn und Zweck** des Schreibens als **kommunikative Handlung** erfahren (Weinhold 2014). Wie bereits dargestellt, hat der **Schreibanlass** bzw. die konkrete Schreibaufgabe eine **Schlüsselfunktion,** da sie einen großen Einfluss darauf hat, welche Kompetenzen von den Kindern entfaltet werden können (ebd.). In einer integrativen didaktischen Konzeption werden produktorientierte und prozess-orientierte Verfahren kombiniert und weitere Verfahren, wie bspw. kreatives, ko-operatives und projektorientiertes Schreiben, integriert. □ Abb. 10.2 gibt einen Überblick über didaktische Ansätze, die im Folgenden näher beleuchtet werden, ohne einen Anspruch auf Vollständigkeit zu erheben.

10.3.1 **Produktorientierte Schreibdidaktik**

In ▶ Abschn. 9.5 wurde bereits ausführlich erläutert, dass Textmuster bzw. Text-sorten didaktisch stets in einen **authentischen Zusammenhang** eingebunden werden müssen. Am Beispiel der Personenbeschreibung wurde gezeigt, dass es nicht die eine Personenbeschreibung gibt, die nach bestimmten Merkmalen klassifiziert werden kann. Ohne konkreten Kontext – bspw. wer soll für wen und wofür beschrieben werden – ist es kaum möglich, zu beurteilen, ob ein Text seine **kommunikative Absicht** erfüllt und als gelungen bewertet werden kann. Schreib-aufgaben, die einen realen Bezug aufweisen (bspw. Erstellung einer Schulzeitung,

Bittschreiben an den Gemeindevorstand für die Erweiterung des Spielplatzes) gelten in der Schreibdidaktik als ideal. Da diese nur selten umgesetzt werden können, wird die Anforderung an einen authentischen Zusammenhang in der Regel dadurch erfüllt, dass eine reale Schreibsituation vorgestellt wird. Bspw. beschreiben die Kinder ihr Lieblingskuscheltier, dessen Verlust sie sich vorstellen, in einer Vermisstenanzeige (VERA 2007).

Priorität der kommunikativen Absicht Grundschüler*innen sollen in allen Textmustern schreiben lernen. In einem traditionellen Aufsatzunterricht, der auch aktuell in den Schulen noch häufig anzutreffen ist, stehen **Aufsatz-Muster** im Mittelpunkt, die von den Kindern reproduziert werden sollen, wobei diese anhand allgemein beschriebener Kriterien **deduktiv** vermittelt werden. Dabei lernen die Kinder, sich an schulische Konventionen zu halten, statt Texte zu schreiben, die eine kommunikative Absicht erfüllen (Weinhold 2014). Die Frage, warum geschrieben werden soll (s. ▶ Abschn. 10.1 und ◼ Tab. 10.1), wird bei schulischen Schreibaufgaben meist vernachlässigt (ebd.). Bei Erzählungen, die unterhaltende und/ oder eine Ausdrucks-Funktion haben, lässt sich dies im Grundschulbereich durch Präsentationsmöglichkeiten realisieren, wie das Vorlesen im Plenum oder in Kleingruppen oder durch Veröffentlichung in einem Geschichtenbuch. Bei anderen Textmustern lässt sich die Frage nach dem Warum durch einen sachbezogenen fiktiven oder realen Kontext beantworten, wie bspw. eine Bastelanleitung für einen Papierflieger, der von anderen Kindern nachgebastelt wird, oder eine Argumentation für ein gewünschtes Haustier an die Eltern. Die Beispiele verdeutlichen das **induktive Vorgehen.**

❯ Die Kinder erhalten nicht die Aufgabe, eine Beschreibung zu verfassen, die bestimmte Kriterien erfüllt, sondern sie erhalten **eine konkrete Schreibaufgabe** (bspw. Schreibe eine Bastelanleitung für einen Papierflieger), die ein bestimmtes Textmuster evoziert bzw. erfordert. Indem die Kinder in verschiedenen Schreibaufgaben vielfältige Erfahrungen sammeln, werden sie in die Lage versetzt, Vergleiche anzustellen, gemeinsame Merkmale zu erkennen und über sprachliche Mittel zu reflektieren (Feilke 2014).

Die folgende Tabelle gibt für jedes Textmuster und jede Textfunktion Beispiele für Textsorten und Schreibanlässe (◼ Tab. 10.2). Da konkrete Schreibaufgaben häufig Mischformen unterschiedlicher Textfunktionen aufweisen, wird von der dominanten Textfunktion ausgegangen (s. dazu Baurmann und Pohl 2017: 77, Steinig und Huneke 2015: 130).

Bildergeschichten Bildergeschichten sind eine Folge mehrerer Bilder, die einen gedanklichen Zusammenhang aufweisen und als Ausgangspunkt für eine Textproduktion dienen. Sie sind im Grundschulbereich stark verbreitet und dienen häufig als Schreibaufgabe für Klassenarbeiten bzw. Aufgaben zur **Leistungsmessung.** Da sich keine Anwendung im außerschulischen Schreiben findet bzw. Erwachsene weder im Alltag noch im Beruf Bildergeschichten verschriften, handelt es sich um eine **rein schulische Textsorte** (Fritsche 1994). Diese wurde als **methodi-**

◻ Tab. 10.2   Textsorten und Textmuster

Textmuster/ dominante Textfunktion	Textsorten und Schreibanlässe	Beispiele
erzählend Schreiben/ Ausdrucksfunktion	Erzählung: – Fantasieerzählung – Erlebniserzählung – Nacherzählung – Bildergeschichte – Reizwortgeschichte – Gruselgeschichte – Tagebucheintrag – ...	– Fantasiegeschichte: „Die ver- lorene Socke" – Reizwortgeschichte: Wald – Schlüssel verloren – eine alte Frau
berichtend und be- schreibend Schreiben/ Darstellungsfunktion	Beschreibung: – Personenbeschreibung – Orts-/ Wegbeschreibung – Rezept – Bastelanleitung – Sachtexte – ... Bericht: – Ereignisbericht – Klassenzeitung – ...	– Die Hauptdarstellerin Momo aus dem gleichnamigen Roman von Michael Ende beschreiben – Bastelanleitung für ein Himmel und Hölle-Spiel schreiben – Bericht über die Musicalauf- führung der Schule
argumentierend Schreiben/ Appelfunktion	Argumentation: – Meinungsäußerungen – Bittschreiben – ...	– Sollte man Fleisch essen? – Unser Spielplatz soll schöner werden.

sches Hilfsmittel entwickelt, um Kinder beim Schreibenlernen narrativer Texte zu unterstützen. Es wird angenommen, dass durch die inhaltliche Grundlage und die vorgegebene Gliederung, welche die Bildergeschichte liefert, der Schreibprozess entlastet werde (Beck und Hofen 1993). Ebenso soll das Entdecken narrativer Strukturen ermöglicht werden (Fix 2008). Ihre Beliebtheit erklärt sich dadurch, dass eine schrittweise Anleitung im Unterricht ermöglicht wird. Diese soll ins- besondere schwächere Kinder unterstützen. Ebenso geht man davon aus, dass durch die gemeinsame Ausgangslage die Textproduktion **objektiv beurteilbar** ist (Fritsche 1994).

Bildergeschichten ähneln Nacherzählungen und an beiden Textsorten wird kritisiert, dass es sich um reine **Formulierungs-Etüden** ohne kommunikative Funktion handelt (Fix 2008). Besonders problematisch an Bildergeschichten ist, dass sie eher zum Beschreiben als zum Erzählen **animieren** (ebd.). Die Schüler*innen verwenden häufig beschreibende Zeigewörter wie *da* und *dort*, die auf die Bildvorlage verweisen und gerade keine zeitliche oder sonstige Ver- knüpfung herstellen. Ebenso findet sich bei Bildergeschichten häufig die für das Beschreiben typische **Verwendung des Präsens.** Dies ist weniger auf eine Un- zulänglichkeit der Kinder bezüglich ihrer Erzählkompetenz zurückzuführen, sondern durch die Aufgabenstellung der Bildergeschichte provoziert (Böttcher und Becker-Mrotzek 2003: 92).

Insgesamt wird angezweifelt, dass beim Verschriften von Bildergeschichten allgemeine schriftliche Erzählkompetenzen gefördert werden. Vielmehr wird vermutet, dass hier spezifische Fähigkeiten erworben werden, nämlich einzelne Ereignisse einer Geschichte vollständig und in der richtigen Reihenfolge unter Einhaltung vorgegebener Kriterien (bspw. Verwendung wörtlicher Rede, Vergabe von Namen an Personen, Beachtung von Details) zu erzählen. Diese sind nach Fritsche (1994) eher auf **Konformität** ausgerichtet und haben geringen Wert. Typische Schreibschwierigkeiten, wie die fehlende Leserorientierung, können besser dadurch überwunden werden, dass freie Texte in der Klasse vorgelesen und besprochen werden, da so ein Wechsel von der Schreiber- in die Hörerperspektive erzeugt wird (ebd.).

Bildergeschichten unterscheiden sich hinsichtlich ihrer Qualität, ihrer didaktischen Verwertbarkeit und ihrer methodischen Aufbereitung. Der Inhalt sollte für Kinder interessant, klar und übersichtlich gestaltet sein. **Offene Formen**, die Lücken enthalten, ermöglichen es, Geschichten fortzusetzen und/ oder mit eigenen Ideen zu versehen, während **geschlossene Formen** auf eine Übersetzung der Bild- in die Schriftsprache angelegt sind.

10.3.2 Prozessorientierte Schreibdidaktik

10

Mit den Studien zum Schreibprozess seit den 1980er-Jahren entwickelte sich die prozessorientierte Schreibdidaktik. Dabei steht der **individuelle Schreibprozess** im Mittelpunkt und die Schüler*innen sollen befähigt werden, diesen mithilfe verschiedener Methoden selbstständig zu organisieren. Angelehnt an die Schreibprozessmodelle werden einzelne Teilbereiche gezielt methodisch angeleitet.

Methoden für einzelne Schreibphasen Für die **Planung** von Texten und die Vorbereitung des Schreibens finden sich vielfältige Verfahren wie bspw. (Beck und Hofen 1993):

— das Sammeln passender Begriffe in einem Gedankenschwarm, in einem Cluster (spontane Assoziationen) oder in einer Mindmap (hierarchisch geordnete Assoziationen),
— die Erstellung eines Schreibplans,
— das Sammeln von Stichpunkten oder von Sachinformationen,
— ein mündliches Vorgespräch zur Generierung von Ideen,
— die Aktivierung von (Vor-)Wissen,
— das Rezipieren von Texten,
— die Beantwortung von W-Fragen für Berichte,
— gezielte Beobachtungen vor Beschreibungen.

Die **Formulierungs- bzw. Schreibphase** kann durch Revisionen während des Schreibens unterstützt werden, die verschiedene Aspekte mit wechselnder Aufmerksamkeit fokussieren. Diese können den Inhalt, die Formulierung oder die Grammatik betreffen. Ebenso können Sätze erweitert, umgestellt und verändert werden. Wichtig ist außerdem die Förderung des Selbstmonitorings, also die Fähigkeit, den eigenen Schreibprozess zu überwachen, zu steuern und zu reflektieren.

Besondere Bedeutung kommt der **Überarbeitungsphase** zu. Es finden sich eine Reihe unterschiedlicher Methoden zur Überarbeitung von Texten (s. ▶ Abschn. 10.4).

Kritik An der prozessorientierten Schreibdidaktik wurde ihre **starke Schematisierung** kritisiert (Ortner 2000). Die an den Schreibprozessmodellen geübte Kritik, dass Teilbereiche isoliert werden, die in komplexer Weise miteinander interagieren, wurde auch auf die prozessorientierte Schreibdidaktik bezogen (Fix 2008). Die Kritik wurde in aktuellen didaktischen Ansätzen zur Prozessorientierung berücksichtigt und unter den Aspekten Prozess, Prozedur und Produkt diskutiert (Sieber 2005). Viele didaktisch-methodische Ansätze sind prozessorientiert ausgerichtet bzw. beziehen den Prozess konzeptionell ein. Das **kooperative Schreiben** etwa, bei dem im Tandem oder im Team gleichzeitig geschrieben, kommentiert und reflektiert wird, versteht sich als methodische Variante einer prozessbetonten Arbeitsform (Lehnen 2014). Die didaktische Arbeit mit Textprozeduren ist darauf ausgerichtet, eine Verbindung zwischen Schreibprozess und Schreibprodukt herzustellen.

Textprozeduren Während des Schreibprozesses greifen wir auf bestimmte sprachliche Mittel und Schemata zurück, die uns im Umgang mit Texten begegnet sind. Ausdrücke wie *Auf einmal…*, *Plötzlich…*, *Im nächsten Augenblick…* verweisen auf narrative Texte. Typische Wendungen wie *Im Folgenden soll gezeigt werden…*, *Abschließend lässt sich festhalten…* deuten auf die Gliederung eines Sachtextes hin. Bestimmte Textelemente, wie bspw. die Wiedergabe fremder Äußerungen im eigenen Text (Zitate), finden sich bspw. in wissenschaftlichen Textarten (Feilke und Bachmann 2014).

Durch diese Erfahrungen entwickeln kompetente Schreiber*innen **Schreibwerkzeuge,** die ihnen helfen, einen Text zu verfassen. Diese werden als ,Textprozeduren' bezeichnet. Die **textlichen Handlungsschemata** drücken sich in typischen grammatischen Konstruktionen, lexikalischen Wendungen und satzübergreifenden Mustern aus. Feilke (2014: 20 f.) unterscheidet zwischen **Schreibprozeduren** und **Textprozeduren.** Schreibprozeduren unterstützen den Schreibprozess durch Strategien, die das Planen, Schreiben und Überarbeiten von Texten betreffen. Sie beziehen sich darauf, wie der Schreibende beim Schreiben vorgeht. Erstellt er einen Schreibplan, plant er den Text mithilfe von Stichpunkten, wird eine Erstversion einfach aufgeschrieben und danach überarbeitet usw. Schreibprozeduren sind in der Regel individuell ausgeprägt. Textprozeduren sind auf den jeweiligen Text und seinen Aufbau bezogen. Sie betreffen bspw. das Wissen, dass Märchen meist mit der Floskel „Es war einmal" beginnen. Ebenso die Kenntnis, dass beim argumentierenden Schreiben grammatische Konstruktionen wie „einerseits… andererseits" verwendet werden, kann den Textprozeduren zugeordnet werden. Didaktische Ansätze fokussieren sprachliche Mittel, die für den jeweiligen Text geeignet sind. Diese können beim gemeinsamen Lesen erkannt und reflektiert werden. Insbesondere der Vergleich mehrerer Texte des gleichen Musters kann Gemeinsamkeiten offenbaren und damit sprachliche Mittel, die sich für bestimmte Textmuster, Textformen etc. eignen, zu erkennen geben. Eine Didaktik der Textprozeduren bezieht sich damit auf die prozedurale Handlungsebene bzw. auf ein Handlungskönnen.

10.3.3 Freies Schreiben

Der Einsatz des freien Aufsatzes im Unterricht findet sich bereits Anfang des 20. Jahrhunderts. Allerdings verschwand er mit den Reformen der Nationalsozialisten wieder. In den 1970er-Jahren kehrte mit der kommunikativen Wende das Konzept des freien Schreibens an die Schulen zurück, wobei neben der Entfaltung von Fantasie und Imagination der Schreibprozess selbst Gegenstand der Betrachtung wurde (Ludwig 2006). Im Grundschulbereich wurde das selbstständige Schreiben von Texten lange Zeit ausgeklammert, um orthografische Fehler zu vermeiden. Mit der Vorstellung, dass Kinder die Rechtschreibung in eigenaktiver Auseinandersetzung entwickeln, indem sie Schrift selbstständig gebrauchen, fand das freie Schreiben aber allmählich Eingang in den Grundschulunterricht (Spitta 1983). Die Befürchtungen, dass sich freies Schreiben negativ auf die rechtschriftlichen Fähigkeiten auswirken könnte, wurden nicht bestätigt (Scheerer-Neumann 2020). Die freien Texte der Grundschüler*innen zeigen hingegen überraschende Inhaltsdimensionen und unerwartete Textqualitäten (Spitta 1992). Gerhard Sennlaub (1998) plädierte für eine radikale Abkehr von der traditionellen Aufsatzerziehung hin zu einer **Schülerorientierung,** bei der die Kinder darüber schreiben „Was auf die Nerven drückt" (ebd.: 22). Die Kinder schreiben, sobald sie schreiben können und sobald sie schreiben wollen (ebd.). Den Kindern wird in der Regel freigestellt, wann, wo, worüber und womit sie schreiben.

Aktuell wird dem freien Schreiben bereits im Anfangsunterricht eine wichtige Bedeutung beigemessen (Scheerer-Neumann 2020). Übergeordnetes Ziel des Rechtschreibunterrichts ist das normgerechte Schreiben von Texten, was nur durch regelmäßiges Übung erreicht werden kann. Daher ist es wichtig, dass Kinder im Unterricht regelmäßig eigene Texte schreiben. Insbesondere das Schreiben von **Briefen** hat sich für das Erstschreiben als besonders motivierend erwiesen, aber auch das Schreiben über **Kinderliteratur, offene Rahmenhandlungen** (bspw. *Eine freudige Überraschung*) und **Geschichtenbücher** stellen inspirierende Schreibanregungen dar (Payrhuber 2016). Dabei bleibt es eine methodische Herausforderung, die Kinder regelmäßig im Unterricht frei schreiben zu lassen, da es einerseits zeitaufwändig ist und sich andererseits die individuellen Fähigkeiten der Kinder in diesem Bereich stark unterscheiden. Insofern ist es wichtig, die Schreibzeiten geschickt in den Unterricht zu integrieren. Ebenso stellt die Überarbeitung und insbesondere die rechtschriftliche Korrektur der Texte für Lehrkräfte oft eine große Herausforderung dar. Seitens der Fachdidaktik wird bislang für ein individuelles Vorgehen plädiert und die methodischen Vorschläge beziehen sich überwiegend auf die in den 1980er-Jahren entwickelten Konzepte (Hoffmann-Erz 2021). Dabei ist die Auseinandersetzung mit den eigenen Texten und ein dem freien Schreiben nachfolgender kognitiv anregender Rechtschreibunterricht besonders geeignet, Rechtschreibfähigkeiten effektiv zu fördern (Scheerer-Neumann 2020). Wichtig ist, für die alltägliche Unterrichtspraxis geeignete qualitative Fehleranalyse-Instrumente zur Verfügung zu stellen (Hoffmann-Erz 2022).

10.3.4 Kreatives Schreiben

Das Konzept des kreativen Schreibens beruht auf der Vorstellung, dass jeder Mensch ein **kreativ-sprachliches Potenzial** besitzt, welches in vielfältigen und unterschiedlichen Schreibpraktiken entfaltet werden kann. Kohl und Ritter (2010) sehen darin eine **ästhetische Tätigkeit,** die über die Beherrschung einer Kulturtechnik hinausgeht. Der Begriff **Kreativität** wird alltäglich und im schulischen Kontext häufig und für vielfältige Bedeutungen verwendet; im Wesentlichen lässt er sich auf die **Neukonstruktion von Bekanntem** reduzieren (Böttcher 1999). Aus Sicht der Schreibdidaktik wird mit dem kreativen Schreiben eine Subjektorientierung verbunden, die Schüler*innen stärker zum Schreiben motivieren soll.

Spezifische Schreibimpulse dienen dazu, Ideen zu generieren und das Schreiben auszulösen. In diesem Punkt unterscheidet sich das kreative vom freien Schreiben, da an die Stelle der freien Themenwahl bewusst gestaltete Inszenierungen treten (Spinner 1993). Schreibblockaden oder Schreibhemmungen und die sogenannte „Angst vor dem weißen Blatt" sollen vermieden werden (Fix 2008). Kaspar Spinner (1993) nennt für das kreatives Schreiben **drei Prinzipien:**
- Irritation
- Expression
- Imagination

Indem Erwartungen und Alltagsmuster durchbrochen werden, können originelle Ideen entstehen. Innere Zustände sowie subjektive Eindrücke und Empfindungen werden beim expressiven Schreiben ausgedrückt. Bei der Imagination, in der sich das Kind in etwas oder jemanden hineinversetzt, stehen Fantasie und Vorstellungskraft im Vordergrund und vermischen sich mit eigenem Erleben und eigenen Träumen. Böttcher (1999) verzeichnet für das kreative Schreiben **sechs Methodengruppen:**
- Assoziative Verfahren (bspw. Akrostichon, Fantasiereise, Reizwörter)
- Schreibspiele (bspw. Geschichten erwürfeln, Geschichten reihum)
- Schreiben nach Vorgaben, Regeln und Muster (bspw. Elfchen, Schneeballgedicht, Rondell)
- Schreiben zu und nach (literarischen) Texten (bspw. zu Ende schreiben, Textreduktion)
- Schreiben zu Stimuli (bspw. Musik, Bilder, Gegenstände, Orte, Düfte, Bewegungen)
- Weiterschreiben an kreativen Texten (bspw. operieren mit Textteilen)

> ► **Assoziative Verfahren**

Ein Thema, ein Muster, ein Leitfaden o. Ä. wird vorgegeben und persönliche Assoziationen werden notiert. Assoziative Verfahren ermöglichen einen niedrigschwelligen Einstieg in das kreative Schreiben.

Beispiel Akrostichon: Die Buchstaben eines Worts werden senkrecht notiert und dazu Wörter, Satzteile oder Sätze ergänzt.
W *underschöner Tag*
O *hne Hetze*
R *uhe überall*
T *raumhaftes Wetter* ◄

> ► **Schreiben nach Vorgaben, Regeln und Mustern**

Gelenkter als bei den assoziativen Verfahren wird beim strukturorientierten Schreiben nach Mustern, Regeln, Strukturen oder Ähnlichem geschrieben.

Beispiel Rondell: Drei Sätze werden erfunden und in einer bestimmten Reihenfolge wiederholt, sodass die achtzeilige Gedichtform des Rondells entsteht.
a) Endlich wird es wärmer.
b) Die Sonne vertreibt dunkle Wolken und Gedanken.
c) Es geht mir gut.
a) Endlich wird es wärmer.
c) Es geht mir gut.
c) Es geht mir gut.
a) Endlich wird es wärmer.
b) Die Sonne vertreibt dunkle Wolken und Gedanken. ◄

Bewertung der Methode Die Vorstellung, dass kreatives Schreiben zu größerer Motivation und damit zu besseren Leistungen führt, konnte empirisch nicht bestätigt werden (Winter 1998). Ein **Problem** ist, dass Schüler*innen an Texten des kreativen Schreibens weniger überarbeiten, sodass ein wichtiger Teil des Schreibprozesses weitgehend entfällt. Kreatives Schreiben wird mittlerweile als **methodische Variante** angesehen, die in einem abwechslungsreichen Schreibunterricht bzw. in einer **methodenintegrierenden Schreibdidaktik** wichtige Impulse und Schwerpunkte setzen kann (Fix 2008).

10.3.5 Integrative Schreibdidaktik

Eine **Didaktik der Textprozeduren** (s. ► Abschn. 10.3.2) steht zwischen dem Produkt und dem Prozess. Sprachliche Mittel bzw. Schreibprozeduren werden fokussiert, die einerseits den Schreibprozess unterstützen und andererseits spezifisch für ein bestimmtes Textmuster bzw. eine bestimmte Textsorte sind. Dadurch ergibt sich ein Bezug zu dem Textprodukt. Die aktuelle ‚integrative Schreibdidaktik' ist auf eine **Verbindung von Prozess- und Produktorientierung** ausgerichtet. Dadurch wird einer Einseitigkeit im Schreibunterrichts entgegengewirkt.

Darüber hinaus besteht der Anspruch, Schreibunterricht nicht isoliert zu gestalten, sondern sinnvoll einzubetten und mit **anderen Lernbereichen** zu verbinden. Sprachliches Handeln soll in sinnvolle Zusammenhänge eingebunden werden (Fix 2008). Die Schreibanlässe ergeben sich dabei idealerweise aus dem Unterricht selbst, indem bspw. über gemeinsame Vorhaben geschrieben wird oder über im Unterricht behandelte (fachliche) Themen. Die Integration betrifft die **Lernbereiche des Faches Deutsch,** indem Lesen, literarisches Lernen und die Sprachreflexion mit der Textproduktion verbunden werden. Integratives Arbeiten kann aber auch **fachübergreifend** gestaltet sein und das Texteschreiben mit anderen Fächern wie dem Sach-, Kunst-, Musik- und Mathematikunterricht verbinden. Didaktische Ansätze wie das **Schreiben in Projekten** sind besonders geeignet, eine integrative Schreibdidaktik zu realisieren.

Die integrative Schreibdidaktik ist in der Lage, positive Aspekte einzelner didaktischer Ansätze zu nutzen – bspw. die Generierung von Ideen beim kreativen Schreiben – und negative Folgen – bspw. die geringe Bereitschaft kreative Texte zu überarbeiten – auszugleichen. Darüber hinaus wird sie dem Anspruch nach möglichst großer Methodenvielfalt gerecht und kann auf die individuellen Präferenzen der Schüler*innen differenziert eingehen.

10.4 Texte überarbeiten

Der in der Fachdidaktik bekannt gewordene Ausspruch **„Writing is rewriting"** bzw. „Schreiben heißt Überarbeiten" (Murray 1968) verdeutlicht die zentrale Bedeutung der Textüberarbeitung für die Entwicklung der Schreibkompetenz. Überarbeitungen lassen sich hinsichtlich ihrer Komplexität unterscheiden. Möglich sind Korrekturen auf **verschiedenen Ebenen** (Orthografie, Syntax, Grammatik etc.), die mit geringen Veränderungen einhergehen, bis hin zu umfangreichen Revisionen, die ganze Passagen bzw. größere Textteile betreffen (Baurmann 2002).

Grundsätzlich finden sich beim Überarbeiten folgende textliche Veränderungen: **Streichungen, Ergänzungen, Ersetzungen, Umstellungen** (Böttcher und Becker-Mrotzek 2003). Wie bereits in der Diskussion um die Schreibprozessmodelle dargestellt (s. ▸ Abschn. 10.1), finden Überarbeitungen bereits während des Schreibens statt.

Um die Überarbeitungsphase anzuleiten, die sich an die Schreibphase anschließt, wurden spezifische **Überarbeitungsmethoden** entwickelt. Neben individuellen auf die Überarbeitung des eigenen Texts in Einzelarbeit ausgerichtete Verfahren (bspw. Lautes Lesen), finden sich überwiegend kooperative Methoden, die in Kleingruppen durchgeführt werden. Teilweise sollen nicht nur selbstverfasste Texte überarbeitet werden sondern auch Fremdtexte. Bei der Methode ‚Stationenbetrieb' etwa überarbeiten die Kinder ausgewählte Schwerpunkte an vorgefertigten Texten wie bspw. die Vermeidung von Wortwiederholungen.

Überarbeitungen von Texten stellen für Grundschüler*innen eine große Herausforderung dar und nicht immer führen diese zu einer Textverbesserung. Dennoch zeigen sich **langfristig positive Effekte** und Überarbeitungen tragen zur Entwicklung literaler Kompetenzen bei (Böttcher und Becker-Mrotzek 2003). Im Folgenden werden drei kooperative Methoden vorgestellt, die im Grundschulbereich verbreitet sind.

Schreibkonferenzen   Gudrun Spitta (1992) verband das freie Schreiben mit der Methode der Schreibkonferenz und sorgte dafür, dass diese in Deutschland bekannt wurde. In **festen Schreibzeiten** mehrmals wöchentlich verfassen die Kinder freie Texte. Ein Autorenkind bespricht mit zwei Kindern in einer Schreibkonferenz seinen Text und überarbeitet seinen Textentwurf mithilfe der Lehrkraft in einer **Endredaktion** bis zur endgültigen Textfassung. Danach erfolgt eine **Veröffentlichung** des Textes, indem dieser der Klasse vorgelesen und im Plenum besprochen wird. Abschließend wird der Text in einer Textausstellung oder in einem Buchprojekt veröffentlicht.

Autorenrunden   Beate Leßmann (2014) entwickelte diese Methode weiter, indem sie für die Reflexionsgespräche mit der ganzen Klasse, die sie als ‚Autorenrunden‘ bezeichnet, folgenden **ritualisierten Ablauf** entwickelte:
— Was gefällt dir an dem Text?
— Wie wirkt der Text auf dich?
— Schreibgeheimnisse: Was macht den Text so besonders?
— Meine Gedanken zum Text. Meine Tipps für den Autor oder die Autorin.

10

Der Ablauf wird im 3. und 4. Schuljahr durch die differenziertere Auseinandersetzung mit den **sprachlichen Mitteln** erweitert. Mithilfe der sogenannten ‚Text-Hand‘ wird der Text untersucht und Verbesserungspotenzial ermittelt:
— **Roter Faden:** Passt alles zusammen? Was denkst du über Textanfang und Textende? Beschreibe den roten Faden!
— **Adressat/ Leser:** Für wen ist der Text?
— **Ziel/ Wirkung:** Welche Wirkung erzielt der Text? Was will der Text erreichen?
— **Textmuster/ Textsorte:** Was kannst du zum Textmuster oder zur Textsorte sagen? Denke auch an den Aufbau und die Gestaltung!
— **Wörter:** Welche Wörter passen (nicht) zum Ziel und/ oder zum Adressaten? Was fällt dir an den Wörtern auf?
— **Sätze:** Versteht der Adressat die Sätze? Wie sind die Sätze gebaut? Welche Wirkung wird durch die Bauart der Sätze erreicht? Sind die Sätze verbunden?
— **Rechtschreibung:** Ist der Text orthografisch leicht lesbar?

Textlupe   Bei Überarbeitungen mithilfe der ‚Textlupe‘ (Böttcher und Wagner 1993) werden die schriftlichen Texte der Kinder mittels eines Rasters (Textlupe), welches bestimmte **Leitfragen** beinhaltet, unter die Lupe genommen. Die Textlupe listet folgende Fragen in tabellarischer Form auf:
— Das hat mir besonders gut gefallen.
— Hier fällt mir etwas auf! Hier habe ich noch Fragen!
— Meine Tipps! Meine Angebote!

Die Überarbeitung findet in **Kleingruppen** und in **schriftlicher Form** statt. Unter den Kindern zirkulieren die Texte jeweils mit einer ‚Textlupe‘, bis mindestens drei Kinder zu einem Text Stellung genommen haben. Die Kinder lernen kooperativ und konstruktiv zu arbeiten, indem sie am Anfang etwas Positives äußern, konkrete Stellen im Text benennen und dazu schriftliche Vorschläge formulieren. Anschließend entscheidet das Kind, das den Text geschrieben hat, welche Kommentierungen es in welcher Form aufnimmt (Böttcher und Becker-Mrotzek 2003).

10.5 Texte beurteilen und bewerten

Texte werden in der Schule zum einen beurteilt, um den Lernstand zu ermitteln und daraus adaptive (passgenaue) Förderschwerpunkte abzuleiten **(fördernde Beurteilung),** und zum anderen finden Bewertungen und Benotungen statt, um Leistungsvergleiche zwischen den Kindern anzustellen **(bewertende Beurteilung)** (Fix 2008). Die Beurteilung und Bewertung von Texten sollten folgende **Gütekriterien** einhalten, die ganz allgemein für standardisierte Tests gelten (Merz-Grötsch 2010):

- **Objektivität** (Beurteilung ist unabhängig von subjektiven Gefühlen und Meinungen)
- **Validität** (Beurteilung bezieht sich auf den Prüfgegenstand)
- **Reliabilität** (Beurteilungsergebnis bleibt zu jedem Zeitpunkt gleich)

Kriterienkataloge Als methodisches **Hilfsmittel für Lehrkräfte** werden Kriterienkataloge vorgeschlagen. Diese verzeichnen Prüfkriterien und ermöglichen eine systematische Beurteilung der Textqualität (bspw. „Es wurden treffende Ausdrücke verwendet." „Der Text ist sinnvoll aufgebaut."). Böttcher und Becker-Mrotzek (2003: 53 ff.) schlagen einen **Basiskatalog** vor, der zwölf Einzelkriterien unter folgenden Hauptkategorien verzeichnet:

- Sprache
- Inhalt
- Aufbau
- Prozess

Unter Einhaltung der Kriterienanzahl und anhand der drei **Hauptkategorien** Sprache, Inhalt und Aufbau legen die Autoren weitere **spezifische Kriterienkataloge** vor, die sich auf bestimmte Textmuster bzw. Textsorten beziehen (bspw. Beschreibung, Bericht, Rezept, persönlicher Brief, komplexe Geschichte, lyrischer Text).

Die Beurteilungsbögen sind einerseits für die Hand der Lehrkraft gedacht, sollen aber andererseits von den Schüler*innen in angepasster Form als **Checkliste** für die Planung und Überarbeitung ihrer Texte genutzt werden (ebd.: 170). Kriterienkataloge sollten im Unterricht schrittweise eingeführt werden. Die einzelnen Kriterien sollten für die Kinder nachvollziehbar sein und immer wieder erweitert und angepasst werden. Die Kriterienkataloge können außerdem genutzt werden, um Kindern **Rückmeldungen** zu ihren Texten zu geben.

Verschiedene Möglichkeiten der bewertenden Beurteilung Eine bewertende Beurteilung bezieht sich in der schulischen Praxis in der Regel auf einen Text, der von allen Schüler*innen zur gleichen Zeit und zur gleichen Aufgabenstellung produziert wurde **(Klassenarbeit).** Seitens der Fachdidaktik wird daran unter anderem kritisiert, dass gerade die wichtige Überarbeitungsphase fehlt. Alternativ wird bspw. die Bewertung eines Portfolios **(Schreibmappe)** vorgeschlagen (Böttcher und Becker-Mrotzek 2003, Baurmann 2002). Die Kinder sammeln mehrere Texte, die innerhalb eines bestimmten Zeitraums (bspw. in einem Halbjahr) entstanden sind und geben diese zur Bewertung ab **(Produktportfolio).** Eine weitere Möglichkeit stellt eine Sammlung von Textprodukten bzw. Textfassungen (Notizen, Entwürfe) zu einem Thema dar, welche verschiedene Phasen des Schreibprozesses abbilden (Planung, Überarbeitung etc.) **(Prozessportfolio).**

Eine weitere Alternative ist die Beurteilung von Texten, die zu mehreren Zeitpunkten produziert werden, was als **mehrstufiger Prüfungsaufsatz** bezeichnet wird (Merkelbach 1986). Die Kinder schreiben einen Text, der von der Lehrkraft eingesammelt wird. In einer zweiten Phase überarbeitet jedes Kind seinen Text. Die Bewertung erfolgt danach und bezieht sich auf die überarbeitete Fassung. Diese Form kann bezüglich Schreibzeit und Abgabenzeitpunkt geöffnet bzw. so gestaltet werden, dass die Kinder selbst entscheiden, wann sie schreiben und wie häufig sie einen Text überarbeiten, bis sie diesen der Lehrkraft zu Beurteilung übergeben (Fix 2008).

10.6 Fazit und Anwendung

Das Verfassen von Texten stellt für Kinder eine **komplexe Herausforderung** dar. Während des Schreibprozesses müssen unterschiedliche Aspekte, die sich gegenseitig bedingen und voneinander abhängig sind (interdependent), gemeistert werden. Schreibprozessmodelle, wie das von Hayes & Flower (1980), gliedern den Schreibprozess in Planen, Formulieren und Überarbeiten, was didaktisch-methodisch in der **prozessorientierten Schreibdidaktik** aufgegriffen wird. Aufgrund der Interdependenz benötigen Kinder neben Übungen zur Förderung von Teilkompetenzen auch Schreibaufgaben, die den gesamten Schreibprozess ansprechen.

Studien zur Schreibentwicklung zeigen, dass Kinder beim Schreiben zu unterschiedlichen Textmustern bzw. Textsorten vier **vergleichbare Entwicklungsniveaus** durchlaufen: selektierte Assoziationen, sequenzierte Selektionen, perspektivierte Sequenzen, synthetisierte Perspektiven (Augst et al. 2007, s. ▶ Abschn. 10.2). Der **Entwicklungsfortschritt** besteht vor allem darin, dass die Kinder zunehmend in der Lage sind, die verschiedenen Dimensionen – Prozess, Produkt, Leser – gleichzeitig zu berücksichtigen. Die für die einzelnen **Textmuster und Textsorten** spezifischen Schreibkompetenzen werden in der Regel nicht gleichzeitig erworben, was bedeutet, dass das Kind beim Schreiben eines Berichts ein anderes Schreibniveau zeigen kann als beim Schreiben einer Erzählung. Aber auch innerhalb der Großklassen (bspw. narratives Schreiben) zeigen sich Unterschiede in Bezug auf die Kompetenzen, die von den Kindern entfaltet werden können.

Einen großen Einfluss hat dabei die jeweilige **Schreibaufgabe**. Im Bereich des narrativen Schreibens sind schriftliche Erlebniserzählungen ebenso wie Bildergeschichten weniger geeignet das Schreibpotenzial zu entfalten als Fantasieerzählungen. Grundsätzlich zeigt sich, dass die Schreibkompetenz weniger vom Alter der Kinder abhängt als vielmehr von ihren Schreiberfahrungen, also von ihrem sogenannten **Schreibalter**. Im Grundschulbereich soll zu **allen Textmustern** geschrieben werden und eine Beschränkung auf das Geschichtenschreiben gilt fachdidaktisch als überholt.

Textsortenspezifische Merkmale sollen von den Kindern im handelnden Umgang und durch anschließende Reflexionen erworben werden. Statt deduktiver Vorgaben gilt es, Schreibziele und Schreibfunktionen zu reflektieren. Eine an **Textprozeduren** orientierte Didaktik ist auf die Vermittlung von Schreibwerkzeugen bzw. sprachlichen Mitteln und Schemata angelegt und verbindet damit Prozess und Produkt. Dem **freien Schreiben** bereits im Anfangsunterricht wird eine hohe Bedeutung beigemessen. Methoden des **kreativen Schreibens** sind darauf angelegt, Ideen zu generieren. Im Schreibunterricht gilt es, didaktisch-methodische Ansätze zu integrieren und vielfältige Schreibanregungen zu geben.

Die Fähigkeit, Texte zu überarbeiten und kooperative und konstruktive Methoden zu nutzen, ist für die Entwicklung der Schreibkompetenz von entscheidender Bedeutung. **Kriterienkataloge** können als Checklisten für Überarbeitungen eingesetzt werden und gleichzeitig dazu dienen, den Kindern fördernde Rückmeldungen zu geben und Texte zu bewerten. Statt der typischen **Leistungsmessung** in Form von Klassenarbeiten werden alternative Verfahren wie bspw. Portfolios und der mehrstufige Prüfungsaufsatz empfohlen.

10.7 Aufgaben

1. Diskutieren Sie, welchem Entwicklungsniveau des erzählenden Schreibens nach Augst 2010 (s. ▶ Abschn. 10.2) der folgende Schülertext zugeordnet werden kann.

» Das Männchen in der Höhle // Es war einmal ein Männchen das / ging spazieren. Dann sah es eine / Höhle. Dann ging es in die Höhle. Dann / ging es vorsichtig in die Höhle. // Dann / kamen ganz viele Fledermäuse. Das / Männchen lief und lief (Jannik, 2. Kl. aus Augst et al. 2007: 245)
(/ = Zeilensprung, // = Absatz)

2. Legen Sie eine Textsammlung an, die zu den vier Textmustern (Erzählen, Berichten, Beschreiben, Argumentieren) mehrere Beispieltexte enthält. Analysieren sie Textprozeduren, die in den Texten eingesetzt werden, und listen sie diese nach Textmuster auf.

3. Schreiben Sie ein Haiku. Ein Haiku ist eine traditionelle japanische Gedichtform mit folgendem Aufbau:
   - 1. Zeile: fünf Silben
   - 2. Zeile: sieben Silben
   - 3. Zeile: fünf Silben

Beispiel:	Warmer Sonnenschein
	Vertreibt dunkle Gedanken
	Ich hoffe auf ihn

4. Untersuchen Sie Schreibaufgaben in Schulbüchern für die Grundschule und ordnen Sie diese einer didaktischen Richtung zu.

Literatur

Altenburg, E. (1996). *Offene Schreibanlässe*. Donauwörth: Auer.

Augst, G. (2010). Zur Ontogenese der Erzählkompetenz in der Primar- und Sekundarstufe. In T. Pohl & T. Steinhoff (Hrsg.). *Textformen als Lernformen* (S. 63–95). Duisburg: Gilles & Francke.

Augst, G., Disselhoff, K., Henrich, A., Pohl, Th. & Völzing, P.-L. (2007). *Text-Sorten-Kompetenz. Eine echte Longitudinalstudie zur Entwicklung der Textkompetenz im Grundschulalter*. Frankfurt a. M.: Lang.

Baurmann, J. (2002). *Schreiben, Überarbeiten, Beurteilen. Ein Arbeitsbuch zur Schreibdidaktik*. Seelze: Klett/Kallmeyer.

Baurmann, J. & Pohl, Th. (2017). Schreiben – Texte verfassen. In A. Bremerich-Vos et al. (Hrsg.). *Bildungsstandards für die Grundschule: Deutsch konkret* (75–103). 5. Aufl. Berlin: Cornelsen.

Beck, O. & Hofen, N. (1993). *Aufsatzunterricht Grundschule*. 2., überarb. Aufl. Baltmannsweiler: Schneider.

Becker, T. (2005). *Kinder lernen erzählen. Zur Entwicklung der narrativen Fähigkeiten von Kindern unter Berücksichtigung der Erzählform*. 2. korr. Aufl. Baltmannsweiler: Schneider.

Becker-Mrotzek, M. (1997). *Schreibentwicklung und Textproduktion. Der Erwerb der Schreibfertigkeit am Beispiel der Bedienungsanleitung*. Opladen: Westdeutscher Verlag.

Bereiter, C. (1980). Development in Writing. In L. Gregg & E. Steinberg (Hrsg.). *Cognitive processes in writing* (S. 73–93). Hillsdale: Erlbaum.

Böttcher, I. (1999). *Kreatives Schreiben*. Berlin: Cornelsen.

Böttcher, I. & Wagner, M. (1993). Kreative Texte bearbeiten. *Praxis Deutsch* 119, 24–35.

Böttcher, I. & Becker-Mrotzek, M. (2003). *Texte bearbeiten, bewerten und benoten*. Berlin: Cornelsen.

Feilke, H. (1995). Auf dem Weg zum Text. Die Entwicklung der Textkompetenz im Grundschulalter. In G. Augst (Hrsg.). *Frühes Schreiben. Studien zur Ontogenese der Literalität. Untersuchungen zum Schreiberwerb* (S. 69–88). Essen: Blaue Eule.

Feilke, H. (2005). Entwicklungsaspekte beim Schreiben. In U. Abraham, C. Kupfer-Schreiner & K. Maiwald (Hrsg.). *Schreibförderung und Schreiberziehung. Eine Einführung für Schule und Hochschule* (S. 38–48). Donauwörth: Auer.

Feilke, H. (2011). Literalität und literale Kompetenz: Kultur, Handlung, Struktur. *leseforum.ch* 1, 1–18.

Feilke, H. (2014). Argumente für eine Didaktik der Textprozeduren. In Th. Bachmann & H. Feilke (Hrsg.). *Werkzeuge des Schreibens. Beiträge zu einer Didaktik der Textprozeduren* (S. 11–34). Stuttgart: Fillibach/Klett.

Feilke, H. & Bachmann, Th. (2014): Werkzeuge des Schreibens – Zur Einleitung. In Th. Bachmann & H. Feilke (Hrsg.). *Werkzeuge des Schreibens. Beiträge zu einer Didaktik der Textprozeduren* (S. 7–10). Stuttgart: Fillibach/Klett.

Fix, M. (2008). *Text schreiben. Schreibprozesse im Deutschunterricht.* 2. Aufl. Paderborn: Schöningh.

Fritsche, J. (1994). *Zur Didaktik und Methodik des Deutschunterrichts. Band 2: Schriftliches Arbeiten.* Stuttgart: Klett.

Hayes, J. & Flower, L. (1980). Identifying the organization of writing processes. In L. Gregg & E. Steinberg (Hrsg.). *Cognitive processes in writing* (S. 3–30). Hillsdale: Erlbaum.

Hoffmann-Erz, R. (2022). Herausforderung Fehlerkorrektur. *Grundschule Deutsch* 74/2, 21–23.

Hoffmann-Erz R. (2021). Fehler in freien Texten korrigieren – aber wie? *SchulVerwaltung. Hessen/ Rheinland Pfalz* 3, 189–191.

KMK (2005). *Bildungsstandards im Fach Deutsch für den Primarbereich.* Beschluss vom 15.10.2004. München: Luchterhand.

Kohl, E. M. & Ritter, M. (2010). *Schreibszenarien. Wege zum kreativen Schreiben in der Grundschule.* Seelze: Klett/Kallmeyer.

Lehnen, K. (2014). Gemeinsames Schreiben. In H. Feilke & Th. Pohl (Hrsg.). *Schriftlicher Sprachgebrauch Texte verfassen. Deutschunterricht in Theorie und Praxis Bd. 4* (S. 414–431). Baltmannsweiler: Schneider.

Leßmann, B. (2014). Textprozeduren reflektieren und entwickeln – auf der Grundlage eigener Texte. In Th. Bachmann & H. Feilke (Hrsg.). *Werkzeuge des Schreibens. Beiträge zu einer Didaktik der Textprozeduren* (S. 85–110). Stuttgart: Fillibach/Klett.

Ludwig, O. (1983). Einige Gedanken zu einer Theorie des Schreibens. In S. Grosse (Hrsg.). *Schriftsprachlichkeit* (S. 37–73). Düsseldorf: Schwann.

Ludwig, O. (2006). Geschichte der Didaktik des Texteschreibens. In U. Bredel, H. Günther, P. Klotz, J. Ossner & G. Siebert-Ott (Hrsg.). *Didaktik der deutschen Sprache. Ein Handbuch*, Bd. 1 (S. 171–177). 2., durchges. Aufl. Paderborn: Schöningh.

Merkelbach, V. (1986). *Korrektur und Benotung im Aufsatzunterricht. Wissenschaftliche Erkenntnisse und didaktische Konzepte.* Frankfurt a. M.: Diesterweg.

Merz-Grötsch, J. (2010). *Texte schreiben lernen. Grundlagen, Methoden, Unterrichtsvorschläge.* Seelze: Klett/Kallmeyer.

Molitor-Lübbert, S. (1996). Schreiben als mentaler und sprachlicher Prozeß. In H. Günther & O. Ludwig (Hrsg.). *Schrift und Schriftlichkeit. Ein interdisziplinäres Handbuch internationaler Forschung. 2. Halbband* (S. 1005–1026). Berlin: de Gruyter.

Murray, D. M. (1968). *A Writer teaches Writing: A practical Method of teaching Composition.* Boston: Houghton Mifflin.

Ortner, H. (2000). *Schreiben und Denken.* Tübingen: Niemeyer.

Payrhuber, F.-J. (2016). *Schreiben lernen. Texte verfassen in der Grundschule.* Baltmannsweiler: Schneider.

Pohl, Th. & Steinhoff, T. (2010). Einführung und Grundlagen: Textformen als Lernformen. In T. Pohl & T. Steinhoff (Hrsg.). *Textformen als Lernformen* (S. 5–26). Duisburg: Gilles & Francke.

Scheerer-Neumann, G. (2020). *Schreiben lernen nach Gehör? Freies Schreiben kontra Rechtschreiben von Anfang an.* Hannover: Klett/Kallmeyer.

Sennlaub, G. (1998). *Spaß beim Schreiben oder Aufsatzerziehung?* 7. Aufl. Stuttgart: Kohlhammer.

Sieber, P. (2005). Didaktik des Schreibens – vom Produkt zum Prozess und weiter zur Textkompetenz. *Schweizerische Zeitschrift für Bildungswissenschaften* 27/3, 381–406

Spinner, K. H. (1993). Kreatives Schreiben. *Praxis Deutsch* 20/119, 17–23.

Spitta, G. (1983). *Kinder schreiben eigene Texte: Klasse 1 und 2.* Berlin: Cornelsen.

Spitta, G. (1992). *Schreibkonferenzen in Klasse 3 und 4. Ein Weg vom spontanen Schreiben zum bewußten Verfassen von Texten.* Berlin: Cornelsen.

Steinig, W. & Huneke, H.-W. (2015). *Sprachdidaktik Deutsch. Eine Einführung.* Berlin: Erich Schmidt Verlag.

VERA (2007). *Vergleichsarbeiten in der Grundschule.* Universität Koblenz-Landau.

Weinhold, S. (2000). *Text als Herausforderung. Zur Textkompetenz am Schulanfang.* Freiburg, Breisgau: Fillibach.

Weinhold, S. (2014). Schreiben in der Grundschule. In H. Feilke & Th. Pohl (Hrsg.). *Schriftlicher Sprachgebrauch Texte verfassen. Deutschunterricht in Theorie und Praxis*, Bd. 4 (S. 143–158). Baltmannsweiler: Schneider.

Winter, C. (1998). *Traditioneller Aufsatzunterricht und kreatives Schreiben: eine empirische Vergleichs-studie*. Augsburg: Wißner.

Weiterführende Literatur
Abraham, U. & Kupfer-Schreiner, C. (2007). *Schreibaufgaben*. Berlin: Cornelsen.
Dehn, M., Merklinger, D. & Schüler, L. (2011). *Texte und Kontexte, Schreiben als kulturelle Tätigkeit in der Grundschule*. Seelze: Klett/Kallmeyer.
Philipp, M. (2020). *Grundlagen der effektiven Schreibdidaktik und der systematischen schulischen Schreibförderung*. 8. erw. Aufl. Baltmannsweiler: Schneider.

10

Lesen lernen

Inhaltsverzeichnis

Lesefähigkeiten gelten als Schlüsselqualifikation, da kaum eine berufliche Tätigkeit ohne sie auskommt (Lenhard 2019). Durch die Vielfalt neuer Textformen in der modernen Medienwelt ergeben sich neue Herausforderungen für die Lesekompetenz und zunehmend müssen auch nicht lineare Texte (bspw. Grafiken, Tabellen, Schaubilder) bewältigt werden (Bertschi-Kaufmann 2007). Die Aneignung ausreichender Lesekompetenzen ist keine Selbstverständlichkeit. Alle drei Jahre untersucht die PISA-Studie der OECD Schülerleistungen von 15-Jährigen im internationalen Vergleich. Nach ihrer ersten Durchführung 2000 offenbarte die Studie unterdurchschnittliche Leistungen deutscher Schüler*innen. Die Reaktion darauf wurde als **PISA-Schock** bezeichnet und entfachte in Deutschland eine umfangreiche Bildungsdebatte. Viele Maßnahmen – vor allem im Bereich der Leseförderung – wurden eingeleitet. Der Begriff ‚Lesekompetenz‘, seine inhaltliche Deutung sowie das Verständnis des Kompetenzbegriffs werden seither kontrovers diskutiert. Ebenso stellt sich die Frage, wie Kompetenzen und ihre Entwicklung modellhaft beschrieben werde können (Philipp 2017; Hurrelmann 2007; Bartnitzky 2006).

11.1 Lesekompetenz

Kompetenzmodelle der Leistungsstudien   Der Begriff der Lesekompetenz hat vielfältige Interpretationen und Modellierungen erfahren und wird aus unterschiedlichen Perspektiven beschrieben. Laut Bildungsstandards für den Primarbereich ermöglichen Lesefähigkeiten das sinnverstehende Lesen altersgemäßer Texte (KMK 2005). Die Erfassung der Lesekompetenz innerhalb der **PISA-Studie** basiert auf einem Kompetenzmodell, welches unterschiedliche Teilfähigkeiten bestimmt und darauf ausgerichtet ist, diese testbezogen zu erfassen. Aus den Testergebnissen bzw. den bearbeiteten Aufgaben ergeben sich die Leistungen der Schüler*innen, aus denen Rückschlüsse auf kognitive Fähigkeiten gezogen werden. Dies wird als „Output-Orientierung" bezeichnet (Philipp 2017). Auch andere Schulleistungsstudien, wie IGLU (Internationale Grundschul-Lese-Untersuchung) und DESI (Deutsch Englisch Schülerleistungen International), basieren auf diesem Prinzip, wobei sich die zugrundeliegenden Modelle nicht ganz gleichen. Sie unterscheiden sie etwa darin, welche Textarten (literarische versus Sachtexte, ausschließlich lineare Texte versus Einbezug nichtlinearer Texte) verwendet werden, was Auswirkungen auf die notwendigen Kompetenzen und die Leseleistungen hat (ebd.).

Den Studien liegt ein Konstrukt von Lesekompetenz zugrunde, welches primär an der **kognitiven Dimension des Textverstehens** ausgerichtet ist. Lesen wird nach der konstruktivistischen Lerntheorie als aktive Informationsverarbeitung verstanden. Lesefähigkeiten gehen über eine bloße Sinnentnahme hinaus, da der Lesende den Inhalt auf der Grundlage seines Vorwissens und seiner individuellen Interessen erarbeitet. Insofern wird eine textimmanente von einer wissensbasierten Ebene unterschieden (Deutsches PISA-Konsortium 2000). Die Modelle der Schulleistungsstudien basieren auf drei grundlegenden

Teildimensionen der Lesekompetenz: **Informationen ermitteln, textbezogenes Interpretieren, Reflektieren und Bewerten** (Hurrelmann 2007).

❯ Die **Kompetenzmodelle der Leistungsstudien** sind geeignet, Leseleistungen vergleichend zu messen und Hinweise für notwendige schulische Interventionen (Fördermaßnahmen) zu geben. Die Erwerbswege ebenso wie die subjektiven und sozialen Aspekte bleiben allerdings unberücksichtigt, sodass sie keine ausreichende Grundlage für lesedidaktische Konzeptionen geben (Rosebrock und Nix 2020).

Weitere Kompetenzmodelle Ein anderes Verständnis von Lesekompetenz ergibt sich aus der **Lesesozialisationsforschung,** die sozialen und kulturellen Aspekten als Indikatoren für Lesekompetenz einen hohen Stellenwert beimisst (Groeben und Hurrelmann 2006). Schulische und außerschulische Bedingungen stellen dabei wichtige Einflussfaktoren dar. Ebenso erfährt die Beschreibung der Lesekompetenz eine Erweiterung durch **motivational-emotionale** und **kommunikativ-interaktive** Voraussetzungen.

Neben den beiden grundlegenden kognitionspsychologischen und kulturwissenschaftlichen Sichtweisen lassen sich weitere Perspektiven ausmachen, die sich aus den verschiedenen Fachdisziplinen ergeben und spezifische Zielsetzungen verfolgen. Eine **pädagogisch-psychologische Kompetenzmodellierung** strebt über eine gezielte Förderung eine überprüfbare Verbesserung trainierbarer Fähigkeiten an. Dabei wird der Motivation ein erheblicher Stellenwert beigemessen. Ebenso lässt sich eine **didaktische** von einer **sozialisatorischen Perspektive** unterscheiden. Erstere versucht günstige Rahmenbedingungen und Fördermaßnahmen für den schulischen Erwerbsprozess zu bestimmen. Letztere entwickelt ein Verständnis für ko-konstruktive (gemeinschaftliche) sozialisatorische Prozesse und soziale Kontexte (Philipp 2017).

❯ Für die unterrichtliche Leseförderung ist das **didaktisch orientierte Lesekompetenzmodell** von Rosebrock und Nix (2020/2008) grundlegend geworden.

11.2 Mehrebenenmodell des Lesens

Das Modell von Rosebrock und Nix (2020/2008) versteht sich als **theoretischer Bezugsrahmen für eine systematische Leseförderung.** Es ist darauf angelegt, die Lesekompetenz so zu beschreiben, dass passende Leseförderkonzepte ausgewählt werden können. Es integriert **drei Ebenen:**

- die Prozessebene (kognitionstheoretische Ebene),
- die Subjektebene und
- die soziale Ebene.

Kompetenzdefizite können unterschiedlichen Ebenen zugeordnet werden und ebenso nehmen Förderansätze auf unterschiedliche Bereiche der Lesekompetenz Einfluss (Rosebrock und Nix 2020). Während manche Verfahren darauf ausgerichtet sind, Lesestrategien zu entwickeln, zielen andere auf die Förderung der Lesemotivation und des Leseinteresses.

Die drei verschiedenen Dimensionen des Lesens werden in dem Modell als gleichwertig angesehen, sodass es sich nicht um ein hierarchisches Modell handelt. Die Bezeichnung **Mehrebenenmodell** drückt aus, dass die verschiedenen Ebenen heterogen zueinander stehen. Sie folgen keinem zeitlichen Ablauf, sondern alle drei Perspektiven sind für den Erwerb von Lesekompetenz bedeutsam (ebd., ☐ Abb. 11.1).

Prozessebene Im Zentrum (innerer Kreis) steht die Prozessebene, welche die **kognitionstheoretische Perspektive** auf das Lesen abbildet. Der Leseprozess sowie die Bedeutung und das Zusammenspiel verschiedener kognitiver Anforderungen und Teilfähigkeiten wird hier fokussiert. Dabei werden hierarchieniedrige Prozesse von hierarchiehohen unterschieden (s. auch ▶ Abschn. 11.3). **Hierarchieniedrige** Prozesse betreffen basale Lesefähigkeiten auf Wort- und Satzebene sowie die Erfassung der lokalen Kohärenz. **Hierarchiehöhere** Prozesse betreffen die globale Kohärenz, das Erkennen von Makrostrukturen (Gesamtaussage, Textmuster, Gliederung etc.) und das Identifizieren von Darstellungsstrategien.

Subjektebene Die beiden äußeren Kreise, welche die Subjektebene und die soziale Ebene betreffen, verdeutlichen die Einflüsse durch innere und äußere Faktoren. Innere Faktoren (Subjektebene) sind die **Motivation**, das **Weltwissen**, die **Reflexionsfähigkeit** und die **Interessen** der jeweiligen Leser*innen. Eine wichtige Voraussetzung dafür, sich den vielschichtigen Denkakten zu stellen, die

11

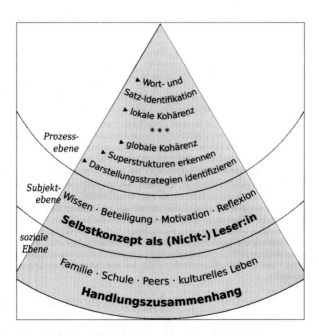

☐ **Abb. 11.1** Rosebrock und Nix (2020: 15), Grundlagen der Lesedidaktik

auf der Prozessebene erforderlich sind, ist die Motivation (Rosebrock und Nix 2020). Für die Entwicklung didaktischer Konzepte ist die Förderung von Leseinteresse daher zentral. Die Leser*innen sind über die kognitive Anstrengung hinaus mit dem Inhalt bzw. dem Bedeutungsgeflecht des Textes konfrontiert. Der Aufbau von Leseinteresse wird durch die innere Beteiligung beeinflusst. Ob eine Lektüre für Leser*innen als sinnhaft oder positiv erlebt wird, hängt von vielen Faktoren ab und unterscheidet sich je nach Lesesituation und Textinhalt.

Hohe Bedeutung hat das **Selbstkonzept,** welches dazu führt, sich selbst als begeisterter Leser bzw. begeisterte Leserin zu verstehen oder eine ablehnende Rolle einzunehmen. Dies wird seit früher Kindheit aufgebaut und durch das **soziale Umfeld**, den Umgang der Familie mit Büchern und Lesen, durch die Schule, die Mitschüler*innen und den Freundeskreis bestimmt.

Soziale Ebene   Lesen erfüllt neben der eigenen Unterhaltung (literarisches Freizeitlesen) den Zweck der sozialen Teilhabe. Dazu gehört, sich über Bücher austauschen zu können, die zu einer bestimmten Zeit populär sind. Ebenso baut der Lesende Wissen über bestimmte Themen auf, welches dazu beiträgt, mit anderen zu kommunizieren. Anfänge der Lesesozialisation sind meistens **Vorlesesituationen.** Im Dialog finden gemeinsame Konstruktionen eines Sinnzusammenhangs von Text und Welt statt. Der Übergang vom Vorlesen zum Selber-Lesen wird begleitet durch die **Anschlusskommunikation,** also das Sprechen über das Gelesene. Gespräche über Bücher, Literatur, Geschichten, Sachthemen usw. finden in einem sozialen Kontext bzw. in konkreten **Handlungszusammenhängen** statt und beeinflussen damit die Lesehaltung und die Lesekompetenz.

> Deutlich wird, dass Lesekompetenz nicht nur auf kognitiven Fähigkeiten beruht, sondern durch individuelle und soziale Gegebenheiten und damit durch die Lesesozialisation beeinflusst wird.

Eine auf kognitive Prozesse ausgerichtete Leseförderung ist nicht ausreichend. Die Bildungsstandards führen unter dem Kompetenzbereich „Lesen – mit Texten und Medien umgehen" neben den Lesefähigkeiten Leseerfahrungen sowie Texte erschließen und präsentieren auf (KMK 2005).

11.3 Prozessebenen

11.3.1 Hierarchieniedrige Prozesse

Diese Prozessebene umfasst zum einen die Wort- und Satzidentifikation und zum anderen die Fähigkeit zur lokalen Kohärenzbildung.

Wort- und Satzidentifikation   Eine Voraussetzung für die ‚Wort- und Satzidentifikation' bildet das Wissen über die Graphem-Phonem-Korrespondenz (GPK), also die Fähigkeit, den Schriftzeichen einen Laut zuzuordnen. Die einzelnen

Laute müssen synthetisiert (zusammengezogen) und damit Schrift in Sprache umgesetzt werden. Die Fähigkeit der Versprachlichung von Geschriebenem wird als **Rekodierfähigkeit** bezeichnet. Dies geschieht zunächst auf Buchstabenebene. Flüssiges Lesen setzt voraus, dass größere Einheiten wie Silben, Morpheme und ganze Wörter identifiziert und für das Lesen genutzt werden können. Der erlesenen Lautfolge den entsprechenden Inhalt zuzuordnen, ergibt sich dabei nicht von selbst. Leseanfänger*innen können ein Wort oder einen Satz lautierend wiedergeben, ohne das Rekodierte zu verstehen. Die Fähigkeit, Wörtern, Sätzen und Textteilen einen Sinn zu entnehmen, wird als **Dekodierfähigkeit** bezeichnet (Müller und Richter 2017, Bertschi-Kaufmann 2007). Um ein Wort verstehend zu lesen, muss die Lautfolge mit einem im Gedächtnis bzw. im **mentalen Lexikon** gespeicherten passenden Wort bzw. einer Wortform verglichen und Lautfolge und Wortbedeutung verbunden werden (Lenhard 2019). Die Sinnentnahme wortübergreifender Einheiten wird durch die Erwartung des Lesenden gestützt. Diese wird während des Leseprozesses entwickelt und präzisiert, was als **Top-down-Prozess** bezeichnet wird (Rosebrock und Nix 2020). Die Worterkennung wird durch den **Wortschatz** der Kinder sowie ihr **Kontextwissen** beeinflusst, sodass Leseleistungen bereits auf der basalen Ebene mit anderen sprachlichen Fähigkeiten zusammenhängen (zu Methoden des Lesenlernens s. ► Abschn. 7.1 bis 7.4).

Lokale Kohärenzbildung Das **Satzverstehen** wird durch die Bildung von Sequenzen, die semantisch zusammengehören, ermöglicht. Voraussetzung ist, dass die Erwartungsspanne bis zum Satzende aufgebaut werden kann. Dabei können Schriftzeichen und Wörter schneller gelesen werden, wenn sie in ein sinnvolles Wort bzw. einen sinnvollen Kontext eingebunden sind. Dies wird als **Wortüberlegenheitseffekt** bezeichnet. Deutlich wird, dass sich verschiedene Teilkomponenten und hierarchische Prozesse bereits auf der basalen Ebene wechselseitig beeinflussen (Lenhard 2019). Die mentale Verknüpfung von Wortgruppen ermöglicht es, die propositionale Struktur des Satzes bzw. seinen Inhalt zu erfassen. Dies wird als **lokale Kohärenzbildung** bezeichnet (ebd.).

Während es im Grundschulbereich ein zeitaufwändiger Prozess sein kann, hierarchieniedrige Lesekompetenzen aufzubauen, laufen diese bei kompetenten Leser*innen weitgehend **automatisiert** ab. Leerstellen oder Unstimmigkeiten in Texten können von guten Leser*innen durch **Interferenzen** ausgefüllt bzw. ausgeglichen werden. **Interferenzen** sind in diesem Zusammenhang passende Ergänzungen und über den Text hinausgehende Schlussfolgerungen, die vom Lesenden vorgenommen werden (Lenhard 2019, Rosebrock und Nix 2020). **Automatisierungen** ermöglichen dem geübten Leser, die Bedeutung einiger geschriebener Wörter direkt zu erfassen, was positive Auswirkungen auf die Leseflüssigkeit hat.

11.3.2 Hierarchiehöhere Prozesse

Die hierarchiehöheren Prozesse betreffen die Verarbeitung größerer Texteinheiten, die über die Satzebene hinausgehen. Es lassen sich drei kognitive

Teilkompetenzen bestimmen, die miteinander interagieren und sich wechselseitig ergänzen: die globale Kohärenzbildung, das Erkennen von Superstrukturen und das Identifizieren von Darstellungsstrategien.

Globale Kohärenzbildung Das verstehende Lesen größerer Textabschnitte bzw. eines gesamten Textes wird als ‚globale Kohärenzbildung' bezeichnet. Einen Text auf der **Makroebene** zu erfassen (s. ▶ Abschn. 9.3) bedeutet nicht nur explizit Genanntes zu verarbeiten, sondern auch im Text implizit angelegte Informationen zu erschließen. Dafür werden Vorwissen und Erwartungen der Lesenden eingesetzt (Lindauer und Schneider 2007). Die Überschrift *Im Schwimmbad* und der folgende Satz *„Los, Jonas. Spring!"* legt die Vermutung nahe, dass der Sprung von einem Dreimeterbrett gemeint ist.

Erkennen von Superstrukturen Das Erkennen von **Superstrukturen** bzw. die Vorstellung von Textsorten unterstützt das Leseverstehen. Die Erwartungen der Leser*innen werden durch das Wissen gestützt, ob der Text über etwas informiert oder ob es sich um einen narrativen Text handelt. Die Kinder können spezifische Sorten wie Märchen, Fabeln, Tiergeschichten erkennen und unterscheiden.

Identifizieren von Darstellungsstrategien Aus der Metaperspektive entschlüsseln die Lesenden rhetorische Mittel, Stilistiken und argumentative Strategien und identifizieren **Darstellungsstrategien.**

❯ Hierarchiehöhere Prozesse setzen voraus, dass basale Lesekompetenzen der hierarchieniedrigen Ebene weitgehend **automatisiert** bewältigt werden. Dies ist notwendig, damit ausreichend kognitive Ressourcen für komplexeres Textverstehen zur Verfügung stehen.

11.4 Lautleseverfahren

Im Folgenden werden verschiedene Ansätze der Leseförderung dargestellt, die sich im Schwerpunkt auf bestimmte Bereiche des Mehrebenenmodells beziehen lassen.

Lautleseverfahren sind Förderverfahren, bei denen durch **lautes Lesen** basale Leseprozesse gefördert werden. Sie zielen besonders darauf ab, die Leseflüssigkeit zu verbessern. **Leseflüssigkeit** umfasst (Rosebrock und Nix 2020):
- das genaue bzw. weitgehend fehlerfreie Dekodieren von Wörtern (Lesegenauigkeit),
- die Automatisierung der Dekodierprozesse,
- eine angemessene schnelle Lesegeschwindigkeit,
- die sinngemäße Betonung bzw. das ausdrucksvolle Vorlesen.

Begleitendes Lautlesen und wiederholtes Lautlesen Grundformen der Lautleseverfahren sind das begleitende Lautlesen und das wiederholte Lautlesen. Beim

begleitenden Lautlesen, dem sogenannten **Paired reading** (Topping 1995), liest das Kind, welches gefördert werden soll, synchron mit einem stärkeren Leser bzw. einer stärkeren Leserin (Tutorkind). Während des gemeinsamen lauten Lesens kann das Tutorkind mit dem Finger den Lesetext mitverfolgen. Es passt sein Lesetempo dem schwächeren Lesekind an, lässt Zeit für eigene Korrekturen und verbessert Fehler. Durch ein verabredetes Zeichen (bspw. Schulterklopfen) kann der Tutand anzeigen, dass er einen Abschnitt alleine lesen möchte.

Eine Variante stellen die sogenannten **Lautlese-Tandems** (Rosebrock et al. 2016) dar, bei denen die Lesepaare als Lese-Sportler und Lese-Trainer bezeichnet werden, um einer sozialen Stigmatisierung entgegenzuwirken. Der Trainierende bereitet seinen Lesesportler bzw. seine Lesesportlerin auf eine Lesemeisterschaft vor, bei der sich die Lesetandems untereinander messen. Eine wichtige Frage ergibt sich durch die Auswahl des Textmaterials, welches geeignet sein muss, die Leseleistung zu fördern und die Kinder nicht zu überfordern. Gleichzeitig sollten die Texte den Interessen der Kinder entsprechen. Der Einsatz von Lautleseverfahren kann über die Leseflüssigkeit hinaus indirekt auch das leserbezogene Selbstkonzept, die Lesemotivation und das Reflexionsvermögen fördern (Rosebrock und Nix 2020).

Beim **wiederholten Lautlesen** liest ein Kind, welches Lesefähigkeiten im hierarchieniedrigen Bereich entwickeln soll, einen Text mehrfach wiederholt laut vor. In der Regel wird einem Zuhörenden (bspw. Elternteil, Tutor*in, (Kuschel-)Tier) so lange und so oft ein Text laut vorgelesen, bis eine bestimmte Lesegeschwindigkeit (ca. 85 bis 100 Wörter pro Minute) erreicht wird. Ebenso wird vorgeschlagen, eine bestimmte Anzahl von Leseungenauigkeiten (bspw. zwei sinnentstellende Fehler pro 100 Wörter) zuzulassen, bis der Text als ausreichend geübt eingeschätzt wird (Rosebrock et al. 2016).

Eine spezifische Form des wiederholten Lautlesens stellt das **Lesetheater** dar. Ein literarischer Text (bspw. Bilderbuchtext) bzw. Textausschnitt wird unter den Kindern aufgeteilt. Unter Umständen kann die Vorlage vereinfacht bzw. wörtliche Rede eingebaut werden. Jedes Kind übt seinen Textabschnitt alleine und in der Gruppe, indem es ihn wiederholt laut liest. Am Ende steht eine Präsentation des gesamten Textes mit den vorher verteilten Rollen im Rahmen einer Elternaufführung, einer Vorstellung vor einer anderen Klasse oder Ähnliches mehr. Weitere Varianten können das Erstellen eines Hörbuchs, das Vorlesen für jüngere Kinder oder das alleine Lesen eines Buches für eine Audioaufnahme sein. Das Vorlesen von Texten findet sich auch in den Bildungsstandards (KMK 2005).

Vorteile gegenüber anderen Methoden   Vielfältige Studien belegen positive Effekte von Lautleseverfahren auf die Leseflüssigkeit und das Textverstehen (Rosebrock et al. 2016). Dabei sind Lautleseverfahren nicht zu verwechseln mit einem „Reihumlesen", bei dem im Klassenverband abwechselnd ein Kind laut vorliest, während die anderen zuhören. In der Regel fällt es schwächeren Kindern schwer, den Text mitzuverfolgen, sodass sie häufig nicht einsteigen können, wenn sie selbst an der Reihe sind. Noch frustrierender ist die Variante des sogenannten Fehlerlesens, bei dem der Wechsel zwischen den Kindern durch einen Lesefehler bestimmt wird. Die öffentliche Zurschaustellung der unterschiedlichen

Lesefähigkeiten ist für viele Kinder demotivierend. Darüber hinaus ist beim Lesen im Plenum immer nur ein Kind aktiv.

11.5 Vielleseverfahren

Vielleseverfahren zielen darauf ab, Lesekompetenzen durch regelmäßige **freie Lesezeiten** zu verbessern. Zum einen wird nach der Maxime „Lesen lernt man durch Lesen" davon ausgegangen, dass ein gesteigertes Lesepensum die Lesefähigkeit verbessert. Zum anderen sollen sich **Lesegewohnheiten** bzw. habitualisierte Leseerfahrungen etablieren und die Kinder ein **positives Selbstverständnis zur eigenen Leserolle** entwickeln. Kinder, die in ihrer Lesesozialisation wenig Umgang mit Büchern hatten und geringe Vorleseerfahrungen sammeln konnten, verfügen in der Regel über ein negativeres Selbstkonzept und weniger Motivation in Bezug auf das Lesen. Vielleseverfahren wirken dem entgegen, indem sie den Umgang mit Büchern und Lesen ermöglichen und intensivieren. Kinder, die nicht gerne lesen, vermeiden es zu lesen, und umgekehrt lesen Kinder, die über wenig Leseflüssigkeit verfügen, in der Regel ungern. Durch Vielleseverfahren soll dieser Negativkreislauf durchbrochen werden. Aber auch lesestarke Kinder können davon profitieren und ihre Leseleistung steigern. Was die Kinder in den freien Lesezeiten lesen, wählen sie selbst aus. Insofern ist ein Austausch über die Leseinhalte in der Regel nicht vorgesehen. Lesestoff kann über Bücherkisten, die Klassen- oder Schulbibliothek usw. bereitgestellt werden. Die Lesezeiten finden in der Regel während der Unterrichtszeit statt. Bei einigen methodischen Varianten werden aber auch häusliche Lesezeiten einbezogen.

Die **Sustained Silent Reading** (SSR) (Pilgreen 2000) Verfahren sehen freie Lesezeiten drei- bis viermal in der Woche für jeweils etwa 20 Minuten vor. Bei der **Leseolympiade** (Bamberger 2000) lesen die Kinder analog zu einem sportlichen Wettkampf innerhalb eines begrenzten Zeitraums möglichst viele Seiten bzw. Bücher. Die Lesezeit findet hierbei außerhalb des Unterrichts statt und die Kinder dokumentieren in einem Lesepass, welche Bücher sie gelesen haben. Das sogenannte **Kilometer-Lesen** verknüpft die Leseolympiade mit SSR-Verfahren. Die Kinder lesen möglichst viele Buch-Meter, die in einem sogenannten ‚Lese-Reisepass' eingetragen werden. Das Kilometer-Lesen kann als Wettstreit mit anderen Klassen inszeniert werden (Rosebrock und Nix 2006, 2020).

Bewertung Die Effektivität von Vielleseverfahren konnte in Bezug auf messbare Komponenten des Leseverstehens empirisch nicht nachgewiesen werden. Es scheint so zu sein, dass schwächere Leser*innen die Texte zwar durchlesen, aber mentale Prozesse nicht ausreichend aktivieren. Dennoch ist davon auszugehen, dass regelmäßige stille Lesezeiten die Lesemotivation fördern und das Interesse an Büchern wecken und stärken, sodass insgesamt ein positives Lese-Selbstkonzept aufgebaut werden kann. Vielleseverfahren sollten insofern mit anderen Förderansätzen kombiniert werden und insbesondere gilt es, die Prozesse der hierarchieniedrigen Ebene zu fördern. Ebenso wichtig ist es, einer geringen Lesesozialisation mit schulischen Angeboten zu begegnen. Diese sollen einen positiven und selbstverständlichen Umgang mit Büchern und Lesen sowie einen kommunikativen Austausch darüber kontinuierlich fördern (Rosebrock und Nix 2020).

11.6 Lesestrategien

Lesestrategien sind mentale Handlungen, die eingesetzt werden, um einen Text verstehend zu lesen. Sie werden von kompetenten Leser*innen häufig intuitiv angewendet, sind aber in der Regel dem Bewusstsein zugänglich. Das Einüben von Lesestrategien spielt im Rahmen der Leseförderung bereits in der Grundschule eine zentrale Rolle (KMK 2005). Sie zielen auf die **Entwicklung hierarchiehöherer Prozesse** ab und setzen eine ausreichende Leseflüssigkeit voraus. Lesestrategien unterstützen die Schüler*innen dabei, die komplexen Anforderungen der globalen Kohärenzbildung zu bewältigen und die notwendigen Teilkomponenten miteinander zu verknüpfen.

Wichtige Lesetechniken bzw. mentale Werkzeuge der Texterschließung sind das **Unterstreichen** wichtiger Textstellen, das **Zusammenfassen** von Textteilen sowie das **Erkennen** der Textintention. Dabei muss die eingesetzte Lesestrategie auf ein bestimmtes Ziel hin ausgewählt werden. Geht es bspw. um die Erfassung des Textinhalts, können analytische Strategien eingesetzt werden wie die Explizierung der wichtigsten Inhalte. Auf der reflexiven Ebene (Monitoring) wird sich der Lesende darüber bewusst, was er nicht verstanden hat. Bei der eigenständigen Regulation der Lesestrategien findet er passende Lösungen. Die unterschiedlichen Ebenen ergänzen sich gegenseitig und stehen in einer wechselseitigen Abhängigkeit (Rosebrock und Nix 2020).

Es existieren eine Reihe methodischer Verfahren und Programme zur Vermittlung von Lesestrategien, die im Kern viele Gemeinsamkeiten aufweisen. Die Erarbeitung im Unterricht betrifft drei unterschiedliche Handlungsebenen: die **unmittelbare Textarbeit**, die **metakognitive Ebene** und die **Selbstregulation**. Unterrichtsmethodisch vollzieht sich der Aufbau schrittweise, indem die jeweilige Strategie zunächst eingeführt wird (Zeigen), dann durch die Schüler*innen angewendet (Imitieren) und zunehmend selbstständiger eingesetzt wird (Transferieren). Im Folgenden werden einige methodische Ansätze, wie die SQ3R Technik (Robinson 1948), die Textdetektive (Gold et al. 2004) und das Reziproke Lehren (Palincsar und Brown 1984, Spörer et al. 2014) kurz vorgestellt.

▶ Beispiele

Fünf-Schritt-Lesemethode (SQ3R)
Bei dieser Methode wenden die Kinder fünf Einzeltechniken in einer bestimmten Reihenfolge an:
- Survey: den Text überfliegen, um sich einen ersten Überblick zu verschaffen
- Question: Fragen an den Text stellen
- Read: den Text genau lesen
- Recite: den Inhalt in eigenen Worten wiedergeben
- Review: die ersten Schritte wiederholen und einen Gesamtüberblick gewinnen

Die englische Bezeichnung SQ3R ergibt sich aus den Anfangsbuchstaben S, Q und dreimal R. Wichtig dabei ist, dass alle Strategien in der vorgegebenen Reihenfolge absolviert werden.

Textdetektive

Das Lesestrategieprogramm „Wir werden Textdetektive" basiert auf sieben Detektivmethoden, von denen jede für eine bestimmte Lesestrategie steht.

1. Detektivmethode: **Überschrift beachten**
   Vor dem Lesen über die Überschrift nachdenken und Vorwissen aktivieren
2. Detektivmethode: **Bildlich vorstellen**
   Nach dem Lesen das Gelesene als Film oder Bild vorstellen
3. Detektivmethode: **Umgang mit Textschwierigkeiten**
   Verstehensprobleme erkennen und das Lesen unterbrechen, unbekannte Wörter identifizieren und nachschlagen, für schwierige Passagen eine Lösung finden
4. Detektivmethode: **Verstehen überprüfen**
   Durch Fragen an den Text das eigene Verstehen überprüfen
5. Detektivmethode: **Wichtiges unterstreichen**
   Den Text nochmals abschnittsweise lesen und alles Wichtige unterstreichen
6. Detektivmethode: **Wichtiges zusammenfassen**
   Das Unterstrichene in eigenen Worten zusammenfassen, um Informationen zu behalten
7. Detektivmethode: **Behalten prüfen**
   Den Text mündlich nacherzählen und mit den Unterstreichungen und Zusammenfassungen vergleichen

In dem Unterrichtsmaterial werden die einzelnen Detektivmethoden anhand von Aufgaben mit Textbeispielen eingeführt und geübt. Mithilfe eines sogenannten Leseplans sollen die Methoden von den Kindern zunehmend selbstständig und flexibel eingesetzt werden. Dabei lernen sie, Leseziele zu reflektieren und die Methoden bewusst zuzuordnen.

Reziprokes Lehren

Das Reziproke Lehren wird als **kooperative Lernmethode** in **Kleingruppen** durchgeführt. Vier grundlegende Lesetechniken werden zunächst durch die Lehrkraft eingeführt. Später übernehmen die Kinder abwechselnd die Anleitung der Gruppe, sodass die Texterschließung zunehmend selbstständiger erfolgt. Die Lesetechniken lauten (Spörer et al. 2014: 163):

- **Unklarheiten beseitigen**, Verständnisprobleme klären, schwierige Textpassagen klären
- **Textabschnitte in eigenen Worten zusammenfassen**, um sie auf Kernaussagen zu reduzieren
- **eigene Fragen zum Text stellen**, um das Gelesene zu vertiefen und das Sinnverständnis zu kontrollieren
- **Vorhersagen treffen und überprüfen,** ob diese auf das nachfolgend Gelesene zutreffen ◄

Die knappe exemplarische Darstellung der ausgewählten Programme zeigt bereits vielfache Übereinstimmungen. Eine besondere Schwierigkeit ist, dass die Lesestrategien und Techniken zwar vermittelt und eingeübt werden können, der selbstständige Einsatz aber eine besondere Herausforderung darstellt, der unterrichtlich nur bedingt vermittelt werden kann. Insofern sind metakognitive Strategien, die den **reflektierten Umgang mit Lesestrategien** steuern, besonders wichtig. Darüber hinaus sollte der Fokus beim Umgang mit Texten nicht allein auf den Lesestrategien liegen, sondern auch der Text selbst sollte Gegenstand der Auseinandersetzung sein (Rosebrock und Nix 2020).

Sachtexte lesen   Texte werden nicht nur im Deutschunterricht, sondern auch in anderen Fächern wie bspw. dem Sachunterricht, dem Religionsunterricht und dem Musikunterricht gelesen. Informierende Texte bzw. Sachtexte unterscheiden sich von narrativen Texten nicht nur inhaltlich, sondern auch **strukturell**. Insofern müssen die Lesestrategien an das spezifische Textmuster bzw. die Textsorte angepasst werden. Zum Beispiel wird das Aktivieren von Vorwissen oder die Unterscheidung zwischen Wichtigem und Unwichtigem im Text erschwert, wenn für den Lesenden **unbekannte Thematiken** betroffen sind.

Für Sachtexte wird empfohlen, methodische Formen der Texterschließung einzusetzen, die auf die besondere Textform abzielen und die grundlegenden Lesestrategien ergänzen. Beispiele sind die Erstellung einer Mindmap und das Anfertigen einer Tabellen oder eines Diagramms (Pompe et al. 2016). Sachtexte können zum Lesen animieren, wenn das Thema von besonderem Interesse für das Kind ist. Der Umgang mit nichtlinearen Texten wird durch digitale Medien immer wichtiger und damit auch die Erschließung von Bild-Text-Verhältnissen. Dies stellt eine besondere Herausforderung für die Lesedidaktik dar und kann anhand von Sachtexten geübt werden.

11.7 Leseanimation

Leseanimierende Verfahren verfolgen das Ziel, Kinder auf vielfältige Weise zum Lesen zu motivieren und eine positive Einstellung zu generieren.

> ▶ **Beispiel**
>
> Beispiele für konkrete Animationen sind: Bibliotheksbesuche, Autorenlesungen, Lesenächte, Vorlesewettbewerbe, das Einrichten einer Klassenbibliothek, Buchvorstellungen, der Umgang mit Bilderbüchern und Kinderliteratur, das Basteln von Lesezeichen, die Bereitstellung von Bücherkisten, die Gründung von Leseclubs, die Durchführung von Projekttagen, der Einsatz von Hörbüchern, das lektürebegleitende Führen von Lesetagebüchern, Vorlesen, Bücher tauschen, einen Lesepass führen usw. ◀

Die Liste ließe sich noch fortführen. Nach dem PISA-Schock in den 2000er-Jahren verbreitete sich an den Schulen der Einsatz leseanimierender Verfahren und mittlerweile gehören Schulbibliotheken und andere motivierende

Leseanregungen zum festen Bestandteil deutscher Grundschulen. Die Lese-animation betrifft im Schwerpunkt innerhalb des Mehrebenenmodells die Subjekt- und soziale Ebene. Sie fördert ein **positives lesebezogenes Selbstkonzept** und damit die **Lesemotivation**.

Kinder, die altersgerecht Lesen können bzw. über eine ausreichende Lese-flüssigkeit verfügen, profitieren in der Regel von der Leseanimation und intensivieren ihre Lesegewohnheiten und ihren positiven Umgang mit Büchern und Literatur. Schwächere Leser*innen, die über geringe basale Lesefähigkeiten verfügen, sind davon meist überfordert. Zum einen fehlt ihnen das Erfolgserleb-nis des verstehenden und damit genussvollen Lesens und zum anderen ist ihnen der selbstorganisierte Umgang mit Büchern eher fremd. Daher können lese-animierende Verfahren hier nur ergänzend eingesetzt werden und es gilt, zunächst hierarchieniedrige Leseprozesse mithilfe von Lautleseverfahren zu entwickeln. Andererseits wird eine Leseförderung ohne animierende und motivierende Elemente kaum auskommen und stellt einen wichtigen Bestandteil eines Förder-konzepts dar (Rosebrock und Nix 2020).

> ❯ Häufig wird angemahnt, dass sich die schulische Leseförderung überwiegend auf Verfahren der Leseanimation beschränkt. Dadurch können Unterschiede im Be-reich der Lesekompetenz verstärkt werden. Kinder, die über eine geringe Lese-flüssigkeit verfügen, können durch leseanimierende Verfahren allein nicht aus-reichend gefördert werden. Dennoch sind leseanimierende Verfahren ein wichtiger Bestandteil eines Leseförderkonzepts.

11.8 Übersicht Leseförderverfahren

◻ Tab. 11.1 gibt einen Überblick über die vorgestellten Verfahren und ordnet sie einem Schwerpunkt innerhalb des didaktischen Mehrebenenmodells von Rosebrock und Nix (2020/2008) zu. Es ist davon auszugehen, dass die einzel-nen Verfahren darüber hinaus auch andere Ebenen mehr oder weniger, direkt oder indirekt ansprechen. Erfahrungen mit Lesetandems bspw. können unter Umständen die Lesefreude und Lesemotivation steigern und damit neben der Prozessebene auch die soziale Ebene und die Subjektebene ansprechen. Buch-vorstellungen können zum Lesen animieren und damit Lesefähigkeiten auf der Prozessebene befördern und Ähnliches mehr.

11.9 Literarische Texte lesen

Bereits Vorschulkinder sind durch Lieder, Kniereiter, Abzählreime, Bilderbücher, vorgelesene Geschichten, (Zeichentrick-)Filme und Hörmedien mit lyrischen, narrativen und dramatischen Texten konfrontiert. Je nach Sozialisation sind die Erfahrungen unterschiedlich stark ausgeprägt. Viele Kinder kennen auch den kommunikativen Austausch über Literatur und Gelesenes und verfügen

◻ Tab. 11.1 Schwerpunktmäßige Zuordnung der Leseförderverfahren zu Ebenen des Mehrebenenmodells

	Lautleseverfahren	Vielleseverfahren	Lesestrategien	Leseanimation
Methodische Konzeptionen	– wiederholtes Lautlesen – Lesetheater – Paired reading – Lesetandem	– Sustained Silent Reading (SSR) – Leseolympiade – Kilometer-Lesen	– Fünf-Schritt-Lesemethode (SQ3R) – Textdetektive – Reziprokes Lehren	– Klassen-bibliothek – Bibliotheks-besuch – Autoren-lesung – Lesenacht – Vorlesen – Buchvor-stellung – Kinder-literatur – Bücherkiste – Lesetagebuch
Schwerpunkte im Mehrebenenmodell	– Hierarchie-niedrige Prozessebene	– Subjektebene	– Hierarchie-höhere Prozess-ebene (globale Kohärenz) – Subjekt-ebene (Wissen, Reflexion…)	– Subjektebene – Soziale Ebene

11

über **literarische Vorerfahrungen.** Sie erhalten dadurch eine Vorstellung von konzeptioneller Schriftlichkeit, die zunächst im Medium der Mündlichkeit vermittelt wird. Dies ist für die Lese- und Schreibentwicklung von besonderer Bedeutung und bildet eine wichtige Grundlage für die schulischen Anforderungen (s. ▶ Abschn. 9.1 und 10.3, Pompe et al. 2016). Lesen kann nur dann als erfüllend wahrgenommen werden, wenn das, was gelesen wird, für den Lesenden von Interesse ist. Leseanfänger*innen sind oft mit Texten konfrontiert, die stark vereinfacht sind oder kaum Sinn entfalten. Das Vorlesen von Kinderliteratur sowie Leselernkonzepte, die nicht ausschließlich auf sehr reduziertes Lesematerial setzen, können dem entgegenwirken. Literarische Texte sind für Kinder deshalb interessant, weil sie sich mit anthropologischen Grundfragen, (Alltags-) Problemen und spezifischen Kinderthemen beschäftigen. Durch den Umgang mit **verschiedenen Genres** (bspw. Märchen, Fabeln, Comics, realistische und fiktive Geschichten) lernen die Kinder grundlegende Geschichtenmuster und Erzählformen kennen und bauen ihren Zugang zu fiktiven Welten aus.

Die Wirkung literarischer Texte Sprache vermittelt nicht nur Inhalte, sondern kann auch durch Klang und Rhythmus sinnlich-ästhetisch erfahren werden (Pompe et al. 2016). Die Gestaltung von Büchern vermittelt Kindern durch den Umschlag, die Typografie, Illustrationen und Ähnliches mehr **sinnliche Lese-Erfahrungen.** Die Kinder entwickeln lebendige Vorstellungen beim Lesen und Hören literarischer Texte (KMK 2005). Insbesondere Gedichte sind geeignet, die

Wirkung sprachlicher Gestaltungsmittel durch Reim und Rhythmus zu erleben. Die besonderen Stimmungen, die dabei erzeugt werden, regen die **Imagination** an und ermöglichen Erfahrungen mit einer verdichteten Sprache. **Literarische Sprache** weicht häufig vom gewohnten Sprachgebrauch ab und es ist eine wichtige Aufgabe der Lese- und Literaturdidaktik, Zugänge zu literarischen Ausdrucksweisen zu eröffnen. Spielerische Texte wie Nonsenslyrik oder Sprachspiele können dafür einen guten Einstieg bieten.

Ein wichtiger Aspekt literarischen Lesens ist die **subjektive Beteiligung**. Die Wirkung literarischer Texte kann sich nur entfalten, wenn die Leser*innen eigene Erfahrungen und eigenes Erleben einbringen. Ebenso wichtig ist das aufmerksame Lesen und die vertiefende Auseinandersetzung mit dem Text, um nicht nur subjektive Eindrücke zu beschreiben, sondern durch die Literatur neue Erfahrungsdimension und Gedanken anzuregen (Pompe et al. 2016). **Lesetagebücher** bieten die Möglichkeit, die subjektive Involviertheit sowie das intensive Lesen und Reflektieren zu fördern. Indem die Kinder sich in die literarischen Figuren hineinversetzen und sich sprachlich mit deren Emotionen, Wünschen, Handlungen und Motiven auseinandersetzen, wird die Empathiefähigkeit ausgebaut. Dabei werden häufig auch problembehaftete Themen wie Ausgrenzung, Verlust, Behinderung behandelt. Vieles in literarischen Texten hat symbolische Bedeutung wie bspw. der Wolf in Märchen, der für Bedrohung steht. Häufig finden sich in neuerer Kinderliteratur Adaptionen, Verfremdungen oder Anspielungen.

Symbolhaftes zu erkennen und die Bedeutung zu entschlüsseln sind wichtige Fähigkeiten für die Erschließung literarischer Texte. Die Beschäftigung mit Literatur fördert die **Identitätsbildung**, die Fähigkeit zum **Perspektivenwechsel** sowie **Kreativität** und **Fantasie** (ebd.). Literarische Texte sind grundsätzlich **bedeutungsoffen** und **mehrdeutig**. Das heißt, ein Text kann bei verschiedenen Leser*innen unterschiedliche Empfindungen, Gedanken und Deutungen hervorrufen. Dadurch werden Kinder auf der Ebene des hierarchiehöheren Leseverstehens herausgefordert, eigene Sinnkonstruktionen herzustellen. Rosebrock und Nix (2020) sehen in literarischen Texten und der Entwicklung einer literarischen Lesekultur besondere Potenziale für die Lesedidaktik.

Bilderbücher Bilderbücher nehmen in der Lesesozialisation eine wichtige Rolle ein, da sie Kinder seit frühester Kindheit begleiten. Sie sind als ästhetisches Medium besonders geeignet, sinnliche Eindrücke hervorzurufen. Durch die Verbindung von Bildsprache und literarischer Sprache können **Bild-Text-Bezüge** und besondere Gestaltungsmittel beider Medien erlebt und bewusst wahrgenommen werden. Bilderbücher ermöglichen damit eine **reflektierte Medienrezeption** (Dehn 2019). Preußer (2015) stellt bei ihrer Zusammenschau empirischer Studien zum Umgang mit Bilderbüchern in der Schule fest, dass überwiegend thematisch gearbeitet wird. Gefordert wird, stärker die literarischen und medienästhetischen Rezeptionskompetenzen bei den Kindern anzubahnen. Dies kann erreicht werden, indem Gestaltungsmittel (bspw. schwarz-weiß Gestaltung, knallige Farben, zarte Konturen, fotorealistische Darstellung etc.) fokussiert und diskutiert werden.

Didaktische Aspekte Eine Didaktik der Kinderliteratur zielt darauf ab, sich **imaginativ** auf die Lektüre einzulassen und gleichzeitig eine **kognitive Distanzierung** zu entwickeln (Kurwinkel 2020). Für den Grundschulunterricht werden **handlungs- und produktionsorientierte Verfahren** empfohlen, bei denen die Schüler*innen zu den Texten malen, gestalten, darstellen (Rollenspiel, Standbild), schreiben (Texte weiterschreiben, umschreiben), musizieren und Ähnliches mehr. Dies ermöglicht den Kindern, sich aktiv und ganzheitlich mit dem Text auseinanderzusetzen und Stimmungen, Gedanken und Gefühle der Figuren nachzuempfinden. Darüber hinaus werden sie selbstständig produktiv und gestalterisch tätig.

Für die reflektierende Auseinandersetzung mit literarischen Texten sind **literarische Gespräche** bedeutsam. Sie dienen dazu, Eindrücke zu äußern, sich über diese auszutauschen sowie die Deutungsvielfalt literarischer Texte zu erfahren und zu würdigen. Die Lehrkraft gibt – wenn nötig – Impulse, indem sie eigene Eindrücke zur Diskussion stellt, lenkt das Gespräch aber nicht in eine bestimmte Richtung (Wiprächtiger-Geppert und Steinbrenner 2015).

11.10 Fazit und Anwendung

Der Begriff **Lesekompetenz** wird zum einen kognitionspsychologisch gedeutet und zum anderen kulturwissenschaftlich. Das didaktisch orientierte **Mehrebenenmodell** von Rosebrock und Nix (2020/2008) ist für die Leseförderung grundlegend geworden. Es umfasst drei Ebenen: **Prozessebene, Subjektebene** und **soziale Ebene**. Die unterschiedlichen Bereiche greifen ineinander und beeinflussen sich wechselseitig.

Die Lesedidaktik hat verschiedene Förderverfahren hervorgebracht, die auf die unterschiedlichen Ebenen Bezug nehmen. **Lautleseverfahren** fördern vor allem die hierarchieniedrigen Leseprozesse. **Vielleseverfahren** zielen darauf ab, das leserbezogene Selbstkonzept zu stärken und die Leseflüssigkeit zu verbessern. **Lesestrategien** fördern Fähigkeiten auf der hierarchiehöheren Ebene. Sie sind wichtig für die Texterschließung und müssen auf das jeweilige Textmuster angepasst werden. Kinder sollen Leseerfahrungen zu unterschiedlichen Sorten von Texten und Medien sammeln und diese begründet auswählen können (KMK 2005). Die **Leseanimation** zielt auf die Förderung der Lesemotivation durch vielfältige häufig gemeinschaftliche Aktivitäten ab, die Kinder direkt oder indirekt mit Büchern in Berührung bringen. Leseanimierende Verfahren sind in den Grundschulen sehr verbreitet.

Für die Erreichung lesedidaktischer Ziele sind **literarische Texte** besonders geeignet, da sie polyvalent sind und dadurch „echte Gespräche", die nicht auf ein bestimmtes Ziel hin ausgerichtet sind, geführt werden können. Die Arbeit mit Bilderbüchern im Grundschulunterricht ermöglicht in besonderer Weise eine reflektierte Medienrezeption zu entwickeln.

Lesefähigkeiten setzen ausreichende **Lesemotivation** voraus und diese kann nur bei ausreichenden Lesefertigkeiten aufgebaut werden. Insofern ist es für die

Leseförderung wichtig, **alle Ebenen zu berücksichtigen.** Dabei gilt es **Schwerpunkte zu setzen,** die sich durch den jeweiligen Stand der Leseleistung ergeben. Kinder, die über geringe basale Lesefähigkeiten verfügen, also kaum in der Lage sind, wenige Sätze flüssig und verstehend zu lesen, können durch motivierende Leseanregungen allein nicht ausreichend gefördert werden. Für sie ist es wichtig, auf der hierarchieniedrigen Prozessebene mithilfe von Lautleseverfahren gefördert zu werden. Ebenso setzt die Vermittlung von Lesestrategien ausreichende Fähigkeiten auf der hierarchieniedrigen Ebene voraus. Kinder, die bereits flüssig und verstehend Lesen können, profitieren von animierenden Verfahren, die den Zugang zu Büchern und die Freude am Lesen stärken.

11.11 Aufgaben

1. Erläutern Sie die Bedeutung des Mehrebenenmodells von Rosebrock und Nix (2020/2008) für die schulische Leseförderung.
2. Betrachten Sie im Internet (eigene Recherche) ein Filmbeispiel zu einem Lesetandem und notieren Sie Ihre Beobachtungen.
3. Die schulische Leseförderung beruht überwiegend auf Verfahren zur Leseanimation. Diskutieren Sie die daraus resultierenden Nachteile und entwickeln Sie alternative Vorschläge.
4. Entwickeln Sie eine differenzierte Leseförderstunde für eine heterogene Schüler*innengruppe unter Einbezug verschiedener Leseförderverfahren.
5. Untersuchen Sie die gestalterischen Merkmale eines Bilderbuchs und interpretieren sie diese in Bezug auf die Thematik und die Intention. (Literaturempfehlung: Dammers, B. et al.: (Hrsg.) (2022). *Das Bilderbuch. Theoretische Grundlagen und analytische Zugänge.* Berlin: J. B. Metzler)

Literatur

Bamberger, R. (2000). *Erfolgreiche Leseerziehung in Theorie und Praxis.* Mit besonderer Berücksichtigung der Aktion „Leistungs- und Motivationssteigerung im Lesen und Lernen unter dem Motto Lese- und Lernolympiade." Baltmannsweiler: Schneider.

Bartnitzky, H. (2006). Lesekompetenz – was ist das und wie fördert man sie? In H. Bartnitzky (Hrsg.). *Lesekompetenz. Ein Lese- und Arbeitsbuch des Grundschulverbandes* (S. 14–31). Frankfurt a. M.: Grundschulverband.

Bertschi-Kaufmann, A. (2007). Einführung. In A. Bertschi-Kaufmann (Hrsg.). *Lesekompetenz, Leseleistung, Leseförderung* (S. 8–16). Hannover: Klett/Kallmeyer.

Dehn, M. (2019). Visual Literacy Imagination und Sprachbildung. In J. Knopf, U. Abraham (Hrsg.). *BilderBücher, Bd. 2: Praxis.* 2. vollst. überarb. Aufl (S. 121–130). Hohengehren: Schneider.

Deutsches PISA-Konsortium (Hrsg.) (2000). *Schülerleistungen im internationalen Vergleich. Eine neue Rahmenkonzeption für die Erfassung von Wissen und Fähigkeiten.* Berlin: Max-Planck-Institut für Bildungsforschung.

Gold, A. et al. (2004). *Wir werden Textdetektive: Lehrermanual.* Göttingen: Vandenhoeck & Ruprecht.

Groeben, N. & Hurrelmann, B. (Hrsg.) (2006). *Lesekompetenz. Bedingungen, Dimensionen, Funktionen.* 2. Aufl. Weinheim, München: Juventa.

Hurrelmann, B. (2007). Modelle und Merkmale der Lesekompetenz. In A. Bertschi-Kaufmann (Hrsg.). *Lesekompetenz, Leseleistung, Leseförderung* (S. 18–28). Hannover: Klett/Kallmeyer.

KMK (2005). *Bildungsstandards im Fach Deutsch für den Primarbereich.* Beschluss vom 15.10.2004. München: Luchterhand.

Kurwinkel, T. (2020). *Bilderbuchanalyse: Narrativik – Ästhetik – Didaktik.* 2. Aufl. Tübingen: A. Francke.

Lenhard, W. (2019). *Leseverständnis und Lesekompetenz.* 2., akt. Aufl. Stuttgart: Kohlhammer.

Lindauer, T. & Schneider, H. (2007). Lesekompetenz ermitteln: Aufgaben im Unterricht. In A. Bertschi-Kaufmann (Hrsg.). *Lesekompetenz, Leseleistung, Leseförderung* (S. 109–125). Hannover: Klett/Kallmeyer.

Müller, B. & Richter, T. (2017). Förderung hierarchieniedriger Leseprozesse. In M. Philipp (Hrsg.). *Handbuch. Schriftspracherwerb und weiterführendes Lesen und Schreiben* (S. 51–66). Weinheim: Beltz.

Palincsar, A. S. & Brown, A. L. (1984). Reciprocal teaching of comprehension-fostering and comprehension-monitoring activities. *Cognition & Instruction* 1, 117–175.

Philipp, M. (2017). Lese- und Schreibkompetenz. In M. Philipp (Hrsg.). *Handbuch Schriftspracherwerb und weiterführendes Lesen und Schreiben* (S. 36–50). Weinheim: Beltz.

Pilgreen, J. L. (2000). *The SSR Handbook: How to manage a sustained silent reading program.* Portsmouth, NH: Heinemann.

Pompe, A., Spinner, K. & Ossner, J. (2016). *Deutschdidaktik Grundschule. Eine Einführung.* Berlin: Erich Schmidt Verlag.

Preußer, U. (2015). Das Bilderbuch aus didaktischer Perspektive. Ein Forschungsbericht. *Didaktik Deutsch: Halbjahresschrift für die Didaktik der deutschen Sprache und Literatur* 20/39, 61–73.

Robinson, F. P. (1948). *Effective Stu*dy. New York: Harper & Brothers.

Rosebrock, C. & Nix. D. (2006): Forschungsüberblick: Leseflüssigkeit (Fluency) in der amerikanischen Leseforschung und -didaktik. *Didaktik Deutsch* 20, 90–112.

Rosebrock, C., Nix, D., Rieckmann, C. & Gold, A. (2016). *Leseflüssigkeit fördern. Lautleseverfahren für die Primar- und Sekundarstufe.* Seelze: Klett/Kallmeyer.

Rosebrock, C. & Nix, D. (2020). *Grundlagen der Lesedidaktik und der systematischen schulischen Leseförderung.* 9., akt. Aufl. (2. Aufl. 2008). Baltmannsweiler: Schneider.

Spörer, N., Demmrich, A. & Brunstein, J. C. (2014). Förderung des Leseverständnisses durch „Reziprokes Lehren." In G. W. Lauth, M. Grünke & J. C. Brunstein (Hrsg.). *Intervention bei Lesestörungen. Förderung, Training und Therapie in der Praxis* (S. 162–175). Göttingen: Hogrefe.

Topping, K. (1995). *Paired Reading, Spelling and Writing.* New York: Cassell.

Wiprächtiger-Geppert, M. & Steinbrenner, M. (2015). Gemeinsam über Geschichten nachdenken und sprechen. Das Heidelberger Modell des Literarischen Unterrichtsgesprächs. In M. Dehn et al. (Hrsg.). *Erzählen – vorlesen – zum Schmökern anregen* (S. 136–145). Frankfurt a. M.: Grundschulverband.

Weiterführende Literatur

Dammers, B., Krichel, A. & Staiger, M. (Hrsg.) (2022). *Das Bilderbuch. Theoretische Grundlagen und analytische Zugänge.* Berlin: J. B. Metzler.

Gold, A. (2018). *Lesen kann man lernen. Wie man die Lesekompetenz fördern kann.* 3., völlig überarb. Aufl. Göttingen: Vandenhoeck & Ruprecht.

Lange, G. (Hrsg.), (2012). *Kinder- und Jugendliteratur der Gegenwart. Ein Handbuch.* 2., korrigierte und ergänzte Auflage. Baltmannsweiler: Schneider.

Philipp, M. (2011). *Lesesozialisation in Kindheit und Jugend: Lesemotivation, Leseverhalten und Lesekompetenz in Familie, Schule und Peer-Beziehungen.* Stuttgart: Kohlhammer.

Morphologie

Inhaltsverzeichnis

Einführendes Praxisbeispiel

Die Erstklässlerin verzichtet in ihrem Text vollständig auf Wortlücken (Spatien). Eventuell hat sie Schwierigkeiten, Wörter, die schriftlich durch Spatien abgegrenzt werden, zu identifizieren. Dennoch scheint sie über ein gewisses Verständnis für die Kategorie Wort zu verfügen, da am Zeilenende kein Wort getrennt wird bzw. die Wörter bis zum Zeilenende geschrieben werden. Darüber hinaus markieren einige Majuskel (Großbuchstaben) *Mi, Mo. Zelt*, dass ein Wort beginnt. Die Fehlschreibung **esten* zeigt, dass das Mädchen lautgetreu bzw. mit Basisgraphemen (s. ▶ Abschn. 5.2) schreibt. Die Ableitung von *Ast*, welche die orthografische Schreibweise *Ästen* begründet, kennt sie noch nicht.

12

Morphematische Bewusstheit   Das morphematische ist nach dem phonologischen das häufigste Prinzip der deutschen Orthografie, sodass rechtschriftliche Schreibweisen in den meisten Fällen morphematisch begründet sind (s. ▶ Abschn. 5.4). Kinder benötigen für die Bewältigung zahlreicher rechtschriftlicher Phänomene morphematische Rechtschreibstrategien, bspw. für die besonderen Schreibweisen bei *Ästen* und *Häuser*, bei der Erschließung komplexer Wortformen wie *Handtuch, Fahrrad, Geburtstag* sowie für die Ableitung von Markierungen bei Flexionen wie bspw. *kommt* und *gehst*.

Morphematische Rechtschreibstrategien dienen dazu, normgerechte Schreibungen herzuleiten und sind auf die konkrete Handlungsebene bezogen. Sie gehen mit der sogenannten morphematischen Bewusstheit einher, also dem Wissen über und den Umgang mit Morphemen. Kargl et al. (2018) belegen in einer empirischen Studie einen hohen Zusammenhang der morphematischen Bewusstheit mit allgemeinen Rechtschreibleistungen. Die Forschergruppe konstatiert, dass im deutschsprachigen Raum kaum Befunde zur morphematischen Bewusstheit vorliegen, während internationale Studien die Bedeutung morphematischen Wissens bereits vielfach belegen konnten.

12.1 Was ist ein Wort?

Die Sprachwissenschaft unterscheidet zwischen **lexikalischen Wörtern,** die auch **Inhaltswörter** oder **Autosemantika** genannt werden, und **Funktionswörtern,** die auch als **grammatische Wörter** bezeichnet werden. Lexikalische Wörter haben eine selbstständige Bedeutung bzw. einen semantischen Gehalt. Sie verweisen auf Objekte, Gegebenheiten, Ereignisse, Handlungen und Eigenschaften. Funktionswörter drücken Beziehungen zwischen anderen sprachlichen Einheiten aus und werden über ihre syntaktische bzw. satzbezogene Funktion bestimmt (Flohr und Pfingsten 2009).

Schon Vorschulkinder verfügen über einen intuitiven Wortbegriff. Dabei orientieren sie sich zunächst an inhaltlichen Aspekten bzw. an Inhaltswörtern (Autosemantika). Funktionswörter (s. ▶ Abschn. 5.6) hingegen verstehen sie in der Regel nicht als eigenständige Wörter (Bartnitzky 2005). In dem Satz *Mein Kaninchen schläft süß,* der drei Autosemantika enthält, zählen jüngere Kinder entsprechend nur drei Wörter. Es existieren eine **Vielzahl linguistischer Definitionen** für die Kategorie Wort. Dennoch bleibt der Terminus mehrdeutig und wird häufig ohne konkrete Präzisierung verwendet.

In schriftlichen Texten lassen sich Wörter durch die Spatien zwar leicht identifizieren, dies korrespondiert allerdings nicht mit mündlicher Sprache. Die beiden folgenden Sätze zeigen zwei Besonderheiten: *Wir gehn ins Schwimmbad. Er kommt mit'm Auto.* Sprecher*innen artikulieren Wörter in der Regel weniger explizit, wie dies im Schriftlichen der Fall ist. Das Wort *gehn* etwa wird schriftlich zweisilbig und mündlich einsilbig realisiert. Ebenso finden sich **Wortverschmelzungen** wie *ins* statt *in das* und **Ausspracheverschleifungen** *mit'm* statt *mit dem.* Aber auch bei schriftlichen Texten ergeben sich Abgrenzungsschwierigkeiten. Vergleicht man das Verb *ankommen* in den beiden folgenden Sätzen, ergibt sich für den zweiten Satz die Frage, ob ein oder zwei Wörter für das Verb gezählt werden sollen: *Wir müssen vor 15 Uhr **ankommen**. Wir **kommen** um 15 Uhr **an*** (Boettcher 2009).

Innerhalb der Morphologie haben sich unterschiedliche Termini etabliert, welche eindeutige Bezeichnungen für verschiedene wortbezogene Aspekte ermöglichen (Flohr und Pfingsten 2009).

In der Sprachwissenschaft unterscheidet man zwischen syntaktischem Wort und lexikalischem Wort oder Lexem. Das **syntaktische Wort** bezeichnet grammatische Wortausprägungen bzw. Flexionsformen (bspw. *Türme, Türmen, fliegt, fliege*).

Das **Lexem** fasst syntaktische Wörter zusammen, indem es die grammatische Form neutralisiert. Die **Nennform** bzw. **Zitierform** des Lexems ist die in einem Lexikon angegebene Form des Lexems (bspw. *Turm, fliegen*).

Aufgrund der Wortarten ergeben sich **Lexemklassen** (*Fliege, fliegen*).

Ein **Lexemverband** abstrahiert über das Merkmal der Wortart hinaus und beinhaltet Wörter mit dem gleichen lexikalischen Morphem bzw. einem Wortstamm (*FLIEG*) (Duden 2016, Linke et al. 2004).

Die Frage, wie viele Wörter in den folgenden Sätzen fett gedruckt sind, lässt sich nicht leicht beantworten (Duden 2016, Boettcher 2009):

- Der **Turm** war sehr hoch.
- Wir fotografieren den **Turm**.
- Die **Türme** der Burg waren schon von Weitem zu sehen.
- Auf den **Türmen** wehten bunte Fahnen.

Das Wort *Turm* findet sich in den Sätzen in drei unterschiedlichen **Wortformen:** *Turm, Türme, Türmen*. In einem Lexikon würde man das Wort *Turm* und nicht alle möglichen Wortformen verzeichnet finden, was auch als **Nennform** oder **Zitierform** bezeichnet wird. Im Deutschen werden Nomen bzw. Substantive im Nominativ Singular (*Turm*) und Verben im Infinitiv (*fliegen*) lexikalisch verzeichnet. Abstrahiert man von der Wortform, handelt es sich um ein **Lexem** oder **lexikalisches Wort.** Die Wörter *Turm, Türme* und *Türmen* gehören also alle zu dem gleichen Lexem.

In den Sätzen sind vier **syntaktische Wörter** enthalten: (*der*) *Turm*/ Singular Nominativ, (*den*) *Turm*/ Singular Akkusativ, (*die*) *Türme*/ Plural Nominativ, (*den*) *Türmen*/ Plural Dativ. Das bedeutet, die gleiche Wortform *Turm* wird aufgrund der unterschiedlichen grammatischen Funktion im Satz als jeweils eigenständiges syntaktisches Wort gezählt.

Token und types   In dem folgenden Satz können ebenfalls unterschiedliche Wortanzahlen bestimmt werden (Linke et al. 2004: 62).

» Wenn hinter Fliegen eine Fliege fliegt, fliegt eine Fliege Fliegen nach.

Der Satz enthält elf Wörter, wenn man unabhängig von Wortwiederholungen alles zählt, was durch eine Wortgrenze gekennzeichnet ist. Dies wird als *token* bezeichnet. In der Schule zählen die Schüler*innen die Anzahl ihrer geschriebenen Wörter, um bspw. den Fehlerquotienten zu ermitteln. Zählt man hingegen nur die Anzahl der verschiedenen Wörter bzw. die **Wortformen,** ergeben sich sieben Wörter. Die Anzahl der unterschiedlichen Wörter wird als *types* bezeichnet.

Der Satz enthält sieben **syntaktische Wörter,** da die Wörter *Fliege, Fliegen* und *fliegt* jeweils zweimal in syntaktisch identischer Form vorkommen und daher einfach gezählt werden. **Lexeme** lassen sich sechs verschiedene ermitteln: *Wenn, hinter, Fliege, eine, fliegen, nach*. Die Wörter *Fliegen* und *fliegt* zählen jeweils zu dem gleichen Lexem wie *Fliege* und *fliegen*. Ein Lexem ist mit einer bestimmten Bedeutungsangabe bzw. einem semantischen Gehalt assoziiert. Fasst man darüber hinaus noch unabhängig der Wortart die Wörter *Fliege, Fliegen, fliegt* in einem **Lexemverband** zusammen, lautet die Anzahl fünf.

Wortfamilien und Wortfelder   Statt des Begriffs ‚Lexemverband‘ ist auch die Bezeichnung **Wortfamilie** gebräuchlich. Wörter mit dem gleichen Wortstamm gehören zu einer **Wortfamilie.** Das Lexem {fahr} z. B. hat eine große Wortfamilie: *fahren, vorfahren, fahrbar, Auffahrt, befahrbar, Herfahrt, Überfahrt, Fahrer, Fahrzeug, Rückfahrt* usw. Die Ordnung von Wörtern in Wortfamilien entspricht der Wortschatzspeicherung im Sprachgedächtnis (Duden 2016). Für viele Lernbereiche des

Deutschunterrichts empfiehlt sich die Arbeit mit Wortfamilien wie bspw. für den Rechtschreiberwerb, für die Bedeutungserschließung vorhandener Wörter und für die Bildung neuer Wörter bzw. die Erweiterung des Wortschatzes. Kindern, die einsprachig mit Deutsch als Muttersprache aufwachsen, fällt es in der Regel leichter, den morphologischen Aufbau von Wörtern zu durchschauen und Wortfamilien zu bilden. Für Kinder mit **Deutsch als Zweitsprache** ist die Arbeit mit Wortfamilien und Wortbausteinen daher besonders wichtig (August 2009).

Wortfamilien unterscheiden sich grundlegend von **Wortfeldern,** die Wörter nach semantischen Gesichtspunkten gruppieren. Zum Beispiel könnte zu dem Wort *gehen* mit den Wörtern *schlendern, spazieren, eilen, flanieren* usw. ein Wortfeld gebildet werden. Diese Wörter sind **Synonyme,** da sie bedeutungsgleich bzw. bedeutungsähnlich sind. Zuweilen ist die Bedeutung unterschiedlich konnotiert (assoziiert). Das Wort *Gaul* etwa ist eine negative **Konnotation** zu dem Wort *Pferd.* **Homonyme** sind dementgegen Wörter mit gleicher Lautung, aber unterschiedlicher Bedeutung wie bspw. *Kiefer* (Nadelbaum versus Gesichtsknochen), *Bank* (Kreditinstitut versus Sitzgelegenheit) und *Schloss* (Türverriegelung versus herrschaftliches Gebäude) (s. ▶ Abschn. 15.3).

12.2 **Morphologische Grundbegriffe**

Komplexe und einfache Wörter Betrachtet man die folgenden Wörter, fällt auf, dass sie sich in ihrem Aufbau und in ihrer Struktur unterscheiden.

> ▶ **Beispiel**
>
> Tisch, Tischbein, Tischbeine, Tischler, Tischchen, kaufen, kaufst, verkaufen, Käufer, Verkäufer, hart, harte, bald, nachdem, er, der.
> **Tisch, Tisch**bein, **Tisch**bein*e*, **Tisch**ler, **Tisch**chen, **kauf**en, **kauf**st, ver**kauf**en, **Käuf**er, Ver**käuf**er, **hart**, **hart**e, **bald**, **nachdem, er, der.** ◀

Einige Wörter sind nicht zerlegbar wie bspw. *Tisch, hart, bald, er, der,* andere hingegen schon wie bspw. *Tisch-bein-e, Tisch-ler, Tisch-chen ver-kauf-en, kauf-st, Käuf-er, Ver-käuf-er, hart-e.* Es lassen sich demnach einfache von komplexen Wörtern unterscheiden. **Einfache Wörter,** die sich nicht weiter zerlegen lassen, enthalten nur eine bedeutungtragende Komponente. **Komplexe Wörter** bestehen aus mehreren Bausteinen, die segmentiert (zerlegt) werden können.

Morpheme

> Die kleinste bedeutungtragende sprachliche Einheit wird als **Morphem** bezeichnet. Wörter können aus einem Morphem oder mehreren Morphemen (komplexe Wortformen) bestehen. Besteht ein Wort aus nur einem Morphem, bezeichnet man es als **Simplex** oder als **monomorphematisches Wort.** Morpheme stehen in geschweiften Klammern {} und sind in der Regel kleingeschrieben.

Morpheme tragen eine **eigenständige Bedeutung**. Sie sind die minimalen Einheiten der Wortstruktur; das bedeutet, jedes Wort benötigt mindestens ein Morphem bspw. {tisch}. In morphologischen Analysen werden komplexe Wörter in ihre Grundeinheiten, die Morpheme bzw. Konstituenten, gegliedert. Das Wort *Überprüfbarkeit* bspw. beinhaltet vier Morpheme: {über-} {prüf-} {-bar} {-keit} (Elsen 2014).

> Die Einheiten, in die sich ein Wort segmentieren lässt, sind die sogenannten **Konstituenten.**

Morpheme haben eine visuell weitgehend gleiche graphematische Form und eine mit dieser Form assoziierte Bedeutung (Flohr und Pfingsten 2009). Dies spiegelt sich in vielen orthografischen Phänomenen wie der Auslautverhärtung (**Hund/Hund**-e) und der Umlautung (**kauf**en/**Käuf**-er) wider.

Morphemanalyse Komplexe Wortformen lassen sich auf zwei Arten morphologisch segmentieren: **linear** und **hierarchisch.** Letztere nutzt die Form eines **Baumdiagramms** (Elsen 2014, Vogel und Sahel 2013). Bei der linearen Morphemanalyse wird das komplexe Wort von links nach rechts in seine einzelnen Morpheme zerlegt. Bspw.: *Fußballspieler* {fuß} {ball} {spiel} {-er}, *Orchestermusikerin* {orchester} {musik} {-er} {-in}, *Freundlichkeit* {freund} {-lich} {-keit}.

Die Darstellung in einem Baumdiagramm, welche einer **strukturalistischen Betrachtungsweise** folgt, wird als übersichtlicher und transparenter eingeschätzt (ebd.). Bei einer solchen Konstituentenanalyse werden die Wörter schrittweise (in der Regel von rechts nach links) jeweils zweiteilig gegliedert (◙ Abb. 12.1, 12.2, 12.3). Die nicht mehr zerlegbaren Segmente werden als Morpheme identifiziert.

Morphem versus Silbe Morpheme und Silben unterscheiden sich grundlegend (Donalies 2014). Zum Beispiel ist bei dem Wort *willig* die silbische Gliederung *wil-lig*, die morphologische {will}-{ig}. Morpheme bzw. Wortbausteine, die im Deutschen konstant bzw. immer gleich geschrieben werden, zeigen sich in silbischen Gliederungen gerade nicht, bspw. {blume} {-n} versus *Blu-men*, {schlaf} {-en} versus *schla-fen*, {schläf} {-er} versus *Schlä-fer*. Die silbische Gliederung zerlegt den Wortstamm.

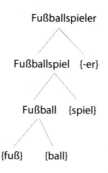

Fußballspieler

Fußballspiel   {-er}

Fußball   {spiel}

{fuß}   {ball}

◙ **Abb. 12.1**   Eigene Darstellung

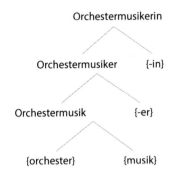

□ **Abb. 12.2**   Eigene Darstellung

□ **Abb. 12.3**   Eigene Darstellung

12.3 Morphemtypen

Die Morphologie unterscheidet zwischen lexikalischen und grammatischen Morphemen sowie zwischen freien und gebundenen Morphemen. Das Wort *glücklich* weist zwei Morpheme auf {glück} und {-lich}, die unterschiedlichen Typen angehören. Bei {glück} handelt es sich um ein **lexikalisches Morphem** und bei {-lich} um ein **grammatisches Morphem**.

> **Lexikalische Morpheme** tragen eine Bedeutung im engeren Sinne, indem sie auf Außersprachliches referieren. Sie werden auch Grund-, Wurzel-, Basis-, Kern- oder Stamm-Morpheme genannt (Linke et al. 2004, Elsen 2014).

> **Grammatische Morpheme** haben eine grammatische Bedeutung. Sie beinhalten Funktionswörter wie bspw. {und, er, an}, markieren Flexionen wie bspw. {-st} für die 2. Pers. Singular, und ermöglichen das Bilden von Wörtern wie bspw. {-lich} bei *glücklich*.

Beispiele für lexikalische Morpheme sind: {haus} {schlaf} {schön} {les} {sprech} {him} {schorn}. Einige dieser Morpheme können selbstständig ein Wort bilden,

◘ **Tab. 12.1**	Morphem-Typen und Beispiele	
	Freie Morpheme	**Gebundene Morpheme**
lexikalische Morpheme	{haus} {blume} {luft} {fisch} {schlaf} {spring} {spiel} {lauf} {schön} {blau}	{him-} {schorn-} {les-} {sprech-} {ess-} {geb-}
grammatische Morpheme	{ich} {wir} {sie} {der} {die} {das} {den} {dem} {und} {dass} {vor} {am} {im}	{-e} {-en} {-er} {-t} {-st} {ge-} {be-} {ver-} {un-} {-ig} {-lich} {-chen} {-ung}

wie bspw. {haus} {schlaf} {schön}. Andere benötigen weitere Bausteine wie bspw. {les-}, {sprech-}, {him}, {schorn}.

> Morpheme, die selbstständig ein Wort bilden können, werden **freie Morpheme** genannt. Morpheme, die nur mit anderen Morphemen zusammen in einer Wortform vorkommen, sind **gebundene Morpheme**.

Auch bei den grammatischen Morphemen finden sich freie Morpheme – bspw. {und} {ich} {der} – und gebundene – bspw. {-en} {ver-} {-st}. ◘ Tab. 12.1 gibt Beispiele für lexikalische und grammatische sowie freie und gebundene Morpheme.

Lexikalische Morpheme von Nomen sind in der Regel freie Morpheme. Es gibt nur wie wenige Ausnahmen, wie bspw. {him-} {schorn-}. Bei den **Verben** entscheidet sich durch die **Imperativform** (Befehlsform), ob das Stammmorphem frei oder gebunden ist. Entspricht das Grundmorphem der Imperativform, wie bspw. bei {spiel} und {schlaf}, ist es ein freies Morphem, da es auch selbstständig vorkommt. Weicht das Grundmorphem von der Imperativform ab, ist es gebunden. Bei den Verben *essen* und *lesen* bspw. lautet das Grundmorphem {ess} und {les}, während die Imperativform *iss* und *lies* heißt. Daher kommen {ess-} und {les-} nicht selbstständig vor und sind gebundene Morpheme (Meibauer 2015).

Affixe Die gebundenen grammatischen Morpheme werden als **Affixe** bezeichnet. Unter dem Oberbegriff Affix unterscheidet man **Präfixe,** die dem Wortstamm vorangestellt werden, bspw. {ge-} {ver-}, und **Suffixe**, die an das Grundmorphem angehängt werden, bspw. {-ig} {-ung}. **Zirkumfixe** umgeben das Grundmorphem bspw. {be-} + {-t} (berühmt), {ge-} + {-t} (gerannt), {ge-} + {-en} (gelaufen).

Innerhalb der Affixe unterscheidet man zwischen **Flexionsmorphemen** und **Derivationsmorphemen**. Flexionsmorpheme bringen grammatische Merkmale in die Wortform eines Wortes ein. Zum Beispiel wird das Morphem {kind} durch das Flexionsmorphem {-er} in die Pluralform gesetzt; das Morphem {sing} wird durch das Flexionsmorphem {-t} in die 3. Person Singular flektiert. Derivationsmorpheme tragen zur Bildung neuer Wörter bei. Daher werden sie auch als **Wortbildungsmorpheme** bezeichnet bzw. wird dabei von ‚Wortbildung' gesprochen. Die Morpheme {un-} {-bar} {-keit} etwa sind Derivationsaffixe, da sie zur Neubildung von Wörtern beitragen wie {un-sicher} {trag-bar} {möglich-keit} (◘ Abb. 12.4).

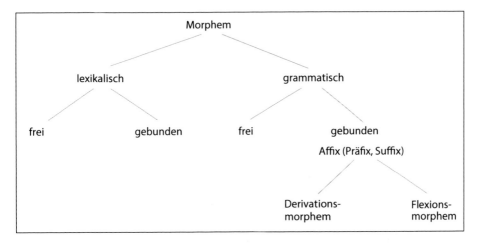

Abb. 12.4 Eigene Darstellung nach Elsen 2014, Meibauer 2015

Allomorphe Eine Besonderheit stellen **Allomorphe** dar. Eine grammatische Funktion wird nicht immer durch das gleiche Morphem vertreten, sondern es finden sich Varianten. Bspw. werden Plurale durch verschiedene Flexionsmorpheme wie {-e} (Tisch-e), {-er} (Kind-er), {-en} (Türen), {-n} (Kisten), {-s} (Autos) erzeugt. Solche Varianten eines Morphems werden **Allomorphe** genannt. Sie finden sich bei grammatischen Morphemen, wie dem genannten Beispiel der Pluralflexionen. Allomorphe finden sich aber auch in lexikalischen Morphemen in Form phonologischer Varianten wie bspw. {rot} und {röt} in dem Wort *rötlich* oder bei Verben wie {halt} {hält} (Donalies 2014). Insofern können Allomorphe bedeutungs- oder funktionstragende Einheiten betreffen (Vogel und Sahel 2013).

In einigen Fällen ändert sich die Wortform nicht, obwohl sich die grammatische Form ändert wie bspw. bei dem Wort der {eimer} und die {eimer}. Die Pluralform gleicht hierbei der Wortform des Singulars. Zum Teil wird dann von einem **Nullmorphem** {= Ø} ausgegangen, bspw. {eimer-Ø} {meister-Ø} {segel-Ø}, was allerdings umstritten ist (Meibauer 2015, Flohr und Pfingsten 2009).

Fugenelemente Bislang haben wir komplexe Wortformen betrachtet, die sich problemlos segmentieren ließen. Bei den folgenden Wörtern zeigen sich Schwierigkeiten: *Mausefalle, Katzenpfote, Heldenmut, Kleiderschrank, Weihnachtsgeschenk, Herzenswunsch.* Die Segmentierung ermittelt Einheiten bzw. Reststücke, die keinem bisher benannten Morphemtyp zugeordnet werden können: {maus} **{-e-}** {falle}, {katze} **{-n-}** {pfote}, {held} **{-en-}** {mut}, {Kleid} **{-er-}** {schrank}, {weihnacht} **{-s-}** {geschenk}, {herz} **{-ens-}** {wunsch}. Diese Verbindungselemente werden als Fugen oder Fugenelemente bezeichnet und ihre Einordnung ist strittig. Zum einen wird die Ansicht vertreten, Fugenelemente sollten nicht als

Morpheme eingestuft werden, da sie keine Bedeutung tragen. Dabei werden sie auch als ‚Interfixe' bezeichnet. Andererseits wird dafür plädiert, Fugenelemente als besondere Morpheme einzustufen, da sie über morphologische Funktionen verfügen (Elsen 2014).

Fugenelemente finden sich vor allem als Verbindungselemente zwischen Nominalkomposita (Meibauer 2015) und am häufigsten wird das einheimische Fugen-s- eingefugt wie bspw. bei *Geburtstag, Frühlingsblumen, Lebenstraum, Liebesbrief, Hochzeitstorte, Weihnachtsgeschenk* (Donalies 2011). Für Grundschüler*innen ist es wichtig, die morphologische Struktur dieser Wörter zu erschließen, um sie normgerecht schreiben zu können. Insbesondere wenn das Fugen-s nach einem <t> steht, können Schwierigkeiten entstehen, da die Lautabfolge [t] und [s] fälschlich als Einheit aufgefasst und demnach mit <z> (wie bspw. [tso:] <Zoo>) verschriftet wird. Eine korrekte Segmentierung bzw. die morphologische Bewusstheit sind also entscheidend, um bspw. [ts-o:] <**Z**oo> von [gəbʊr-**t-s**-ta:k] <Gebur**t-s**-tag> zu unterscheiden und nicht fälschlich *<Geburztag> zu schreiben (Kargl et al. 2018).

12.4 Flexion

Flexion meint die Veränderung einer Wortform nach grammatischen Gesichtspunkten. Ein Lexem wird durch **Flexionsaffixe** in seiner Wortform so verändert, dass ein syntaktisches Wort entsteht, welches dem Satzzusammenhang angepasst ist. Es geht also darum, Bezüge zwischen Wörtern herzustellen. Indem syntaktische Merkmale mithilfe morphologischer Mittel wiedergegeben werden, findet eine Verbindung zwischen Morphologie und Syntax statt (Römer 2006). Dies wird in dem Begriff **Morphosyntax** ausgedrückt. Er ist eine zusammenfassende Bezeichnung für diejenigen morphologischen Mittel, die syntaktische Funktionen ausüben (Glück und Rödel 2016).

Linke et al. (2004) sprechen auch von der **morphosyntaktischen Ausdifferenzierung** der syntaktischen Wörter eines Lexems. Die Suffixe {-e}, {-t} und {-st} bspw. können das lexikalische Morphem der Wortart Verb {sing} entsprechend dem Kontext flektieren: *ich sing-e, sie sing-t, du sing-st*. Die Flexion von Verben wird genauer als **Konjugation** bezeichnet. Die Flexion von Nomen (bspw. {kind} {-er}) wird als **Deklination** bezeichnet. Es lassen sich verschiedene **Klassen** (bspw. Tempus, Numerus, Kasus) und spezifische **Merkmale** (bspw. Präsens, Singular, Nominativ) der Morphosyntax benennen. ◻ Tab. 12.2 gibt einen Überblick (Duden 2016: 138).

Im Deutschen werden nur die Präsens- und die Präteritum-aktiv-Formen allein mit Flexionsaffixen gebildet. Die übrigen Tempusformen sind mehrteilig wie bspw. *bin gegangen, hatte geschlafen* (Römer 2006).

12

▣ Tab. 12.2	Morphosyntaktische Merkmale (Duden 2016: 138)
Merkmalsklasse	**Einzelne morphosyntaktische Merkmale**
Person	1. Person, 2. Person, 3. Person
Numerus	Singular, Plural
Genus	Maskulinum, Femininum, Neutrum
Kasus	Nominativ, Akkusativ, Dativ, Genitiv
Komparation	Positiv, Komparativ, Superlativ
Modus	Indikativ, Imperativ, Konjunktiv I und II
Tempus	Präsens, Präteritum, (zusammengesetzte Tempusformen)

12.5 Wortbildung

Neben der Flexion ist die Wortbildung ein weiteres Themenfeld der Morphologie. Durch die Neubildung von Wörtern wird der Wortschatz erweitert, wobei das Deutsche aufgrund umfangreicher Wortbildungsformen einen großen, variantenreichen Wortschatz aufweist (Müller 2010). Die häufigsten **Wortbildungsarten** sind (Duden 2016):

— Komposition (Zusammensetzung)
— Derivation (Ableitung)
— Konversion (Wortartenwechsel)
— Kurzwortbildung

Komposition

> **Komposition** meint die Zusammensetzung zweier lexikalischer Morpheme bzw. Wortstämme wie bspw. *Haustür, Schultasche, Fischflosse.*

Am häufigsten finden sich **Substantivkomposita**; wobei auch **Kompositionen mit Adjektiven** gebildet werden wie bspw. *bernsteingelb, süßsauer* (Römer 2006). Verbkomposita hingegen spielen im Bereich der Wortbildung eine geringe Rolle (Duden 2016). Das zweite Glied der Komposition bestimmt die Grammatik des jeweiligen Lexems. Die Wörter *bernstein* und *süßsauer* verdeutlichen, dass das Adjektiv als zweites Glied die Wortart bestimmt, unabhängig von der Wortart des ersten Teils der Komposition (*bernstein*: Nomen, *süß*: Adjektiv). In der Regel wird auch die Bedeutung durch das Zweitglied bestimmt (*Wunderkind, Schreibkind, feuerrot, rubinrot*), was als **Determinativkompositum** bezeichnet wird. Das bedeutet, dass Erstglied ist dem zweiten semantisch untergeordnet (Duden 2016).

Derivation

> Bei der **Derivation** wird ein lexikalisches bzw. Stammmorphem mit einem oder mehreren gebundenen Wortbildungsmorphemen verbunden, wodurch ein neues Wort entsteht.

Bspw. wird mithilfe des Wortbildungsmorphems {-bar} *wunderbar* gebildet, mit {un-} *unklar,* mit {-keit} *Möglichkeit.* ◲ Tab. 12.3 vermittelt eine Auswahl an Derivationsaffixen nach Wortarten kategorisiert (Meibauer 2015, Elsen 2014).

In der Regel werden lexikalische Morpheme aller Wortarten mit allen Derivationsaffixen kombiniert. Zum Beispiel kann das Präfix {an-} mit einem Nomen {freund} (*anfreunden*), mit einem Verb {fahren} (*anfahren*) und mit einem Adjektiv {schräg} (*anschrägen*) verbunden werden (Elsen 2014). Es existieren auch **Zirkumfixderivationen,** diese sind aber selten, bspw. {ge-e} (*Gelache*). Suffixe bestimmen grundsätzlich die grammatischen Merkmale des ganzen Wortes. Wörter mit dem Suffix {-heit} etwa sind immer feminine Substantive (*Zartheit, Wahrheit*), Komposita mit {-lich} sind Adjektive (*glücklich*) (Donalies 2011).

Konversion   Konversion bezeichnet die Umwandlung von Wörtern in eine andere Wortart, **ohne die Beteiligung von Affixen** (Duden 2016). Beispiele sind *blau-Blau, schreiben-Schreiben*. Möglich sind Umlautungen und Änderungen der Wortform durch Flexionsmorpheme wie bspw. *hart-härten, fremd-Fremde, schlafen-Schlaf.*

◲ Tab. 12.3   Derivationsaffixe und Beispielwörter

	Derivations-Präfixe	Beispiele	Derivations-Suffixe	Beispiele
Nomen	un-, ur-	Unschuld, Urwald	-chen, -er, -heit, -keit, -nis, -sal, -schaft, -ung, -tum	Fischchen, Maler, Trübsal, Mannschaft
Adjektiv	miss-, un-, ur-	ungut, uralt	-bar, -en, -n, -ern, -haft	trinkbar, golden, gläsern, krankhaft
Verb	ab-, an-, auf-, aus-, be-, ent-, er-, ge-, über-, um-, unter-, ver-, vor-, zer-, zu-	abhalten, anfreunden, aufhellen, befragen, erfrischen, zulassen	-l, -ig, -ier (Verben werden nur selten suffigiert.)	lächeln, reinigen, stolzieren
Adverb	un- (Adverbien werden nur selten präfigiert.)	unlängst	-dings, -ens, -falls, -halb, -lings, -mal, -mals, -s	allerdings, bestens, bestenfalls, außerhalb, rücklings, jedesmal, damals, abends

Am häufigsten werden Nomen aus Verben konvertiert wie bspw. *gehen-das Gehen, trinken-das Trinken* (Donalies 2011).

Kurzwortbildung Bei der Kurzwortbildung wird ein längeres Wort oder eine Wortgruppe in ein Kurzwort umgewandelt mit dem Ziel der **Ökonomisierung** (Duden 2016) – bspw. *Azubi, Abi, Kita, Zoo (Zoologischer Garten), Bus (Omnibus)*. Kurzwörter sind Varianten einer weiterhin existierenden Langform, mit der sie in der Regel bedeutungsidentisch sind. Kurzwörter unterscheiden sich von **Abkürzungen** – wie bspw. *kg* –, da diese rein grafische Varianten sind, die als Langform (*Kilogramm*) ausgesprochen werden.

Eine besondere Form der Kurzwortbildung sind **Akronyme,** die auf die Initialen ihrer Vollform gekürzt sind. Einzelne Buchstaben bzw. Laute aus dem zugrunde liegenden Ausdruck werden so aneinandergereiht, dass sich ein neues Wort mit einer neuen Lautung ergibt (Vogel und Sahel 2013). Beispiele sind *PKW, AOK, ARD, BRD, ADAC.*

Entlehnungen Entlehnungen von fremdsprachlichen Wörtern erweitern den Wortschatz einer Sprache kontinuierlich (bspw. *cool, Spaghetti*). Dabei werden auch fremde Morpheme mit heimischen zu neuen Wörtern kombiniert. Dies bezeichnet man als **Hybridisierung.** Beispiele sind *Wahlkreismanager, einloggen, Bioäpfel, Exkanzler* (Römer 2006).

12.6 Fazit und Anwendung

Wörter können mithilfe **morphologischer Kategorien** differenziert beschrieben werden, wobei die Wortform, die syntaktische Funktion und die morphologische Struktur berücksichtigt werden. Für Kinder ist es wichtig, ihre Vorstellung von Wörtern innerhalb der Grundschulzeit weiterzuentwickeln. Sie müssen Funktionswörter als eigenständige Wörter erkennen und ihre grammatische Funktion im handelnden Umgang erfahren. Es lassen sich unterschiedliche Morphemtypen bestimmen und lexikalische von grammatischen Morphemen unterscheiden. Letztere bestimmen die Flexion, also die Anpassung der Wortform an andere Wörter oder Wortgruppen bzw. den syntaktischen Kontext. Die dafür eingesetzten morphologischen Mittel werden in morphosyntaktischen Klassen und Merkmalen beschrieben. Für Lehrkräfte sind vertiefte Kenntnisse morphologischer Gesetzmäßigkeiten wichtig. Kinder gehen damit auf der Handlungsebene in vielfältiger Weise um und entwickeln morphematische Basiskompetenzen bzw. morphematische Bewusstheit.

Die **Flexion** von Wörtern wird durch grammatische Morpheme bestimmt, die weitgehend konstant sind, also gleich geschrieben werden und eine bestimmte Funktion erfüllen. Diese Einsichten sind für Kinder wichtig und können in vielfältiger Weise entwickelt werden, bspw. durch die Analyse von Wörtern, die Arbeit mit Wortfamilien, das Bilden von Wörtern mithilfe von Wortbausteinen (Morphemen), das Vergleichen verschiedener Wörter mit gleicher grammatischer Form usw.

Das Deutsche ist aufgrund seiner vielfältigen Möglichkeiten der **Wortbildung** besonders variantenreich. Komposition, Derivation und Konversion sind hochproduktiv und tragen zur Wortschatzerweiterung und Bedeutungsveränderung von Wörtern bei (Müller 2010). Die Entwicklung einer morphologischen Bewusstheit ist für viele Lernbereiche wie das Rechtschreibkönnen und die Wortschatzerweiterung bedeutsam (Kargl et al. 2018, Müller 2010). Geringe Wortschatzkenntnisse und fehlende Einsichten in die Struktur von Wörtern gehen häufig mit schwachen Lese- und Rechtschreibleistungen einher. Insbesondere für Schüler*innen anderer Herkunftssprachen ist morphologisches Arbeit wichtig.

12.7 **Aufgaben**

1. Führen Sie bei den folgenden Wörtern eine Morphemanalyse durch
   Kinderhände, Putzeimer, Süßigkeiten, anschnallen, Geburtstagstorte, Frauenabend, Sonnenschirm, verabreden.
2. Bitte bestimmen Sie bei den folgenden Morphemen, ob es sich um lexikalische oder grammatische Morpheme handelt. Bestimmen Sie außerdem, ob diese auch als freies Morphem vorkommen oder nur als gebundenes.

Morphem	Morphemtypen			
	Lexikalisch	grammatisch	frei	gebunden
{katze}				
{ver}				
{geh}				
{schön}				
{er}				
{als}				
{ge}				
{seh}				
{da}				
{bar}				

3. Finden Sie zu jeder Merkmalsklasse und jedem morphosyntaktischen Merkmal der ◘ Tab. 12.2 (s. ► Abschn. 12.4) ein Beispielwort.
4. Finden Sie zu jeder Wortbildungsart (Komposition, Derivation, Konversion, Kurzwort, Akronym, Entlehnung, Hybridisierung) mindestens ein Beispielwort.
5. Bilden Sie eine Wortfamilie zu dem Wortstamm {wohn}.

Literatur

Augst, G. (2009). *Wortfamilienwörterbuch der deutschen Gegenwartssprache.* Tübingen: Niemeyer.

Bartnitzky, H. (2005). *Grammatikunterricht in der Grundschule.* Berlin: Cornelsen.

Boettcher, W. (2009). *Grammatik verstehen. I – Wort.* Tübingen: Niemeyer.

Donalies, E. (2011). *Basiswissen Deutsche Wortbildung.* 2., überarb. Aufl. Tübingen: A. Francke.

Donalies, E. (2014). Morphologie: Morpheme, Wörter, Wortbildungen. In J. Ossner & H. Zinsmeister (Hrsg.). *Sprachwissenschaft für das Lehramt* (S. 157–180). Paderborn: Schöningh.

Duden. (2016). *Duden Die Grammatik*, Bd. 4. 9., voll. überarb. und akt. Aufl. Mannheim: Dudenverlag.

Elsen, H. (2014). *Grundzüge der Morphologie des Deutschen.* 2., akt. Aufl. Berlin: de Gruyter.

Flohr, H. & Pfingsten, F. (2009). Die Struktur von Wörtern: Morphologie. In H. M. Müller (Hrsg.). *Arbeitsbuch Linguistik* (S. 102–124). 2., überarb. und akt. Aufl. Paderborn: Schöningh.

Glück, M. & Rödel, M. (Hrsg.) (2016). *Metzler Lexikon Sprache.* 5. akt. und überarb. Aufl. Stuttgart: J. B. Metzler.

Kargl, R., Wendtner, A., Purgstaller, Ch. & Fink, A. (2018). Der Einfluss der morphematischen Bewusstheit auf die Rechtschreibleistung. *Lernen und Lernstörungen* 7/1, 45–54.

Linke, A., Nussbaumer, M. & Portmann, P., R. (2004). *Studienbuch Linguistik.* 5., erw. Aufl. Tübingen: Niemeyer.

Meibauer, J. (2015). Lexikon und Morphologie. In J. Meibauer et al. (Hrsg.). *Einführung in die germanistische Linguistik* (S. 15–70). 3., überarb. und akt. Aufl. Stuttgart: J. B. Metzler.

Müller, A. (2010). *Rechtschreiben lernen. Die Schriftstruktur entdecken – Grundlagen und Übungsvorschläge.* Seelze: Klett/Kallmeyer.

Römer, Ch. (2006). *Morphologie der deutschen Sprache.* Tübingen: Francke.

Vogel, R. & Sahel, S. (2013). *Einführung in die Morphologie des Deutschen.* Darmstadt: WBG.

Weiterführende Literatur

Michel, S. (2020): *Morphologie.* Tübingen: Narr.

Kargl, R. & Purgstaller, Ch. (2010). *Morphemunterstütztes Grundwortschatz-Segmentierungstraining.* Göttingen: Hogrefe.

Grammatik

Inhaltsverzeichnis

Einführendes Praxisbeispiel

Lisa hat gelernt, Verben mit der Frage „Was tut jemand?" und Adjektive mit der Frage „Wie ist etwas?" zu identifizieren. In einer Klassenarbeit muss sie die Wortart des unterstrichenen Wortes in dem folgenden Satz bestimmen: *Die Kinder gehen* singend *durch den Garten.* Lisa ist unsicher. Eigentlich müsste das Wort ein Adjektiv sein, da *singend* die Frage „Wie gehen die Kinder durch den Garten?" beantwortet. Andererseits weiß Lisa, dass *singen* ein Verb ist.

Das Beispiel verdeutlicht, dass im Grundschulunterricht für die Bestimmung von Wortarten vor allem **semantische Proben** eingesetzt werden, welche die Wortbedeutung fokussieren. Diese sind, wie das Beispiel oben zeigt, fehleranfällig und meist nicht ausreichend. Wörter wie *faulenzen, wollen* oder *sollen* lassen sich kaum mit der Vorstellung verbinden, dass dabei jemand etwas tut (Bartnitzky 2005). Die Bestimmung von Wortarten nimmt im Grammatikunterricht einen hohen Stellenwert ein und wird mit zeitlich hohem Aufwand betrieben. Gleichzeitig machen Lehrkräfte die Erfahrung, dass grammatische Analysen vielen Kindern schwerfallen und auch Lehrkräfte fühlen sich bei diesem Thema teilweise überfordert.

13.1 Wortarten

Wörter werden nach definierten Merkmalen bestimmten Wortarten zugeordnet. Allerdings finden sich **vielfältige Modelle,** die mit unterschiedlichen Definitionen und Wortartenkategorien operieren. Insofern gibt es nicht die eine Grammatik und nicht nur eine Wortartenlehre (Granzow-Emden 2019: 37). Versuche, Wörter zu klassifizieren, lassen sich bis in die Antike zurückverfolgen, und die Zahl der Wortklassen schwankt zwischen zwei und fünfzehn Wortarten (Bußmann 2008). Die Wortartenlehre sowie die Grammatik generell sind Modelle von Sprache, welche konstruiert werden, um die komplexe Wirklichkeit der Sprache regelhaft zu beschreiben.

Über die **flektierten Wortarten** herrscht dabei weitgehend Einigkeit. Unterschiede ergeben sich vor allem dadurch, dass im Bereich der **unflektierbaren Wortarten** das eindeutig bestimmende Kriterium der Flexion fehlt. Daher bleiben nur formale Kriterien, wie die Stellung im Satz (Distribution) und teilweise die Valenz (Forderung nach bestimmten Begleitern) übrig, um Unterscheidungen zu treffen. Aus diesem Grund müssen bei den unflektierten Wortarten zusätzliche – über die morphosyntaktischen Merkmale hinausgehende – Kriterien herangezogen werden (Imo 2016: 14).

Hans Glinz (1965) hat in den 1950er-Jahren die **Fünf-Worten-Lehre** entwickelt (◘ Abb. 13.1).

Die grundlegende Unterscheidung ist zunächst die **Flektierbarkeit,** also die Möglichkeit zur Änderung der Wortform (bspw. *singen-singt, Haus-Häuser, schön-schöner*) bzw. zur Anpassung an andere Wörter (bspw. *die Frau-der Frau, ihre-seine*) (s. ► Abschn. 12.4). Die flektierbaren Wortarten werden nach ihren **morphosyntaktischen Merkmalen** klassifiziert (◘ Tab. 12.2). Nicht flektierbare Wörter behalten immer die gleiche Wortform (bspw. *manchmal, auf, dann*). Glinz

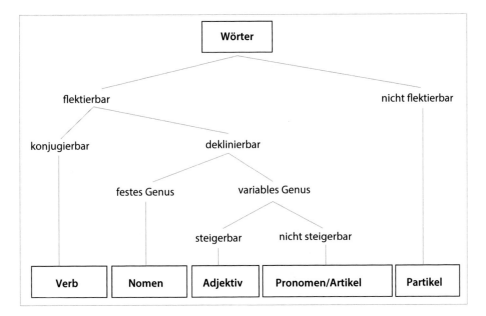

■ **Abb. 13.1** Fünf-Wortartenlehre nach Glinz (1965) (eigene Darstellung nach Glinz/Linke et al. 2004)

fasst sie in einer Gruppe zusammen, die er Partikel nennt und nicht weiter untergliedert.

> ❯ Für den **Primarbereich** benennen die Bildungsstandards **fünf Wortarten** und eine Restkategorie: Nomen, Verb, Artikel, Adjektiv und Pronomen (KMK 2005: 14).

Abweichend von dem Glinzschen Modell werden in den Bildungsstandards Pronomen und Artikel als eigenständige Wortarten benannt. Dies lässt sich durch die Fähigkeit zur **Eigenständigkeit** im Satz begründen. Artikel treten immer zusammen mit Nomen auf wie bspw. *eine Frau, die Frau, der Frau, dem Mann.* Pronomen hingegen stehen für ein Nomen bzw. eine Nominalphrase und sind selbstständig bzw. fungieren als selbstständiges Satzglied (bspw. *die Frau/ sie*). In der Grundschule werden also die flektierten Wortarten begrifflich benannt und die nichtflektierten nicht näher spezifiziert.

> ❯ Schulische Grammatiken orientieren sich in der Regel an **neun Wortarten.** Dabei werden die nicht flektierbaren Wörter in vier Wortarten unterteilt: Adverb, Präposition, Konjunktion und Partikel (■ Abb. 13.2).

Das Modell der neun Wortarten stimmt im Bereich der flektierbaren Wortarten mit dem Glinzschen Modell weitgehend überein. Allerdings werden, wie gerade beschrieben, Pronomen und Artikel unterschieden. Die nicht flektierbaren Wort-

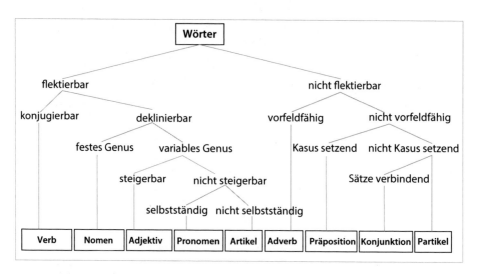

⬛ Abb. 13.2   Neun Wortarten (eigene Darstellung)

arten werden nach unterschiedlichen Kriterien klassifiziert, die weiter unten bei der Darstellung der einzelnen Wortarten näher betrachtet werden.

Das Zehn-Wortarten-Modell   Häufig wird auch auf ein Modell mit **zehn Wortarten** verwiesen, welches aus Substantiv (gleichbedeutend mit Nomen), Verb, Adjektiv, Artikel, Pronomen, Adverb, Konjunktion, Präposition, Numerale und Interjektion besteht. Statt der Partikeln im Neun-Wortarten-Modell (⬛ Abb. 13.2) finden sich also Numeralia und Interjektionen (Linke et al. 2004: 79). **Numeralia** sind Zahlwörter wie bspw. *zwei, hundert, Hunderter, Dutzend, beide, eines.* Die Beispiele verdeutlichen, dass die Wörter auch anderen Wortarten wie Adjektiv, Substantiv (Nomen) usw. zugeordnet werden können (Duden 2016: 385), wobei es sich überwiegend um Adjektive handelt (Bußmann 2008). Auch wenn eine Kategorie mit Numeralia bzw. Zahlwörtern zunächst einleuchtend und leicht identifizierbar erscheint, verhalten sich die Wörter so unterschiedlich, dass es wenig sinnvoll erscheint, von einer einheitlichen Wortart auszugehen. Am Beispiel der Numeralia wird deutlich, dass semantische bzw. bedeutungsbezogene Kriterien bei der Wortartenbestimmung problematisch sind (Imo 2016). Daher ist der Status als eigene Wortart umstritten (Bußmann 2008).

Interjektionen werden auch ,Ausdruckspartikeln' oder ,Empfindungswörter' genannt. Sie kommen vor allem in der gesprochenen Sprache vor und Beispiele sind *ach, au pfui, igitt, pst* (Duden 2016: 609). Da sie keine lexikalische Bedeutung im engeren Sinne haben, werden sie auch als ,Wort-Äquivalente' bezeichnet. Ihr Status als Wortart ist ebenso umstritten (Boettcher 2009, Bußmann 2008).

Grundlegendes zur Wortartenklassifizierung   Immer wieder wird kritisiert, dass die Beschreibung der Wortarten nach unterschiedlichen Kriterien erfolgt, die nicht eindeutig bzw. uneinheitlich sind. Dadurch ergeben sich **Zweifelsfälle** und nicht alle Wörter erfüllen die genannten Kriterien (Linke et al. 2004). Zum Beispiel gibt es Substantive bzw. Nomen ohne Pluralform wie *Obst, Armut, Sand*. Einige Adjektive haben keine Komparativ- und Superlativform wie bspw. *tot, mündlich, nackt, leblos, sterblich*. Einige Pronomen haben ein festes Genus wie bspw. *jemand, niemand, jedermann* (Duden 2016).

Ein besonderes Problem stellen – wie bereits erwähnt – **semantische Kriterien** dar. Danach werden Substantive bzw. Nomen als Bezeichnung für Personen, Sachen und Vorstellungen charakterisiert, Verben als Tätigkeiten und Adjektive als Bezeichnungen für Eigenschaften (Duden 2016). Daraus ergeben sich vielfältige Schwierigkeiten: Es fällt bspw. schwer, die Verben *schlafen* und *ruhen* als Tätigkeiten zu begreifen, ebenso würde man das Substantiv *Luft* intuitiv nicht als Bezeichnung einer Sache verstehen.

Die Wortartenklassifizierung stützt sich daher auf **morphosyntaktische Merkmale** und **syntaktische** (satzbezogene) **Kontexte**. Auf die jeweilige Wortart angepasste **grammatische Proben** helfen bei der Zuordnung. Zum Beispiel lassen sich Adjektive zwischen Artikel und Nomen einsetzen (Einsetzprobe) und passen ihre Wortform dem Nomen an wie bspw. *die schöne Frau*. Die Flexionsprobe ist unter anderem geeignet, Verben von Adjektiven zu unterscheiden. Verben lassen sich nach dem Tempus flektieren (*ich schlafe, ich schlief*), Adjektive komparieren (steigern). Bei dem Satz *Dieser Beitrag ist angemessen* stellt sich die Frage, ob *angemessen* ein Verb oder ein Adjektiv ist. Eine Komparation ist möglich: *Dieser Betrag ist angemessener*. Es handelt sich in diesem Satzkontext also um ein Adjektiv. Bei einigen Wortarten, die nur eine begrenzte Anzahl von Lexemen betreffen, bietet sich ein Verzeichnis an (Liste), welches erlaubt, die Wörter abzulesen bzw. das gesuchte Wort mit einem verzeichneten zu vergleichen (Ersatzprobe).

Die Beispiele zeigen, dass bei der Bestimmung der Wortart **der syntaktische Kontext** eine wichtige Rolle spielt. Teilweise lässt sich die gleiche Wortform unterschiedlichen Wortarten zuordnen, je nachdem, welche Funktion dem Wort im Satzzusammenhang zukommt. Das Wort *schreiben* etwa kann ein Nomen oder ein Verb sein, wie die beiden folgenden Sätze verdeutlichen:

- Wir **schreiben** eine Geschichte. (Verb)
- Das **Schreiben** kam mit der Post. (Nomen)

Ebenso zeigen die beiden folgenden Sätze, dass das Wort *ruhig* als Partikel und als Adjektiv fungieren kann:

- Das Baby ist heute **ruhig**. (Adjektiv)
- Reg dich **ruhig** auf. (Partikel)

Zwischenfazit und didaktische Schlussfolgerungen Die Zahl der Wortarten wird durch die jeweilige Modellierung bestimmt. Im schulischen Kontext geht man von **neun Wortarten** aus. **Semantische Merkmale** führen bei der Bestimmung von Wortarten zu Zuordnungsproblemen. Deshalb sind für aktuelle grammatische Modellierungen **morphosyntaktische** und **syntaktische Merkmale grundlegend**. Obwohl in der Fachdidaktik semantische Ansätze zur Wortartbestimmung seit Langem kritisiert werden, wird in der Grundschule üblicherweise mit semantischen Kriterien gearbeitet.

Dies führt bei Kindern zu vielfachen **Fehlhypothesen.** Bspw. werden Nomen mit der Regel „Alles was man sehen und anfassen kann" eingeführt. Dies führt dazu, dass alle abstrakten Nomen (*Angst, Fantasie, Glück*) sowie alles, was man nicht anfassen darf (*Ofen, Stier*), nicht als Nomen identifiziert wird. Andererseits werden bspw. Farben (*blau*) oder Tätigkeiten (*zittern, schmelzen*), die man sehen kann, fälschlich als Nomen gedeutet (Kluge 2002). Ebenfalls bei der Bestimmung von Verben führen bedeutungsbezogene Proben dazu, dass nur ein kleiner Teil der Verben (Tätigkeitsverben) erkannt wird (Hlebec 2015).

13.2 Verben

Verben werden **konjugiert,** was bedeutet, dass die Wortform nach den in ☐ Tab. 13.1 aufgeführten grammatischen Kategorien verändert wird.

Regelmäßige und unregelmäßige Verben Verben unterscheiden sich darin, ob bei der Konjugation der Wortstamm gleich bleibt oder sich verändert. Dies wird anhand von drei Leitformen untersucht:
- Infinitiv (Grundform) Präsens
- Präteritum (3. Person Singular)
- Partizip II

Verben mit gleicher Stammform und dem Suffix {-te} (bspw. *lachte*) im Präteritum der 3. Person Singular sowie den Affixen {ge-(e)t} (bspw. *gelacht*) bei der Partizip II-Form werden als **regelmäßige** oder auch als **schwache Verben** bezeichnet.

13

☐ **Tab. 13.1** Verbkonjugation

Person	1. Person	ich schreibe, wir schreiben
	2. Person	du schreibst, ihr schreibt
	3. Person	er/ sie/ es schreibt, sie schreiben
Numerus	Singular	ich schreibe, du schreibst, er schreibt
	Plural	wir schreiben, ihr schreibt, sie schreiben
Tempus	Präsens	ich schreibe
	Präteritum	ich schrieb
	Perfekt	ich habe geschrieben
	Plusquamperfekt	ich hatte geschrieben
	Futur I	ich werde schreiben
	Future II	ich werde geschrieben haben
Modus	Indikativ	ich schreibe
	Konjunktiv	ich schriebe
	Imperativ	schreibe
Genus Verbi	Aktiv	sie schreiben
	Passiv	sie werden geschrieben

Verben, deren Stammvokal sich ändert (bspw. *singen, sang, gesungen*), gelten als **unregelmäßige** oder auch **starke Verben**. Die Vokalveränderung wird als ‚Ablaut' bezeichnet. Starke Verben bilden das Partizip II mit dem Suffix {-en}. Hinzu kommt eine Mischgruppe, welche Merkmale starker und schwacher Verben kombiniert (◘ Tab. 13.2).

Verbklassen Insgesamt lassen sich **vier Hauptgruppen** bestimmen (Imo 2016): Vollverben, Hilfsverben, Modalverben und Kopulaverben (◘ Tab. 13.3).

- Die meisten Verben können selbstständig ein Prädikat bilden und haben eine eigenständige Bedeutung. Sie werden als **Vollverben** bezeichnet. Beispiele sind *gehen, schwimmen, schlagen, denken, essen, liegen*. Darüber hinaus gibt es Verbklassen mit wenigen Verben, die spezifische Formen und Funktionen haben.
- **Hilfsverben** treten zusammen mit Vollverben auf und umfassen im Wesentlichen *haben, sein* und *werden*. Sie bilden zusammen mit Vollverben Tempusformen (bspw. *habe gelacht, werde verreisen*), Passivformen (bspw. *werde gefilmt, bin gewählt*) und Konjunktivformen (bspw. *würde kommen*). Das Hilfsverb *haben*

◘ **Tab. 13.2** Regelmäßige und unregelmäßige Verben (Habermann et al. 2019)

	Infinitiv Präsens	**Präteritum**	**Partizip II**
Regelmäßige Verben (schwache Verben)	lachen sagen spielen	lachte sagte spielte	gelacht gesagt gespielt
Unregelmäßige Verben (starke Verben)	rufen sprechen kommen	rief sprach kam	gerufen gesprochen gekommen
Unregelmäßige Verben („gemischte" Verben)	nennen denken wissen	nannte dachte wusste	genannt gedacht gewusst

◘ **Tab. 13.3** Die wichtigsten Verbklassen im Überblick

Verbklassen	**Verben**	**Beispielsätze**
Vollverben	(die meisten Verben)	Ich **singe**. Lene **freut** sich. Sie **dankt** den Kindern.
Hilfsverben	*haben, sein, werden*	Paul **hat** geschlafen. Ich **werde** anrufen.
Modalverben	*dürfen, können, mögen, müssen, sollen, wollen*	Wir **dürfen** fahren. Ich **kann** lesen.
Kopulaverben	*sein, werden, bleiben*	Du **bist** klug. Molly **ist** eine Katze.

kann auch selbstständig in einem Satz das Prädikat bilden und damit als Vollverb fungieren. Bspw.: *Sie hat zwei Katzen.*

- Die Verben *dürfen, können, mögen, müssen, sollen* und *wollen* werden als **Modalverben** bezeichnet. Sie treten wie die Hilfsverben nur zusammen mit Vollverben im Infinitiv (bspw. *ich muss lernen*) auf, tragen aber eine eigenständige Bedeutung. Modalverben drücken eine Notwendigkeit oder eine Möglichkeit aus. Sie werden im Spracherwerb ebenso wie im Zweitspracherwerb früh angeeignet und spielen bei der Sprachförderung von Kindern mit Deutsch als Zweitsprache eine wichtige Rolle (Kalkavan-Aydin 2015).
- Die Verben *sein, werden, bleiben* treten auch ohne Vollverb als sogenannte **Kopulaverben** auf. Sie verbinden das Subjekt des Satzes mit einer Nominalphrase (Nomen oder Wortgruppe mit einem Nomen) oder einem Adjektiv in einer nicht flektierten Form. Bspw. *Ich werde Lehrerin. Ich bin müde* (s. ▶ Abschn. 13.12 „Prädikative"). Deutlich wird, dass manche Verben je nach syntaktischem Zusammenhang verschiedenen Verbklassen angehören können (Habermann et al. 2019).

Vollverben   Traditionell werden Vollverben nach ihren Bedeutungseigenschaften bzw. semantischen Rollen unterschieden (Duden 2016, Hoberg und Hoberg 2009):
- **Handlungsverben** (Tätigkeitsverben)
  bezeichnen Tätigkeiten und setzen einen aktiven Urheber voraus
  Beispiele: *Die Kinder singen ein Lied. Sie spielen in der Schule.*
- **Vorgangsverben**
  bezeichnen ein Geschehen oder einen Prozess bzw. dynamische Aktionsarten
  Beispiele: *Die Preise fallen. Die Blumen verblühen. Sie erwacht.*
- **Zustandsverben**
  bezeichnen etwas Statisches, sie verlangen kein typisches Agens als Subjekt
  Beispiele: *Wir wohnen in einem schönen Haus. Er sitzt in der Bahn.*

13

Verben im Unterricht   In der Grundschule werden Verben häufig als ‚Tuwort' oder ‚Tunwort' bezeichnet und mit der Erklärung eingeführt und erfragt „Was tut jemand?" Dies fokussiert die Bedeutungsebene und die semantische Rolle der Handlungen. Der Erklärungsansatz lässt sich nur auf einen Teil der Verben – nämlich die Handlungs- bzw. Tätigkeitsverben – anwenden. Die am häufigsten gebrauchten Verben sind allerdings gerade keine Tätigkeitsverben, sondern die Hilfs- und Modalverben. Dies löst immer wieder Missverständnisse und Unsicherheiten bei den Kindern aus. Es zeigt sich in vielfacher Hinsicht, dass semantische Merkmale ebenso wie semantisch orientierte Termini wie ‚Tuwort' wenig geeignet sind, um Kinder bei der Bestimmung von Wortarten zu unterstützen.

Seitens der Fachdidaktik wird gefordert, von Anfang an den Begriff **Verb** zu verwenden und die morphosyntaktischen Merkmale didaktisch zu nutzen (Granzow-Emden 2014, Bartnitzky 2005). Für die Bestimmung von Verben wird die Testung der **Konjugationsfähigkeit** empfohlen. Dabei überprüfen die Kinder anhand ausgewählter Personalpronomen, ob sich das Wort in die passende grammatische Form setzen lässt. Die sogenannte **Wir-/ Du-Probe** zeigt, dass bspw. *lachen* ein Verb ist, da es sich bei *wir lachen/ du lachst* richtig anpasst. Das

Wort *Himmel* hingegen *(wir Himmel/ du Himmel)* lässt sich nicht in das Muster einsetzen (Bredel 2013: 263).

Valenz Verben bilden das syntaktische Zentrum des Satzes. Sie fordern eine unterschiedliche Anzahl von Ergänzungen, um einen korrekten Satz zu entwickeln. Zum Beispiel kann mit dem Verb *schlafen* der Satz *Sie schläft* gebildet werden. Es genügt also die Hinzufügung eines Subjekts. Zu dem Verb *benutzen* benötigt man bereits zwei Ergänzungen (Subjekt und Akkusativergänzung): *Ich benutze einen Computer.*

> **Valenz** (Wertigkeit) bezeichnet die Eigenschaft des Verbs bzw. Prädikats, eine bestimmte Zahl an Ergänzungen festzulegen.

Natürlich können die Sätze beliebig erweitert werden. Bspw.: Ich *schlafe mittags mit meiner Katze auf dem Sofa.* Es bedarf aber einer minimalen Anzahl von Ergänzungen, um einen grammatisch vollständigen Satz zu bilden. Je nach Anzahl der benötigten Ergänzungen unterscheidet man folgende Verben (Habermann et al. 2019, Imo 2016, Flohr und Lobin 2009):

- **Nullstellige Verben**
  Einige wenige Verben benötigen kein semantisches Subjekt („echten Mitspieler") und haben nur ein formales Subjekt (es). Beispiele sind Witterungsverben.
  Beispielsätze: *Es regnet. Es hagelt. Es schneit.*
- **Einstellige Verben**
  In der Regel wird das Subjekt als eine einzige Ergänzung gefordert.
  Beispielsätze: *Sie träumt. Die Sonne scheint. Die fleißige Lehrerin arbeitet.*
- **Zweistellige Verben**
  Die meisten Verben sind zweistellig und fordern neben dem Subjekt eine weitere Ergänzung, die häufig im Akkusativ steht. Es finden sich aber auch Verben, die neben dem Subjekt eine Dativergänzung fordern.
  Beispielsätze: *Ich spiele Klavier. Er sieht die Blumen. Wir besuchen die Großeltern. Die Lehrerin hilft dem Kind.*
- **Dreistellige Verben**
  Auch dreistellige Verben sind häufig. Sie fordern neben dem Subjekt immer zwei weitere Ergänzungen.
  Beispielsätze: *Die Lehrerin erzählt den Kindern eine Geschichte. Ich lege das Buch in den Schrank. Sie stellt die Blumen in eine Vase. Er gibt seiner Frau das Geschenk.*

> Durch das Verb wird nicht nur die Anzahl der Ergänzungen festgelegt, sondern auch der Kasus, den die Begleiter haben müssen. Dies wird als **Rektion** bezeichnet, wobei die Abhängigkeitsbeziehungen durch die Dependenzgrammatik beschrieben werden (Flohr und Lobin 2009, Bußmann 2008).

▶ **Das didaktische Satzfächermodell**

Blattmann und Kottke (2002) entwickelten für die Grundschule auf der Grundlage der Dependenzgrammatik das Satzfächermodell. Eingebettet in eine Märchenhandlung steht das Verb als König im Zentrum und bestimmt über seine Untertanen bzw. die benötigten Ergänzungen (Subjekt, Akkusativ, Dativ, adverbiale Bestimmung). In szenischen Arrangements mit Requisiten erspielen die Kinder Sätze. Ausgehend von einem Verb (bspw. *schenken*) entstehen Sätze und die Fachtermini werden schrittweise eingeführt und geübt. Das didaktische Modell wird besonders für Kinder mit Deutsch als Zweitsprache empfohlen. ◀

Partizipien Partizipien treten als Partizip I und Partizip II auf. Sie bilden keine eigenständige Wortart. Das **Partizip I** wird gebildet aus dem Wortstamm und der Endung {-end} (bspw. *singend, lesend, lachend, träumend*). Es wird meistens adjektivisch gebraucht und wie ein Adjektiv flektiert (bspw. *das schreibende Kind*). Eisenberg (2020: 202) plädiert deshalb dafür, die Partizipien I den Adjektiven zuzuordnen, obwohl sie in ihrer Komparation (Steigerbarkeit) stark eingeschränkt sind.

Das **Partizip II** wird aus {ge-} und {-en} oder {-t} gebildet (bspw. *gesungen, gelesen, gelacht, geträumt*). Häufig bildet das **Partizip II** zusammen mit einem Hilfsverb ein Prädikat im **Perfekt** (bspw. *ich habe gesungen, ich bin gefahren*). Aber auch andere Formen wie das Passiv finden sich (bspw. *ich werde gefahren*). Das Partizip II kann ebenso wie das Partizip I auch adjektivisch gebraucht werden bspw. *das gekochte Gemüse, die gelaufenen Kilometer* (Habermann et al. 2019, Imo 2016, Duden 2016).

13.3 Nomen

Die Begriffe **Nomen** und **Substantiv** sind gleichbedeutend (synonym) und austauschbar. Die Bildungsstandards schlagen den Begriff ‚Nomen' vor und im Unterrichtsalltag der Grundschule wird auch überwiegend von Nomen gesprochen.

Genus Ein Merkmal der Wortart Nomen ist ein festes Genus (m = maskulin, f = feminin, n = neutral), das durch den bestimmten Artikel (*der, die, das*) angezeigt wird. Das Genus erschließt sich dabei nicht durch die Bedeutung, weshalb auch von dem **grammatischen Geschlecht** gesprochen wird. Das Nomen *Mädchen* bspw., welches weibliche Kinder bezeichnet, ist ein Neutrum. *Das Mädchen* verdeutlicht, dass das natürliche Geschlecht nicht dem grammatischen entspricht. **Feste Regeln für die Bestimmung des Genus gibt es nicht.** Allenfalls zeigen sich Tendenzen. Nomen mit der Endung -e etwa sind häufig feminin; es gibt aber auch Abweichungen wie bspw. *das Auge*. Nomen mit den Affixen {-ung} und {-heit} sind immer feminin (Habermann et al. 2019).

Grundsätzlich aber gilt, dass Kinder mit Deutsch als Zweitsprache sich für jedes Nomen das Genus merken müssen. Häufig wird dies durch eine Farbsymbolik unterstützt (Rösch 2003). Dabei erhalten Feminina eine rote, Maskulina eine blaue und Nomen im Neutrum eine grüne Kennzeichnung.

13

Numerus und Kasus   Nomen sind deklinierbar und verändern ihre Form nach **Numerus** (Singular, Plural) und **Kasus** (Nominativ/ Nom., Akkusativ/ Akk., Dativ, Genitiv/ Gen.).

❯ Der **Plural** wird im Deutschen sehr unterschiedlich markiert und lässt sich nicht in allgemeingültige Regeln fassen.

Pluralmarkierungen sind die **Umlautung** (*Maus-Mäuse, Haus-Häuser*) sowie **verschiedene Endungen:**
- -en bzw. -n (*Frauen, Blumen*)
- -er (*Kinder, Felder*)
- -e (*Hunde, Tage*)
- -s (*Echos, Infos*)
- keine Endung (*Eimer, Lehrer*)

Der **Kasus** wird in der Regel durch den Artikel markiert: bspw. *die Frau-der Frau, der Mann-dem Mann, das Kind-dem Kind.* In wenigen Fällen finden sich Endungsmarkierungen: Im Singular wird der Genitiv bei Nomen im Maskulinum und Neutrum markiert (*des Mannes, des Kindes, des Königs, des Herrn*) Einige Substantive im Singular zeigen im Akkusativ und Dativ Markierungen (den *Herrn, dem Herrn*) und einige im Plural Dativ (*den Hunden, den Lehrern*) (Habermann et al. 2019).

Nomen bilden den Kern einer Nominalphrase, also einer Wortgruppe mit einem Nomen. Die fett gedruckten Wörter in den folgenden Beispielen zeigen verschiedene Varianten von **Nominalphrasen:**
- **Pauline** schläft.
- **Die Katze** schläft.
- **Die kleine Katze** schläft.
- **Die kleine Katze mit dem weichen Fell** schläft.

Für Nomen können nach **semantischen Gesichtspunkten** Untergruppen gebildet werden. Dabei finden sich Kategorien wie **Eigennamen** (bspw. *Anna, Deutschland, Berlin, Rhein*), **Konkreta** (bspw. *Kind, Blume, Tisch*) und **Abstrakta** (bspw. *Seele, Friede, Reise, Verstand*). Wie bereits ausgeführt, sind semantische Charakterisierungen zur Beschreibung von Wortarten allerdings unzureichend (Duden 2016).

▶ **Nomen im Unterricht**

In der Grundschule werden Nomen häufig bedeutungsbezogen als sogenannte **Namenwörter** eingeführt (s. ▶ Abschn. 5.5.5). Erklärungsansätze sind: „Namenwörter bezeichnen Namen für Menschen, Tiere und Dinge. Sie betreffen alles, was man sehen und anfassen kann." Später kommt die ‚der-die-das-Probe' hinzu. Nach dieser kann man Nomen identifizieren, indem man *der, die* oder *das* davor setzt (bspw. *Baum-der Baum*). Aus Sicht der Fachdidaktik wird dieses Vorgehen vielfach kritisiert. Zum einen führen die semantischen Erklärungsansätze bei den Kindern zu vielen **Fehlannahmen.**

So werden Farben, die man sehen kann, als Nomen identifiziert. Ebenso werden Adjektive wie *dick* falsch zugeordnet, da man sehen kann, dass etwas *dick* ist. Andererseits werden Dinge wie bspw. *Ofen*, die man nicht anfassen darf, nicht als Nomen gedeutet (Kluge 2002). Darüber hinaus betreffen die beiden Leitsätze nur Konkreta, sodass in jedem Fall Abstrakta wie die *Fantasie, Luft, Ideen* zunächst ausgeklammert werden. Bereits der Terminus Namenwort provoziert erfahrungsgemäß falsche Vorstellungen bei den Kindern. Daher wird empfohlen, auf diesen zu verzichten und **von Anfang den Begriff Nomen** einzuführen. Die der-die-das-Probe kann ebenfalls Missverständnisse hervorrufen (Röber-Siekmeyer 1999). Isoliert betrachtet, kann vor fast jedes Wort ein Artikel gesetzt werden. Zum Beispiel: *Bitte spiel mit Tina schöne Spiele = die Bitte, das Spiel, die Tina, die Schöne, die Spiele.*

Aus der Kritik am wortartenbezogenen Ansatz entstand die sogenannte **syntaxbasierte Didaktik der Großschreibung**. Nomen werden dadurch identifiziert, dass davor ein flektiertes Adjektiv gesetzt werden kann. Zum Beispiel: *Das Gespenst hört ein Klirren im Rittersaal. Das* kleine *Gespenst hört ein* lautes *Klirren im* großen *Rittersaal.* Im Zentrum steht also die Erweiterung nominaler Phrasen durch **Adjektivattribute**. Der Einstieg erfolgt ab dem zweiten Schuljahr unter anderem über **Treppengedichte** (Rautenberg et al. 2016):

— die Katze
— die kleine Katze
— die kleine süße Katze
— leckt
— sich ihre Tatze

Die satzinterne Großschreibung ist aufgrund der Komplexität und Vielfalt möglicher syntaktischer Strukturen ein vielschichtiger Lerngegenstand, der didaktisch nicht einfach anzuleiten ist (Müller 2010). Bei dem syntaxbasierten Ansatz ist es wichtig zu beachten, dass nur nach flektierten Adjektiven ein Nomen steht. Der Unterschied zwischen attributiven und adverbialen Ergänzungen muss also erkannt werden. Bei einem Satz wie *Lisa kann schön singen* wird *schön* adverbial gebraucht und das folgende Wort *singen* ist kein Nomen. Dies wird dadurch deutlich, dass das Adjektiv *schön* in der Grundform steht. Bei einem Satz wie *Die schöne Lisa singt heute* wird das Adjektiv flektiert (*schöne*) und es folgt ein Nomen (*Lisa*). Einige nominale Kerne lassen sich nur schwer durch Attributsformen erweitern wie bspw. *alles Gute, wenig Neues, nichts Besonderes* (Müller 2010). ◄

13.4 **Adjektive**

Steigerung und Flexion Adjektive sind in der Regel **komparierbar** (steigerbar). Neben der Grundform (bspw. *warm, süß, laut, gut*) kommen sie im Komparativ (*wärmer, süßer, lauter, besser*) und im Superlativ (*am wärmsten, am süßesten, am lautesten, am besten*) vor. Adjektive werden nach Kasus, Numerus und Genus flektiert bzw. genauer gesagt **dekliniert.** Das bedeutet, sie passen sich der grammatischen Form des Bezugsworts an, wie die folgenden Beispiele zeigen (Imo 2016):

— Das <u>alte</u> Haus ist schön.
Das Adjektiv *alt* kongruiert (stimmt überein) mit dem Nomen *Haus* (Nominativ, Singular, Neutrum)
— Die <u>alten</u> Häuser sind schön.
Das Adjektiv *alt* kongruiert mit dem Nomen *Häuser* (Nominativ, Plural, Neutrum)

Funktionen Adjektive treten innerhalb eines Satzes in drei verschiedenen Funktionen auf:
— **attributiv:** Das Adjektiv steht dekliniert zwischen Artikel und Nomen oder nur vor dem Nomen.
Beispiel: *Die <u>kleine</u> Katze schläft. Ich lese ein <u>dickes</u> Buch. <u>Kleine</u> Katzen schlafen.*
— **prädikativ:** Das Adjektiv (Grundform) bildet zusammen mit dem Kopulaverb (*sein, werden, haben*) das Prädikativ.
Beispiel: *Sie ist <u>klein</u>. Es ist <u>dick</u>.*
— **adverbial:** Das Adjektiv (Grundform) bestimmt ein Vollverb näher.
Beispiel: *Die Katze schläft <u>tief</u>. Ich lese <u>laut</u>.*

Ein adverbial gebrauchtes Adjektiv lässt sich von einem Adverb (bspw. *Ich lese <u>manchmal</u>*) durch seine Komparierbarkeit unterscheiden (bspw. *laut, lauter*). Auch wenn es in der Funktion eines Adverbs gebraucht wird, bleibt es ein Adjektiv (Habermann et al. 2019).

13.5 Artikel und Pronomina

Artikel Artikel treten immer zusammen mit einem Nomen auf, bspw. *die Frau, der Frau, eine Frau*. Es werden bestimmte (definite) Artikel (*der, die, das*) und unbestimmte (indefinite) Artikel (*ein, eine, einer*) unterschieden. Als flektierbare Wortarten kongruieren Artikel mit dem Nomen, welches sie begleiten, und zeigen dessen Genus, Kasus und Numerus an. ◘ Tab. 13.4 zeigt die Deklination der Artikel.

◘ **Tab. 13.4** Deklination der Artikel

	Singular			Plural
	Maskulinum	**Femininum**	**Neutrum**	**Mas., Fem., Neutr.**
Nominativ	der/ ein *Mann*	die/ eine *Frau*	das/ ein *Kind*	die *Kinder*
Akkusativ	den/ einen *Mann*	die/ eine *Frau*	das/ ein *Kind*	die *Kinder*
Dativ	dem/ einem *Mann*	der/ einer *Frau*	dem/ einem *Kind*	den *Kindern*
Genitiv	des/ eines *Mannes*	der/ einer *Frau*	des/ eines *Kindes*	der *Kinder*

In den meisten Singularformen ändert sich der bestimmte Artikel durch das jeweilige Genus (bspw. *der Mann, die Frau, das Kind*). Die Pluralformen hingegen bleiben gleich (*die Männer, die Frauen, die Kinder*). Den unbestimmten Artikel gibt es nur im Singular (bspw. *eine Frau/ Frauen*). Er wird unter anderem für neu eingeführte bzw. unbekannte Personen oder Gegenstände in einer Handlung eingesetzt (bspw. *Es war einmal ein Mädchen*). Der bestimmte Artikel bezeichnet eine bestimmte bzw. bekannte Person oder einen bestimmten Gegenstand (bspw. *das Mädchen, der Tisch*). Häufig werden in Erzählungen Personen mit unbestimmtem Artikel eingeführt und danach mit einem bestimmten Artikel genannt (bspw. *Es war einmal ein Mädchen. Das Mädchen hatte weder Vater noch Mutter*).

Weitere Artikel sind die Possessivartikel (*mein, dein, sein, unser, euer, ihr*) und Demonstrativartikel (*der, dieser, derjenige, derselbe, jener, solcher*). Auch diese passen ihre grammatische Form dem zugehörigen Nomen an, bspw. *sein Buch, unsere Schule, diese Flasche.*

Pronomina Pronomina sind Stellvertreter eines Nomens oder einer Nominalphrase. Da sie auf diese verweisen, kommen sie in einem Satz selbstständig vor und kongruieren mit den Nomen, die sie vertreten. Zum Beispiel *Sie (Frau Klug) liest. Er (Herr Klug) liest. Dieser (Der Schirm) ist blau. Ich möchte diesen (den Schirm).* Pronomina lassen sich in **verschiedene Gruppen** unterteilen:

- Personalpronomina (bspw. *ich, du, er*)
- Possessivpronomina (bspw. *deiner, meiner*)
- Demonstrativpronomina (bspw. *diesen*)
- Relativpronomina (bspw. *der, die, das, den, dem*)
- Interrogativpronomina (bspw. *wer, wen, wem, was, wessen*)
- Reflexivpronomina (bspw. *mich, mir, dich, dir, sich, uns, euch*)
- Indefinitpronomina (bspw. *einer, einen, einem, eines, man, jemand*)

Artikel versus Pronomina Teilweise werden Artikel und Pronomen nicht klar unterschieden. Eine Möglichkeit der Unterscheidung ist, das Kriterium der Selbstständigkeit anzuwenden. Danach treten Pronomen immer selbstständig im Satz auf und Artikel immer zusammen mit einem Nomen.

- Artikel: *Hier lebte eine Königin. Dem Mann ging es gut.*
- *Possessivartikel: Seine Freundin hatte ihm das angetan.*
- *Demonstrativartikel: Mit dieser Hilfe konnte er arbeiten.*
- *Pronomen: Er war müde. Die sind noch nicht gekommen. Diesen wünsche ich mir.*

13.6 Unflektierte Wortarten

Die folgenden Wortarten ändern als unflektierte Wortarten niemals ihre Wortform.

Adverbien Adverbien (bspw. *oben, oft, immer, morgens, manchmal*) können als einzige nicht flektierbare Wortart **allein im Vorfeld** – also im Satz vor dem Verb (s. ▶ Abschn. 13.13) – stehen, bspw. *Manchmal schlafe ich lange. Oft reden wir über die Schule.* Adverbien werden in semantische Subklassen unterteilt, wobei eine große Zahl verschiedener Untergruppen beschrieben werden (Imo 2016). Prominent sind folgende Subklassen:

- **Lokaladverbien** beziehen sich auf einen Ort (*links, hinten, da, hier, dort, unten*),
- **Temporaladverbien** geben einen Zeitpunkt oder Zeitraum an (*abends, tagsüber, wann, heute, jetzt, damals, dann, montags*),
- **Modaladverbien** geben die Quantität oder Qualität von Dingen an (*gern, teilweise, folgendermaßen*).

Die Abgrenzung zu Adjektiven erfolgt wiederum über die Flektierbarkeit (Imo 2016). Zum Beispiel: *Das Wetter war schön. Das schöne Wetter* (= Adjektiv). *Das Konzert war gestern. *Das gesterne Konzert* (= Adverb).

Präpositionen Präpositionen stehen meistens vor einer Nominalphrase und bilden mit dieser zusammen eine Präpositionalphrase (bspw. *nach dem Essen, in der Schule*). Sie üben **Rektionen** aus, d. h. sie fordern für das Nomen einen bestimmten Kasus. Zum Beispiel folgt auf die Präposition *für* der Akkusativ (*für die Klausur*); auf die Präposition *mit* der Dativ (*mit dem Freund*). ◘ Tab. 13.5 listet die wichtigsten Präpositionen und ihre Kasus auf (Habermann et al. 2019: 32):

Neun Präpositionen haben die Besonderheit, dass sie den Akkusativ und den Dativ regieren. Sie werden daher als **Wechselpräpositionen** bezeichnet. Der Akkusativ steht, wenn die Phrase eine Bewegung, Richtung oder einen Wandel ausdrückt. Handelt es sich um einen festen Ort oder Zeitpunkt, eine bestimmte Position oder eine Ruhelage, steht der Dativ (Duden 2016: 620 f.; ◘ Tab. 13.6).

Präpositionen drücken lokale (räumliche), temporale (zeitliche), modale (Art und Weise) und kausale (Ursache und Wirkung) Beziehungen aus:

- **lokal** (*auf dem Tisch, über die Brücke*)
- **temporal** (*nach der Schule, in einer Stunde*)
- **modal** (*gegenüber den Vorjahren, statt eines Geschenks, aus Seide, ohne ihren Hund*)
- **kausal** (*wegen des Regens, trotz des Feuers*)

Einige Verben treten zusammen mit einer bestimmten Präposition auf und bilden mit dieser eine feste Bindung, bspw. *warten auf, glauben an, nachdenken über, sich freuen auf, sich drücken vor, sich streiten um*. Ebenso gibt es Nomen und Adjektive, die in Verbindung mit einer bestimmten Präposition vorkommen, bspw. *Angst vor, Hoffnung auf, Glaube an, froh über, stolz auf, ärgerlich über*. Diese abhängigen Präpositionen bilden mit der Nominalphrase sogenannte **Präpositionalobjekte** (Habermann et al. 2019, Duden 2016).

◘ **Tab. 13.5** Präpositionen und ihre Kasus

Akkusativ	Akkusativ oder Dativ	Dativ	Genitiv
durch, für, gegen, ohne, um, bis	in, an, auf, über, unter, vor, hinter, neben, zwischen	mit, von, aus, bei, zu, nach, seit	während, wegen

◧ Tab. 13.6   Wechselpräpositionen mit Beispielsätzen

Präposition	Akkusativ (Bewegung: Wohin?)	Dativ (Ruhelage: Wo?)
in	Die Kinder kommen in die Schule.	Die Kinder sind in dem Haus.
an	Sie hängt das Bild an die Wand.	Das Bild hängt an der Wand.
auf	Er legt das Buch auf den Tisch.	Das Buch liegt auf dem Tisch.
über	Der Vogel fliegt über das Haus.	Das Flugzeug fliegt über den Wolken.
unter	Er legt das Handy unter den Tisch.	Die Katze liegt unter dem Tisch.
vor	Sie stellt sich vor das Haus.	Sie steht vor dem Haus.
hinter	Sie legt das Buch hinter den Spiegel.	Das Buch liegt hinter dem Spiegel.
neben	Sie legt das Buch neben das Glas.	Das Buch liegt neben dem Glas.
zwischen	Der Hund stellt sich zwischen die Kinder.	Der Hund steht zwischen den Kindern.

Präpositionen **verschmelzen** zuweilen mit einem bestimmten Artikel. Bspw. *in + dem = im, in + das = ins, zu + dem = zum, bei + dem = beim.* Verschmelzungen sind typisch für gesprochene Sprache, kommen aber auch in schriftsprachlichen Texten bzw. in geschriebener Sprache vor (Duden 2016).

▶ Präpositionen im Unterricht

Für den Grundschulunterricht und insbesondere im Umgang mit mehrsprachigen Kindern ist es wichtig, Präpositionen nicht isoliert zu behandeln, sondern **die gesamte Fügung** möglichst handlungsorientiert zu vermitteln. Zum Beispiel können Bewegungsspiele inszeniert werden, bei denen die Kinder die Bedeutung ausgewählter Präpositionen nachvollziehen (Die Kinder sitzen unter dem Tisch, auf dem Tisch, neben dem Tisch.). Wichtig ist, bei den Wechselpräpositionen die beiden Kasus strikt zu trennen (Rösch 2003). ◀

13

Konjunktionen und Subjunktionen   Konjunktionen haben die Funktion, Sätze, Wörter oder Wortgruppen zu verknüpfen. Die sogenannten **koordinierenden bzw. nebenordnenden Konjunktionen** (*und, oder, aber*) verbinden Hauptsätze oder gleichartige Nebensätze (bspw.: *Ich arbeite und ich habe Spaß.*) (◧ Tab. 13.7).

Konjunktionen, die Nebensätze einleiten (bspw.: *Ich arbeite, obwohl ich keine Lust habe.*), bewirken, dass das Verb am Ende steht (Verbletztstellung) (bspw. *Ich lerne die ganze Nacht, weil ich morgen eine Klausur schreibe.*). Diese **unterordnenden Konjunktionen** werden aktuell meist als **Subjunktionen** bezeichnet. Während Subjunktionen Haupt- und Nebensätze verbinden, finden sich bei koordinierenden Konjunktionen Verbindungen zwischen Wörtern (bspw. *Pfeffer und Salz*), Wortgruppen (bspw. *mit dem Auto oder dem Zug*) und Sätzen (bspw. *Das Wetter wird schöner und die Temperaturen steigen. Morgen stehe ich früh auf, denn ich muss den ganzen Tag arbeiten.*) (Duden 2016).

◻ Tab. 13.7   Konjunktionen und Subjunktionen: Begriffe und Beispiele

Bezeichnungen	Beispiele	Beispielsätze
Konjunktion koordinierende Konjunktion nebenordnende Konjunktion	und, oder, aber, sowie, denn, sowohl – als auch, weder – noch	Ich liebe das Meer **und** wir fahren bald an die Nordsee. Lars fährt mit dem Auto, **aber** Anna nimmt den Bus. Ich brauche **sowohl** ein Blatt **als auch** einen Stift.
Subjunktion subordinierende Konjunktion unterordnende Konjunktion	dass, ob, weil, als, damit, nachdem, wenn, trotzdem, obwohl, während, sondern	Er weiß, **dass** er zu spät ist. Sie fragt, **ob** die Aufgabe richtig gelöst ist. **Während** sie liest, spielen die anderen Karten. Ich freue mich, **wenn** die Ferien beginnen.

Konjunktionen bzw. Subjunktionen können mit **Konjunktionaladverbien** verwechselt werden, da diese ebenfalls eine verknüpfende Funktion haben. Die Unterscheidung kann mit Blick auf die Verbstellung erfolgen. Auf Konjunktionaladverbien folgt das finite (grammatisch angepasste) Verb. Da Subjunktionen Nebensätze einleiten, steht das Verb am Ende des Satzes. Bei nebenordnenden Konjunktionen steht das Verb an zweiter Stelle (Verbzweitstellung) (Habermann et al. 2019). Die folgenden drei Sätze verdeutlichen die drei genannten Möglichkeiten:

- *Sie stieg aus dem Auto, **da** schenkte ihr ein Mädchen Blumen.* (Konjunktionaladverb)
- *Sie stieg aus dem Auto, **als** ein Mädchen ihr Blumen schenkte.* (Subjunktion)
- *Sie stieg aus dem Auto, **und** ein Mädchen schenkte ihr Blumen.* (Konjunktion)

Ebenso kann es zu Verwechslungen zwischen Subjunktionen und Präpositionen kommen. Zum Beispiel:

- ***Während** wir miteinander sprachen, lief der Fernseher.* (Subjunktion)
- ***Während** des Gesprächs lief der Fernseher.* (Präposition)

Im ersten Satz leitet *während* den Nebensatz ein und das Verb *sprachen* steht am Ende des Nebensatzes. Daher ist *während* in diesem Satz eine Subjunktion. Im zweiten Satz steht *während* vor der Nominalphrase *des Gesprächs* und fungiert damit als Präposition (Hoberg und Hoberg 2009).

Auch wenn Konjunktionen und Subjunktionen in der Grundschule noch nicht benannt werden, spielen sie im Bereich des Spracherwerbs eine wichtige Rolle. Grundschüler*innen lernen die Bedeutung verschiedener Kon- und Subjunktionen zu differenzieren und Nebensätze zu formulieren. Teilweise lernen sie bereits intuitiv, Subjunktionen als Signal für das Setzen von Kommata zu erkennen.

Partikeln   Die Wortgruppe der Partikeln ist heterogen und bislang liegen keine einheitlichen Beschreibungen vor (Imo 2016). Partikeln kommen häufig in gesprochener Sprache vor und erfüllen unterschiedliche Funktionen. Sie sind oft

◘ Tab. 13.8 Ausgewählte Partikelklassen

Partikelklasse	Beispielwörter	Funktion/ Beschreibung/ Beispielphrase
Gradpartikeln	sehr, ganz, zu, sogar, nur, gerade, auch, ziemlich	geben den Intensitätsgrad einer Eigenschaft oder eines Sachverhalts an, stehen meist vor dem Bezugswort, werden auch schriftsprachlich gebraucht/ *sehr schön, irre lustig*
Abtönungspartikeln/ Modalpartikeln	ja, aber, denn, wohl, nur, halt, eben, etwa, doch, auch, mal, schon, ruhig, bloß, eigentlich, vielleicht, nicht	differenzieren Einstellungen, Annahmen, Bewertungen und Erwartungen des Sprechenden, überwiegend in gesprochener Sprache/ *bloß schauen, aber toll*
Negationspartikel	nicht	regiert den ganzen Satz, ändert die Aussage/ *kommt nicht, arbeitet nicht*

einsilbig und haben besondere Betonungs- und Stellungseigenschaften (Hoberg und Hoberg 2009). Dabei werden unterschiedliche Partikelgruppen bzw. Klassen beschrieben, die eine bestimmte Funktion erfüllen. ◘ Tab. 13.8 gibt eine Übersicht über die wichtigsten Klassen.

Gradpartikeln stehen in der Regel vor dem Bezugswort, welches sie steigern (bspw. *überaus* klug) oder abschwächen (bspw. *ganz* gut). Sie können vor Adjektiven stehen (bspw. *etwas* schnell), vor Adverbien (bspw. *gerade* gestern) oder vor Nomen bzw. Pronomen (bspw. *nur* ein Witz, *auch* im Winter, *schon* seit Stunden). Teilweise wird auch von **Fokuspartikeln** (bspw. *nur, allein, sogar, bloß, selbst*) gesprochen, die entweder als eigenständige Untergruppe (Duden 2016, Imo 2016) beschrieben oder mit Gradpartikeln gleichgesetzt werden, wobei dann beide Bezeichnungen synonym verwendet werden (Habermann et al. 2019).

Abtönungs- bzw. Modalpartikeln finden sich unter anderem in Fragen (bspw. *Rauchen sie denn?*), in Aufforderungen (bspw. *Macht ruhig Schluss.*), in Aussagen (bspw. *Ich kann doch kochen.*), in Ausrufen (bspw. *Das ist aber toll.*) und in Wünschen (bspw. *Wäre es bloß sonniger!*) (Habermann et al. 2019).

Der **Negationspartikel** *nicht* nimmt eine Sonderrolle ein. Die meisten Partikeln können weggelassen werden, ohne dass der Satz grammatisch unvollständig wird oder seine Bedeutung grundlegend verändert. Dies gilt natürlich nicht für den Negationspartikel.

Weitere Gesprächspartikel stellen **Interjektionen** (*au, ach, igitt*), Onomatopoetika (*miau, muh, peng*), Steigerungspartikel (*irre, voll, unheimlich*) oder auch Sprechsignale (*ja, ähm, also*) dar.

Die meisten Wörter können je nach Verwendungsweise auch anderen Wortarten zugeordnet werden, sodass die Bestimmung der Partikeln bzw. der Partikelklassen oft Schwierigkeiten bereitet. Bei einem Gebrauch als Partikel verliert das Wort seine eigentliche Bedeutung, wie die folgenden Beispiele zeigen:

- *Die Kinder sitzen <u>ruhig</u> am Platz.* (Adjektiv)/ *Du kannst mir <u>ruhig</u> glauben.* (Partikel)
- *Du hast <u>etwas</u> vergessen.* (Indefinitpronomen)/ *Das hat <u>etwas</u> länger gedauert.* (Partikel)
- *<u>Vielleicht</u> komme ich morgen.* (Adverb)/ *Das ist <u>vielleicht</u> aufregend.* (Partikel)
- *Sie kommt <u>schon</u> heute.* (Adverb)/ *Hör <u>schon</u> auf.* (Partikel)
- *Ich schlafe, <u>denn</u> ich bin müde.* (Konjunktion)/ *Was ist <u>denn</u> mit dir?* (Partikel)

13.7 Der Satz

Am Anfang des Kapitels 9 haben wir bereits festgestellt, dass es Grundschüler*innen zu Beginn ihrer Schreibentwicklung meist schwer fällt, in eigenen Texten syntaktisch geschlossene Satzstrukturen zu formulieren. Eine Definition darüber, was einen korrekten Satz ausmacht, ist aus linguistischer Sicht weniger einfach zu konzipieren, als man annehmen könnte. Es finden sich **unterschiedliche Satzdefinitionen,** die aus verschiedenen sprachwissenschaftlichen Perspektiven bestimmte Regularitäten von Sätzen beschreiben (Imo 2016).

Während eine **normative bzw. präskriptive (vorschreibende) Grammatik** versucht, Regeln zu formulieren, beschränkt sich eine **deskriptive (beschreibende) Grammatik** darauf, häufige bzw. typische sprachliche Erscheinungen und Strukturen festzustellen. Eine normative Grammatik ist darauf ausgerichtet, richtig von falsch bzw. korrekte von fehlerhaften Sätzen zu unterscheiden. Aufgrund unserer sprachlichen Vielfalt und der unterschiedlichen Kontexte – bspw. mündliche versus schriftliche Sprache – ist dies aber nur eingeschränkt möglich. Insofern beleuchten die vorliegenden Definitionen typische Aspekte, sind aber nicht allgemeingültig.

Eine **semantisch orientierte Definition** beschreibt Sätze als Einheiten mit einem propositionalen Gehalt bzw. einer sinnhaften Aussage. Dies schließt Sätze ein, wie *Lisa auch Eis* oder *Voll gut,* die grammatisch unvollständig sind. Eine rein semantische Definition ist insofern nicht ausreichend.

Andererseits gibt es syntaktisch korrekte Sätze, die auf der semantischen Ebene unsinnig erscheinen wie bspw. *Die lauen Bäume fliegen ziellos umher.* Nach der sogenannten **Satzgliedanalyse** lautet die Satzdefinition, dass Sätze eine Kombination von mindestens einem Subjekt und einem Prädikat darstellen (bspw. *Das Kind spielt*).

Nach der **Valenztheorie bzw. der Dependenzgrammatik** bestehen Sätze aus einem Verb und allen von ihm geforderten Ergänzungen (bspw. *Ich arbeite. Mone spielt Cello.*) (ebd.) (s. ▶ Abschn. 13.2 „Valenz").

13.8 Satzarten

Sätze werden nach ihrer Sprechabsicht bestimmten Satzarten zugeordnet. Traditionell werden fünf Satzarten beschrieben (Duden 2016):

Satzart	Fachbegriff	Beispielsätze
Aussagesatz	Deklarativsatz	*Das Wetter ist schön. Ich freue mich auf das Fest.*
Fragesatz	Interrogativsatz	*Wie geht es dir? Geht es dir gut?*
Ausrufesatz	Exklamativsatz	*Das ist toll! Das ist eine sehr gute Idee!*
Aufforderungssatz	Imperativsatz	*Sei bitte leise! Jetzt geh schon!*
Wunschsatz	Desiderativsatz	*Wenn es doch schon Abend wäre!*

Für jede Satzart können typische **Satzformen** angegeben werden, also Merkmale hinsichtlich der Verbstellung, des Modus, der Intonation, der Verwendung bestimmter Partikeln usw. festgestellt werden; eine eindeutige Zuordnung der Satzarten zu den Satzformen ist aber nicht möglich.

Aussagesätze sind in der Regel **Verbzweitsätze,** bspw.: *Lisa lernt heute mit Lukas für die Klausur.* Unter der Bezeichnung ‚Aussagesatz' subsumieren (unterordnen) sich eine Reihe von Sprechabsichten bzw. sprachlichen Funktionen wie bspw. Versprechen (bspw. *Ich rufe dich morgen an.*), Vorhersagen (*Morgen wird das Wetter schön.*), Ankündigungen (*Morgen sammle ich eure Hefte ein.*) usw. Großzügig interpretiert, ist jeder Satz, der keiner der vier anderen Satzarten zugeordnet werden kann, ein Aussagesatz (Duden 2016: 900).

Fragesätze finden sich in der Regel in zwei Formen: Als w-Fragesatz bzw. Ergänzungsfragesatz (bspw. *Wohin willst du?*) oder als Verberstfragesatz bzw. Entscheidungssatz (bspw. *Gehst du heute ins Kino?*). Beiden gemeinsam ist die steigende Intonation (Stimmhöhe) am Satzende in der gesprochenen Sprache. Es finden sich aber viele weitere Fragetypen mit unterschiedlichen Sprechabsichten und Formen. Rhetorische Fragen bspw. haben die Form einer Frage, stellen aber Aussagen bzw. Ausrufe dar (bspw. *Habe ich es dir nicht gesagt? Wer hört schon auf mich!*). Die Frage *Sie kommen direkt vom Bahnhof?* weist weder Verberststellung noch ein Fragewort am Anfang auf. Diese Typen werden daher auch als Aussage- bzw. Deklarativsätze aufgefasst (Habermann et al. 2019).

Ebenso sind nicht alle Sätze mit einem w-Fragewort auch tatsächlich Fragesätze: *Wie konntest du das nur vergessen!* (Ausrufesatz). *Wenn er doch endlich anrufen würde!* (Wunschsatz) (Duden 2016).

Ausrufesätze zeichnen sich durch die emotionale Beteiligung des Sprechers und die Akzentsetzung aus, während die Verbstellung variabel ist (bspw. *Ist das aber heiß heute! Du siehst toll aus!*) (Hoberg und Hoberg 2009). Aufforderungsätze sind oft Verberstsätze mit einem Verb im Imperativ (*Schreibe in dein Heft!*), es finden sich aber auch andere Formen (*Würdest du bitte zuhören?*).

▶ Satzschlusszeichen im Unterricht

In Unterrichtsmaterialien für die Grundschule werden Satzarten in der Regel im Zusammenhang mit den Satzschlusszeichen Punkt, Fragezeichen und Ausrufezeichen vermittelt. Dabei werden drei Satzarten mit folgenden Satzschlusszeichen in Beziehung gesetzt:

- Aussagesatz: Punkt (.)
- Fragesatz: Fragezeichen (?)
- Ausrufesatz/ Aufforderungssatz: Ausrufezeichen (!)

Daraus ergeben sich **zwei Schwierigkeiten.** Der Terminus Aussagesatz umfasst – wie oben beschrieben – viele unterschiedliche Sprechabsichten, was bei den Kindern zu Verständnisschwierigkeiten führen kann.

Außerdem ist eine Zuordnung der Satzschlusszeichen zu bestimmten Satzarten, die durch eine bestimmte Sprechabsicht gekennzeichnet sind, nicht ohne Weiteres möglich. Die regelhafte Beschreibung der Satzschlusszeichen beschreibt den Punkt als neutrales Satzschlusszeichen, welches einen Ganzsatz ohne Frage oder Ausrufezeichen abschließt. Ein Fragezeichen kennzeichnet eine Frage und ein Ausrufezeichen verleiht dem Vorangegangenen besonderen Nachdruck (Duden 2020). Granzow-Emden (2019: 110) kritisiert, dass mit einer linearen Zuordnung der Satzarten und Satzschlusszeichen im Grammatikunterricht ein großes Durcheinander entsteht, weil sie nur für einen kleinen Teil der möglichen Sätze im Deutschen gilt. Für den Unterricht bedeutet dies, dass Grundschüler*innen Satzschlusszeichen anwenden können sollen, es aber häufig keine eindeutige Zuordnung gibt und somit mehrere Lösungen möglich sind. ◀

13.9 Satzglieder

> **Satzglieder** sind die kleinsten Wortgruppen eines Satzes, die sich verschieben oder ersetzen lassen.

Anhand des folgenden Satzes werden die **Verschiebeprobe** (Umstellprobe, Permutationsprobe) und die **Austauschprobe** (Ersatzprobe, Kommutation, Substitution) erläutert. Diese ermöglichen es, Satzglieder zu operationalisieren bzw. durch bestimmte sprachbezogene Handlungen zu bestimmen (Linke et al. 2004). ◀

Verschiebeprobe

Jan und Anne	möchten	bald	ein Kinderbuch	schreiben.
Bald	möchten	Jan und Anne	ein Kinderbuch	schreiben.
Ein Kinderbuch	möchten	Jan und Anne	bald	schreiben.

Die Wortgruppen *Jan und Anne* und *ein Kinderbuch* werden stets gemeinsam verschoben, was zeigt, dass sie als Satzglied fungieren. Ebenso bildet das Wort *bald* ein Satzglied. Würde man Wörter eines Satzglieds trennen, ergäbe sich ein ungrammatischer Satz (bspw. **Bald möchten Jan ein und Kinderbuch Anne schreiben.*).

Satzglieder können also unterschiedlich groß sein und aus einem Wort, einer Wortgruppe und aus einem Nebensatz (bspw. *bald/ nächstes Jahr/ nachdem sie die Welt bereist haben*) bestehen. Satzglieder können innerhalb eines Aussagesatzes in die Erstposition bzw. vor das finite Verb verschoben werden (Habermann et al. 2019).

Austauschprobe

Jan und Anne	möchten	bald	ein Kinderbuch	schreiben.
Sie	möchten	demnächst	ein Kinderbuch	schreiben.
Wer	möchte	wann	was	schreiben?

Die Beispielsätze zeigen, dass Satzglieder ersetzt werden können, wobei sich die ausgetauschten Konstituenten kategorial gleichen müssen, damit der Satz grammatisch korrekt bleibt (Hoberg und Hoberg 2009). *Jan und Anne* können durch das Pronomen *sie* ausgetauscht werden, das Adverb *bald* durch *demnächst* usw. Die kategoriale Übereinstimmung kann durch die **Frageprobe** bzw. die **Substitution** (Ersetzung) eines Satzglieds in Form eines Frageworts (hier: wer? wann? was?) ermittelt werden.

Satzglieder haben einen unterschiedlichen Status. Die sogenannte **Weglassprobe** (Eliminierungstest) zeigt, welche Satzglieder syntaktisch notwendig sind bzw. wegfallen können. In dem Beispielsatz kann das Adverb bzw. das Adverbial (*bald, demnächst*) wegfallen. Da *schreiben* als zweistelliges Verb fungiert, sind das Subjekt (*Jan und Anne, Sie*) und die Akkusativergänzung (*ein Kinderbuch*) syntaktisch notwendig.

Phrasen Wortgruppen, die eine **syntaktische Einheit** bilden, werden auch als ‚Phrasen' bezeichnet. Dabei werden verschiedene Phrasentypen nach für sie typischen Wortarten unterschieden. Die zentrale Wortart bildet den sogenannten Kern bzw. Kopf der Phrase (hier in Fettdruck). Die folgende Aufzählung zeigt ausgewählte Phrasentypen mit Beispielen:

- Nominalphrase (*das **Kind**, das kleine **Kind**, **Tom***)
- Präpositionalphrase (***mit** meinen Freunden, **auf** der Straße*)
- Adjektivphrase (*sehr **groß**, **kleine***)
- Adverbphrase (*sehr **oft**, **dort***)

Phrasen können aus unterschiedlich vielen Wörtern bestehen. Nominalphrasen sind besonders ausbaufähig und reichen **von einem Wort** (bspw. *Tom*) **bis hin zu hochkomplexen Gruppen** (bspw. *das interessante vielbeachtete Buch*) (Hoberg und Hoberg 2009).

Wörter oder Wortgruppen, die von einem Satzglied abhängen und zusammen mit diesen verschoben werden, nennt man **Attribute** (Beifügungen). Sie bestimmen den jeweiligen Kern einer Phrase semantisch näher und sind in der Regel fakultativ (nicht notwendig). Die häufigste Form ist das **Adjektivattribut** (bspw. *die kleine Katze*). Es finden sich aber auch zahlreiche andere Attributformen wie

13

bspw. Attribute in Form einer Präpositionalphrase (*das Buch im Regal*) oder als Relativsatz (*das Buch, das gestern vorgestellt wurde*) usw.

Der Phrasentyp sagt noch nichts darüber aus, welche **Funktion** die Phrase im Satz einnimmt. Eine Nominalphrase bspw. kann als Subjekt (*die Frau, der Mann*), als Akkusativobjekt (*die Frau, den Mann*), als Dativobjekt (*der Frau, dem Mann*) usw. fungieren.

13.10 Prädikat

Die Beispielsätze der Tabellen oben zeigen, dass das Prädikat bzw. das Verb das Grundgerüst bildet und in den meisten Satzarten nicht frei verschiebbar und auch nicht erfragbar ist (Habermann et al. 2019). Die im schulischen Kontext verbreitete Frageform *Was tut jemand?* führt nur zu einem Austausch des eigentlichen Verbs mit *tun: Was tun Jan und Anne? Sie schreiben*. Das Prädikat lässt sich daher nicht mithilfe der Satzgliederproben bzw. der Frageprobe bestimmen (Granzow-Emden 2014).

Im Gegensatz zu allen anderen Satzgliedern entspricht das Prädikat immer nur einer Wortart, nämlich der eines **Verbs** bzw. eines **Verbkomplexes** (Dürscheid 2012). Das Prädikat kann einteilig und mehrteilig sein. Im Aussagesatz steht das einteilige Prädikat bzw. das finite Verb an zweiter Stelle (bspw. *Ich singe ein Lied*). Mehrteilige Prädikate entstehen durch trennbare Verben bzw. Partikelverben *(anziehen),* zusammengesetzte Tempusformen (*habe geschlafen*), Verbkomplexe mit Modalverben *(möchte schlafen)* und Passivformen. Bei mehrteiligen Prädikaten steht das erste Glied im Satz an zweiter Stelle und die anderen Teile am Ende.

- *Tom **reist** nach Afrika.* (einstelliges Verb)
- *Anne **zieht** ihr neues Kleid **an**.* (trennbares Verb)
- *Gestern **haben** wir zusammen **gekocht**.* (Perfektform)
- *Die Sommer **werden** immer **heißer**.* (Futurform)
- *Ich **möchte** mir ein neues Fahrrad **kaufen**.* (Verbkomplex mit Modalverb)
- *Gestern **wurde** ich nach Hause **gefahren**.* (Passivform)

Das Prädikat bildet das Zentrum oder auch den Kern des Satzes. Es hat aufgrund seiner Valenz die Eigenschaft zu bestimmen, wie viele und welche Art von Ergänzungen mindestens benötigt werden, um einen vollständigen Satz zu bilden (s. ▶ Abschn. 13.2 „Valenz").

13.11 Subjekt

Das Subjekt ist die häufigste und damit wichtigste Ergänzung im Satz. Während andere Ergänzungen bzw. Objekte verschiedene Kasus haben, steht das Subjekt stets im Nominativ. Es lässt sich mit *Wer?* oder *Was?* erfragen. Das Subjekt und das finite Verb stimmen in grammatischen Merkmalen wie Person und Numerus überein, das heißt, sie kongruieren (bspw. *Die Kinder spielen. Das Kind spielt.*

Ich spiele.). Subjekte können wie die übrigen Objekte unterschiedlich realisiert werden, wie die folgenden Beispiele zeigen (Hoberg und Hoberg 2009).

Nominalphrase im Nominativ	*Die Kinder* spielen. *Lisa* träumt. *Eine kleine Maus* schläft. *Meine süße Katze* fängt sie.
Pronomen im Nominativ	*Ich* mag sie. *Sie* spielen.
Nebensatz: dass-/ ob-Satz	*Dass das Spiel langweilig ist,* ärgert sie. *Ob sie Erfolg hat,* ist unsicher.
Infinitivphrase	*Solche Bücher zu lesen,* fällt ihm leicht.

Wie bereits erläutert, gibt es im Deutschen einige wenige nullstellige Verben, die ohne Subjekt einen Satz bilden können. Dadurch entstehen subjektlose Sätze wie bspw. *Es regnet. Mich friert.*

13.12 Objekte und Ergänzungen

Folgende Ergänzungen werden als Objekte bezeichnet (Dürscheid 2012):
- Akkusativobjekt
- Dativobjekt
- Genitivobjekt
- Präpositionalobjekt

Die Kasusform eines Objekts kann man durch den Ersatz mit einem Pronomen und durch die Frageprobe erkennen (Habermann et al. 2019).

	Akkusativergänzung	Dativergänzung	Genitivergänzung
Beispielsatz	*Ich mag* **den Hund.**	*Ich helfe* **dem Leh-rer.**	*Sie gedenken* **der Verstorbenen.**
Ersatz durch ein **Pronomen**	*Ich mag* **ihn.**	*Ich helfe* **ihm.**	*Ich gedenke* **ihrer.**
Ersatz durch ein **Fragewort**	**Wen** *oder* **was** *mag ich?*	**Wem** *helfe ich?*	**Wessen** *gedenke ich?*

Wie die Subjekte können Objekte in **unterschiedlicher Form** auftreten. Als Nominalphrase (bspw. Akk.: *die kleine Katze, ihre Katze, Paul, Katzen;* Dat.: *der Katze, meiner Katze*), als Pronomen (Akk.: *sie;* Dat.: *ihr*), als Nebensatz (Akk.: *dass es heute regnet*) usw. Die Gegenüberstellung verschiedener Formen eines Kasus wird auch für den Grammatikunterricht der Grundschule und insbesondere für Kinder mit Deutsch als Zweitsprache empfohlen.

▶ **Kasusformen im Unterricht**

Granzow-Emden (2019: 264 ff.) stellt ein Unterrichtsbeispiel vor, bei dem die Schüler*innen Sätze zu dem Märchen Rotkäppchen ergänzen.

- Rotkäppchen traf **den Wolf/ die Großmutter/ ihn/ sie.**
- Rotkäppchen begegnete **dem Wolf/ der Großmutter/ ihm/ ihr**
- Rotkäppchen besuchte **den Wolf/ die Großmutter/ ihn/ sie**
- Rotkäppchen half **dem Wolf/ der Großmutter/ ihm/ ihr**

Vergleiche zwischen den verschiedenen Ergänzungen (*den Wolf/ ihn*) sowie zwischen den Verben (*traf, besuchte* = Akk.; *begegnete, half* = Dativ) ermöglichen den Kindern, sich mit den Kasusformen auseinanderzusetzen. ◄

Genitivobjekte und Genitivattribute Das **Genitivobjekt** wird als „historisches Überbleibsel" nur noch selten verwendet und lässt sich der Bildungssprache zuordnen. Nur wenige Verben (bspw. *gedenken, bezichtigen, beschuldigen, anklagen*) werden mit einem Genitivobjekt gebraucht (Habermann et al. 2019) und zunehmend finden sich Ersatzkonstruktionen. Zum Beispiel wird statt *Sie erinnert sich ihrer Schulzeit* formuliert: *Sie erinnert sich an ihre Schulzeit* (Hoberg und Hoberg 2009). Die Behandlung von Genitivobjekten im Deutschunterricht wird trotz oder gerade wegen der geringen Geläufigkeit im Sprachgebrauch empfohlen (Granzow-Emden 2019), allerdings erst für höhere Klassenstufen ab der Mittelstufe (Ossner 2021).

Häufig finden sich **Genitivattribute,** die nicht vom Verb gefordert werden, sondern einer Nominalphrase zugefügt werden, bspw. *Das Buch der Lehrerin. Der Besen des Hausmeisters. Der Hund des Nachbarn.* Der **Unterschied** zeigt sich in der Art der Frage. Fragen, die Objekte ermitteln, beinhalten das jeweilige Verb, bspw. *Wessen beschuldigen sie ihn?* Ein Genitivattribut hingegen wird aus Sicht des Nomens erfragt, bspw. *Wessen Buch ist es?*

Präpositionalobjekte **Präpositionalphrasen,** die vom Verb gefordert werden, stellen Präpositionalobjekte dar. Zum Beispiel: *Er hofft auf ein Wunder. Sie wartet auf ihn. Ich denke an dich.* Die Präposition geht mit dem Verb eine feste Bindung ein und fordert ihrerseits einen bestimmten Kasus (s. ► Abschn. 13.6). Die Präposition eines Präpositionalobjekts gilt als semantisch entleert, was bedeutet, dass bspw. *auf* nicht im Sinne einer Ortsbezeichnung *auf dem Tisch liegen,* sondern im übertragen Sinne *auf jemanden warten* gebraucht wird. Die Präposition ist bei einem Präpositionalobjekt daher nicht austauschbar: *Sie hofft auf ein Wunder.* **Sie hofft unter ein Wunder.* Bei einer Präpositionalphrase in anderer Funktion (bspw. eines Adverbials) ist dies möglich: *Er legt das Buch unter/ auf den Tisch. Sie wartet auf/ vor der Brücke.*

Das Präpositionalobjekt kommt auch in Form eines **Präpositionaladverbs** (bspw. *darauf, daran*) vor, welches die gleiche Präposition beinhaltet: *Sie hofft auf ein Wunder/ darauf. Sie denkt an den Rückweg/ daran.* Obwohl die Präposition einen bestimmten Kasus nach sich zieht, bestimmt dieser nicht die Objektform für das Satzglied. In dem Satz *Sie denkt an ihn* ist *an ihn* ein Präpositionalobjekt und kein Akkusativobjekt, auch wenn *ihn* Akkusativ ist.

Adverbiale   Adverbiale bestimmen die näheren Umstände eines Geschehens und geben Auskunft über Zeit (bspw. *an diesem Morgen, um 9 Uhr*), Ort (*in Berlin, auf dem Dachboden*), den Grund (*aus Eifersucht, wegen überhöhter Geschwindigkeit*), die Art und Weise (*sehr stark, mit Essig und Öl*) und vieles mehr. Sie beantworten Fragen wie: **Wo? Wann? Weshalb? Wozu? Womit?** (Habermann et al. 2019).

Ein Adverbial kann aus nur einem Adverb bestehen (bspw. *Sie schläft <u>lange</u>.*), aber auch ganz ohne Adverb gestaltet sein, etwa in Form einer Nominalphrase (*die ganze Nacht*), einer Präpositionalphrase *(in der Badewanne),* eines Nebensatzes (*bis die Sonne unterging/ weil er Angst hatte*) usw.

In der Regel sind Adverbiale fakultativ bzw. erweitern den Satz um zusätzliche Informationen. Einige Verben fordern allerdings eine Adverbialergänzung, sodass diese dann zur Vervollständigung eines Satzes notwendig ist. Zum Beispiel benötigt *wohnen* eine Adverbialergänzung wie etwa *in Berlin*. Adverbiale sind eine heterogene Wortgruppe mit vielfältigen unterschiedlichen Elementen bzw. formalen Eigenschaften, sodass eine Abgrenzung zu anderen Objekten oft Schwierigkeiten bereitet (Dürscheid 2012).

Prädikative   Kopulaverben wie *sein, werden, bleiben* (s. ▶ Abschn. 13.2) benötigen eine Ergänzung, damit ein grammatisch vollständiger Satz entsteht. Diese wird als ‚Prädikativ‘ bezeichnet. Am häufigsten sind dies Nomen oder Adjektive:

- *Ich bin Lehrerin.*
- *Ich bin nett.*

Das Prädikativ (bspw. *Lehrerin, nett*) ergänzt somit das Kopulaverb (*bin*). Die Verbindung aus Kopulaverb und Prädikativ wird als **Prädikation** (*bin Lehrerin, bin nett*) bezeichnet (Habermann et al. 2019).

13.13 Das Feldermodell

13

Die **Reihenfolge der Satzglieder** in einem Satz ist im Deutschen vergleichsweise **variabel**. Die für das Englische typische Abfolge Subjekt – Prädikat – Objekt zeigt sich in vielen deutschen Sätze gerade nicht. Insbesondere die für das Deutsche typischen mehrteiligen Prädikate stehen dem entgegen (bspw. *Ich <u>bin</u> ins Kino <u>gefahren</u>*, s. ▶ Abschn. 13.10).

Das Feldermodell, welches auch als **topologisches Modell** bezeichnet wird, gliedert deutsche Satzstrukturen anhand von fünf Feldern. Verben besetzen das Feld der sogenannten **Satzklammer**. Bei einteiligen Prädikaten bleibt die rechte Satzklammer frei (*Paul zeichnet Comics.*). Die linke Satzklammer kann von einem Vollverb, einem Modalverb, einem Hilfsverb oder einem Kopulaverb in Form eines finiten Verbs besetzt sein. In der rechten Satzklammer finden sich Verbpartikeln (*an*), Infinitive (*gehen, wegfahren*) usw. Dabei werden mehrteilige Prädikate erfasst, indem das finite Verb in die linke Satzklammer und der infinite Teil des Prädikats in die rechte Satzklammer eingetragen werden. Der Begriff der ‚Satzklammer‘ ergibt sich aufgrund der Distanz der beiden Prädikatsteile. Durch diese werden die übrigen drei Felder konstituiert (festgelegt) (Habermann et al. 2019).

◘ Tab. 13.9 Topologisches Satzmodell

Vorfeld	Linke Satzklammer	Mittelfeld	Rechte Satzklammer	Nachfeld
Wir	*sind*	*gestern Abend ins Kino*	*gefahren.*	
Die Kinder	*dürfen*	*nach der Stunde*	*gehen.*	
Paul	*zeichnet*	*comics.*		
Frau Hoffmann	*zieht*	*ihren Mantel*	*an,*	*weil sie friert.*
Meine Familie	*wird*		*wegfahren.*	
Gestern Abend	*haben*	*wir Wein*	*getrunken,*	*nachdem wir im Kino waren.*
Die Begrüßung der neuen Erstklässler*innen	*fand*	*auf dem Schulhof*	*statt.*	
	trinkst	*du gerne Wein?*		
	achte	*auf die Aufgabenstellung!*		
	ist	*die ganze Klasse auf Klassenfahrt*	*gefahren?*	
	wäre	*es doch schon Sommer!*		

Anhand der Beispielsätze in ◘ Tab. 13.9 wird deutlich, dass Felder frei bzw. unbesetzt bleiben können. Bei Sätzen mit Verberststellung bleibt das Vorfeld unbesetzt (bspw. *Trinkst du gerne Wein?*). Bei unselbstständigen Nebensätzen steht das Verb an letzter Stelle (*weil sie friert.*). Es können mehrere Satzglieder in einem Feld stehen, wobei das Mittelfeld die meisten Satzglieder enthalten kann.

Das Feldermodell ermöglicht es, die Wortstellung des Deutschen genauer zu beschreiben, was insbesondere im mehrsprachen Unterricht genutzt werden kann (Dürscheid 2012). An zwei Stellen der Tabelle finden sich komplexe Sätze mit einem Nebensatz im Nachfeld. Diese können ebenfalls mithilfe des Feldermodells genauer gegliedert werden.

13.14 Komplexe Sätze

Sätze können unterschiedlich komplex sein. Während einfache Sätze nur ein finites Verb haben (bspw. *Ich wohne in Berlin.*), weisen komplexe Sätze in der Regel mehrere finite Verben bzw. satzwertige Konstruktionen auf (bspw. *Ich arbeite an meinem Referat und du schläfst.*).

Die Teilsätze eines komplexen Satzes können hierarchisch unterschieden werden. Handelt es sich um nebengeordnete, selbstständige Teilsätze, spricht

man von einer **parataktischen Satzstruktur** bzw. **Parataxe** oder **Satzreihe**. Sind
ein oder mehrere Teilsätze einem übergeordneten Satz untergeordnet und somit
von diesem strukturell abhängig, spricht man von einer **hypotaktischen Satzstruktur** bzw. einer **Hypotaxe** oder einem **Satzgefüge** (Habermann et al. 2019). Die
folgende Tabelle zeigt Beispielsätze mit verschiedenen Satzstrukturen.

Satzbeispiel	Satzstruktur
Die Studierenden <u>warten</u> gespannt auf die Vorlesung.	einfacher Satz
Die Studierenden <u>unterhalten</u> sich und sie <u>haben</u> Spaß.	Parataxe/ Satzreihe
Leyla <u>studiert</u> Grundschullehramt, aber sie <u>wohnt</u> noch zu Hause.	Parataxe/ Satzreihe
Ich <u>fahre</u> zur Uni, obwohl es draußen <u>schneit</u>.	Hypotaxe/ Satzgefüge
Tom und Lotte <u>trinken</u> zusammen Cafe, nachdem sie in der Uni <u>waren</u>.	Hypotaxe/ Satzgefüge
Die Vorlesung <u>war</u> gerade zu Ende, als sie endlich an der Uni <u>ankam</u>.	Hypotaxe/ Satzgefüge

Die Beispiele zeigen, dass **Parataxen** aus zwei selbstständigen Hauptsätzen bestehen können, die häufig mit koordinierenden Konjunktionen wie *und, oder,
aber* (s. ▶ Abschn. 13.6) verbunden werden. Dabei steht das finite Verb an zweiter
Stelle.

Hypotaxen bestehen häufig aus einem Haupt- und einem Nebensatz, die mit
einer subordinierenden Konjunktion verbunden sind. Bei dem Nebensatz steht
das finite Verb am Ende. Satzstrukturen können aus vielen Teilsätzen bestehen,
die unterschiedlich angeordnet und vielfältig verzweigt sein können.

13.15 **Fazit und Anwendung**

13

Wortarten Die Sprachwissenschaft hat vielfältige Modelle zur Klassifizierung von Wortarten hervorgebracht. Diese beruhen auf unterschiedlichen Definitionen, die mehr oder weniger eng gefasst sind. Semantische Kategorisierungen, die auf die Wortbedeutung abzielen, werden aus linguistischer
Sicht als unzureichend bewertet. Im schulischen Kontext wird mit **neun Wortarten**
operiert, wobei in der Grundschule davon fünf Wortarten – nämlich die flektierbaren – benannt werden (Nomen, Verben, Adjektive, Artikel, Pronomen). Die
unflektierbaren Wortarten (Präpositionen, Adverbien, Konjunktionen, Partikeln)
werden als „weitere Wörter" in einer Restgruppe geführt und begrifflich nicht
näher bestimmt (KMK 2005).

Dennoch finden auch mit diesen Wortarten ein handelnder Umgang und gezielte Übungen statt. Die Begriffe ,Namenwort' und ,Tu(n)wort' werden aus
fachdidaktischer Sicht kritisiert, da die Bezeichnungen nur auf einen Teil der
jeweiligen Wortart zutrifft und bei den Kindern erfahrungsgemäß Fehlhypothesen
provozieren. Daher sollten von Anfang an die Fachbegriffe (Nomen, Verben)
verwendet werden sowie morphologische und syntaktische Erkennungsmerkmale
bzw. Proben eingesetzt werden.

Sätze Das Prädikat bildet das Zentrum des Satzes und wird von einem Verb bzw. einem Verbkomplex gebildet. Die Valenz des Verbs bestimmt, wie viele Ergänzungen benötigt werden, um einen grammatisch korrekten Satz zu bilden. Im Unterricht wird dies unter anderem mithilfe des sogenannten **didaktischen Satzfächermodells** (Blattmann und Kottke 2002) veranschaulicht. Die übrigen Satzglieder können durch die Verschiebeprobe und die Austauschprobe ermittelt werden. Die wichtigste und häufigste Ergänzung stellt das Subjekt dar, welches stets im Nominativ steht. Die folgenden Ergänzungen werden entsprechend ihres Kasus spezifischer als Objekte bezeichnet: Akkusativobjekt, Dativobjekt, (Genitivobjekt), Präpositionalobjekt. Adverbiale können ebenfalls vom Verb gefordert werden; sie sind aber in der Regel fakultativ. In Kopulasätzen wird das Kopulaverb meist durch ein Nomen oder ein Adjektiv ergänzt, damit ein vollständiger Satz entsteht.

Alle Objekte und Ergänzungen können in unterschiedlicher Form bzw. durch **verschiedene Phrasentypen** realisiert werde, wobei Attribute die Phrasen vielfältig erweitern können. Die Anordnung der Satzglieder in einem Satz kann mithilfe des **topologischen Feldermodells** beschrieben werden. In dem Modell steht die Verbklammer im Zentrum der Analyse. Sätze können unterschiedlich komplex sein, wobei einfache Sätze von komplexen Sätzen unterschieden werden. Letztere können parataktische oder hypotaktische Strukturen aufweisen.

13.16 Aufgaben

1. Bestimmen Sie in den folgenden Sätzen die Wortarten der einzelnen Wörter.
   - *Manchmal schlafe ich den ganzen Tag und träume von einer Insel.*
   - *Es kann einem passieren, dass man plötzlich einen genialen Einfall hat, während man ruhig in der Bahn sitzt.*
2. Bilden Sie mit einem Verb, das den Akkusativ fordert, einen Satz und finden sie möglichst viele Variationen für die Akkusativergänzung (bspw. *Rotkäppchen trifft ihn/ den Wolf...*). Bearbeiten Sie die gleiche Aufgabe mit einem Verb, das den Dativ regiert.
3. Bestimmen Sie in den folgenden Sätzen die Anzahl der Satzglieder mithilfe der Verschiebe- und der Austauschprobe. Bestimmen Sie anschließend die syntaktische Funktion der Satzglieder.
   - *Selin schreibt ihrer Familie aus dem Urlaub eine Ansichtskarte.*
   - *In der Sprechstunde stellt Can sein Thema dem Professor vor.*
   - *Meine Freundin und ich glauben an ein besseres Leben.*
5. Tragen Sie die folgenden Sätze in das topologische Satzfeldschema ein.
   - *Zeynep zieht sich ihr schönstes Kleid an, weil sie heute noch ausgeht.*
   - *Vielleicht lernt sie heute ihren Traummann kennen.*
   - *An so einem schönen Morgen möchte man lieber gar nicht aufstehen, um zur Arbeit zu fahren.*
   - *Denkst du nicht auch?*

Literatur

Bartnitzky, H. (2005). *Grammatikunterricht in der Grundschule.* Berlin: Cornelsen.

Blattmann, E. & Kottke, E. (2002). Der Satzfächer im Grammatikunterricht der Grundschule. In E. Blattmann & V. Frederking (Hrsg.). *Deutschunterricht konkret,* Bd. 2: *Sprache* (S. 163–186). Baltmannsweiler: Schneider.

Boettcher, W. (2009). *Grammatik verstehen. I – Wort.* Tübingen: Niemeyer.

Bredel, U. (2013). *Sprachbetrachtung und Grammatikunterricht.* 2., durchges. Aufl. Paderborn: Schöningh.

Bußmann, H. (2008). *Lexikon der Sprachwissenschaft.* 4., durchges. und bibliogr. erg. Aufl. Stuttgart: Kröner.

Duden (2016). *Duden Die Grammatik,* Bd. 4. 9., voll. überarb. und akt. Aufl. Mannheim: Dudenverlag.

Duden (2020). *Die deutsche Rechtschreibung,* Bd. 1. 28., völlig neu bearb. und erw. Aufl. Berlin: Dudenverlag.

Dürscheid, Ch. (2012). *Syntax. Grundlagen und Theorien.* 6., akt. Aufl. Göttingen: Vadenhoeck & Ruprecht.

Eisenberg, P. (2020). *Grundriss der deutschen Grammatik. Das Wort.* 5. akt. und überarb. Aufl. Stuttgart: J. B. Metzler.

Flohr, H. & Lobin, H. (2009). Die Struktur von Sätzen: Syntax. In H. M. Müller (Hrsg.). *Arbeitsbuch Linguistik* (125–147). 2., überarb. und akt. Aufl. Paderborn: Schöningh.

Glinz, H. (1965). *Der deutsche Satz. Wortarten und Satzglieder wissenschaftlich gefaßt und dichterisch gedeutet.* 2. verb. Aufl. (1. Aufl. 1957). Düsseldorf: Pädagogischer Verlag Schwan.

Granzow-Emden, M. (2019). *Deutsche Grammatik verstehen und unterrichten.* 3., überarb. und erw. Aufl. Tübingen: Narr.

Granzow-Emden (2014). Sprachstrukturen verstehen: Die Entwicklung grammatischer Kategorien. In H. Gornik (Hrsg.). *Sprachreflexion und Grammatikunterricht. Deutschunterricht in Theorie und Praxis,* Bd. 6 (S. 213–241). Baltmannsweiler: Schneider.

Habermann, M., Diewald, G. & Thurmair, M (2019). *Grundwissen Grammatik. Fit für den Bachelor.* 3., überarb. Aufl. Berlin: Dudenverlag.

Hlebec, H. (2015). Wie viel Sprachbetrachtung steckt im Sprachbuch? Eine Analyse von Aufgabenstellungen zur Einführung der Wortart Verb in Sprachbüchern für die Grundschule. In U. Bredel & C. Schmellentin (Hrsg.). *Welche Grammatik braucht der Grammatikunterricht?* (S. 161–182). Baltmannsweiler: Schneider.

Hoberg, U. & Hoberg, R. (2009). *Der kleine Duden. Deutsche Grammatik,* Bd. 4. 4., vollst. überarb. Aufl. Mannheim: Dudenverlag.

Imo, W. (2016). *Grammatik. Eine Einführung.* Stuttgart: J. B. Metzler.

Kalkavan-Aydin, Z. (2015). *Deutsch als Zweitsprache. Didaktik für die Grundschule.* Berlin: Cornelsen.

Kluge, W. (2002). Die Rede ist vom Namenwort. Anmerkungen zu einem didaktischen Kunstfehler. In H. Balhorn u.a. (Hrsg.). *Sprachliches Handeln in der Grundschule. Schatzkiste Sprache 2* (S. 273–285). Frankfurt a. M.: Grundschulverband.

KMK (2005). *Bildungsstandards im Fach Deutsch für den Primarbereich.* Beschluss vom 15.10.2004. München: Luchterhand.

Linke, A., Nussbaumer, M. & Portmann, P., R. (2004). *Studienbuch Linguistik.* 5., erw. Aufl. Tübingen: Niemeyer.

Müller, A. (2010). *Rechtschreiben lernen. Die Schriftstruktur entdecken – Grundlagen und Übungsvorschläge.* Seelze: Klett/Kallmeyer.

Ossner, J. (2021). *Grammatik: verstehen – erklären – unterrichten. Theorie und Praxis der Schulgrammatik des Deutschen.* Brill: Schöningh.

Rautenberg, I., Wahl, S., Helms, S. & Nürnberger, M. (2016). *Syntaxbasierte Didaktik der Großschreibung ab Klasse 2. Einführung, Methodensammlung und Kopiervorlagen.* Offenburg: Mildenberger.

Röber-Siekmeyer, C. (1999). *Ein anderer Weg zur Groß- und Kleinschreibung.* Leipzig.

Rösch, H. (2003) (Hrsg.). *Deutsch als Zweitsprache. Sprachförderung, Grundlagen – Übungsideen – Kopiervorlagen.* Braunschweig: Schroedel.

13

Weiterführende Literatur

Hoffmann, L. (2007) (Hrsg.). *Handbuch der deutschen Wortarten*. Berlin: de Gruyter.

Pittner, K. & Berman, J. (2021). *Deutsche Syntax: Ein Arbeitsbuch*. 7., überarb. und erw. Aufl. Tübingen: Narr Francke Attempto.

Repp, S. & Struckmeier, V. (2020). *Syntax. Eine Einführung*. Berlin: J. B. Metzler.

Sprache und Sprachgebrauch untersuchen

Inhaltsverzeichnis

14.1 Zum Lernbereich

Geschichte Bis ins 19. Jahrhundert war Latein in den Schulen die primäre Bildungssprache. Der **Grammatikunterricht** diente dazu, das für die Schüler*innen fremdsprachliche Latein zu erschließen. Erst allmählich setzte sich durch, Kinder in ihrer Muttersprache Deutsch zu unterrichten. Die etablierte lateinische Grammatik und ihre methodische Vermittlung wurden dabei auf den Deutschunterricht übertragen, obwohl sich die beiden Sprachen strukturell unterscheiden (Bredel 2013). In den 1970er-Jahren entwickelte sich im Zuge der kognitiven Wende eine zunehmende **Ablehnung des normativ geprägten Grammatikunterrichts.** Kritisiert wird seither ein an vorgegebenen Kategorien orientierter Benennunterricht, bei dem die Zuordnung von Fachtermini im Mittelpunkt steht.

Unter Bezug auf Gaisers Aufsatz von 1950 „Wie viel Grammatik braucht der Mensch" wurde in Frage gestellt, dass Grammatikunterricht überhaupt einen Nutzen habe und teilweise ein **vollständiger Verzicht** gefordert. Diskutiert wird seither der Zusammenhang zwischen grammatischem Wissen und sprachlichem Können, bzw. ob Letzteres eine Folge oder eine Voraussetzung für die Aneignung schulgrammatischen Wissens darstellt (Funke 2014). Es erscheint zunächst plausibel, dass grammatisches Wissen zu besseren sprachlichen Fähigkeiten beiträgt und von dieser Vorstellung wird der Grammatikunterricht bis heute geleitet. Der angenommene Zusammenhang konnte bislang empirisch allerdings nicht belegt werden. Vielmehr scheint es so zu sein, dass sprachliches Können dem sprachlichen Wissen vorausgeht (s. ► Abschn. 6.7). Dabei fällt es schwer, die unterschiedlichen Wissen- und Könnensebenen klar abzugrenzen und begrifflich eindeutig zu definieren (Bredel 2013).

Aktuelle Entwicklungen Neuere Bezeichnungen des Lernbereichs wie **Sprachreflexion** oder **Reflexion über Sprache** streben eine Abgrenzung vom klassischen Grammatikunterricht an. Die Kinder sollen keine vorgegebenen grammatischen Kategorien übernehmen und anwenden, sondern eine sogenannte **Sprachbewusstheit** entwickeln, also eine Sensibilisierung für Sprachliches und das teilweise Bewusstwerden darüber. Statt künstlicher Mustersätze sollen alltägliche Spracherfahrungen der Schüler*innen zum Gegenstand der sprachlichen Auseinandersetzung werden. Die Kinder reflektieren über authentische Sprachprodukte unter forschender Perspektive und auf metakognitiver Ebene. An die Stelle grammatischer Kategorien im Bereich der Wort- und Satzlehre treten Gespräche, Texte, Zeichensysteme, sprachliche Ausprägungen (Varietäten) wie Dialekte usw. Diese gilt es zu untersuchen und die sprachlichen Mittel zu benennen (ebd.).

Aktuell wird der Lernbereich in den Bildungsstandards als „**Sprache und Sprachgebrauch untersuchen**" bezeichnet. Trotz aller Reformbestrebungen und neuerer Konzepte scheint bis heute der traditionelle Grammatikunterricht in der Schule dominant zu sein. Das bedeutet, im Zentrum steht das an der lateinischen Schulgrammatik orientierte Kategoriensystem und seine Überprüfung durch die Analyse von Wortarten und Satzgliedern. Praxisberichte und Befragungen zeigen, dass Grammatik und Grammatikunterricht bei den meisten Schüler*innen und

Lehrer*innen gleichermaßen unbeliebt und negativ besetzt ist (Granzow-Emden 2019, Riegler 2006).

14.2 Wissensformen

Sprachkönnen Es besteht ein Unterschied zwischen Sprachkönnen und Sprach-wissen.

> Der Begriff **Sprachkönnen** bezeichnet die Fähigkeit, regelgerecht zu sprechen.

Ein Kleinkind erlernt seine Muttersprache in der alltäglichen Kommunikation und ohne regelhafte Unterweisung. Das bedeutet, der Spracherwerb erfolgt überwiegend implizit. Wir sprechen regelkonform, indem wir grammatische Regularitäten anwenden, die uns selbst nicht bewusst sind. Es finden sich zahlreiche weitere Begriffe, die mit Sprachkönnen in Verbindung gebracht werden, bspw. ‚knowing how‘, ‚handlungsleitende Fähigkeiten‘, ‚prozedurales Können‘ und ‚Sprachgefühl‘.

Sprachwissen

> Im Gegensatz dazu wird mit der Bezeichnung **Sprachwissen** die Fähigkeit beschrieben, sprachliches Handeln explizit zu begründen und regelhaft zu beschreiben, was auch als **knowing that** oder **deklaratives** (erklärbares) **Wissen** bezeichnet wird.

Es finden sich im Kontext des Sprachwissens und der Sprachbewusstheit zahlreiche Terminologien, die schwer abzugrenzen sind (Bredel 2013). Insofern fällt es schwer, die verschiedenen Facetten von Sprachkönnen und Sprachwissen eindeutig zu benennen und zu erfassen.

Sprachbewusstheit

> Die Fähigkeit zur aufmerksamen Auseinandersetzung mit Sprache wird in der Regel dem metakognitiven Wissen zugeschrieben und als **Sprachbewusstheit** bezeichnet.

Diese ermöglicht es, Sprache differenziert wahrzunehmen und beschreibt die Fähigkeit, eine bewusste und aufmerksame Auseinandersetzung mit Sprache zu entwickeln (Eichler und Nold 2007).

Wissen und Können   Es ist eine verbreitete Annahme, dass Können auf der Einhaltung von Regeln basiert. Daraus ergibt sich die gängige Unterrichtspraxis, Kindern Regeln und Merksätze zu vermitteln, um regelgerechtes Sprechen und Schreiben anzuleiten. Aus der Lernforschung ist bekannt, dass sich Können (knowing how) aber nicht einfach aus Wissen (knowing that) ableitet. Nach Bredel kann vielmehr das Können bei der Wissensgewinnung helfen, wenn es bewusst reflektiert wird (Bredel 2013, s. ▶ Abschn. 6.6). Sie fasst zusammen:

» Einer der vielleicht schwerwiegendsten Irrtümer der Sprachdidaktik und damit auch der Modellierung der Sprachbetrachtung in der und für die Schule besteht darin, dass dieses Verhältnis auf den Kopf gestellt wird und Schüler/innen über Merksätze (knowing that) zum regelgerechten Sprechen oder Schreiben (knowing how) angeleitet werden sollen. (Bredel 2013: 98)

Einige Sprachdidaktiker versuchen zwischen implizitem und explizitem Wissen zu vermitteln, indem das implizite Können stufenweise expliziert wird, um es für sprachliche Handlungen zu nutzen (Langlotz 2019). Ziel des Lernbereichs „Sprache und Sprachgebrauch untersuchen" ist der **Aufbau von Sprachbewusstheit**. Ausgangspunkt sind die **Spracherfahrungen** und das **Sprachgefühl** der Kinder (Oomen-Welke und Kühn 2009). Dennoch ist die Vermittlung von explizitem Wissen immer noch Gegenstand des Grammatikunterrichts, was damit begründet wird, dass es sich um einen Bildungswert an sich handele (Langlotz 2019). Auch wenn die Wirkung auf sprachliches Handeln ausbleibt, wird dem Wissen über grammatische Termini also ein Wert an sich zugebilligt.

14.3 Didaktische Konzeptionen

14

Die Kritik an dem althergebrachten Grammatikunterricht führte im Lauf der Zeit zu neuen Konzeptionen, die in diesem Abschnitt vorgestellt werden. Zunächst wird der sogenannte traditionelle Grammatikunterricht beschrieben, um die Unterschiede zu den alternativen Konzepten zu verdeutlichen. Die Bezeichnung ‚traditioneller Grammatikunterricht' ist dabei ein konstruierter Begriff, der weniger ein bestimmtes Programm beschreibt, sondern im Rückblick entstanden ist, um typische Merkmale eines formalisierten Grammatikunterrichts und die darauf bezogene Kritik aufzuzeigen (Bredel 2013: 227).

14.3.1 Der traditionelle Grammatikunterricht

Ein traditionell geprägter Grammatikunterricht ist vorrangig auf die **Vermittlung von Terminologien und Kategorien** im Bereich der Wortarten- und Satzgliedlehre ausgelegt und an der lateinischen Grammatik orientiert. Im Vordergrund stehen **deklaratives Wissen** und **explizierbare Regeln** (Neuland und Peschel 2013). Die Schüler*innen sollen in die Lage versetzt werden, Wörter und Mustersätze kategorial zu bestimmen und ihre Analysen mithilfe der erlernten Regeln zu begründen. Dieses Vorgehen beruht auf der Vorstellung, dass **deklaratives Wissen** positive Auswirkungen auf einen korrekten und differenzierten Sprachgebrauch habe, was empirisch bislang nicht belegt werden konnte (ebd.). Die Einführung des Lernstoffs erfolgt überwiegend **deduktiv** (Bredel 2013). Das bedeutet, die Kinder erlernen **abstrakte Regeln** bzw. Merksätze, die sie an konstruierten Beispielsätzen anwenden. Eine typische Regel und Aufgabe lautet: „Das Subjekt sagt aus, wer oder was etwas tut. Unterstreiche in den folgenden Sätzen das Subjekt blau."

Kritik Deduktive Vermittlungsformen sind nicht dazu geeignet, Kindern die Methoden der Kategorienbildung und das Zustandekommen ihrer Benennung transparent zu machen und ihnen einen eigenaktiven Zugang zu ermöglichen (Bredel 2013). Indem Zweifelsfälle und mehrdeutige Erklärungsansätze ausgeklammert werden, entsteht implizit der Eindruck, es gäbe durchweg eindeutige Bestimmungen und immer eine richtige Lösung (ebd.). Statt gemeinsam über Sprachliches zu reflektieren, geht es um Identifizieren, Zuordnen und Benennen. Damit **verfehlt** der traditionelle Grammatikunterricht **die Zielsetzungen des Kompetenzbereichs** „Sprache und Sprachgebrauch untersuchen" der Bildungsstandards (Kühn 2010). In der fachdidaktischen Literatur herrscht Einigkeit darüber, dass die schulische Wirklichkeit überwiegend Merkmale eines traditionellen Grammatikunterrichts aufweist (Rezat 2019, Hochstadt et al. 2015, Bredel 2013, Kühn 2010, Riegler 2006).

14.3.2 Der operationale Ansatz

Teilweise wird der operationale Ansatz nach Glinz (1952) als eigenständiges grammatikdidaktisches Konzept in den Methodenkanon aufgenommen (Langlotz 2019, Gornik 2006). Glinz entwickelte **grammatische Proben** (Ersatz-, Umstell, Weglass- und Klangprobe, s. ▶ Abschn. 13.9) mit dem Ziel, Schüler*innen einen handelnden Umgang mit sprachlichen Strukturen zu ermöglichen. Die grammatischen Proben wurden häufig in neuere didaktische Ansätze integriert und finden sich bis heute im schulischen Unterricht (Langlotz 2019, Hochstadt et al. 2015).

Kritik Granzow-Emden (2014) kritisiert vor allem die **Frageprobe,** da Unterschiede zwischen Objekten, Attributen und Kasus durch diese nicht deutlich werden. Zum Beispiel lassen sich Genitivobjekte und Genitivattribute gleichermaßen mit *wessen* erfragen: *Wessen gedenken wir? Der Verstorbenen. Wessen Hund schläft? Der Hund des Hausmeisters* (s. ▶ Abschn. 13.12). Ebenso kann nicht zwischen einem Akkusativ und einem Akkusativobjekt unterschieden werden, bspw.: *Sie legt das Buch auf den Tisch* (Kasus Akkusativ). *Sie mag den Hund* (Akkusativobjekt). Ebenso problematisch ist der Versuch, das Prädikat mit einer „Was tut?"-Frage bestimmen zu wollen (s. ► Abschn. 13.10). Zur Verwirrung führt auch häufig das gleiche Fragewort „Was" für Subjekte (Wer oder Was?) und für Akkusativobjekte (Wen oder Was?) (Langlotz 2019).

Trotz aller Probleme sind die grammatischen Proben ein **wichtiges Instrumentarium** für den Grammatikunterricht (Granzow-Emden 2019: 46). Dabei ergeben sich die Einsichten nicht von selbst und die Fähigkeit, die Proben zielführend einzusetzen, setzt ausreichendes Sprachgefühl voraus (ebd., Gornik 2006). Ob bspw. die Umstellung eines Satzes zu einem grammatisch korrekten Satz führt, kann nur mithilfe von ausreichendem Sprachgefühl beurteilt werden. Es erscheint paradox, dass Sprachbewusstheit einerseits entwickelt werden soll und gleichzeitig bereits vorhanden sein muss. Insofern ist eine reflektierte Anwendung und eine gute Begleitung durch die Lehrkraft nötig.

14.3.3 Der situative Grammatikunterricht

Boetcher und Sitta (1978) entwickelten ein Konzept, welches seinen Anspruch auf Neukonzeptionierung bereits im Titel „Der andere Grammatikunterricht" vermittelt. Grammatische Fragestellungen sollen nur dann thematisiert werden, wenn sie sich aus der Situation ergeben, was die Bezeichnung „situativer Grammatikunterricht" erklärt. **Schulische Alltagssituationen,** in denen Fragen zu einem Text, zu einer sprachlichen Äußerung, zu einer Streitsituation, zu der Möglichkeit jemanden zu überzeugen usw. entstehen, werden genutzt, um gemeinsam über sprachliche Mittel zu reflektieren. Dies ermöglicht den Kindern in einer konkreten für sie relevanten Situation, die Funktionalität von Sprache zu erfahren und Wirkungsbedingungen zu erforschen (Gornik 2006).

Die Sprachreflexion erfolgt dadurch nicht isoliert und von der Lehrkraft geplant und gesteuert, sondern wird in andere Lernbereiche (Textarbeit, sprachliches Argumentieren, Rechtschreibung etc.) integriert, sodass **Sprachkönnen** und nicht Sprachwissen im Vordergrund stehen (ebd.). Durch das gemeinsame Nachdenken über Sprache und sprachliche Alternativen rückt die Sprachreflexion in den Mittelpunkt. Diese ist nicht am Sprachsystem orientiert, sondern an den Sprachhandlungsfähigkeiten (Kühn 2010). Die Fähigkeit zur Sprachreflexion soll in hohem Maße durch die aktive gemeinsame Kommunikation und das Interesse der Schüler*innen an der realen Situation gefördert werden. Die metakommunikative Auseinandersetzung mit der eigenen und der fremden Sprachverwendung ist nach Boettcher und Sitta (1978) der Prototyp der grammatischen Reflexion.

Kritik Auch in den aktuellen Bildungsstandards wird das Untersuchen von Sprache in lebensnahen Sprach- und Kommunikationssituationen und in ihren Verwendungszusammenhängen anvisiert (KMK 2005: 9). Allerdings fehlt die

Umsetzung in der Unterrichtspraxis (Bredel 2013, Kühn 2010). An dem situativen Ansatz wird vor allem die fehlende Systematisierung kritisiert, die nicht zuletzt zu einer erheblichen Verunsicherung von Lehrkräften beiträgt (Bredel 2013: 232). Ebenfalls thematisiert wird eine mögliche Überforderung der Schüler*innen sowie eine Reduzierung grammatischen Wissens auf sprachpraktische Fähigkeiten (Hochstadt et al. 2015, Funke 2001).

14.3.4 Der integrative Grammatikunterricht

In einigen Darstellungen wird das Konzept eines integrativen Grammatikunterrichts beschrieben, der eine **Verbindung zwischen systematischem und situationsorientiertem Vorgehen** anstrebt. Sprache gilt dabei nicht als abstraktes System, sondern als Mittel des Handelns (Gornik 2006). Grammatisches Wissen soll in seiner Funktionalität für das Schreiben und Verstehen von Texten erfahrbar werden. Realisiert wird dies durch die Integration grammatischer Fragestellungen in den Sprach- und Literaturunterricht, was zu einem lernbereichsübergreifenden und lernbereichsverbindenden Arbeiten führt. Gegenstand der sprachreflexiven Auseinandersetzung sind Texte sowie mündliche und schriftliche Sprachprodukte. Im Gegensatz zum situationsorientierten Ansatz werden Situationen künstlich arrangiert und geplant.

Einecke (1991) nennt folgende **methodische Mittel** eines integrativen Grammatikunterrichts:

- induktiv einführen,
- an andere Stoffe anbinden,
- situativ aufgreifen,
- wiederverwenden und
- im Exkurs ergänzen.

Sprachuntersuchungen, Begriffs- und Regelbildungsprozesse erfolgen also nicht spontan, sondern sind langfristig angelegt. Fachliche Termini werden eher spät eingeführt. Entwickeln die Kinder selbst eigene Begriffe, wird deren Verwendung vor Einführung der Fachtermini akzeptiert (Gornik 2006).

Kritik Bredel beurteilt den Ansatz des integrativen Grammatikunterrichts als ein **rein methodisches Konzept** ohne eigenständige theoretische Grundlage (Bredel 2013: 226). Die Nähe des integrativen zum sogenannten funktionalen Grammatikunterricht wird vielfach betont (Hochstadt et al. 2015, s. u.). Ebenso wird kritisch hinterfragt, inwieweit und in welchem Umfang eine Integration grammatischer Fragestellungen überhaupt sinnvoll möglich ist und grammatische Einsichten tatsächlich sinnvoll für die sprachliche Arbeit genutzt werden können. Umgekehrt kann es als abwertend erlebt werden, wenn sprachliche Äußerungen von Kindern genutzt werden, um grammatische Fragestellungen zu bearbeiten (ebd.).

14.3.5 Der funktionale Grammatikunterricht

Ziel des funktionalen Grammatikunterrichts ist es, **Fähigkeiten der Textrezeption und der -produktion** zu fördern. Statt kategorialem Wissen über das Sprachsystem erwerben die Kinder Wissen über den Gebrauch grammatischer Kategorien und Strukturen in unterschiedlichen Texten und kommunikativen Zusammenhängen (Kühn 2010). Wilhelm Köller (1997/1983) entfaltet in seinem Buch ‚Funktionaler Grammatikunterricht' ein Konzept, welches den Werkzeugcharakter der Sprache in den Mittelpunkt der Sprachbetrachtung stellt. Konkret geht es um das Identifizieren grammatischer Formen (Identifizierung), die Erkenntnis, dass es sich um eine Interpretationsperspektive handelt (Perspektivierung), die Auseinandersetzung mit der Funktion der grammatischen Form (Funktionalität) und die Wahrnehmung eines missbräuchlichen Gebrauchs (Sprachkritik).

Typisch für den funktionalen Grammatikunterricht ist sein Bezug zu Texten. Köller unterbreitet einige Unterrichtsvorschläge, die sich auf Themen wie Tempus, Modus und Genus Verbi beziehen, wobei er argumentiert, dass Grammatikunterricht erst ab der Mittelstufe durchgeführt werden sollte. Eine Aufgabe lautet, die wörtliche Rede eines Gesprächs zwischen Fuchs und Igel umzuformen und die wörtliche Rede als interpretierende und raffende Redewiedergabe zu gestalten. Dabei lernen die Schüler*innen unter anderem den Einsatz handlungsbezeichnender Verben (bspw. *erklären, drohen, fragen, widersprechen*), um die sprachliche Implikation zu verdeutlichen (Köller 1997: 165 f.).

Weiterentwicklung Der funktionale Ansatz wurde im Laufe der Zeit weiterentwickelt und in unterschiedlichen Konzepten aufgegriffen (Bredel 2013, Gornik 2006). Stärker fokussiert wurden die **Spracherfahrungen der Kinder** und die Reflexion der sprachlichen Mittel (Gornik 2006). Am Anfang der grammatischen Arbeit stehen dabei häufig das Ausprobieren und Vergleichen sprachlicher Mittel, bevor Kategorien geprüft und diskutiert werden (ebd.).

Ludger Hoffmann (2004) bearbeitete den funktionalen Ansatz für die Grundschule. In sogenannten **didaktischen Pfaden** ordnet er Wortarten und Wortgruppen, da er von einer Wechselseitigkeit zwischen größeren und kleineren Einheiten ausgeht. Nomen werden bspw. einzeln (*Lisa, Bäcker, Löwe*) und in ausgewählten Wortgruppen (bspw. *ist Bäcker, der Löwe, ein Löwe, der kleine Löwe*) sowie über die Pluralbildung (*Löwen*) dargestellt. Grundlage sollen die eigenen Entdeckungen der Kinder sein, die durch Experimente, Sprachspiele, Textarbeiten und Gesprächsanalysen ermöglicht werden. Die so gewonnen Erkenntnisse werden anschließend genauer in ihrer Funktion betrachtet und in Übungen vertieft.

Kritik Laut Kühn (2010: 62) stellt sich der funktionale Grammatikansatz zwar nicht als geschlossenes Konzept dar, es finden sich aber **unterschiedliche Ausprägungen** und verschiedene interessante Ansätze. So nennt er bspw. Bartnitzky, dessen Buch ‚Grammatikunterricht in der Grundschule' bereits in der 8. Auflage vorliegt. Bartnitzky (2005: 23) bezeichnet sein Konzept als „integrativ" und „handlungsbezogen" und räumt ein, dass es inhaltlich an den traditionellen sprachlichen Strukturen und Begriffen orientiert ist, die in den Bildungsstandards benannt werden (ebd.: 13 f.). Dabei unterbreitet er Unterrichtsvorschläge, die funktional geprägt sind. Zum Beispiel stellt er eine Unterrichtseinheit vor, bei der die Funktion von Adjektiven in Verbindung mit dem Thema Sinne produktiv genutzt und reflektiert werden (bspw. *der Schwamm: weich, löchrig, nass*). Im Satzzusammenhang erproben die Schüler*innen verschiedene syntaktische Funktionen (bspw.: *der weiche Schwamm. Der Schwamm ist weich.*) und setzen diese sprachspielerisch ein (bspw.: *neu ist nicht alt, warm ist nicht...*) (Bartnitzky 2005: 126 ff.).

Kritik   Im Gegensatz zum situativen Ansatz strebt der funktionale eine systematische Auseinandersetzung mit grammatischen Fragestellungen an. Kritisiert wird der Bezug zu Einzeltexten, der dazu führe, dass statt grammatischem Wissen textuelles erworben würde und der Gebrauch von spezifischen sprachlichen Mitteln in unterschiedlichen Kontexten angeeignet würde (Bredel 2013: 237). Insofern sei weniger das Sprachsystem als der **Sprachgebrauch** Gegenstand der Auseinandersetzung (ebd., Funke 2001).

14.3.6 Die Grammatikwerkstatt

Eisenberg und Menzel (1995) stellen ein Konzept vor, welches sie als Grammatikwerkstatt bezeichnen. Im Zentrum steht der **experimentelle Umgang mit Sprache,** durch den Schüler*innen induktiv Einsichten in den Bau und die Funktion von Grammatik gewinnen sollen. Indem sie selbst mit sprachwissenschaftlichen Methoden operieren, können sie das Entstehen von Kategorien nachvollziehen. Sie erkennen, dass es vielfältige Möglichkeiten der Kategorienbildung gibt (Eisenberg und Menzel 1995, Gornik 2006). Begründet wird der induktive und operationale Schwerpunkt lernpsychologisch, da das im Gedächtnis bleibt, was wir eigenaktiv, durch eigene Erfahrung und mit möglichst großer Selbstständigkeit ermitteln, und nicht das, was wir nur vermittelt bekommen (Menzel 1999: 15).

Gefordert wird ein **systematisches Vorgehen,** bei dem die Kinder die kategoriale Ordnung der sprachlichen Vielfalt erkennen und ebenso deren semantischen, textuellen und kommunikativen Funktionen (ebd.: 9). Die Grammatikwerkstatt versteht sich als integratives Konzept, da im ständigen Wechselspiel an Strukturen, Inhalten und Sprachsituationen gearbeitet werden soll (ebd.).

Menzel schlägt für die Grundschule unter anderem vor:

- Texte und Lückentexte ergänzen und verändern; bspw. durch den Austausch von Vokalen: Aus *Riesen* macht sie *Rasen,* aus *oho* macht sie...
- Wörter verdrehen; bspw. aus *Glockenblumen* werden *Blumenglocken,* aus *Schokoladentafel* wird...
- vorgegebene Wortarten in Texten markieren; bspw. markiere die Nomen und die Begleiter: *Der Hund des Nachbarn heißt Flocki...*

Kritik Ingendahl (1999: 8) kritisiert, dass die grammatischen Methoden der Grammatikwerkstatt die Kenntnis des Zu-Findenden bereits voraussetzen. Die Umformung des Adjektivs in Sätzen wie „Dieser Hund ist klug. Dieser Hund ist klüger. Dieser Hund ist am klügsten" setze bereits Wissen über Adjektive voraus und führe nicht, wie von Eisenberg und Menzel (1995) beabsichtigt, zur Identifizierung von Adjektiven. Ebenso kritisch reflektiert wird die methodische Ausrichtung und die Grenzen operationalen Vorgehens (Hochstadt et al. 2015, Bredel 2013).

14.3.7 Konzepte für mehrsprachige Lerngruppen

Gerlind Belke entwickelte ein Konzept für mehrsprachige Lerngruppen, bei dem die Kinder grammatisches Können durch einen **kreativen Umgang mit Texten** aufbauen. Kinderreime, Gedichte, Mitmachtexte, Geschichten und Rätsel werden gesprochen, besprochen, umgedichtet und umgeschrieben. Belke (2017: 6) versteht die spielerischen Übungen als implizite sprachliche Vermittlung von grammatischen Strukturen, die Kinder im handelnden Umgang sozusagen „ins Ohr" bekommen. Die alltägliche Kommunikation birgt die Gefahr der Fossilisierung, einer Stagnierung der Sprachentwicklung, da der erworbene Sprachstand vermeintlich ausreicht und keine neuen Impulse gesetzt werden. Belke sieht in der Verwendung von poetischen Texten und Geschichten die Möglichkeit, Sprachstrukturen zu fokussieren und Kinder mit Sprachformen zu konfrontieren, die über die Alltagsprache hinausgehen, und die für die Schriftsprache unerlässlich sind.

Beim **generativen Schreiben** produzieren die Kinder auf der Basis von Sprachspielen, Liedern und kurzen ästhetischen Texten eigene Texte. Indem sie Teile des Originaltextes übernehmen, bietet sich ihnen die Möglichkeit, sprachlich normgerechte Texte zu produzieren. Nach Belke kann durch das generative Schreiben, die Textproduktion mit dem Grammatik- und dem Rechtschreibunterricht verbunden werden. Darüber hinaus wird implizites sprachliches Lernen ermöglicht. Durch die Variation der Texte und die Wiederholung korrekter sprachlicher Formen prägen sich die Kinder diese ein und erweitern ihren Wortschatz (ebd.: 12 f.).

14

> ▶ **Unterrichtsbeispiel: Generatives Schreiben**

Ausgangspunkt ist der Text „Der Hase mit der roten Nase" von Helme Heine (hier nur ein Auszug). Die unterstrichenen Wörter werden ausgetauscht und gegebenenfalls die umgebenden Wörter grammatisch angepasst (Belke 2017: 19).

Es war einmal ein Hase mit einer roten Nase und einem blauen Ohr Das kommt ganz selten vor.	Es war einmal eine Katze mit einer silbernen Tatze und einem goldenen Ohr Das kommt ganz selten vor.	Es war einmal ein Schwein mit einem grünen Bein und einem roten Ohr Das kommt ganz selten vor.

◀

14.3.8 Fazit und Ausblick

Langlotz (2019) stellt fest, dass die bisher dargestellten Konzepte wichtige Aspekte der schulischen Wirklichkeit wie **Heterogenität** und **Mehrsprachigkeit** kaum berücksichtigen. Aktuelle grammatische Ansätze setzen diesbezüglich auf der Grundlage der bisherigen Erkenntnisse neue Schwerpunkte. Grundsätzlich zeigt sich der Versuch, das Lernen von und das Lernen über Sprache zu verbinden und sich sowohl an konkreten Beispielen zu orientieren als auch eine systematische Fundierung zu gewährleisten (ebd., Kühn 2010).

Konsens herrscht darüber, dass grammatisches Wissen für die Sprachproduktion und insbesondere die Textarbeit genutzt werden soll und ein wichtiges Ziel der Aufbau von **Sprachbewusstheit und Handlungskompetenz** ist. Die Bedeutung des deklarativen Wissens wird dabei unterschiedlich bewertet (Gornik 2006). Ebenso Einigkeit herrscht über die Bedeutung funktionaler Aspekte für den Grammatikunterricht. Dabei stellen die Realisation und Entwicklung umfassender praxistauglicher Konzepte nach wie vor eine Herausforderung dar und, wie bereits dargestellt (s. ▶ Abschn. 14.3.1), finden die vielversprechenden fachdidaktischen Ansätze nur schwer ihren Weg in den schulischen Alltag (ebd.). Dabei nehmen die Bildungsstandards zwar auf die verschiedenen Ansätze Bezug, die seit den 1970er-Jahren entwickelt wurden, gleichzeitig sollen grundlegende sprachliche Strukturen und Begriffe angeeignet und angewendet werden.

14.4 Teilkompetenzen des Lernbereichs

Die Bildungsstandards (KMK 2005) gliedern den Kompetenzbereich „Sprache und Sprachgebrauch untersuchen" in folgende **Teilbereiche**:
- die sprachliche Verständigung untersuchen
- an Wörtern, Sätzen, Texten arbeiten
- Gemeinsamkeiten und Unterschiede von Sprachen entdecken
- grundlegende sprachliche Strukturen und Begriffe kennen und verwenden

Die ersten drei Substandards beziehen sich auf gesprochene Sprache oder Texte, sodass authentische Sprache und Sprachsituationen im Zentrum stehen. Dies ermöglicht, die reflexive Auseinandersetzung mit Sprache handlungsorientiert zu gestalten und produktiv zu nutzen. Der vierte Bereich betrifft Wortarten und Satzglieder.

14.4.1 Die sprachliche Verständigung untersuchen

Der erste Substandard fokussiert die Beziehungen zwischen kommunikativer Absicht, sprachlichen Merkmalen und ihrer Wirkung. Ebenso sollen Unterschiede zwischen gesprochener und geschriebener Sprache wahrgenommen werden. Die

Schüler*innen untersuchen und nutzen Sprecher- und Hörerrollen ebenso wie Schreiber- und Leserrollen. Sie sprechen über Verstehens- und Verständigungsprobleme (KMK 2005).

Die folgenden **drei Unterrichtsbeispiele** zeigen mögliche Umsetzungen im Unterricht, wobei es viele weitere Möglichkeiten gibt, die sprachliche Verständigung zu untersuchen.

▶ **Die sprachliche Verständigung untersuchen**

1. Unterrichtsbeispiel

Die Beziehung zwischen Absicht, sprachlichen Merkmalen und ihrer Wirkung kann sinnvoll in **Dialogen** untersucht werden, die dynamisch angelegt sind. Das folgende Aufgabenbeispiel ist den Bildungsstandards entnommen (KMK 2005: 41 f.). Die Schüler*innen sollen ein Streitgespräch zu der folgenden Situation schreiben: Ninas Zimmer ist unaufgeräumt. Die Mutter fordert Nina auf, das Zimmer aufzuräumen.

Das beigefügte Arbeitsblatt enthält Redebegleitsätze, wie bspw.: *Die Mutter bittet höflich:* ____. *Nina hat nicht genau zugehört.* ____ *fragt sie unkonzentriert. Darauf fragt die Mutter:* ____. *Nina versucht es mit einer Ausrede:* ___. *Die Mutter ermahnt Nina geduldig:* ___. ____ *bettelt Nina. Mutter schimpft:* ____. *Nina meckert:* ____.

Der Dialog soll von den Kindern in einem Rollenspiel erprobt und präsentiert werden. Anschließend reflektieren sie darüber, inwieweit es gelungen ist, die Absichten und Emotionen in der Wortwahl, im Satzbau, im sprecherischen Ausdruck, in Gestik und Mimik zu verwirklichen. Sie entwickeln Verbesserungsvorschläge und erproben diese in weiteren Rollenspielen.

2. Unterrichtsbeispiel

Die Kinder **vergleichen mündliche und schriftliche Texte** zum gleichen Schreibanlass. Zum Beispiel erzählen sie einem Freund bzw. einer Freundin, dass die Familie eine Katze aus dem Tierheim geholt hat. Außerdem schreiben sie einen Brief an die Großeltern, indem sie ebenfalls darüber berichten. Die beiden Sprachproben werden verglichen und Merkmale mündlicher und schriftlicher Sprache (s. ▶ Abschn. 9.1) benannt (Riegler et al. 2015: 10).

3. Unterrichtsbeispiel

Die Kinder beschreiben abgebildete Personen in ihrer **Gestik und Mimik** und bezeichnen die dargestellten Emotionen mithilfe von Adjektiven. Die Bilder zeigen, wie sich jemand:

- die Haare rauft und verzweifelt schaut
- den Blick traurig nach unten senkt
- die Augen aufreißt und sich die Hand vor den Mund hält (Riegler et al. 2015: 11) ◀

14.4.2 An Wörtern, Sätzen, Texten arbeiten

Der zweite Substandard umfasst eine große Bandbreite an **Handlungsoptionen.** Aufgeführt werden in den Bildungsstandards (KMK 2005: 13) die Fähigkeit, Wörter zu strukturieren und die Möglichkeiten der Wortbildung zu kennen, was morphologischen Übungen gleicht. Wörter sollen gesammelt und geordnet werden, die Kinder lernen die sprachlichen Operationen (Umstellen, Ersetzen, Ergänzen, Weglassen) (s. ▶ Abschn. 13.9) anzuwenden, und diese für die Textproduktion und das Textverständnis zu nutzen. Sie gehen mit Sprache experimentell und spielerisch um.

> ▶ **An Wörtern, Sätzen und Texten arbeiten**

1. Unterrichtsbeispiel
Wörter haben oft mehrere Bedeutungen, was zu Missverständnissen führen kann. Indem Kinder sich mit den **sprachlichen Ursachen von Missverständnissen** auseinandersetzen, lernen sie polyseme (mehrdeutige) Wörter kennen. Kühn (2010: 141) nennt dafür ein Unterrichtsbeispiel, bei dem die Kinder durch einen Witz auf das Phänomen aufmerksam werden. In dem Witz ruft ein Mädchen beim Schwimmen um Hilfe, weil es keinen *Grund* hat. Darauf ärgert sich der Bruder, dass sie schreit, obwohl sie keinen *Grund* hat.

2. Unterrichtsbeispiel
Wörter können nach mehreren Gesichtspunkten **gesammelt bzw. geordnet** werden, wie bspw.:

- nach **semantischen** *(gehen, trödeln, beeilen)*
- nach **morphologischen** *(wohnen, Wohnung, Anwohner)*
- nach **orthografischen** (Wörter mit <ai> wie *Mai, Kaiser*)

Riegler et al. (2015: 24 ff.) schlagen vor, in einer sogenannten Wörterjagd Wörter nach vorgegebenen Suchaufträgen in einer Wortsammlung zu finden (bspw. drei Wörter, die mit O anfangen; Wörter, die etwas mit Fußball zu tun haben). In weiteren Übungen ergänzen die Kinder Wörter zu vorgegebenen Begriffen (bspw. *Maus, Katze, Hund; vergessen, versuchen*), sammeln Wörter zu Themenfeldern (bspw. Wetterwörter) und legen eigene Wortsammlungen an.

3. Unterrichtsbeispiel
Die Kinder ergänzen **Lücken in vorgegebenen Sätzen,** bspw.: _____ *sind schöne Tiere.* Sie unterscheiden passende von unpassenden Wörtern und reflektierten die Kriterien. Riegler et al. (2015: 29 ff.) bezeichnen passende Wörter als „Pass-Wörter". Diese müssen eine bestimmte Wortart aufweisen und semantisch passen. Aufbauend werden unpassende Wörter nach „Quietsch- und Quatschwörtern" unterschieden (ebd.: 31). Quietschwörter passen grammatisch nicht und Quatschwörter aus semantischen Gründen, bspw.: *Der Baum ist/ Apfel* (Quietschwort)/ *dumm* (Quatschwort)/ *alt* (passend).

4. Unterrichtsbeispiel
Typisch für den Substandard ist die **Anwendung sprachlicher Operationen** im Kontext der Textarbeit. Dabei kann mit den Schüler*innen reflektiert werden, welche Wirkung bspw. das Umstellen eines Satzes im Textzusammenhang hat. Wörter im Satzvor-

feld werden betont und damit die Wirkung verändert. Dadurch kann eine bestimmte
Stimmung erzeugt werden:

— *Es war dunkel.*
— *Dunkel war es.*

5. Unterrichtsbeispiel

Die Bildungsstandards nennen als letzten Punkt das **spielerische und experimentelle
Umgehen** mit Sprache. Auch hierfür gibt es vielfältige Möglichkeiten. Eine ist die Darstellung zusammengesetzter Begriffe in Form eines Ratespiels. Dabei findet eine Um-
deutung der Wortbestandteile statt, was viele Möglichkeiten der Sprachreflexion im
spielerischen Handeln eröffnet. Zum Beispiel werden folgende Begriffe dargestellt
(Domenego et al. 1975: 84 ff.):

— *Uhrzeiger* (jemand zeigt auf seine Uhr)
— *Wagenheber* (ein Spielzeugauto wird in die Höhe gehalten)
— *Erfinder* (jemand findet den Buchstaben R) ◄

14.4.3 Gemeinsamkeiten und Unterschiede von Sprachen entdecken

Unter diesem Substandard wird der **Sprachvergleich** genannt, der sich auf
Dialekte, Fremdsprachen und verschiedene Sprachvarietäten (Umgangssprache,
Standardsprache, Jugendsprache usw.) bezieht. Außerdem genannt wird die Aus-
einandersetzung mit gebräuchlichen Fremdwörtern.

> ► Gemeinsamkeiten und Unterschiede von Sprachen entdecken

1. Unterrichtsbeispiel

Typisch sind Sprachvergleiche zwischen **verschiedenen Landessprachen**. Die Kinder
lernen Begrüßungsfloskeln in verschiedenen Sprachen, singen Lieder in unterschiedlichen Sprachversionen, ordnen Wörter einer Sprache zu und übersetzen einzelne
Wörter (bspw. Tiernamen). Dabei vergleichen sie Unterschiede und Gemeinsamkeiten
(bspw. *Katze, cat, kedi, chat, Kot*).

2. Unterrichtsbeispiel

Dialekte ebenso wie der **Sprachwandel** führen dazu, dass verschiedene Wörter verwendet werden. Die Kinder können diese vergleichen und zuordnen. Bspw. kann auf
einer Dialektkarte abgelesen werden, in welcher Region in Deutschland welche Begriffe
für ein Brötchen verwendet werden: *Semmel, Schrippe, Weck, Kipfel, Rundstück* usw.
(Riegler et al. 2015: 19). Ebenso können alte und neue Wörter verglichen werden, bspw.
Drahtesel, Fahrrad, Bike (ebd.: 86).

3. Unterrichtsbeispiel

Die Kinder können sich mit Besonderheiten und Kennzeichen unterschiedlicher
Sprachen am Beispiel von **Geheimsprachen** auseinandersetzen. Eine Möglichkeit ist,

14

den Kindern einen Code für eine Geheimsprache vorzugeben (Vokale vertauschen: *Geheimsprache= Gihiomsprechi*) oder eigene Varianten zu entwickeln. Eine weitere Möglichkeit ist, eine Geheimsprache entschlüsseln zu lassen. Ebenso können die Kinder eigene Ideen für Geheimsprachen entwickeln (Kühn 2010: 144 f.).

4. Unterrichtsbeispiel
Andere **Schriftsysteme** (bspw. Piktogramme) und alte Schriften (bspw. Hieroglyphen) bieten ebenfalls vielfältige Möglichkeiten, sich mit unterschiedlichen Schriftsystemen (bspw. ohne Vokale, alphabetische, wortbezogene, silbische) auseinanderzusetzen. Die Kinder schreiben und lesen Wörter mit besonderen Schriftzeichen oder denken sich eigene Zeichen aus. Sie erkunden ausgewählte Merkmale des Schriftsystems (Philippi 2007: 25 ff.). ◄

14.4.4 Grundlegende sprachliche Strukturen und Begriffe kennen und verwenden

Der letzte Substandard bezieht sich auf die **Wort- und Satzlehre.** Dabei besteht die Gefahr, dass auf etablierte Unterrichtskonzepte des traditionellen und formbezogenen Grammatikunterrichts zurückgegriffen wird. Insofern ist es notwendig, gerade für diesen Bereich neue Aufgaben zu konzeptionalisieren und vorzulegen (Kühn 2010: 132).

Die Bildungsstandards sehen vor, dass die Kinder über ein **Grundwissen** an grammatischen Strukturen sowie einen Grundbestand an Begriffen und Verfahren zum Untersuchen von Sprache verfügen (KMK 2005: 9). In einer tabellarischen Auflistung werden Begriffe und Strukturen unter den Kategorien Wort und Satz vorgeschlagen (KMK 2005: 14). Zu den Wortarten finden sich die Termini Nomen, Verb, Adjektiv, Pronomen und andere Wörter. Positiv ist, dass die seitens der Fachdidaktik kritisierten Benennungen ‚Namenwort' und ‚Tuwort' (s. ► Abschn. 13.2 und 13.3) nicht genannt werden.

In ► Kap. 13 wurden bereits **vielfältige unterrichtliche Anregungen** für die Vermittlung der einzelnen Wortarten gegeben. Ebenso wurden Vorschläge für die Behandlung von Satzschlusszeichen und die Auseinandersetzung mit Sätzen gegeben. Bedeutsam für die Didaktik der Wort- und Satzlehre ist, dass den Kindern statt semantischer Erklärungsansätze morphologische und syntaktische Proben vermittelt werden. Bei diesen operieren die Kinder mit erarbeiteten Satzmustern bzw. Wortgruppen. ◻ Tab. 14.1 stellt für die drei Hauptwortarten die Erklärungsansätze der verschiedenen linguistischen Ebenen gegenüber.

Methodische Aspekte zur Wortlehre Bartnitzky (2005: 90) schlägt vor, Wortarten nach folgendem **methodischen Vorgehen** zu bearbeiten, um den Kindern einen Weg von der inneren Entwicklung eines Begriffs über das Erlernen des Fachworts zur ständigen Verwendung und zur Verfeinerung des Begriffs zu ermöglichen.

1. Begriffsbildung
2. Einführung des Fachworts
3. Übungen und Vertiefung

Tab. 14.1 Erklärungsansätze für Wortarten und Beispiele

	Semantische Erklärungsansätze	Morphologische Erklärungsansätze	Syntaktische Erklärungsansätze
Nomen	Konkreta Abstrakta	deklinierbar nach Kasus und Numerus (Mehrzahlbildung)	Kern einer Nominalgruppe (steht am Ende)
Beispiele	*Haus* *Luft*	*des Hauses* *die Häuser*	*In diesem Haus…* *Die kleine Schnecke…*
Verben	Handlungsverben Vorgangsverben Zustandsverben	konjugierbar Wir-/ Du-Probe	Satzkern als Ausgangspunkt für die Satzbildung
Beispiele	*schreiben* *einschlafen* *legen*	*wir singen/ du singst* *wir lesen/ du liest*	*singen: Paul singt.* *Paul singt ein schönes Lied. Paul singt auf der Bühne beim Schulfest ein schönes Lied.*
Adjektive	Eigenschaftswörter	komparierbar	Verwendung im Satz: - attributiv - prädikativ - adverbial
Beispiele	*klein* *rot*	*klein – kleiner – am kleinsten*	*Das schöne Mädchen… Sie ist schön. Sie malt schön.*

Die **Begriffsbildung** bezieht sich in diesem Zusammenhang darauf, eine Vorstellung von etwas zu entwickeln bzw. „sich einen Begriff von etwas zu machen." Die Lehrkraft arrangiert sprachliche Situationen, die zur Verwendung einer bestimmten Wortart herausfordern, auf die die Kinder aufmerksam werden. Die jeweilige Wortart wird in ihrer Funktionalität und in ihrer Formgebung wahrgenommen. Die Kinder sollen Wörter sammeln, strukturieren, verändern, in sprachlichen Zusammenhängen anwenden und über die Funktion, Form und Regelhaftigkeit nachdenken. Bevor der Fachterminus eingeführt wird, können die Kinder so einen inneren Begriff für die Wortart herausbilden (ebd.). Bspw. suchen sie zum Thema „Unser Körper" nach Körperteilen, die sie nur einmal haben (*Nase, Mund* etc.) und von denen sie mehrere haben (*Hände, Beine* etc.). Zum Thema Sinne beschreiben sie, wie etwas schmeckt (*süß, sauer* etc.), wie etwas klingt (*laut, schnell* etc.), wie sich etwas anfühlt (*weich, glatt* etc.). Um ein Gespür für Verben zu entwickeln, erstellen sie Wortfelder (*laufen, rennen, schlendern* etc.).

Nachdem die Kinder vielfältige Erfahrungen sammeln konnten, wird der Terminus bzw. der **Fachbegriff** eingeführt und passende Operationen bzw. sprachliche Proben definiert (**Tab. 14.1**). In weiteren Sprachreflexionen werden die Kompetenzen vertieft und erweitert.

Satzlehre Seitens der Fachdidaktik wird das Analysieren von Satzgliedern an vorgegebenen wenig authentischen Sätzen mithilfe der Frageproben kritisiert (bspw. *Wer oder Was singt?*, Granzow-Emden 2019, Bredel 2013, s. ▶ Abschn. 14.3.2). Empfohlen wird stattdessen, **Sätze zu bilden**. Meist dient dabei ein Verb als Ausgangspunkt. Dieses Vorgehen ist an der Valenzgrammatik orientiert und es finden sich verschiedene didaktische Modellierungen, die mit unterschiedlichen Satzbaumodellen bzw. Satzbauplänen arbeiten (Granzow-Emden 2019, Bartnitzky 2005, Blattmann und Kottke 2002, Berger-Kündig 1999). Die folgenden zwei Unterrichtsbeispiele skizzieren zwei dieser Modelle.

> ▶ **Grundlegende sprachliche Strukturen und Begriffe kennen und verwenden**

1. Unterrichtsbeispiel: Satzkerne erweitern
Bartnitzky (2005: 158) stellt ein Unterrichtsbeispiel vor, bei dem die Kinder zum Thema „Einkaufsmöglichkeiten im Stadtteil" über Geschäfte und Einkaufsmöglichkeiten sprechen und mit Hilfe folgender Satzbautafel Sätze bilden:
Wer? verkauft Was?
Wo?
Anschließend wird zu weiteren Themen (bspw. Verkehr, Märchen, Tiere) und mit anderen Verben (bspw. *fahren, verzaubern, fressen*) gearbeitet. Der Satzbauplan wird zunehmend erweitert (Wen?, Womit?, Wann?, Wohin?, Wie?, In was?...?) und immer komplexere Sätze gebildet. Bartnitzky schlägt vor, schrittweise eine Form- und Farbsymbolik einzuführen, um das Verständnis zu vertiefen und das Wiedererkennen der Satzkerne, Subjekte und Ergänzungen zu erleichtern. Er schlägt vor, die Prädikate mit einem Rechteck und rot, die Subjekte mit einem Dreieck und blau und die Ergänzungen mit Ovalen und grün zu kennzeichnen.

2. Unterrichtsbeispiel: Sätze mit dem Feldermodell konstruieren
Granzow-Emden (2019: 80 ff.) schlägt vor, den Kindern das Feldermodell (s. ▶ Abschn. 13.13) sowie Wort- und Morphemkarten zur Verfügung zu stellen. Die Kinder bilden Sätze, indem sie die Karten in die Felder schieben. Mit der Satzbildung entsteht so gleichzeitig die Satzgliederung, über die nach unterschiedlichen durch die Lehrkraft ausgewählten Schwerpunkten reflektiert werden kann. ◄

14.5 Fazit und Anwendung

Seit den 1970er-Jahren wird ein Grammatikunterricht kritisiert, der eine isolierte Wortarten- und Satzgliedlehre fokussiert und auf die deduktive Vermittlung grammatischer Terminologien ausgerichtet ist. Die Bezeichnung **traditioneller Grammatikunterricht** wurde im Rückblick entwickelt, um **neuere Konzepte** abzugrenzen. Diese knüpfen an die Spracherfahrungen der Schüler*innen an und im Zentrum steht die Sprachreflexion, also die in Ansätzen bewusste Auseinandersetzung mit grammatischen Aspekten der Sprache. Ziel sprachreflektierender Aus-

einandersetzungen ist die produktive Nutzung in kommunikativen Zusammenhängen wie bspw. der Textarbeit. Insofern stehen **sprachhandelnde Kompetenzen** im
Mittelpunkt, während die Bedeutung des deklarativen Wissens noch weitgehend
ungeklärt ist. Zum einen wird gefordert, sich aus einer situativen Gelegenheit er-
gebende grammatische Fragestellungen zu nutzen. Zum anderen wird eine
systematische Behandlung grammatischer Themen angestrebt. Besondere Betonung
erfahren funktionale Aspekte, was bedeutet, dass grammatische Phänomene in
ihrer Funktion erkannt werden sollen. Darüber hinaus berücksichtigen aktuelle
Weiterentwicklungen Aspekte wie **Heterogenität** und **Mehrsprachigkeit,** die im
schulischen Alltag eine zunehmend größere Bedeutung gewinnen, in stärkerem
Maße.

Die Bildungsstandards bezeichnen den Lernbereich entsprechend der Entwicklung der letzten Jahrzehnte nicht mehr als Grammatikunterricht, sondern als
Sprache und Sprachgebrauch untersuchen. Dieser gliedert sich in vier Teilbereiche,
von denen sich die ersten drei auf **gesprochene Sprache und Texte** beziehen. Der
letzte Teilbereich, der auf die **Wort- und Satzlehre** Bezug nimmt, birgt die größte
Gefahr, dass auf traditionelle Methoden zurückgegriffen wird. Einhellig wird die
Ansicht vertreten, dass die schulische Wirklichkeit überwiegend Merkmale eines
traditionellen Grammatikunterrichts aufweist. Gefordert wird die Überwindung
semantischer Erklärungsansätze und die Orientierung an grammatischen **Fach-
begriffen.** Es hat sich gezeigt, dass die vermeintlich schülerorientierten Begriffe
‚Namenwort‘, ‚Tu(n)wort‘ und ‚Wiewort‘, Kinder eher zu Fehlhypothesen verleiten und verwirren. Es sollte also von Anfang an von ‚Nomen‘, ‚Verben‘ und
‚Adjektiven‘ gesprochen werden.

14.6 **Aufgaben**

1. Erläutern Sie in eigenen Worten, was mit dem Begriff ‚Sprachbewusstheit‘ gemeint ist.
2. Nennen Sie Schwierigkeiten, die sich durch die Begriffe ‚Tuwort‘ und
‚Namenwort‘ ergeben können und nennen Sie möglichst viele Gründe, die
gegen ihre Verwendung im Unterricht sprechen.
3. Ordnen Sie das folgende Aufgabenbeispiel einer didaktischen Konzeption
(s. ▶ Abschn. 14.3) und einem Teilbereich der Bildungsstandards zu und begründen Sie Ihre Zuordnung.
   – *Die Schülerinnen erhalten zwei Abbildungen von Hunden mit der Aufgabe,
   beide Hunde in einem kurzen Text zu beschreiben. Anschließend werden die
   Texte in Form eines Ratespiels präsentiert. Ein Kind liest einen seiner Texte
   vor und die übrigen raten, welcher der beiden Hunde beschrieben wurde. Anschließend werden die Adjektive identifiziert, gegenübergestellt (lange/kurze
   Ohren etc.) und weitergehend untersucht.*
4. Suchen Sie ein Verb aus, das eine Dativergänzung benötigt. Mögliche Verben
sind: *antworten, danken, gehören, helfen, raten.* Überlegen Sie sich einen inhaltlichen Bezug, der zu dem Verb passt, und zu dem man ein Gespräch initiieren

könnte (bspw. Zu welchen Anlässen verschenkt man etwas?). Notieren Sie möglichst viele Sätze eines Satzmusters mit dem gleichen Verb (bspw. Ich schenke meiner Oma/ meiner Mutter/ meinem Opa/ meinem Vater… ein Geschenk.). Skizzieren Sie ein mögliches unterrichtliches Vorgehen. Planen sie eine sprachreflexive Phase ein und notieren Sie dafür Fragen, welche die Schüler*innen kognitiv aktivieren.

5. Entwickeln Sie eine Unterrichtssequenz zu den Possessivpronomen *(mein, dein, sein…)* und berücksichtigen Sie folgenden Ablauf:
   1. Begriffsbildung
   2. Einführung des Fachworts ‚Pronomen'
   3. Übungen und Vertiefung

Literatur

Bartnitzky, H. (2005). *Grammatikunterricht in der Grundschule*. Berlin: Cornelsen.

Belke, G. (2017). *Poesie und Grammatik. Kreativer Umgang mit Texten im Deutschunterricht mehrsprachiger Lerngruppen*. Baltmannsweiler: Schneider.

Berger-Kündig, P. (1999). Grammatik auf eigenen Wegen (aus der Schulpraxis). In A. Bremerich-Vos (Hrsg.). *Zur Praxis des Grammatikunterrichts. Mit Materialien für Lehrer und Schüler* (S. 81–124). Freiburg i. B.: Fillibach.

Blattmann, E. & Kottke, E. (2002). Der Satzfächer im Grammatikunterricht der Grundschule. In E. Blattmann & V. Frederking (Hrsg.). *Deutschunterricht konkret,* Bd. 2: *Sprache* (S. 163–186). Baltmannsweiler: Schneider.

Boettcher, W. & Sitta, H. (1978). *Der andere Grammatikunterricht*. München u.a.: Urban und Schwarzenberg.

Bredel, U. (2013). *Sprachbetrachtung und Grammatikunterricht*. 2. durchges. Aufl. Paderborn u. a.: Schöningh.

Domenego, H. et al. (1975). *Das Sprachbastelbuch*. Esslingen, Wien: Esslinger Verlag.

Eichler, W. & Nold, G. (2007). Sprachbewusstheit. In B. Beck & E. Klieme (Hrsg.). *Sprachliche Kompetenzen. Konzepte und Messung. DESI-Studie (Deutsch Englisch Schülerleistungen International)* (S. 63–82). Weinheim, Basel: Beltz.

Einecke, G. (1991). *Unterrichtsideen Integrierter Grammatikunterricht. Textproduktion und Grammatik. 5.–10. Schuljahr*. Stuttgart: Klett.

Eisenberg, P. & Menzel, W. (1995). Grammatik-Werkstatt. *Praxis Deutsch* 129, 14–23.

Funke, R. (2001). *Orientiertsein in syntaktischen Strukturen. Eine Untersuchung zum grammatischen Wissen von Schülern und Schülerinnen*. Habil. Univ. Flensburg.

Funke, R. (2014). Grammatikunterricht, grammatisches Wissen und schriftsprachliches Können. In H. Gornik (Hrsg.). *Sprachreflexion und Grammatikunterricht. Deutschunterricht in Theorie und Praxis*, Bd. 6 (S. 429-454). Baltmannsweiler: Schneider

Gaiser, K. (1950): Wie viel Grammatik braucht der Mensch? *Die pädagogische Provinz* 10, 590–599.

Granzow-Emden (2014). Sprachstrukturen verstehen: Die Entwicklung grammatischer Kategorien. In H. Gornik (Hrsg.). *Sprachreflexion und Grammatikunterricht. Deutschunterricht in Theorie und Praxis*, Bd. 6 (S. 213–241). Baltmannsweiler: Schneider.

Glinz, H. (1952). *Die innere Form des Deutschen. Eine neue deutsche Grammatik*. Bern: Francke.

Gornik, H. (2006). Methoden des Grammatikunterrichts. In U. Bredel, H. Günther, P. Klotz, J. Ossner & G. Siebert-Ott (Hrsg.). *Didaktik der deutschen Sprache. Ein Handbuch*, Bd. 2 (S. 814–829). 2., durchges. Aufl. Paderborn: Schöningh.

Granzow-Emden, M. (2019). *Deutsche Grammatik verstehen und unterrichten*. 3., überarb. und erw. Aufl. Tübingen: Narr.

Hochstadt, Ch., Krafft, A. & Olsen, R. (2015). *Deutschdidaktik. Konzeptionen für die Praxis*. 2. Aufl. Tübingen: Francke.

Hoffmann, L. (2004). Funktionaler Grammatikunterricht in der Grundschule. *Grundschule* 36/10, 39.

Ingendahl, W. (1999). *Sprachreflexion statt Grammatik. Ein didaktisches Konzept für alle Schulstufen.* Tübingen: Niemeyer.

KMK (2005). *Bildungsstandards im Fach Deutsch für den Primarbereich.* Beschluss vom 15.10.2004. München: Luchterhand.

Köller, W. (1997). *Funktionaler Grammatikunterricht. Tempus, Genus, Modus: Wozu wurde das erfunden?* 4. Aufl. (1. Aufl. 1983) Baltmannsweiler: Schneider.

Kühn, P. (2010). *Sprache untersuchen und erforschen.* Berlin: Cornelsen.

Langlotz, M. (2019). Grammatikdidaktik. In B. Rothstein & C. Müller-Brauers (Hrsg.). *Kernbegriffe der Sprachdidaktik Deutsch. Ein Handbuch.* 3., überarb. Aufl. (S. 122–145). Baltmannsweiler: Schneider.

Menzel, W. (1999). *Grammatik Werkstatt. Theorie und Praxis eines prozessorientierten Grammatikunterrichts für die Primar- und Sekundarstufe.* Kallmeyer: Seelze-Velber.

Neuland, E. & Peschel, C. (2013). *Einführung in die Sprachdidaktik.* Stuttgart, Weimar: J. B. Metzler.

Oomen-Welke, I. & Kühn, P. (2009). Sprache und Sprachgebrauch untersuchen. In A. Bremerich-Vos, D. Granzer, U. Behrens & O. Köller (Hrsg.). *Bildungsstandards für die Grundschule: Deutsch konkret* (S. 139–184). Berlin: Cornelsen.

Philippi, J. (2007). *Sprache und Spiele. Linguistik kann ich auch. Kopiervorlagen für Kindern.* Göttingen: Vadenhoeck & Ruprecht.

Rezat, S. (2019). Sprache und Sprachgebrauch untersuchen und reflektieren. In C. Goer & K. Köller (Hrsg.). *Fachdidaktik Deutsch. Grundzüge der Sprach- und Literaturdidaktik.* 3. überar. und akt. Aufl. (S. 291–320). Paderborn: Fink.

Riegler, S. (2006). *Mit Kindern über Sprache nachdenken. – eine historisch-kritische, systematische und empirische Untersuchung zur Sprachreflexion in der Grundschule.* Freiburg i. B.: Fillibach.

Riegler, S., Laser, B. & Girshausen, B. (2015). *Lernbuch Sprache untersuchen. 3 + 4.* Stuttgart: Klett/vpm.

Weiterführende Literatur

Hlebec, H. (2018). *Aufgabentheorie und grammatisches Lernen: eine Untersuchung zu Merkmalen von Lernaufgaben für den Grammatikunterricht.* Baltmannsweiler: Schneider.

Hochstadt, Ch. (2015). *Mimetisches Lernen im Grammatikunterricht.* Baltmannsweiler: Schneider.

Rothstein, B. (2010). *Sprachintegrativer Grammatikunterricht: Zum Zusammenspiel von Sprachwissenschaft und Sprachdidaktik im Mutter- und Fremdsprachenunterricht.* Tübingen: Stauffenburg.

14

Semantik

Inhaltsverzeichnis

© Der/die Autor(en), exklusiv lizenziert an Springer-Verlag GmbH, DE, ein Teil von
Springer Nature 2023
R. Hoffmann-Erz, *Deutsch in der Grundschule*,
https://doi.org/10.1007/978-3-662-66653-1_15

Einführendes Praxisbeispiel

Ein Vorschulkind bekommt in einem Gespräch zwischen Erwachsenen mit, dass der Mutter ein Preis verliehen werden soll. Nach längerem Nachdenken fragt das Mädchen: „Wenn Mama den Preis nur verliehen bekommt, muss sie ihn dann wieder zurückgeben?"

Das Mädchen kennt das Wort *verleihen* bzw. etwas *verliehen haben* in einer anderen Bedeutung. Jemand verleiht etwas für eine bestimmte Zeit und bekommt es später wieder zurück. In der beschriebenen Situation wird das Wort *verleihen* in der Bedeutung ‚jemandem eine Auszeichnung verleihen' gebraucht. Das Beispiel zeigt, dass Wörter unterschiedliche Bedeutungen haben können und dass es auf den Verwendungszusammenhang und den jeweiligen Kontext ankommt, um die Bedeutung von Wörtern oder Sprachpassagen zu verstehen.

Mit der Bedeutungsebene von Sprache beschäftigt sich der linguistische Teilbereich der Semantik. Da dieser eng mit anderen sprachlichen Disziplinen verwoben ist, lassen sich zu nahezu allen Lernbereichen Bezüge herstellen und semantische Aspekte wurden in den vorangegangenen Kapiteln bereits vielfach angesprochen.

> **Semantik** bezeichnet die wissenschaftliche Teildisziplin, die die Bedeutung von Zeichen, speziell von Sprachzeichen erforscht (Glück und Rödel 2016: 603).

Gegenstand und Anwendung Die Semantik beschäftigt sich ganz allgemein mit der **Bedeutung** von sprachlichen Zeichen. Die Ähnlichkeit der Begriffe Semantik und Semiotik kommt dabei nicht von ungefähr. Beide sind von griechisch *semeion* „Zeichen" abgeleitet. Die Semantik wurde als linguistische Disziplin erst nach der Semiotik etabliert. Dabei ist nicht einfach zu bestimmen, was alles zur Bedeutung und damit zum Gegenstand der Semantik zu rechnen ist und bis heute fällt eine Abgrenzung zu anderen linguistischen Teilgebieten schwer (Linke et al. 2004: 150).

Mit **Blick auf den Unterricht** ist die Semantik besonders eng mit dem Spracherwerb und dem Wortschatzerwerb verbunden. Der Spracherwerb lässt sich dem Kompetenzbereich „Sprechen und Zuhören" (s. ▶ Kap. 2) zuordnen und der Wortschatzerwerb findet im Bereich „Sprache und Sprachgebrauch untersuchen" Berücksichtigung (s. ▶ Kap. 14). In ▶ Abschn. 14.4 betrifft das 1. Unterrichtsbeispiel zum Substandard „An Wörtern, Sätzen und Texten arbeiten" die Mehrdeutigkeit von Wörtern und weist damit einen direkten Bezug zum einleitenden Praxisbeispiel dieses Kapitels auf. Daraus wird deutlich, dass semantische Aspekte der Sprache in dem Kompetenzbereich „Sprache und Sprachgebrauch untersuchen" reflektiert werden.

15

15.1 Eigenschaften semantischer Bedeutung

> Die Semantik beschäftigt sich mit bestimmten **Aspekten der Bedeutungsebene**: den konventionellen, den kontextunabhängigen und den kompositionellen (Gutzmann 2020).

Die Verknüpfung eines gesprochenen bzw. geschriebenen Wortes mit einer ganz bestimmten Bedeutung ist **arbiträr**, also willkürlich. Die lautliche Form eines Wortes wie bspw. *lachen* allein lässt nicht erkennen, welche Bedeutung gemeint ist. Lexikalisches Wissen bzw. Wissen über die lexikalische Bedeutung jedes Wortes ist notwendig, um Sprache zu verstehen (s. ► Abschn. 1.3). Die Verknüpfung zwischen einem Wort (Ausdrucksseite) und seiner Bedeutung (Inhaltsseite) muss also in der jeweiligen Sprache festgelegt werden.

Peter Bichsel beschreibt in seiner Kurzgeschichte für Kinder „Ein Tisch ist ein Tisch", wie ein alter einsamer Mann die Gegenstände umbenennt. Der Mann entwickelt nach und nach eine eigene Sprache, bis ihn die Menschen nicht mehr verstehen und auch er sie nicht mehr verstehen kann.

» „Weshalb heißt das Bett nicht Bild", dachte der Mann und lächelte [...] „Jetzt ändert es sich", rief er, und er sagte von nun an dem Bett „Bild." „Ich bin müde, ich will ins Bild", sagte er, und morgens blieb er oft lange im Bild liegen und überlegte, wie er nun dem Stuhl sagen wolle, und er nannte den Stuhl „Wecker." [...] Am Morgen verließ also der Mann das Bild, zog sich an, setzte sich an den Teppich auf den Wecker und überlegte, wem er wie sagen könnte. [...] Dann lernte er für alle Dinge die neuen Bezeichnungen und vergaß dabei mehr und mehr die richtigen. Er hatte jetzt eine neue Sprache, die ihm ganz allein gehörte. Aber eine lustige Geschichte ist das nicht. Der alte Mann im grauen Mantel konnte die Leute nicht mehr verstehen [...], sie konnten ihn nicht mehr verstehen. Und deshalb sagte er nichts mehr. Er schwieg, sprach nur noch mit sich selbst [...] (Bichsel 1969: 18 ff.)

Die Geschichte verdeutlicht, dass Sprache nur verstanden werden kann, wenn die innerhalb einer Sprachgemeinschaft durch **Konvention** festgelegte Bedeutung auch eingehalten wird (Schwarz-Friesel und Chur 2014). Die **konventionelle Bedeutung** sprachlicher Ausdrücke betrifft die wortwörtliche Aussage, die ohne weiterführende Interpretationen auskommt (Gutzmann 2020). Diese ist zunächst unabhängig davon, wer den sprachlichen Ausdruck in welchem Kontext verwendet; die Bedeutung ist also **kontextunabhängig**.

Daneben ist der **kompositionelle Aspekt** wichtig. Bedeutungen ergeben sich nicht nur für einfache Wörter, sondern auch für komplexe Wörter, Phrasen, Sätze und Texte. Während man die Bedeutung von Wörtern bzw. von Lexemen (s. ► Abschn. 12.1) in einem Wörterbuch verzeichnen bzw. nachschlagen kann, ergeben sich für komplexe Einheiten unendlich viele Möglichkeiten. Wir erschließen die Bedeutung eines Satz wie bspw. *Lachen ist gesund* aus den Bedeutungen uns bekannter einzelner Bestandteile. Die Bedeutung komplexer Ausdrücke muss also konstruiert werden. Um einen Satz zu verstehen, genügt es nicht, die wörtlichen Bedeutungen seiner Einzelteile zu verstehen. Wichtig ist auch die Art der Verknüpfung der einzelnen Wörter (Steinbach 2015). Aufgabe der Semantik ist es, Regeln zu benennen, welche die Bedeutung komplexer Ausdrücke beschreiben, was als **Kompositionalitätsprinzip** bezeichnet wird (Linke et al. 2004).

Die Semantik beschäftigt sich sowohl mit Wortbedeutungen als auch mit Satzbedeutungen, wobei letztere als **Satzsemantik** bezeichnet wird. Das Verstehen von Bedeutungen in einem bestimmten Äußerungszusammenhang ist eng mit unserem Weltwissen verbunden, welches an die jeweiligen Bedeutungen gekoppelt ist. Durch dieses werden semantische Variablen mit zusätzlichen Informationen gefüllt (Schwarz-Friesel und Chur 2014). Zum Beispiel legt der Satz „Er schrieb eine Aufgabe an die Tafel" nahe, dass die Situation in einer Bildungseinrichtung *(Schule, Universität)* stattfindet.

Semantik versus Pragmatik

> Im Gegensatz zur Semantik untersucht die **Pragmatik** kommunikative Akte des Sprechens und fokussiert konkrete Kontexte, konkrete Sprecher*innen und konkrete Hörer*innen.

Die pragmatische Bedeutungsebene ist **kontextabhängig** und **konversationell** – über das wortwörtliche hinausgehend –, da sie sich auf Gespräche bzw. Diskurssituationen bezieht. Die kontextuellen Informationen können sich erweitern oder verändern, sodass die pragmatische Bedeutungsebene **nicht-kompositionell** ist, also nicht nach bestimmten Regeln konstruierbar ist (Gutzmann 2020).

Ein Satz wie *Ich gehe heute ins Kino* bedeutet semantisch betrachtet, dass der Sprecher bzw. die Sprecherin selbst am gleichen Tag ins Kino geht. Auf der pragmatischen Ebene kann der Satz vielfältig interpretiert werden, je nachdem in welchem **Kontext** er geäußert wird. Möglicherweise soll ausgedrückt werden, dass der bzw. die Sprecher*in an diesem Tag schon etwas geplant hat und nicht auf eine Verabredung angewiesen ist. Vielleicht ist damit aber auch die Aufforderung an die Hörer*innen intendiert mitzukommen oder Ähnliches mehr (Schumacher und Steiner 2009).

15.2 Merkmalssemantik und Prototypensemantik

Merkmalssemantik Die Bedeutung von Wörtern kann mittels einer **Merkmalsanalyse** beschrieben werden. Mithilfe eines Kategoriensystems werden Bedeutungseinheiten eindeutig bestimmt und von anderen Einheiten abgegrenzt. Die Grundannahme der klassischen Kategorisierungstheorie ist, dass semantische Kategorien klar umgrenzt sind. Ein Objekt (bspw. *Rabe*) ist demnach entweder Mitglied einer Kategorie X (bspw. *Vogel*), oder es ist kein Mitglied von X, sondern von Y (bspw. *Fisch*). In der Merkmalstheorie werden Kategorien durch eine **begrenzte Menge von notwendigen und hinreichenden Merkmalen** definiert (Schwarz-Friesel und Chur 2014: 49). Der Ausdruck *Katze* bspw. weist die Bedeutungskomponenten BELEBT, WEIBLICH und NICHT MENSCHLICH auf. Im Gegensatz dazu ist ein *Kater* NICHT WEIBLICH bzw. MÄNNLICH (Steinbach 2015).

- Katze = [+BELEBT, +WEIBLICH, –MENSCHLICH]
- Kater = [+BELEBT, –WEIBLICH, –MENSCHLICH]

Ein **Problem der Merkmalssemantik** ist der Status der Merkmale, da ihre Ermittlung unklar ist und eher auf der Sprachkompetenz einzelner Sprachteilnehmer*innen beruht. Darüber hinaus betreffen die Merkmale in der Regel unterschiedliche Ebenen (bspw. *Tier* vs. *Mensch, männlich* vs. *weiblich, Hauskatze* vs. *Wildkatze, Kätzchen/ Jungtier* vs. *Katze/ ausgewachsen*) und sind schon daher uneinheitlich (Ernst 2011).

Trotz einiger ungelöster Probleme wird der merkmalorientierte Ansatz als geeignetes Instrument zur Beschreibung semantischer Merkmale angesehen (Schwarz-Friesel und Chur 2014). Dabei ist es nicht notwendig, alle semantischen Merkmale eines sprachlichen Zeichens herauszufinden, sondern nur diejenigen, die notwendig sind, um sie von anderen zu **unterscheiden**. Die Unterscheidung von *Katze* und *Kater* wird bspw. durch das Merkmal WEIBLICH bzw. NICHT WEIBLICH bestimmt. Ähnlich wie in der Phonologie und der Graphematik geht es also darum, distinktive (unterscheidbare) Merkmale zu bestimmen (s. ▶ Abschn. 5.1).

Prototypensemantik Eine Alternative zur Merkmalssemantik ist die sogenannte Prototypensemantik. Sie geht davon aus, dass Begriffe mit bestimmten Vorstellungen verbunden sind. Fragt man Probanden, wie sie sich ein typisches Haus vorstellen, sind die Vorstellungen zwar individuell, dennoch lassen sich gemeinsame Merkmale bestimmen. Daraus ergibt sich für eine bestimmte Kategorie ein Prototyp, der als Bezugspunkt typische Merkmale aufweist. Ein **Prototyp** ist also die **mentale Repräsentation eines typischen Mitglieds einer Kategorie** bzw. die in einer Sprachgemeinschaft als typisch erachtete Repräsentation einer Kategorie (Schwarz-Friesel und Chur 2014). Wortbedeutungen werden in der Prototypensemantik danach kategorisiert, wie stark die Ähnlichkeit zu dem jeweiligen Prototyp ist. Begriffe wie *Reihenhaus, Gartenhaus, Schloss, Burg, Hütte* etc. weisen eine unterschiedliche Nähe zu dem Prototypen *Haus* auf und werden entweder eher dem Kern (Nahe dem Prototyp) oder der Peripherie zugeordnet (Ernst 2011). ◘ Abb. 15.1 zeigt Begriffe zu dem Prototyp Fortbewegungsmittel, die in eine für die Prototypensemantik typische kreisförmige Repräsentativitätsskala (in der Regel mit Bildern) eingeordnet werden. Die Abstufungen und Überschneidungen sind fließend und die Kreise dienen nur der ungefähren Orientierung (ebd.).

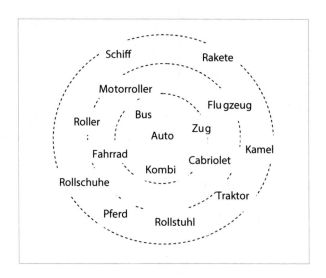

◻ Abb. 15.1   Repräsentativitätsskala zu dem Prototyp Fortbewegungsmittel (nach Ernst 2011: 22)

Im Zentrum steht das Auto als prototypisches Fortbewegungsmittel. *Bus, Zug* und *Fahrrad* ebenso wie Sonderformen von *Autos* (*Kombi, Cabriolet*) sind nah an dem Prototyp. *Rakete, Kamel* und *Schiff* werden weniger häufig mit Fortbewegungsmitteln assoziiert und befinden sich am Rand bzw. an der Peripherie. *Motorroller* und *Roller* liegen eher in der Mitte.

Während die Merkmalssemantik versucht, Begriffe möglichst klar abzugrenzen, ermöglicht es die Prototypensemantik, die in der Regel eher fließenden Grenzen zwischen Begriffen abzubilden. Das Wort *Stuhl* z. B. lässt sich auf sehr unterschiedliche Arten von Sitzgelegenheiten (ungepolsterter Stuhl, mit/ ohne Armlehne etc.) anwenden, die begrifflich kaum zu fassen sind. Ebenso lassen sich die vielen unterschiedlichen Formen von *Tassen* kaum eindeutig benennen. Deutlich wird, dass sich sprachliche Ausdrücke häufig gerade nicht klar abgrenzen lassen (Steinbach 2015).

Ein **Problem der Prototypensemantik** ist, dass sie sich am besten auf Substantive und vor allem auf Konkreta anwenden lässt, während sich das Prinzip des Prototyps auf Abstrakta (bspw. *Glück, Liebe*) und andere Wortarten – wie Verben, Adjektive und Funktionswörter – kaum beziehen lässt. Allerdings stellen Funktionswörter die Semantik methodisch grundsätzlich vor große Herausforderungen (Ernst 2011).

15.3 Semantische Relationen

Die Bedeutung von Wörtern weisen Beziehungen auf, die als **semantische Relationen** oder auch **Sinnrelationen** bezeichnet werden.

Diese lassen sich zu einem großen Teil systematisch darstellen (Schwarz-Friesel und Chur 2014) und die wichtigsten werden im Folgenden beschrieben.

Synonymie   Als **Synonyme** werden Ausdrücke bezeichnet, welche die **gleiche Bedeutung** haben. Beispiele sind *Karotte – Möhre, Cousin – Vetter, Samstag – Sonnabend, Apfelsine – Orange, Frauenarzt – Gynäkologe, Aufzug – Lift*. Solche Wörter können in einem Satz ausgetauscht werden, ohne dass sich der Inhalt verändert. Bspw.: *Ich esse eine Apfelsine. Ich esse eine Orange* (Schwarz-Friesel und Chur 2014). Allerdings haben nur wenige Begriffspaare genau die gleiche Bedeutung. Häufig finden sich **konnotative Unterschiede** wie bspw. *Zigarette* versus *Kippe*.

Konnotation   Wörter habe eine **Grundbedeutung**, also eine lexikalische Bedeutung im üblichen Sinne, die als **Denotation** bezeichnet wird. Darüber hinaus finden sich häufig Wörter, die über die Denotation hinaus **Nebenbedeutungen** bzw. **Konnotationen** aufweisen (Busse 2009). Konnotationen sind Wörter, deren Bedeutungsunterschied in einem bestimmten Kontext steht. Dieser kann emotional gefärbt (bspw. abwertend: *Köter* für *Hund, Gaul* für *Pferd*), umgangssprachlich geprägt (bspw. *durchdrehen* für *den Verstand verlieren*), regional gebunden sein und Ähnliches mehr.

Ambiguität/Polysemie und Homonymie   Die meisten Wörter sind mehrdeutig, was als **Ambiguität** bezeichnet wird. Dabei unterscheidet man Polysemie von Homonymie.

Polyseme Wörter haben zwar unterschiedliche Bedeutungen, diese lassen sich aber auf eine **gemeinsame Kernbedeutung** zurückführen. Das Lexem *Wurzel* kann bspw. in Bezug auf *Pflanzen, Zähne, Haare, Nasen* usw. verwendet werden.

Homonyme sind Wörter, deren unterschiedliche Bedeutung keinen Zusammenhang aufweist, bspw. *Kiefer* (Nadelbaum vs. Gesichtsknochen), *Bank* (Sitzgelegenheit, Geldinstitut), *Schloss* (prunkvolles Gebäude, Verriegelung) (s. ► Abschn. 12.1). Allerdings lassen sich Polyseme und Homonyme nur selten einwandfrei abgrenzen.

In Bezug auf die Homonyme unterscheidet man zwischen **Homophonie** und **Homographie**. Letztere liegt vor, wenn die graphemische Repräsentation (Schreibweise) identisch ist (bspw. *Fliege, Kiefer, Ton, Bank, Schloss*). Homophone Wörter haben zwar die gleiche Aussprache, unterscheiden sich aber in der Schreibweise (bspw. *Saite – Seite, mehr – Meer, mahlen – malen*). Der Oberbegriff Homonymie umfasst also Wörter mit unterschiedlicher Bedeutung, die eine Homographie (gleiche Schreibweise/ *Fliege* vs. *Fliege*) oder eine Homophonie (nur gleiche Aussprache bei unterschiedlicher Schreibweise/ *Seite* vs. *Saite*) aufweisen (Glück und Rödel 2016, Schwarz-Friesel und Chur 2014).

Hyperonymie und Hyponymie   Der Nominalwortschatz lässt sich hierarchisch in **Hyperonyme (Oberbegriffe)** wie bspw. *Blumen* und **Hyponyme (Unterordnung)** wie bspw. *Nelken, Rosen, Maiglöckchen* gliedern. Die untergeordneten Bedeutungen sind spezifischer und weisen bestimmte Merkmale auf (bspw. Form, Größe, Farbe). Die Bedeutung eines Hyperonyms schließt die Bedeutung aller untergeordneten Wörter ein. Der Oberbegriff *Lebewesen* bspw. passt auf *Tier*, welches wiederum Oberbegriff zu *Katze, Pferde* und *Hund* ist. Dabei liegen Letztere alle auf einer Ebene und sind gleichzeitig Tiere und Lebewesen (Busse 2009).

Antonymie Antonyme sind Wörter mit **gegensätzlicher Bedeutung,** bspw. *kurz – lang, klein – groß, kalt – warm.* Es finden sich zwischen Bedeutungspolen aber in der Regel auch viele Zwischenstufen. So kann etwas *ziemlich groß* oder *mittelgroß* sein (Schwarz-Friesel und Chur 2014). Antonyme werden fachwissenschaftlich unterschiedlich definiert. Dabei werden Wortpaare, die einen Sachverhalt in genau zwei Teile teilen und sich gegensätzlich ausschließen, wie bspw. *tot – lebendig* von weniger strikten Bedeutungsgegensätzen wie bspw. *nass, feucht, klamm, trocken* unterschieden (Busse 2009).

15.4 Wortfelder

Wörter werden im Gedächtnis nicht isoliert abgespeichert, sondern vielfältig miteinander vernetzt und unter anderem in semantischen Organisationseinheiten gespeichert.

> Sammlungen von Wörtern, die sich inhaltlich ähneln und gemeinsame semantische Merkmale besitzen, werden als **Wortfelder** bezeichnet (Schwarz-Friesel und Chur 2014: 67).

Der Begriff ‚Wortfeld‘ wird in der Fachliteratur allerdings nicht einheitlich gebraucht. Löbner (2015: 242) charakterisiert Wortfelder als eine Gruppe von Lexemen,
- die derselben **grammatischen Kategorie** angehören
- deren **Bedeutung** gemeinsame Bestandteile aufweisen
- die eine definierte **Bedeutungsbeziehung** haben
- die in Bezug auf ihre Bedeutungsbeziehung vollständig sind bzw. eine **abgeschlossene Gruppe** bilden.

Beispiele sind:
- *Montag, Dienstag, Mittwoch, Donnerstag, Freitag, Samstag, Sonntag*
- *oben, unten, vorne, hinten, rechts, links*
- *sehr gut, gut, befriedigend, ausreichend, mangelhaft, ungenügend*

Wenn die Bedingung der gleichen Wortklasse erfüllt ist, können Wörter eines Wortfeldes in einem Satz ausgetauscht werden, bspw. *Es ist Montag. Es ist Dienstag. Die Arbeit ist gut. Die Arbeit ist sehr gut.* Das bedeutet, die Wörter stehen in einer **paradigmatischen Relation** (s. ► Abschn. 1.3). Wortfelder können mithilfe der Merkmalssemantik (s. ► Abschn. 15.2) bestimmt werden, da die einzelnen

Ausdrücke eines Wortfelds mindestens ein Merkmal gemeinsam haben. Dabei finden sich zwischen den Wörtern eines Wortfeldes unterschiedliche semantische Relationen wie bspw. *Blume – Rose, kurz – lang, schreien – brüllen, Katze – Hund* (Steinbach 2015).

Nicht selten erfüllen Wortfelder aber nicht alle genannten Kriterien und weisen Lücken auf. Assoziationsexperimente zeigen, dass semantisch ähnliche Wörter im Gedächtnis eng miteinander verknüpft sind, die unterschiedlichen Wortarten angehören, bspw. *Hund – bellen, Haar – blond, Auto – fahren, Nacht – dunkel, Gras – grün, Sonne – hell.* Statt von Wortfeldern spricht man dabei von **semantischen Feldern** (Schwarz-Friesel und Chur 2014). Nach Busse (2009) gehören Wörter zu einem Wortfeld, wenn ihre Bedeutungen in mehreren zentralen semantischen Merkmalen übereinstimmen.

Unterrichtspraxis

❯ Die Arbeit mit Wortfeldern hat in der **Unterrichtspraxis** eine lange Tradition und dient dazu, den Wortschatz zu erweitern und zu differenzieren (Bartnitzky 2005).

Beispiele für **typische Wortfelder** sind:
- gehen: *laufen, schlendern, bummeln, eilen*
- sagen: *erzählen, erwidern, unterbrechen, widersprechen, zustimmen*

Die Kinder sammeln zu einzelnen Wortfeldern Wörter und reflektieren über Bedeutungsähnlichkeiten und Unterschiede der Begrifflichkeiten. Sie nutzen die Wortsammlung produktiv in eigenen Texten, gestalten diese variantenreich und entdecken beim Lesen von Fremdtexten bedeutungsähnliche Wörter. Bartnitzky (2005) schlägt darüber hinaus vor, Wortfelder zu strukturieren und mit Leitwörtern zu arbeiten, sodass **Wortcluster** entstehen, die teilweise in der Grundschule auch als **Gedankenschwärme** bezeichnet werden.

Wortfelder unterscheiden sich grundlegend von sogenannten **Wortfamilien**, die Wörter mit gleichem Wortstamm gruppieren (s. ▶ Abschn. 12.1). Zu einer Wortfamilie gehören bspw. Wörter wie *wohn en, Wohnung, gewohnt, verwohnt, wohnlich, wohnt, Wohn*wagen. Wortfamilien werden durch die Morphologie beschrieben und sind für die Rechtschreibdidaktik von besonderer Bedeutung.

15.5 **Kognitive Relationen**

Wie bereits festgestellt, entschlüsseln wir Bedeutungen, indem wir auf bereits erworbenes Wissen bzw. Weltwissen zurückgreifen. Sprachliche Äußerungen können wir nur dann richtig verstehen, wenn wir über das Geäußerte hinaus Sachverhalte assoziieren und diese für die Interpretation nutzen (Ernst 2011). Die kognitive Semantik beschäftigt sich mit den semantischen Beziehungen, die zwischen im Gedächtnis gespeicherten Begriffen bestehen.

Die sogenannte **Frame-Semantik** untersucht die Organisation von Wissens-komplexen im mentalen Lexikon. Sie verbindet psychologische Sichtweisen mit linguistischen, um die Verknüpfung von Weltwissen und sprachlich ver-mittelten Informationen zu beleuchten (Linke et al. 2004). Eine Struktur von Daten wird als **Frame** bezeichnet und jedem Frame haftet eine bestimmte Art von Informationen an (Ernst 2011). Die Frame-Semantik nach Fillmore betrachtet semantische Beziehungen aus der Sicht der Wissensstrukturen des allgemeinen Weltwissens. Aus diesen ergeben sich Beziehungen zwischen Wörtern und Be-ziehungen zwischen Elementen des Wissensrahmens.

❯ Die **Modelle semantischer Netzwerke** illustrieren die mentalen Speicherungen, in-dem sie Begriffsassoziationen in hierarchischer Anordnung strukturieren.

Mit dem Wort *rot* werden bspw. Begriffe für andere Farben – *orange, gelb, grün* –, aber auch *Feuer, Haus, Sonnenuntergang* assoziiert. Zu *Feuer* finden sich (auf den unteren Ebenen) weitere Assoziationsketten wie *Feuerwehrauto, Ambulanz, Straße* usw.

Deutlich wird, dass die semantischen Relationen der kognitiven Netzwerke nicht unbedingt den logischen Regeln folgen, die bspw. die Merkmalssemantik bestimmen. An semantischen Netzwerken wird insofern kritisiert, dass sie sich noch stark an den Begriffshierarchien orientieren (Busse 2009). Obwohl in der semantischen Kognitionsforschung noch viele Fragen ungeklärt sind, dienen kognitiv geprägte Ansätze als Bezugspunkt, um die **Entwicklung semantischer Kompetenzen von Kindern** zu beschreiben und um didaktische Interventionen zu entwickeln (Bachmann-Stein 2022).

15.6 Kollokationen und Phraseologismen

Bestimmte Wörter treten häufig in Verbindung miteinander auf wie bspw. *Hund – bellen, Nacht – dunkel, Alarm – schlagen, Zähne – putzen.*

> Wortverbindungen, deren Wörter eine feste Verbindung eingehen und häufig ge-meinsam gebraucht werden, bestehen in der Regel aus zwei oder drei Wörtern, und werden als **Kollokationen** bezeichnet.

15

Kollokationen sind sehr häufig und das gemeinsame Auftreten bestimmter Wörter ist semantisch begründet. Es ist ein wichtiger Teil unseres **wortbezoge-nen Wissens** zu überblicken, welche Wörter zusammenpassen und welche nicht (Busse 2009). Bspw. gehören *Auto* und *fahren* zusammen und nicht *Auto* und *ge-hen* ebenso wie *Ohren* und *hören* usw.

> Darüber hinaus verwenden wir komplexe Ausdrücke, deren Bedeutung sich nicht einfach kompositional (zusammenfügend) aus der Summe der einzelnen Teile ergibt, sondern die als feste Wortverbindungen eine bestimmte Bedeutung ausdrücken. Diese werden **Idiome** oder auch **Phraseologismen** genannt (Steinbach 2015).

Beispiele sind: *jemanden auf den Arm nehmen, die Katze aus dem Sack lassen, aller Anfang ist schwer, jemandem einen Korb geben*. Die Bedeutung solcher idiomatischer Wendungen bzw. ‚Phraseologismen' kann nicht wortwörtlich erschlossen werden, sondern muss **im mentalen Lexikon als komplexer Eintrag** gespeichert werden (Schwarz-Friesel und Chur 2014). Die Grenzen zwischen Kollokationen und Phraseologismen sind allerdings fließend und oft strittig. Manche Kollokationen werden eher den Phraseologismen zugerechnet wie *Schwarzes Brett* und *Runder Tisch* und bilden Metaphern, während einige sogar als Eigennamen fungieren wie bspw. *Rotes Kreuz* (Busse 2009). Zum Teil werden zu den festen Wortverbindungen auch Sprichwörter gezählt – wie bspw. *Der frühe Vogel fängt den Wurm* –, deren Behandlung im Deutschunterricht etabliert ist.

Für Muttersprachler*innen ist der Umgang mit Wortverbindungen in der Regel kein Problem und insbesondere Kollokationen werden meist nicht bewusst wahrgenommen. Für **mehrsprachige Lerner*innen** hingegen stellen sie ein besondere Herausforderung dar und es ist notwendig, sich mit diesen bewusst auseinanderzusetzen. Zum einen müssen die Bedeutungen der Wortverbindungen verstanden werden und zum anderen ihre situationsadäquate Anwendung. August (2017) empfiehlt für den Unterricht mit mehrsprachigen Schüler*innen die unterschiedlichen Wortverbindungen zu differenzieren wie bspw.

- idiomatische Wendungen (bspw. *den Löffel abgeben*)
- Zwillingsformen (bspw. *recht und schlecht*)
- Wie-Vergleiche (bspw. *meiden wie die Pest*)
- Kollokationen (bspw. *die Zähne putzen*)
- Routineformeln (bspw. *Hand aufs Herz*)
- Formulierungsroutinen (bspw. *ich komme zum Schluss*)

Während einige Wortverbindungen (bspw. die Routineformeln) von Anfang an auch **aktiv gebraucht** werden sollten, können andere in der Regel zunächst nur **passiv rezipiert** werden (bspw. Sprichwörter).

15.7 Fazit und Anwendung

Die Semantik lässt sich als linguistische Teildisziplin besonders schwer von anderen sprachwissenschaftlichen Bereichen abgrenzen, da die Bedeutungsebene eng mit den meisten sprachlichen Aspekten verwoben ist. Die Beziehungen

zwischen Wörtern und Bedeutungen sind **arbiträr** und innerhalb einer Sprachgemeinschaft durch **Konventionen** festgelegt. Darüber hinaus beschreibt die
Semantik Bedeutungen **kontextunabhängig.** Komplexe Wörter, Phrasen, Sätze
und Texte erschließen wir **kompositionell**, indem wir aus den einzelnen Teilen eine
Gesamtbedeutung konstruieren. Für die Erschließung von Bedeutungen nutzen
wir dabei unser erworbenes Wissen über die Welt, das sogenannte **Weltwissen.** Bedeutungen sind in der Regel **ambig** (mehrdeutig) und es können eine Reihe **semantischer Relationen** zwischen Wörtern beschrieben werden (bspw. Synonyme,
Homonyme). Die systematische Untersuchung von Bedeutungen erfolgt durch
unterschiedliche Forschungsansätze wie die **Merkmalssemantik** und die **Prototypensemantik**, wobei letztere neben theoretischen bereits psycholinguistische bzw.
mentale Aspekte berücksichtigt.

Für die Fachdidaktik sind die Modelle der kognitiven Semantik von besonderer Bedeutung, die sich mit dem **mentalen Lexikon** und der kognitiven
Repräsentation von lexikalisch-semantischem Wissen im Gedächtnis beschäftigen. Didaktisch wird die Arbeit mit **Wortfeldern** genutzt, um semantische
Relationen zwischen Wörtern darzustellen. Im Sprachgebrauch finden sich
typische Wortverbindungen oder Wortphrasen aus mehreren Wörtern, die als
Kollokationen oder **Phraseologismen** bezeichnet werden. Diese haben vor allem
im mehrsprachigen Spracherwerb eine große Bedeutung und im Unterricht ist
eine gezielte Beschäftigung mit diesen empfehlenswert. So lernen Kinder, welche
Wortverbindungen üblich sind und welche nicht (bspw. *mit dem Auto fahren* und
nicht *mit dem Auto gehen*) und erkennen, dass teilweise eine andere als die wortwörtliche Bedeutung gemeint ist.

Anwendung   Kinder benötigen weitreichende semantische und metasprachliche
Fähigkeiten, um in der Schule bestehen zu können. Es wird von Ihnen erwartet,
dass sie über die alltägliche Kommunikation hinaus über Sprache reflektieren
und sich Fachbegriffe aneignen. Zwar hat man in den letzten Jahren die **zentrale Bedeutung der Wortschatzarbeit** in der Schule erkannt, dennoch nimmt
diese im Unterricht noch zu wenig Raum ein und erfolgt eher unsystematisch
und ungesteuert. Dabei hängen semantisch-lexikalische Kompetenzen eng mit
grundlegenden sprachlichen Fähigkeiten des Hör- und Leseverstehens und dem
Sprechen und Schreiben zusammen. Ebenso gehen allgemeine kognitive Fähigkeiten und das abstrakte Denken auf hohem Niveau mit einer umfassenden
Wortschatzkompetenz einher. Für die Wortschatzarbeit ist der Aufbau von
semantischen Beziehungen im mentalen Lexikon von besonderer Bedeutung. Beziehungen zwischen Wörtern und Wortgruppen sollten bewusst reflektiert und genutzt werden (Efing und Roelcke 2021).

Insbesondere in der Grundschule ist eine vielfältige Wortschatzarbeit wichtig,
damit mehrsprachige aber auch einsprachige Kinder ihr begriffliches Wissen erweitern, sich mit wörtlichen und übertragenen Wortbedeutungen auseinandersetzen, über Sprache nachdenken und sich durch Rätsel, Sprichwörter und
Ähnliches mehr mit Sprache spielerisch auseinandersetzen. Lehrkräfte sollten im
Unterricht prinzipiell davon ausgehen, dass Kinder etwas missverstehen könnten
und prüfen, ob Auffälligkeiten mit **sprachlichen Schwierigkeiten** zusammen-

15

hängen. Besondere Bedeutung hat das **gezielte Nachfragen**. Kinder müssen eigene sprachliche Schwierigkeiten erkennen und lernen, gezielt nachzufragen (Osburg 2011).

15.8 Aufgaben

1. Erläutern Sie den Unterschied zwischen der Merkmalssemantik und der Prototypensemantik.
2. Bestimmen Sie die semantischen Beziehungen der folgenden Wörter.
   Hammer – Werkzeug, Wahl – Wal, immer – nie, denken – reflektieren.
3. Erklären Sie die Zweideutigkeit des folgenden Satzes: *Sie legt die Hände in den Schoß.*
4. Erstellen Sie ein Wortfeld zu dem Begriff *lernen.*
5. Erläutern Sie, warum in der Wortschatzarbeit die Vermittlung der Wortbedeutung einzelner Wörter unzureichend ist.
6. Erstellen Sie eine Liste von Kollokationen, die Sie für Grundschüler*innen als wichtig erachten. Bspw. Auto – fahren, Angst – haben, eine Frage – stellen.

Literatur

Augst, G. (2017). Von der idiomatischen Wendung zum Common Sense – Überlegungen zur Phraseodidaktik. *Deutsch als Fremdsprache* 1, 10–19.
Bachmann-Stein, A. (2022). Theoretische Grundlagen: Semantik. In I. Pohl & W. Ulrich (Hrsg.). *Wortschatzarbeit. Deutschunterricht in Theorie und Praxis*, Bd. 7 (S. 59–81). Baltmannsweiler: Schneider.
Bartnitzky, H. (2005). *Grammatikunterricht in der Grundschule.* Berlin: Cornelsen.
Bichsel, P. (1969). *Kindergeschichten.* Darmstadt, Neuwied: Luchterhand.
Busse, D. (2009). *Semantik.* Paderborn: Fink.
Efing, Ch. & Roelcke, Th. (2021). *Semantik für Lehrkräfte. Linguistische Grundlagen und didaktische Impulse.* Tübingen: Narr Francke Attempto.
Ernst, P. (2011). *Germanistische Sprachwissenschaft. Eine Einführung in die synchrone Sprachwissenschaft des Deutschen.* 2. Aufl. Wien: facultas.
Glück, H. & Rödel, M. (Hrsg.) (2016). *Metzler Lexikon Sprache.* 5. Aufl. Stuttgart: J. B. Metzler.
Gutzmann, D. (2020). *Semantik. Eine Einführung.* Stuttgart: J. B. Metzler.
Linke, A., Nussbaumer, M. & Portmann, P., R. (2004). *Studienbuch Linguistik.* 5., erw. Aufl. Tübingen: Max Niemeyer.
Löbner, S. (2015). *Semantik. Eine Einführung.* 2., akt., stark erw. und korr. Aufl. Berlin, Boston: de Gruyter.
Osburg, C. (2011). Semantik: Wörter und ihre Bedeutungen verstehen und gebrauchen. In W. Knapp, C. Löffler, C. Osburg & K. Singer (Hrsg.). *Sprechen, schreiben und verstehen. Sprachförderung in der Primarstufe* (S. 48–92). Seelze: Klett, Kallmeyer.
Schumacher, F. & Steiner, P. (2009). Aspekte der Bedeutung: Semantik. In H. M. Müller (Hrsg.). *Arbeitsbuch Linguistik* (S. 170–209). 2., überarb. und akt. Aufl. Paderborn: Schöningh.
Schwarz-Friesel, M. & Chur, J. (2014). *Semantik. Ein Arbeitsbuch.* 6., grundl. überarb. und erw. Aufl. Tübingen: Narr Francke Attempto.
Steinbach, M. (2015). Semantik. In J. Meibauer (Hrsg.). *Einführung in die germanistische Linguistik* (S. 164–211). Stuttgart: J. B. Metzler.

Weiterführende Literatur

Pohl, I. & Ulrich, W. (2022) (Hrsg.). *Wortschatzarbeit. Deutschunterricht in Theorie und Praxis*, Bd. 7 (S. 54–73). Baltmannsweiler: Schneider.

Ulrich, W. (2013). *Wortschatzarbeit für die Primarstufe*. Baltmannsweiler: Schneider.

Wahn, C. (2020). *Zweisprachigkeit und das semantische Lexikon. Gezielte, sprachspezifische Förderung und Therapie in der Kita und Grundschule*. Berlin: Peter Lang.

15

Printed in the United States
by Baker & Taylor Publisher Services